Gemeinsame STRICKZEIT

Tanja Steinbach • Kerstin Balke

Gemeinsame STRICKZEIT

Unser Strickbuch rund ums Jahr

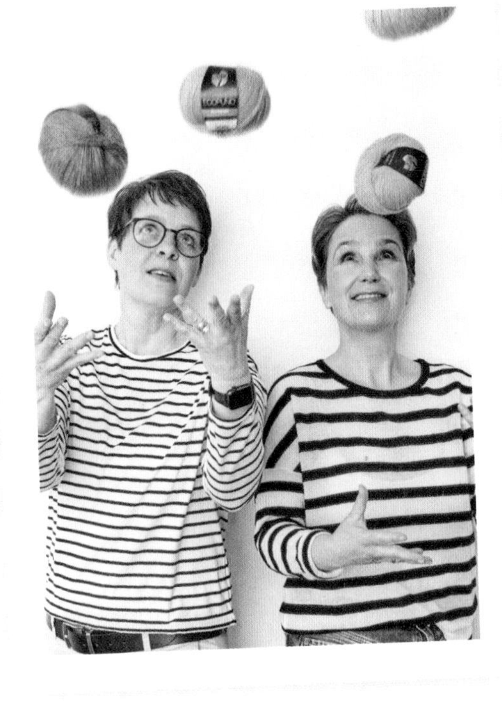

WIE SCHÖN, DASS DU UNS UND UNSER BUCH „GEMEINSAME STRICKZEIT" GEFUNDEN HAST! IN DIESEM BUCH MÖCHTEN WIR DICH EINLADEN, EIN BISSCHEN ZEIT MIT UNS ZU VERBRINGEN, ES DIR AUF DEINEM LIEBLINGSSTRICKPLATZ GEMÜTLICH ZU MACHEN, VIELLEICHT MIT DEINEM LIEBLINGS-GETRÄNK UND ETWAS LECKEREM ZU ESSEN, DICH ENTSPANNT ZURÜCKZULEHNEN UND EIN BISSCHEN ZEIT MIT DEINEM LIEBSTEN HOBBY UND UNS ZU VERBRINGEN.

DIESES BUCH IST FÜR UNS ZWEI EIN RICHTIGES HERZENSPROJEKT, WEIL ES ZUM EINEN UNSER ERSTES GEMEINSAMES BUCH IST UND WIR DICH ZUM ANDEREN EIN BISSCHEN MITNEHMEN WOLLEN DURCH UNSER GEMEINSAMES STRICKJAHR UND DIE PROJEKTE, DIE WIR SO RUND UMS JAHR AUF DEN NADELN HABEN.

GERADE IN DEN VERGANGENEN MONATEN HABEN WIR GEMERKT, WIE GUT ES TUT, EINEN LIEBEN MENSCHEN ZU HABEN, MIT DEM MAN SICH AUSTAUSCHEN KANN, DER EINEN VERSTEHT UND DER DIE GLEICHE LEIDENSCHAFT TEILT, WIE MAN SELBST. OB NUN REAL ODER DIGITAL, ES IST EINFACH TOLL EIN BISSCHEN GEMEINSAME ZEIT ZU VERBRINGEN UND ETWAS SCHÖNES MIT DEN HÄNDEN ZU ERSCHAFFEN.

DAHER WÜRDEN WIR DICH GERNE EINLADEN AUF UNSERE GEMEINSAME IMAGINÄRE STRICKCOUCH. WIR RÜCKEN EIN BISSCHEN ZUSAMMEN UND FREUEN UNS AUF DICH UND DEIN PROJEKT, DENN GEMEINSAM MACHT STRICKEN GLEICH DOPPELT SO VIEL SPASS. BLÄTTERE DURCH DAS BUCH, SUCHE DIR DEIN NEUES LIEBSTES PROJEKT PASSEND ZUR JAHRESZEIT AUS UND SCHON KANN ES LOSGEHEN.

ZUSÄTZLICH ZU DEN ANLEITUNGEN IN DIESEM BUCH NEHMEN WIR DICH AUCH EIN BISSCHEN MIT UND ERZÄHLEN DIR, WAS UNS ZWEI EIGENTLICH VERBINDET UND WAS WIR AN DER JEWEILIGEN JAHRESZEIT SO MÖGEN.

PASSEND ZU DEN JAHRESZEITEN FINDEST DU IN JEDEM KAPITEL VON EINER VON UNS AUCH NOCH EINE KLEINE REZEPT- ODER DIY-IDEE, DIE DIR HOFFENTLICH SCHMECKT ODER FREUDE MACHT.

ZEIG UNS GERNE UNTER **#GEMEINSAMESTRICKZEIT** DEINE NEUEN PROJEKTE! WIR FREUEN UNS DARAUF ZU SEHEN, WAS BEI DIR RUND UMS JAHR FÜR TOLLE NEUE DINGE ENTSTEHEN.

DEINE

Kerstin Balke *Tanja Steinbach*

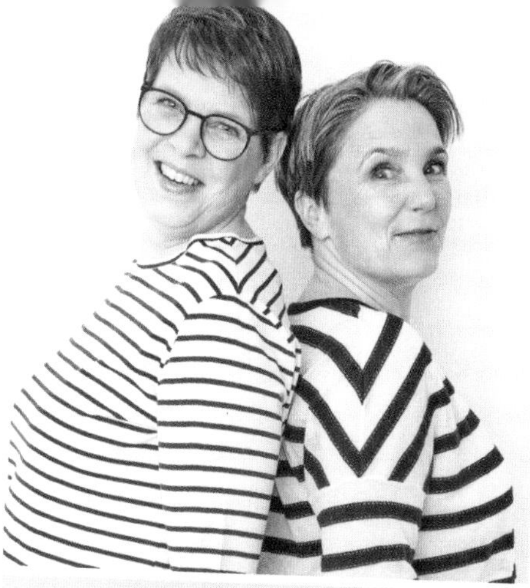

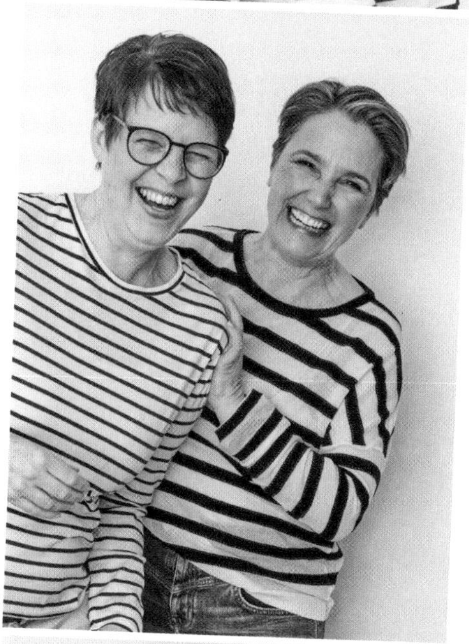

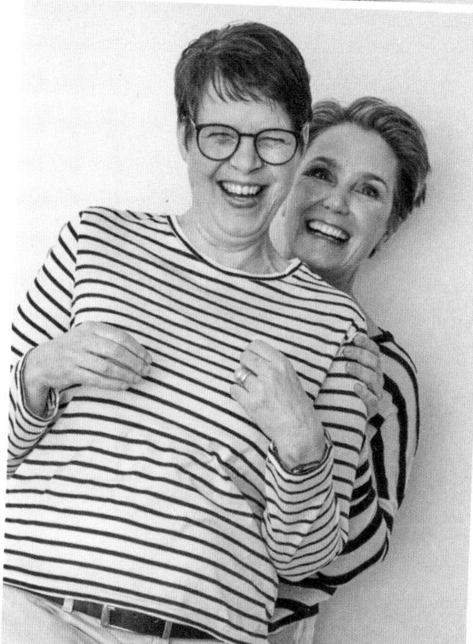

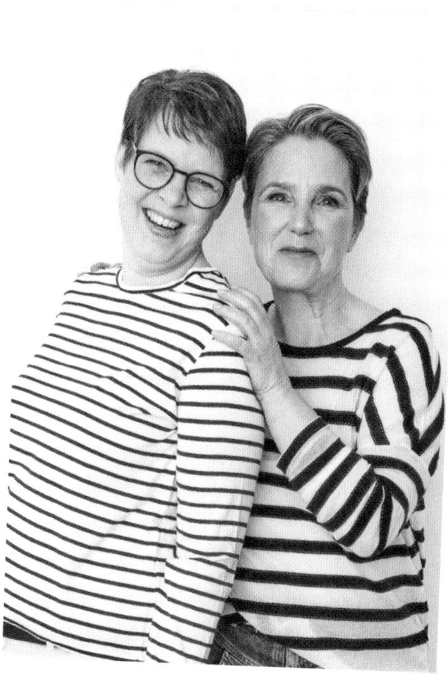

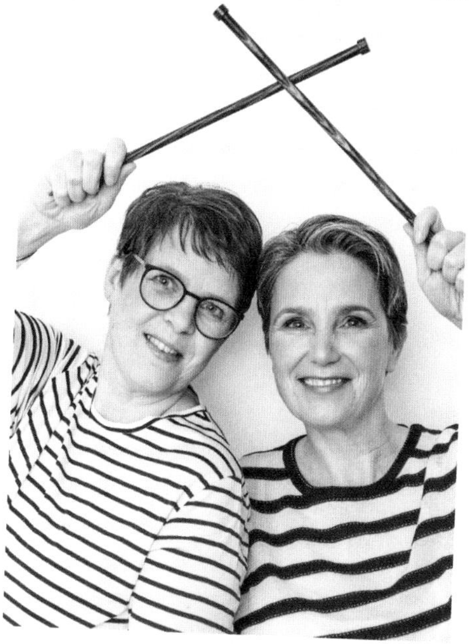

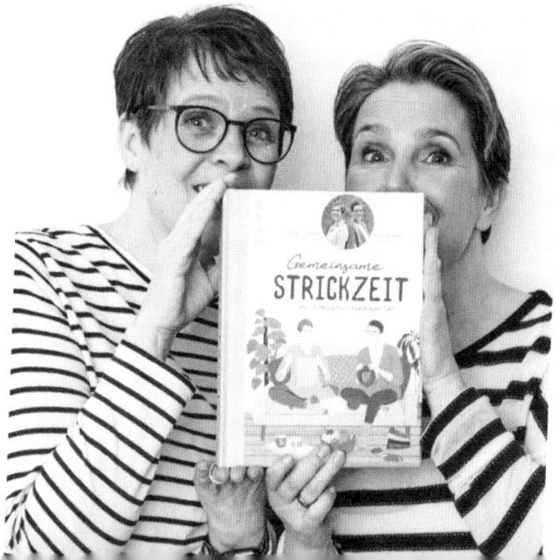
Gemeinsame
STRICKZEIT

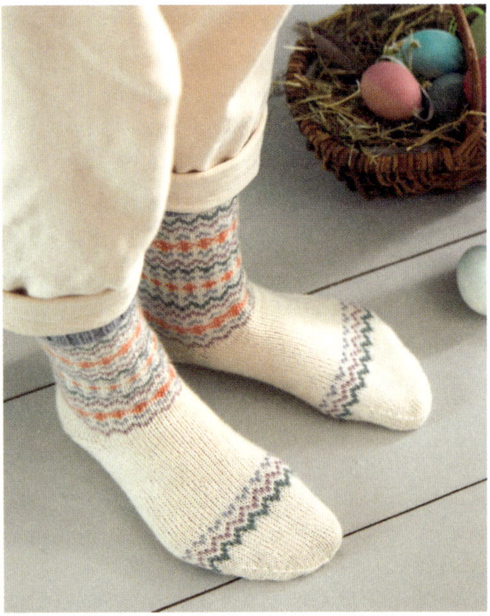

SOMMER

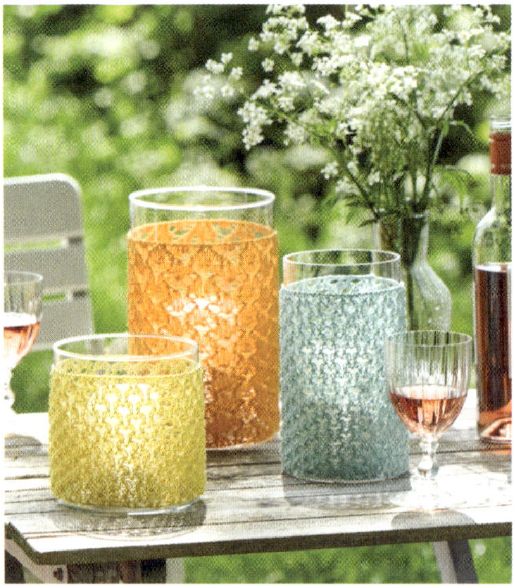

FRÜHLING

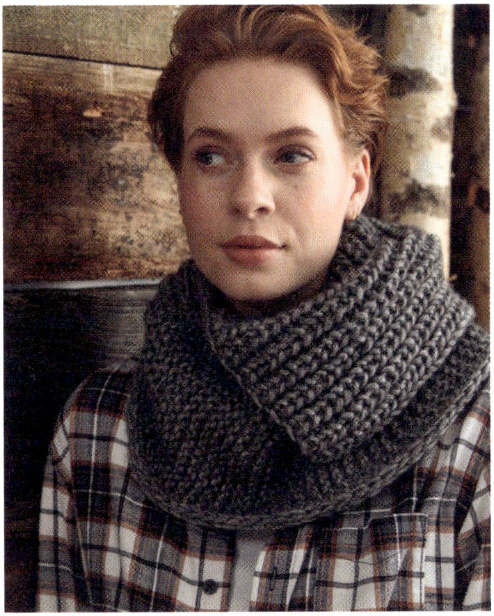

HERBST

WINTER

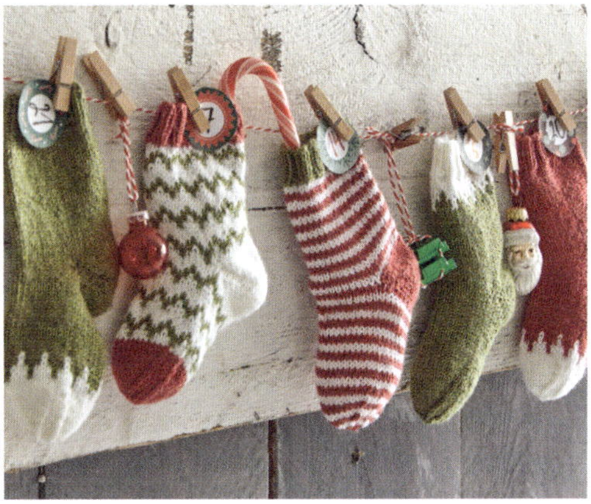

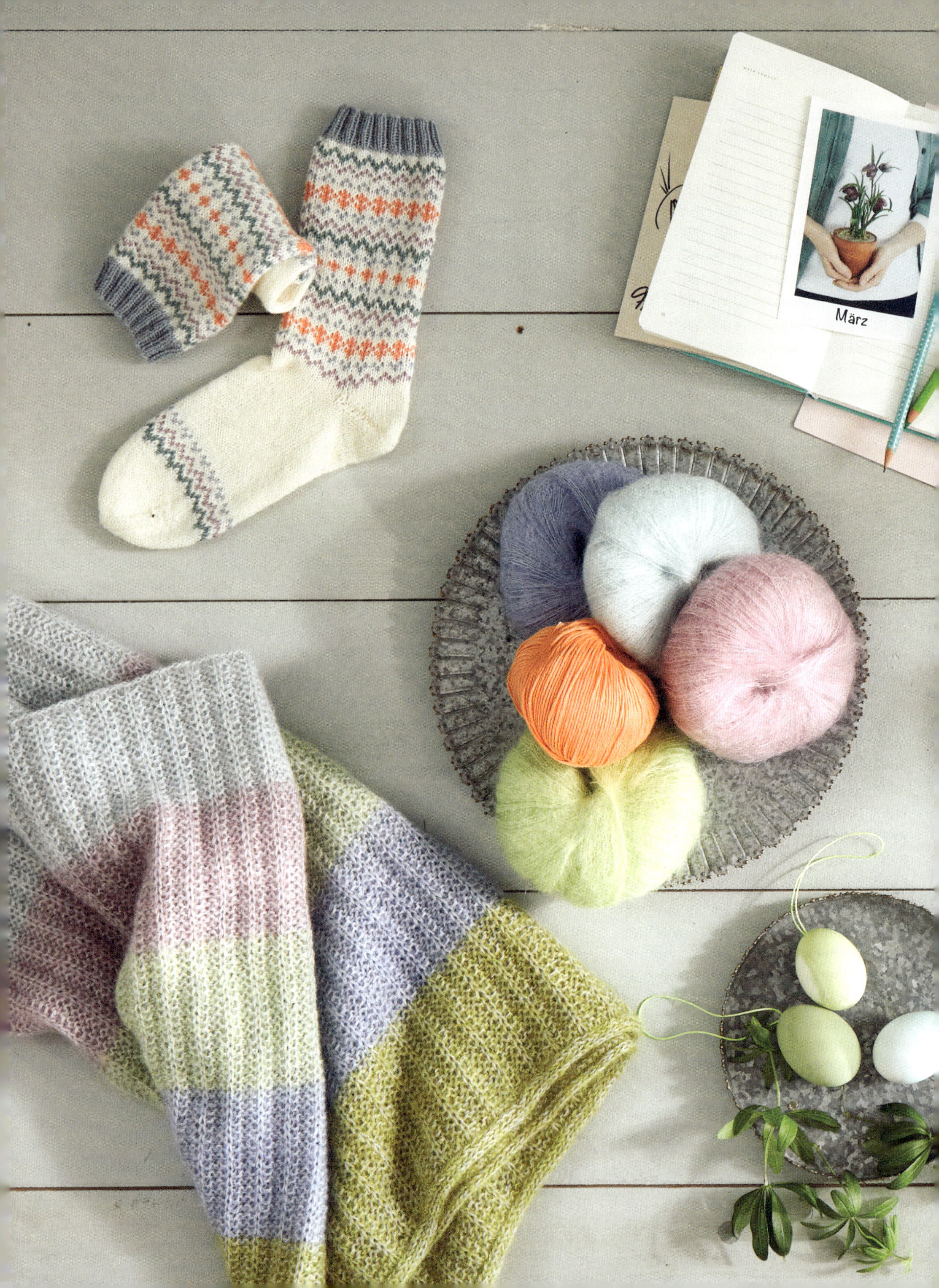
März

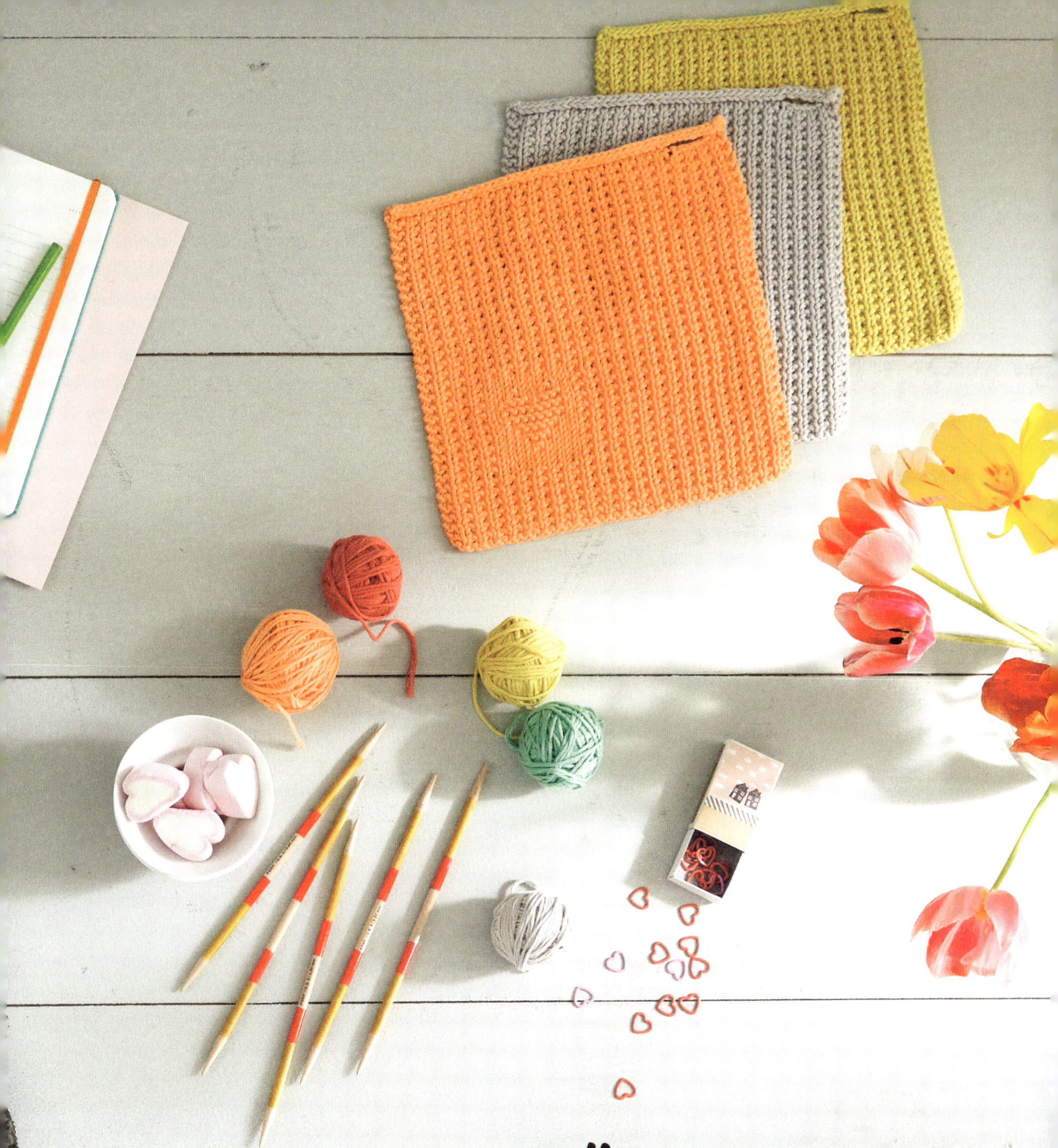

FRÜHLING

Holt die Farben raus! Wir malen unsere Maschen bunt!

SPÜLTUCH MIT HERZ

SCHWIERIGKEITSGRAD

GRÖSSE

ca. 22 cm x 22 cm

MATERIAL

- Lana Grossa Organico (LL 90 m/50 g) in Hellgrau (Fb 29), Himbeer (Fb 69), Apricot (Fb 122), Hellgrün (Fb 128) oder Gelb (Fb 134), je 50 g
- Jackenstricknadeln 4,0-4,5 mm oder Rundstricknadel 4,0-4,5 mm, 50-60 cm lang
- 2 kurze Nadelspielnadeln 3,5-4,0 mm (für den Kordelrand)
- evtl. 2 Maschenmarkierer
- Wollnadel ohne Spitze

HINWEIS: FÜR EIN SPÜLTUCH BENÖTIST DU KNAPP 40 G GARN.

MASCHENPROBE

Im Rippenmuster mit Nd 4,0-4,5 mm 20 M und 30 R = 10 cm x 10 cm

RIPPENMUSTER

Ungerade M-Zahl + 2 Rdm.
1. (Hinr): Alle M rechts str.
2. (Rückr): Rdm (= 1 M rechts), * 1 M rechts, 1 M links, ab * fortlaufend wdh, enden mit 2 M rechts.
Die 1. und 2. R fortlaufend wdh.

HERZMOTIV

Über 11 M und 18 R nach der Strickschrift str. Es sind alle R gezeichnet. Die Hinr (= ungerade R) von rechts nach links, die Rückr von links nach rechts lesen. Die M sind so gezeichnet, wie sie auf der rechten Seite erscheinen. Das Motiv wird 1x eingearbeitet, für die Position bitte die Anleitung beachten.

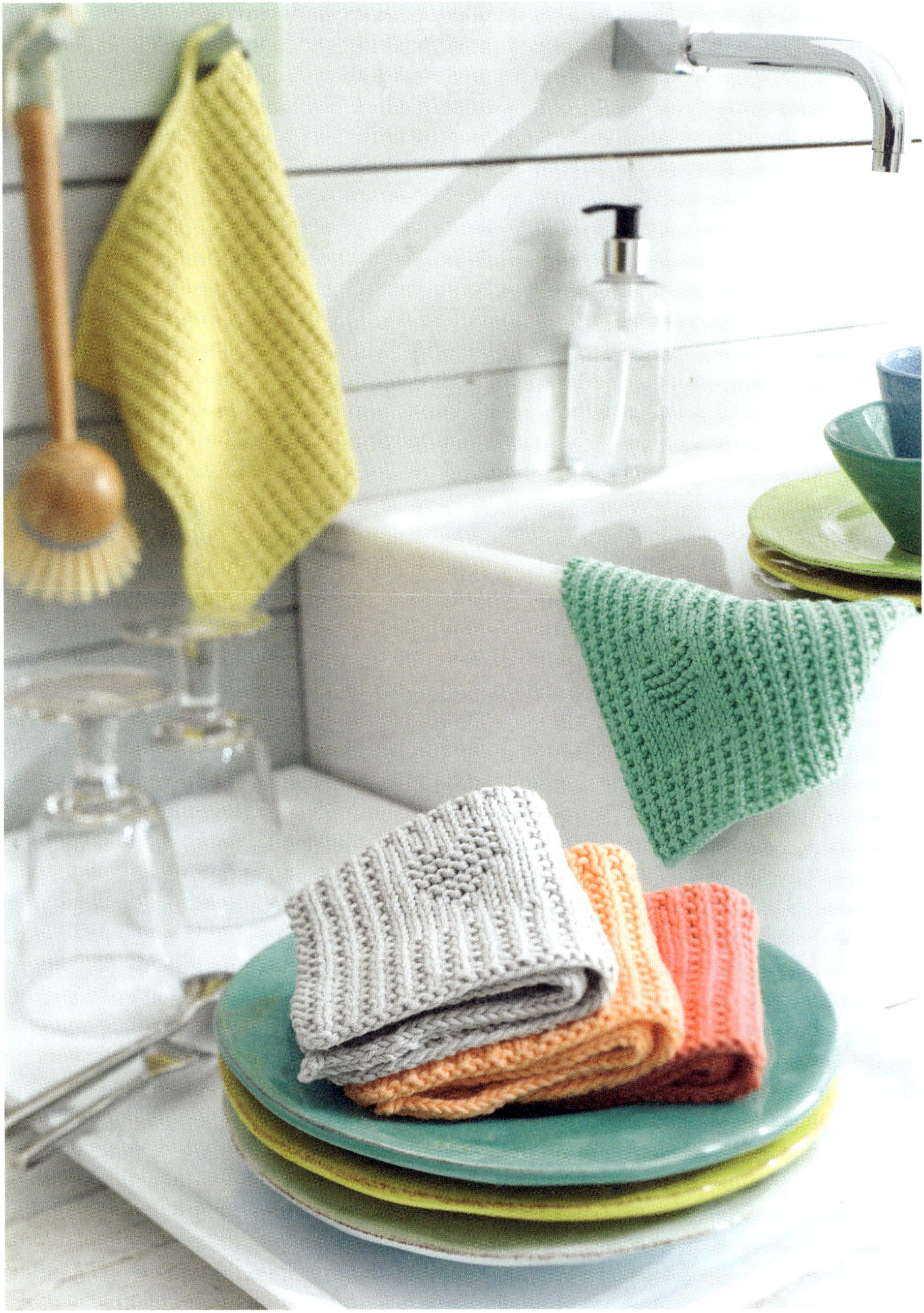

HERZMOTIV

■	■	■	■	■	■	■	■	■	■	■	
■	■	■	■	■	■	■	■	■	■	■	17
■	■	■	–	■	■	■	–	■	■	■	
■	■	■	■	■	■	■	■	■	■	■	15
■	■	–	–	–	■	–	–	–	■	■	
■	■	■	■	■	■	■	■	■	■	■	13
■	■	–	–	–	–	–	–	–	■	■	
■	■	■	■	■	■	■	■	■	■	■	11
■	■	–	–	–	–	–	–	–	■	■	
■	■	■	■	■	■	■	■	■	■	■	9
■	■	■	–	–	–	–	–	■	■	■	
■	■	■	■	■	■	■	■	■	■	■	7
■	■	■	■	–	–	–	■	■	■	■	
■	■	■	■	■	■	■	■	■	■	■	5
■	■	■	■	■	–	■	■	■	■	■	
■	■	■	■	■	■	■	■	■	■	■	3
■	■	■	■	■	■	■	■	■	■	■	
■	■	■	■	■	■	■	■	■	■	■	1

Muster = 11 Maschen

Legende

■ = In Hinreihen 1 Masche rechts, in Rückreihen 1 Masche links

– = In Rückreihen 1 Masche rechts

ANLEITUNG

Es werden keine zusätzlichen Rdm benötigt, alle M sind in den Angaben der Anleitung enthalten. Für ein Spültuch 45 M in der gewünschten Fb anschl und im Rippenmuster wie beschrieben über alle M str. Die 1. R ist eine Hinr. In etwa 4 cm Höhe, nach 12 R im Rippenmuster, in der nächsten Hinr nach der 26. und 37. M je einen M-Markierer setzen und ab der folgenden Rückr über diese 11 markierten M das Herzmotiv str, beginnend mit Rückr 2.

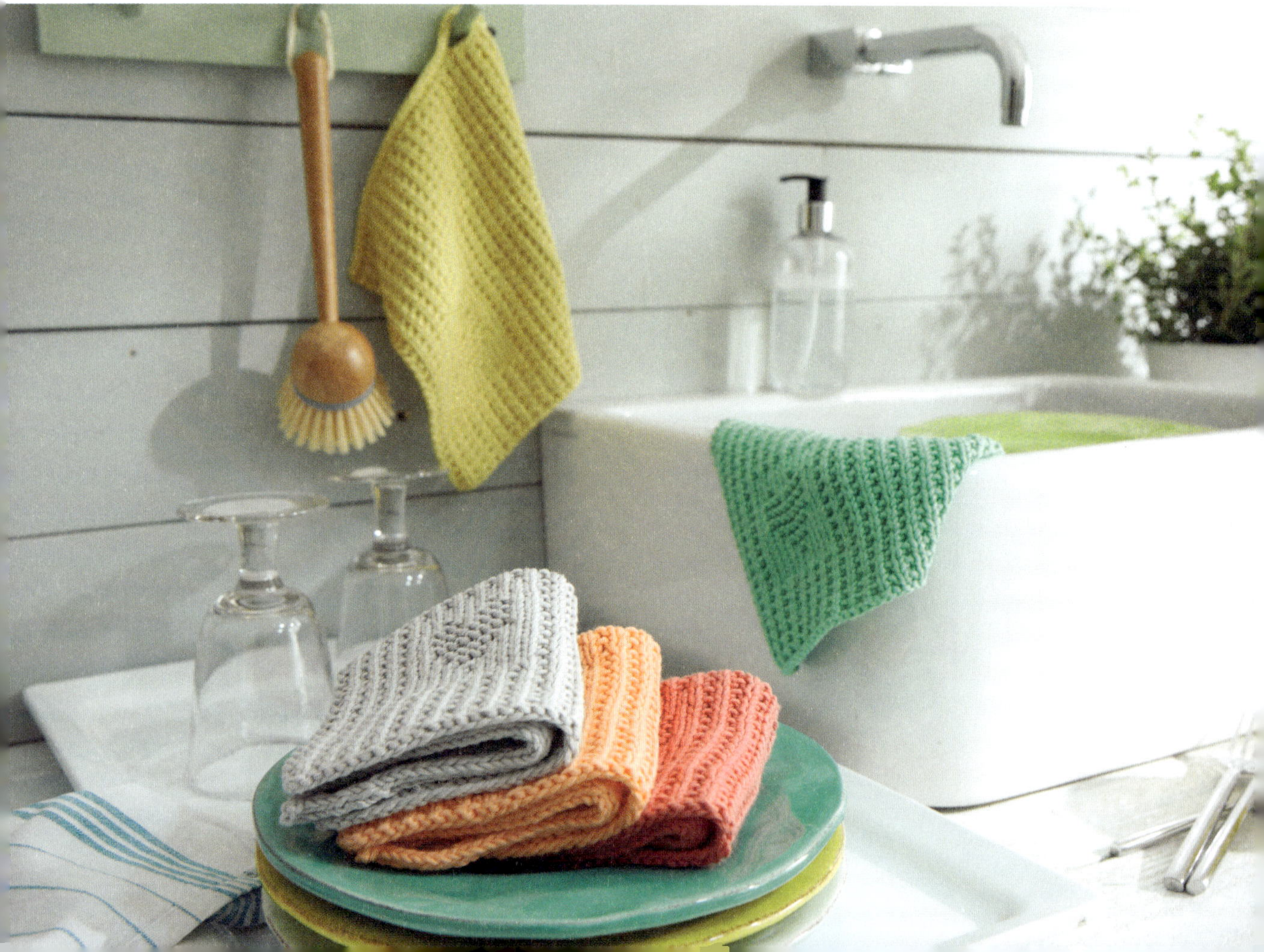

Nach der letzten Rückr im Herzmotiv wieder über alle M im Rippenmuster weiterarb, bis etwa 21cm in der Höhe ab Anschlagkante erreicht sind, nach einer Hinr in der folgenden Rückr alle M mit einem Kordelrand abk.
Dafür am R-Anfang 3 M auf eine der Spielnd aufstr (siehe Seite 211), dann mit der 2. Spielnd * 2 M rechts str, anschließend 2 M rechts überzogen zusammenstr (= 1 M wie zum Rechtsstr abheben, die nächste M [= eine M der Abkettkante] rechts str, dann die abgehobene M überziehen). Nicht wenden, sondern * die 3 M an das andere Ende der Spielnd schieben, sodass am rechten Ende der Nd wieder weitergestrickt werden kann. Den Arbeitsfaden an den Nd-Anfang holen und wie ab * beschrieben fortlaufend wdh, dabei den Arbeitsfaden immer wieder fest anziehen, sodass eine runde Kante entsteht.
10 M vor Ende der Abkettkante einen kleinen Schlitz als Aufhänger einarb. Dafür die nächsten beiden M der Abkettkante (ohne sie zu str) wie zum Linksstr abheben und die 1. der beiden M über die 2. M ziehen, ** 1 weitere M von der linken Nd wie zum Linksstr abheben und wiederum die 1. der beiden M über die 2. M ziehen, ab ** noch 3x wdh. Es sind insgesamt 6 M abgekettet. Die letzte M wieder zurück auf die linke Nd heben.
Nun über die 3 M des Kordelrands einige R str, dafür *** die 3 M des Kordelrands an das Nd-Ende zurückschieben (nicht wenden), den Faden hinter den M mitführen und die 3 M rechts str, ab *** fortlaufend wdh, bis sich die Länge in etwa mit der Schlitzlänge (abgekettete M) deckt.
Nun die restlichen M der Kante wieder wie zu Beginn mit dem Kordelrand abk, am R-Ende den Faden abschneiden, durch die 3 M fädeln und diese zusammenziehen.

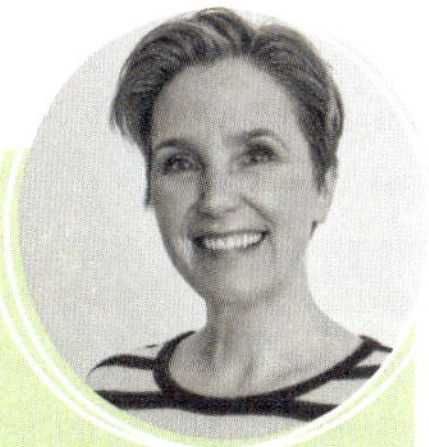

Mein Tipp

Verwende Maschenmarkierer, um das Motiv vom Rippenmuster abzugrenzen! Dafür einfach an der entsprechenden Stelle einen Maschenmarkierer auf die Stricknadel fädeln, den Markierer in jeder Reihe beibehalten und an der entsprechenden Stelle einfach von der linken Stricknadel auf die rechte heben.

Tanja Steinbach

FERTIGSTELLEN

Alle Fäden vernähen. Das Tuch spannen.

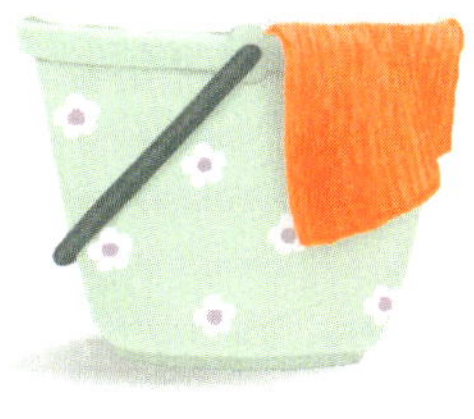

BABYSET: WÄRMFLASCHENHÜLLE, MÜTZE UND SCHÜHCHEN

SCHWIERIGKEITSGRAD

GRÖSSE

MÜTZE

Größe 1 (Baby): ca. 1-3 Monate, passend für Kopfumfang ca. 36-39 cm, Umfang ungedehnt ca. 34 cm

Größe 2 (Baby): ca. 4-6 Monate, passend für Kopfumfang ca. 40-43 cm, Umfang ungedehnt ca. 40 cm

Die Angaben für Größe 1 stehen vor, für Größe 2 nach dem Schrägstrich. Steht nur eine Angabe, gilt diese für beide Größen.

WÄRMFLASCHENHÜLLE

Für Mini-Wärmflaschen: Inhalt etwa 250-300 ml, Durchmesser ca. 13 cm

SCHÜHCHEN

Größe 1 (Baby): ca. 1-3 Monate, passend für eine Fußlänge von ca. 7 cm

Größe 2 (Baby): ca. 4-6 Monate, passend für eine Fußlänge von ca. 8 cm

Die Angaben für Größe 1 stehen vor, für Größe 2 nach dem Schrägstrich.
Steht nur eine Angabe, gilt diese für beide Größen.

MATERIAL

MÜTZE UND WÄRMFLASCHENHÜLLE

- Lana Grossa Cool Wool Baby (LL 220 m/50 g) in Mint (Fb 261), 50 g
- Nadelspiel 2,5-3,0 mm, 15-20 cm lang
- Häkelnadel 2,5 mm
- Maschenmarkierer
- Wollnadel ohne Spitze

HINWEIS: FÜR DIE WÄRMFLASCHENHÜLLE WERDEN ETWA 15 G GARN BENÖTIGT, FÜR DIE MÜTZE ETWA 17/20 G.

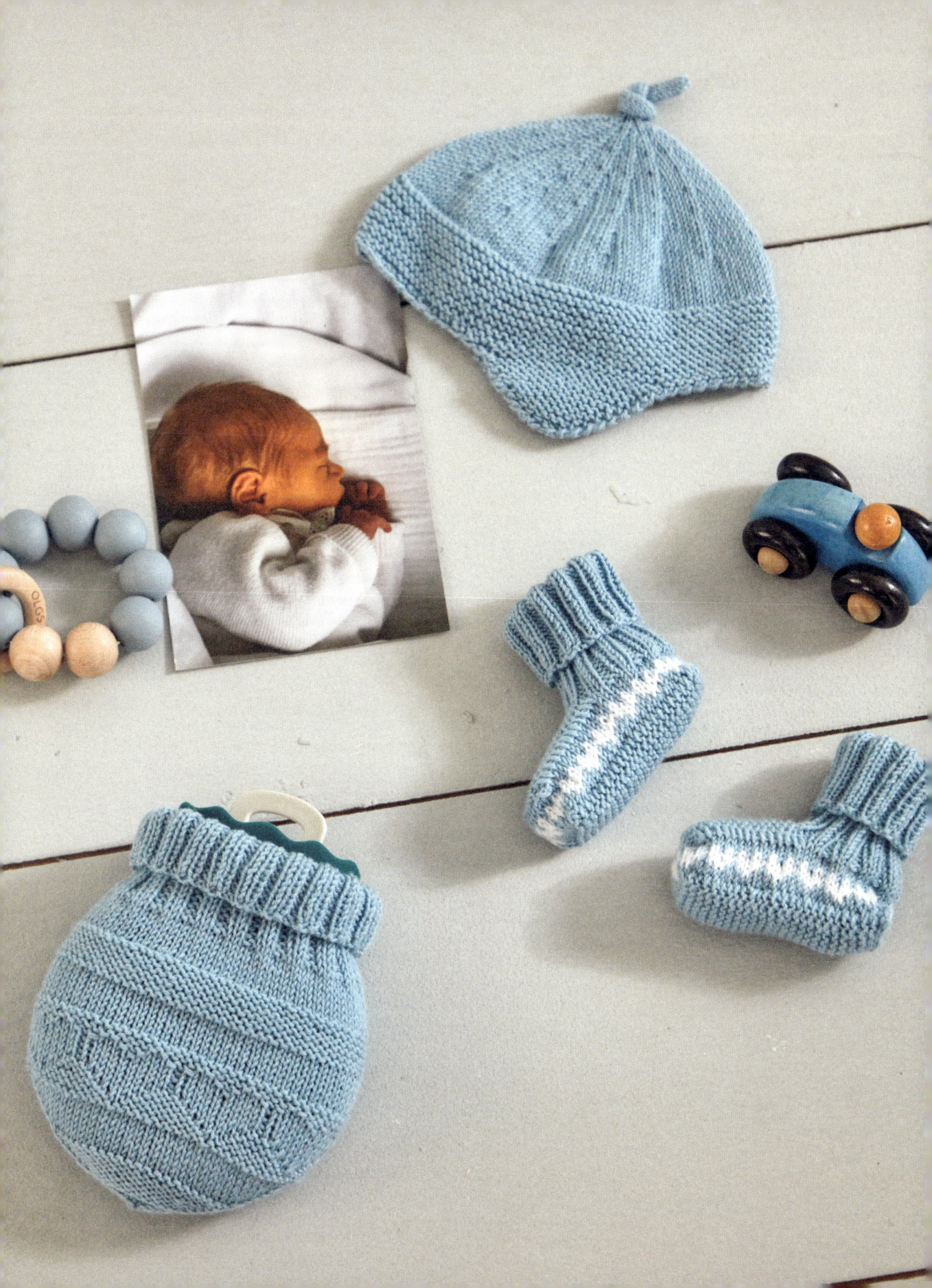

SCHÜHCHEN

- Lana Grossa Cool Wool Baby (LL ca. 220 m/50 g) in Mint (Fb 261), 50 g, und Weiß (Fb 207), Rest
- Nadelspiel 2,5 mm
- 2 Maschenmarkierer
- Wollnadel ohne Spitze

MASCHENPROBEN

Glatt rechts mit Nd 2,5-3,0 mm 30-32 M und 44 Rd = 10 cm x 10 cm

Kraus rechts mit Nd 2,5 mm 32 und 50 Rd = 10 cm x 10 cm

KRAUS RECHTS

In Hin- und Rückr rechte M str, bzw in Rd 1 Rd rechte M, 1 Rd linke M im Wechsel str.

GLATT RECHTS

In Rd alle M rechts str.

GLATT LINKS

In Rd alle M links str.

KREBSMASCHE (MÜTZE)

Krebs-M sind rückwärts gehäkelte fM. Dafür jeweils hinter der vorhergehenden M einstechen und wie gewohnt 1 fM häkeln.

RIPPENMUSTER (WÄRMFLASCHENHÜLLE)

M-Zahl teilbar durch 4. In Rd str.
2 M rechts, 2 M links im Wechsel str.

BORDÜRE MIT HERZEN (WÄRMFLASCHENHÜLLE)

M-Zahl teilbar durch 10. In Rd nach der Strickschrift str. Es sind alle Rd gezeichnet. Den Rapport von 10 M fortlaufend wdh. Die 1.-12. Rd 1x str.

BORDÜRE MIT HERZEN

–	–	–	–	–	–	–	–	–	–	12
–	–	–	–	■	–	–	–	–	–	11
–	–	–	■	■	■	–	–	–	–	10
–	–	■	■	■	■	■	–	–	–	9
–	■	■	■	■	■	■	■	–	–	8
■	■	■	■	■	■	■	■	■	–	7
■	■	■	■	■	■	■	■	■	–	6
■	■	■	■	■	■	■	■	■	–	5
■	■	■	■	–	■	■	■	■	–	4
–	■	■	–	–	–	■	■	–	–	3
–	–	–	–	–	–	–	–	–	–	2
–	–	–	–	–	–	–	–	–	–	1

Rapport = 10 Maschen

Legende

■ = 1 Masche rechts

– = 1 Masche links

BÜNDCHENMUSTER (SCHÜHCHEN)

2 M rechts, 2 M links im Wechsel str.

JACQUARDMUSTER (SCHÜHCHEN)

M-Zahl teilbar durch 4.
In allen Rd glatt rechts nach dem Zählmuster str.
Den Rapport von 4 M fortlaufend wdh.

JACQUARDMUSTER

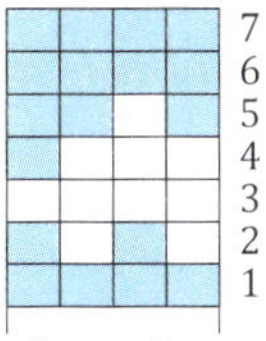

Rapport = 4 Maschen

Legende

= Mint

= Weiß

ANLEITUNG MÜTZE

Für die Mütze mit der ersten Ohrenklappe beginnen: 3 M anschl und kraus rechts in R str. Für die Schrägen in jeder Hinr 7x/8x je 1 M beidseitig zunehmen. Für die Zunahmen jeweils nach der ersten und vor der letzten M der R 1 M links- bzw. rechtsgeneigt aus dem Querfaden zunehmen (= 17/19 M). Noch 4 R kraus rechts ohne Zunahmen str, die letzte R ist ein Rückr. Die M stilllegen. Die zweite Ohrenklappe ebenso arb.
Für den hinteren Mützenteil 15/16 M anschl, über die 17/19 der ersten Ohrenklappe rechts str, dann für den vorderen Mützenteil 40/50 M dazu anschl bzw. wenden und die M aus der letzten M aufstr (siehe Seite 211). Anschließend über die 17/19 M der zweiten Ohrenklappe rechts str und nochmals für den hinteren Mützenteil 15/10 M dazu anschl bzw. aufstr (= 104/120 M = 26/30 M pro Nd). Der Rd-Beginn liegt in der hinteren Mitte.
Über alle M kraus rechts in Rd weiterarb. Nach 3/3,5 cm ab Anschlagkante glatt rechts in Rd weiterstr. Nach 2/4 cm glatt rechts mit den Abnahmen wie folgt beginnen:
Jede 8. M mit der M davor rechts zusammenstr, es werden 13/15 M abgenommen (= 91/105 M). Diese Abnahmen in jeder 4. Rd noch 6x wdh (= 13/15 M). Noch 1 Rd rechte M str, dann fortlaufend 2 M rechts zusammenstr, enden mit 1 M rechts (= 7/8 M).
Nun eine Strickkordel über die verbliebenen 7 M str. Dafür die 7 M auf eine Nd des Ndspiels nehmen und rechts str, * die 7 M an das andere Nd-Ende schieben (nicht wenden), den Faden hinter den M mitführen und die 7 M rechts str, ab * fortlaufend wdh, bis 7 cm Länge erreicht sind. Dann den Faden abschneiden, durch die 7 M fädeln und diese zusammenziehen. Den Faden gut vernähen.

FERTIGSTELLEN

Einen Knoten in die Kordel binden. Die untere Mützenkante mit einer Rd Krebs-M umhäkeln. Die restlichen Fäden vernähen.

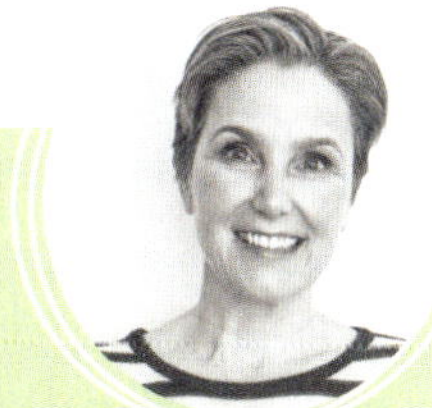

Mein Tipp

An die unteren Spitzen der Ohrenklappen jeweils ein Bindeband anstricken. Dafür 4 Maschen aus der Spitze auffassen und eine Strickkordel wie an der Mützenspitze ab * beschrieben über 4 Maschen stricken. In ca. 18 cm Länge die Strickkordel beenden.

Tanja Steinbach

WÄRMFLASCHENHÜLLE

Die Hülle wird von oben nach unten gestrickt. 80 M in Mint anschl, gleichmäßig auf 4 Spielnd verteilen (= 20 M pro Nd) und zur Rd schließen. Der Rd-Beginn liegt an einer späteren Seite der Hülle. Den Rd-Beginn mit einem M-Markierer kennzeichnen.
Zunächst 6 cm im Rippenmuster str. Anschließend 6 Rd glatt rechts, 6 Rd glatt links, 6 Rd glatt rechts str (= 18 Rd). Danach für die Bordüre mit Herzen 1x die 1.-12. Rd der Strickschrift str. Nun wieder 6 Rd glatt rechts, 6 Rd glatt links im Wechsel str. Dabei für die Formgebung nach der Bordüre mit den Abnahmen beginnen, dafür eine Art Bandspitze glatt rechts arb: In jeder Rd die 2. und 3. M der 1. und 3. Nd rechts überzogen zusammenstr (= 1 M wie zum Rechtsstr abheben, die nächste M rechts str, dann die abgehobene M überziehen). Die vorletzte M der 2. und 4. Nd jeweils mit der M davor rechts zusammenstr. Die 1. M er 1. und 3. Nd und die letzte M der 2. und 4. Nd wird immer rechts gestrickt. Die restlichen M der Rd wie beschrieben 6 Rd glatt rechts, 6 Rd glatt links im Wechsel str.
Die Abnahmen in jeder 2. Rd so lange fortsetzen, bis noch 8 M übrig sind. Den Faden abschneiden, durch die restlichen 8 M fädeln und diese zusammenziehen.

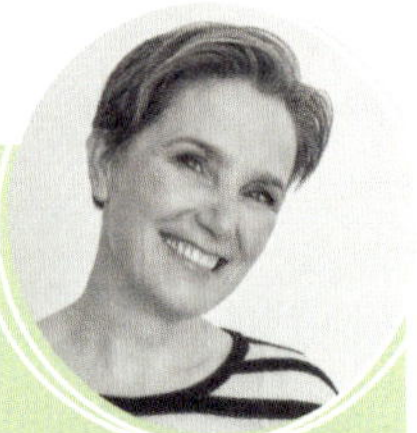

Mein Tipp

Damit sich die Hülle einfach und gut über die Wärmflasche ziehen lässt, darauf achten, dass die Anschlagkante locker bzw. elastisch gearbeitet wird.

Tanja Steinbach

FERTIGSTELLEN

Alle Fäden vernähen. Das Bündchen zur Hälfte nach außen umschlagen und die Hülle über die Wärmflasche ziehen.

SCHÜHCHEN

44/48 M anschl, gleichmäßig auf 4 Spielnd verteilen (= 11/12 M pro Nd) und zur Rd schließen. Für das Bündchen 40 Rd (= 9 cm) im Bündchenmuster str. Anschließend die 11/12 M der 1. Nd und die ersten 5 M der 2. Nd zusammenfassen und stilllegen. Die verbleibenden 6/7 M der 2. Nd mit den ersten 6/7 M der 3. Nd zusammenfassen (12/14 M = Oberfuß). Die verbleibenden 5 M der 3. Nd und die 11/12 M der 4. Nd zusammenfassen und stilllegen. Nun 28/32 R kraus rechts über die 12 M des Oberfußes arb. Den Faden abschneiden. Anschließend wird die Seitenwand in folgender Einteilung in Rd glatt rechts gestrickt:

1. Nd: 16/17 M str.

2. Nd: 14/16 M (1 M pro Krausrippe) aus der linken Seite des Oberfußes auffassen, 1 M-Markierer setzen, 6/7 M des Oberfußes str.

3. Nd: 6/7 M des Oberfußes str, 1 M-Markierer setzen, 14/16 M (1 M pro Krausrippe) aus der rechten Seite des Oberfußes auffassen.

4. Nd: 16/17 M rechts str.

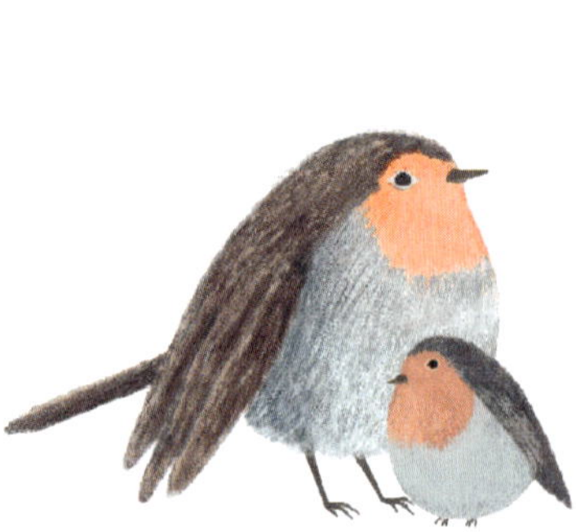

Es liegen insgesamt 72/80 M auf den Nd.
Nun im Jacquardmuster in Mint und Weiß weiterarb. Die 1.-7. Rd des Zählmusters 1x arb. Die M-Markierer dabei jeweils abheben. Den Faden in Weiß abschneiden.
Danach wird die Sohle über die 12/14 M zwischen den beiden M-Markierern kraus rechts in R gestrickt. Dabei in jeder R die M vor dem M-Markierer mit der 1. M nach dem M-Markierer rechts zusammenstr, bis nur noch 12/14 Fersen-M übrig sind. Anschließend die 12/14 M des Oberfußes und die 12/14 M der Ferse auf jeweils einer Nd zuammenfassen. Die Nd parallel legen und immer eine M der vorderen Nd mit einer M der hinteren Nd zusammen abk (siehe Seite 213). Den Faden abschneiden und nach innen ziehen. Alle Fäden vernähen.
Das zweite Schühchen genauso arb.

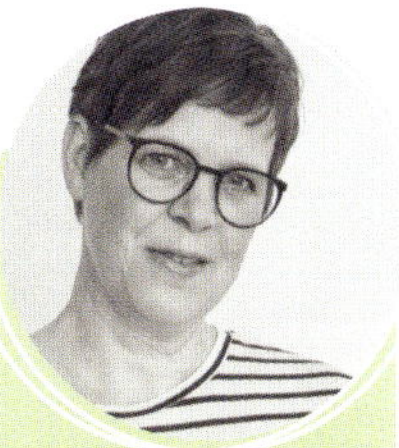

Mein Tipp

Bei Größe 1 reicht das angegebene Material für das gesamte Set. Möchtest du Größe 2 stricken, müssen bei den Schühchen die Farben gewechselt werden.

Kerstin Balke

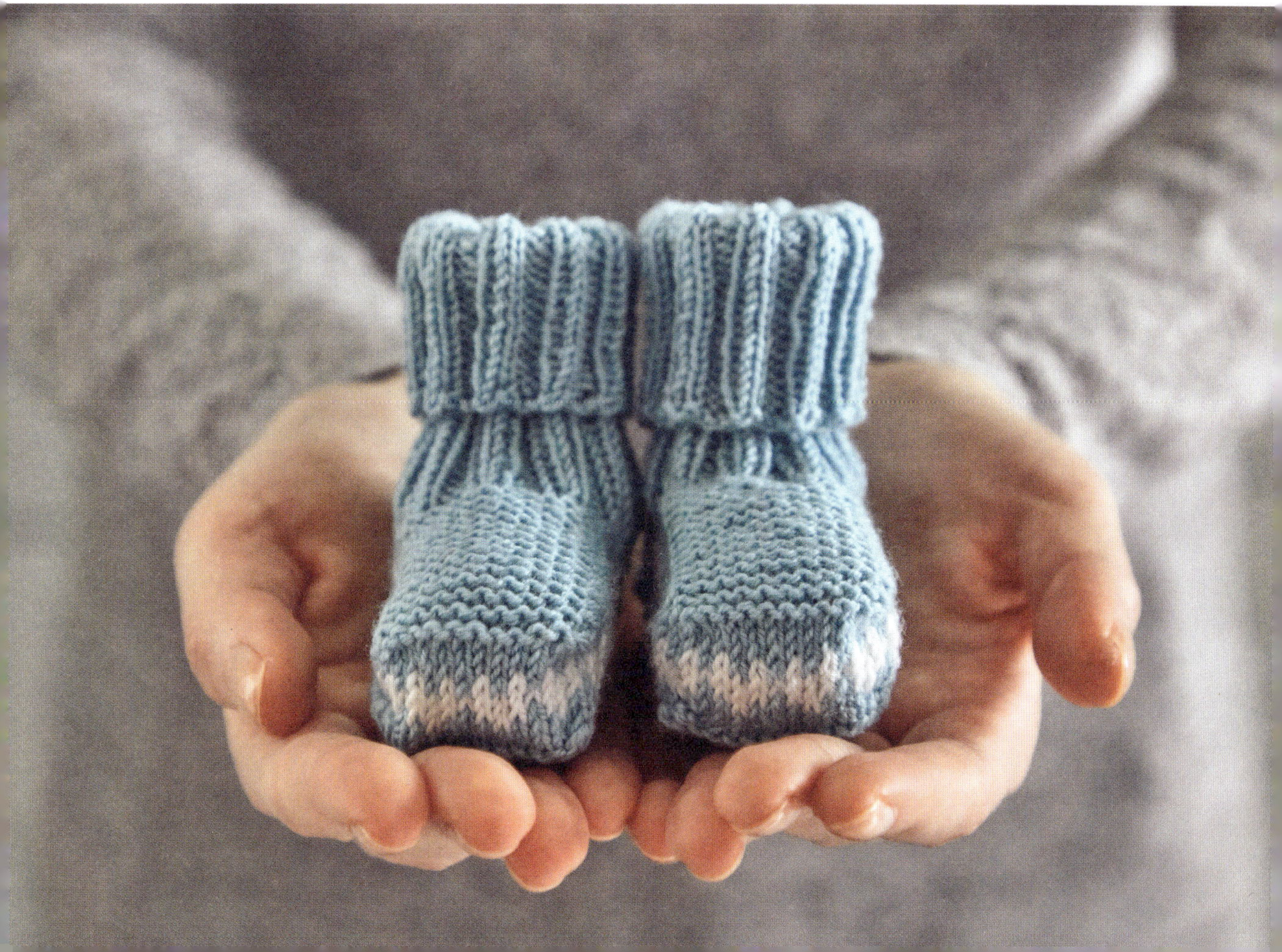

HERZIGE BABYDECKE

SCHWIERIGKEITSGRAD

GRÖSSE

ca. 84 cm x 84 cm

MATERIAL

- Lana Grossa Soft Cotton (LL 140 m/50 g) in Hellgrün (Fb 23), 400 g
- Nadelspiel 3,0-3,5 mm, 15 cm lang
- Rundstricknadel 3,0-3,5 mm, 120 cm lang
- 2 kurze Nadelspielnadeln 3,0 mm (für den Kordelrand)
- 4 Maschenmarkierer
- Wollnadel ohne Spitze

MASCHENPROBE

Im Querrippenmuster mit Nd 3,0-3,5 mm 20-21 M und 30-32 Rd = 10 cm x 10 cm

QUERRIPPENMUSTER

Nur für die Maschenprobe: 6 Rd glatt rechts, 6 Rd glatt links im Wechsel str.
Bei der Babydecke wird fortlaufend zugenommen, Anleitung beachten.

GLATT RECHTS

In Rd alle M rechts str.

GLATT LINKS

In Rd alle M links str.

KRAUS RECHTS

In Rd 1 Rd rechte M, 1 Rd linke M im Wechsel str.

HERZMUSTER (BORDÜRE)

In Rd nach der Strickschrift str. Es sind alle Rd gezeichnet. Bitte die Strickschrift für jeweils eine Seite des Quadrats anwenden, also über 146 M str: * Mit den M vor dem Rapport beginnen, den Rapport von 11 M 13x wdh, mit den M nach dem Rapport enden, dann M-Markierer versetzen. Ab * 3x wdh.

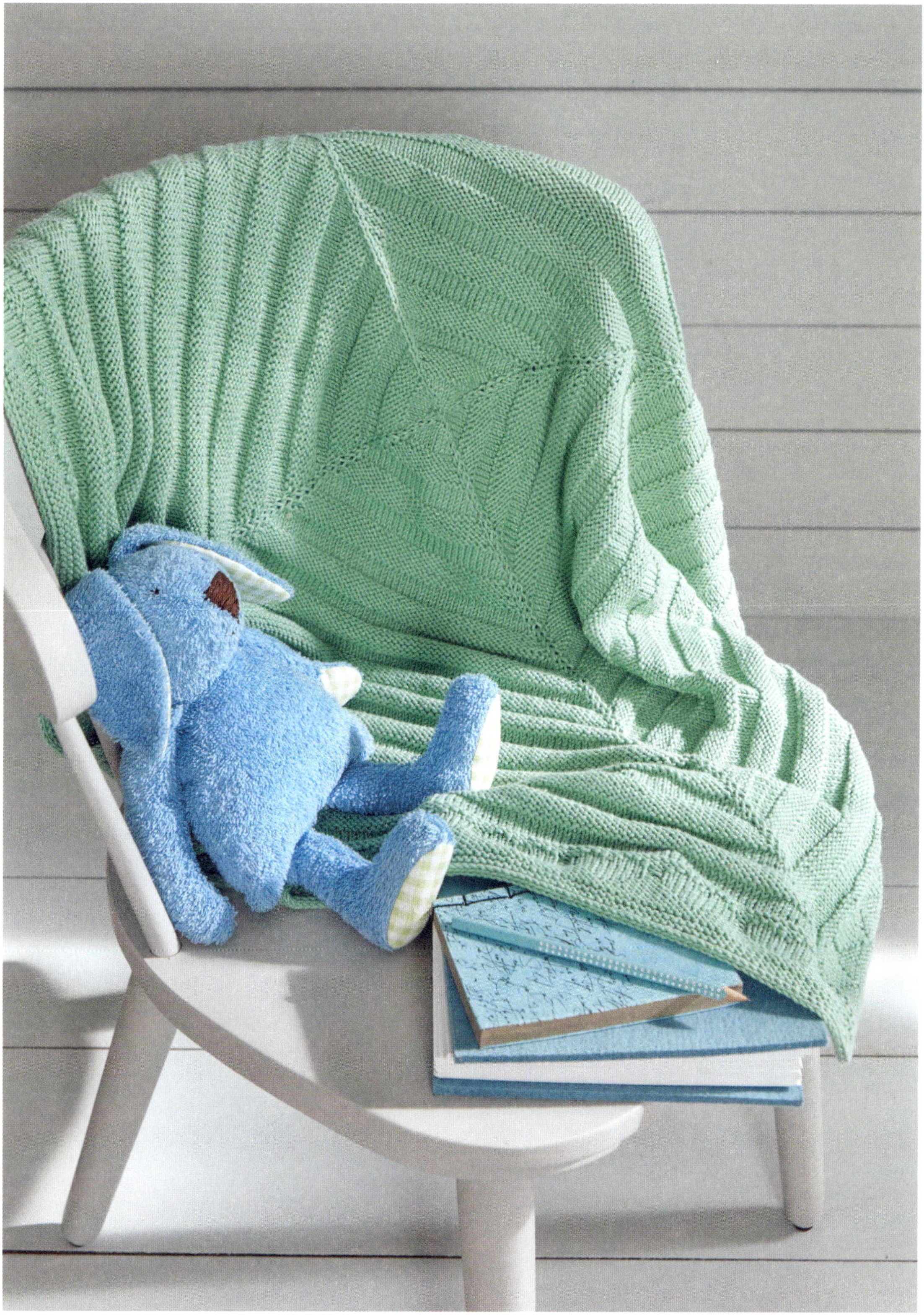

HERZMUSTER

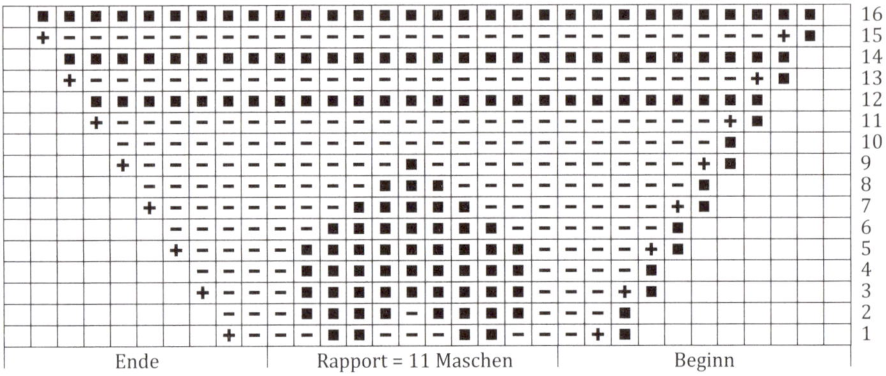

Legende

■ = 1 Masche rechts

− = 1 Masche links

+ = 1 Masche linksgeneigt aus dem Querfaden zunehmen

☐ = keine Bedeutung, dient der besseren Übersicht

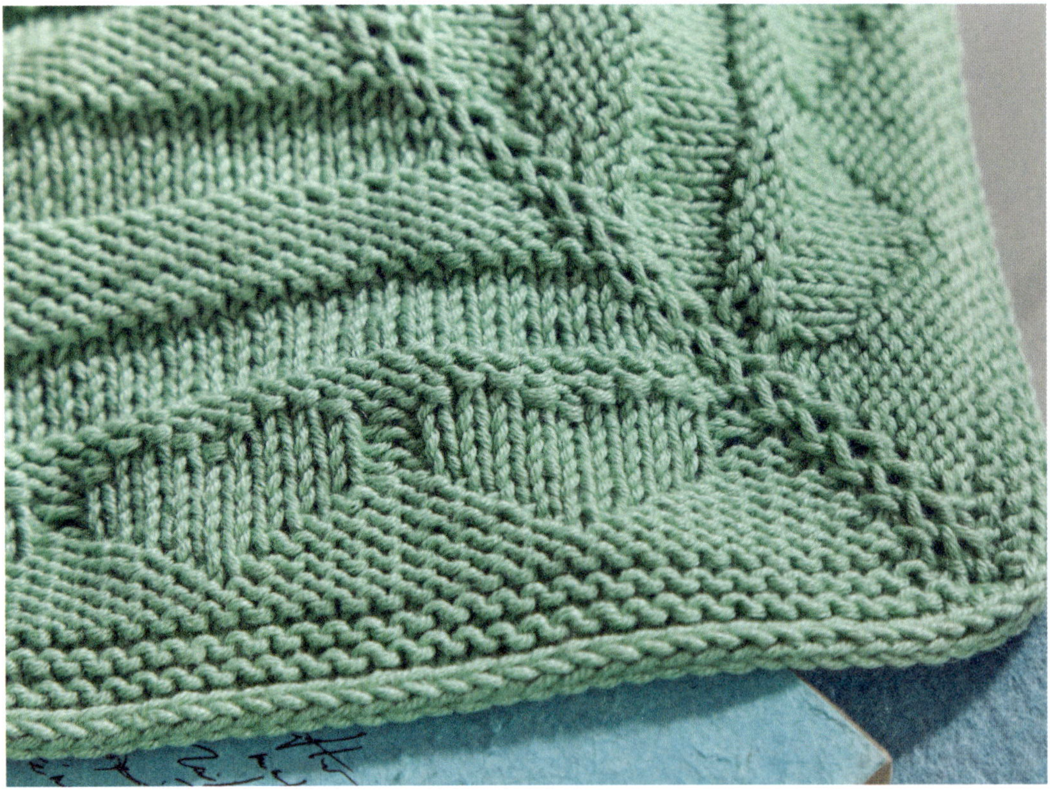

ANLEITUNG

Die Babydecke wird von der Mitte heraus im Querrippenmuster gestrickt, dann folgt eine Bordüre im Herzmuster str, abschließend wird mit einen Kordelrand abgekettet.
8 M auf einer Spielnd anschl, wenden, dann die 8 M rechts str und dabei die M gleichmäßig auf 4 Spielnd verteilen (= 2 M pro Nd), zur Rd schließen. Nun wie folgt in Rd str:
2. Rd: * 1 M rechts, 1 M linksgeneigt aus dem Querfaden zunehmen (siehe Seite 210), ab * fortlaufend wdh (= 16 M).
3. Rd: Alle M rechts str.
4. Rd: * 1 M rechts, 1 M linksgeneigt aus dem Querfaden zunehmen, alle M bis zum Nd-Ende rechts str, M-Markierer setzen, 1 M linksgeneigt aus dem Querfaden zunehmen, ab * 3x wdh. Es werden 8 M zugenommen.
5. Rd: Alle M rechts str.
6.-9. Rd: Die 4. und 5. Rd 2x wdh.
10. Rd: * 1 M rechts, 1 M linksgeneigt aus dem Querfaden zunehmen, alle M bis zum Nd-Ende (M-Markierer) links str, 1 M linksgeneigt aus dem Querfaden zunehmen, ab * fortlaufend wdh. Es werden 8 M zugenommen.
11. Rd: * 1 M rechts, alle M bis zum Nd-Ende links str, ab * auf allen Nd wdh.
12.-15. Rd: Die 10. und 11. Rd 2x wdh. ZUR KONTROLLE: Nach der 15. Rd sind 64 M erreicht.
Sobald die Spielnd nicht mehr für die M-Zahl ausreichen, auf die Rundstricknd wechseln, dabei auch die M-Markierer an den entsprechenden Stellen übernehmen.
Nun die 4.-15. Rd (= Querrippenmuster) fortlaufend wdh: Die 4.-15. insgesamt noch 10x wdh (= 544 M), abschließend noch 1x die 4.-9. Rd str (= 568 M, 142 M je Seite).
Dann noch 2x die 10. und 11. Rd str, es werden noch 16 M zugenommen (= 584 M, 146 M je Seite). Dann noch eine 11. Rd (= ohne Zunahmen) str.
Nun die Bordüre im Herzmuster str, dazu die 1.-16. Rd der Strickschrift 1x arb.
Anschließend alle M mit einem Kordelrand abk. Dafür am Rd-Anfang 3 M auf eine der Spielnd aufstr (siehe Seite 211), dann mit der 2. Spielnd * 2 M rechts str, anschließend 2 M rechts überzogen zusammenstr (= 1 M wie zum Rechtsstr abheben, die nächste M = eine M der Abkettkante rechts str, dann die abgehobene M überziehen). Nicht wenden, sondern * die 3 M an das andere Ende der Spielnd schieben, sodass am rechten Ende der Nd wieder weitergestrickt werden kann. Den Arbeitsfaden an den Nd-Anfang holen und wie ab * beschrieben fortlaufend wdh, dabei den Arbeitsfaden immer wieder fest anziehen, sodass eine runde Kante entsteht. Am Ende der Rd die M des Kordelrands abk. Faden abschneiden, durch die letzte M ziehen und mit dem Kordelrandanschlag zur Rd zusammennähen und vernähen.

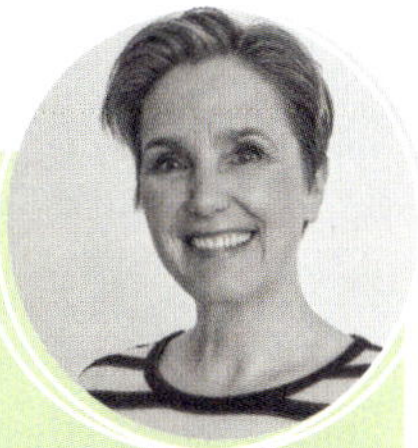

Mein Tipp

Verwende Maschenmarkierer, um die Herzen abzugrenzen! Dafür einfach an der entsprechenden Stelle einen Maschenmarkierer auf die Stricknadel fädeln, den Markierer in jeder Reihe beibehalten und an der entsprechenden Stelle einfach von der linken Stricknadel auf die rechte heben.

Tanja Steinbach

FERTIGSTELLEN

Alle Fäden vernähen. Dabei mit dem Anfangsfaden das kleine Loch in der Mitte schließen, dafür den Faden einmal rundherum durch die Anschlagkante fädeln und zusammenziehen. Die Decke anfeuchten, spannen und trocknen lassen.

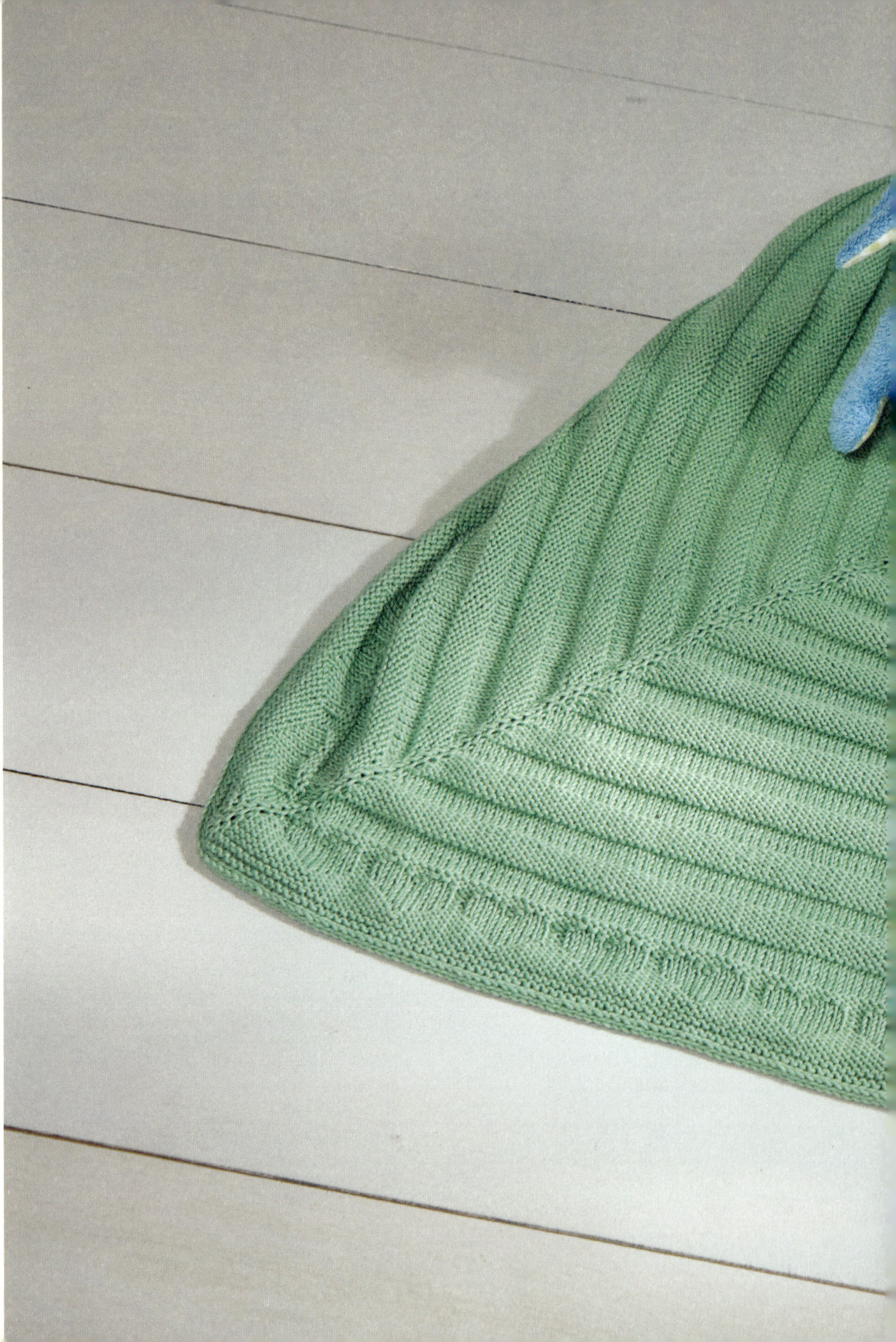

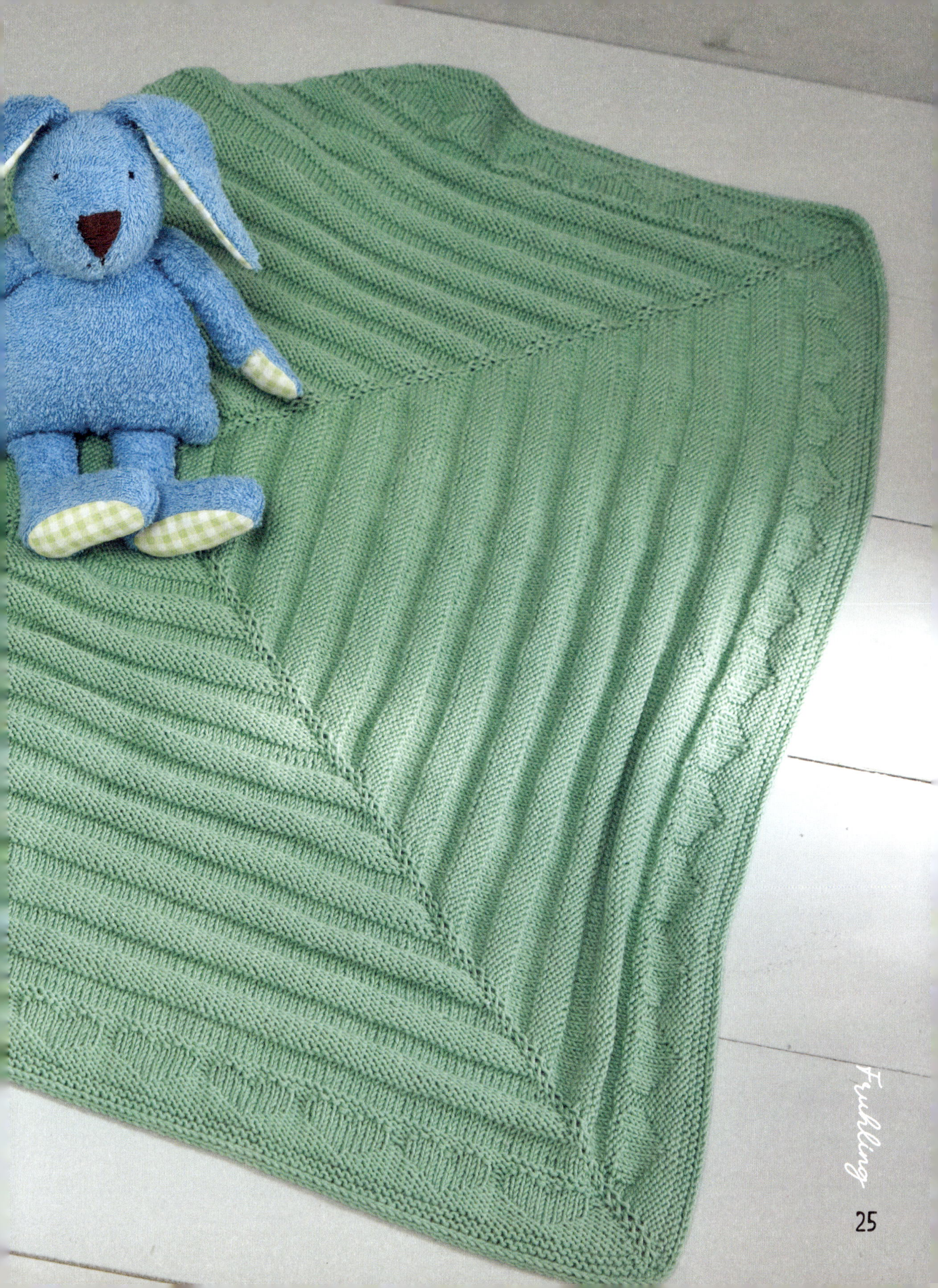

Frühling

BUNTE OSTERSOCKEN

SCHWIERIGKEITSGRAD

GRÖSSE

36/37, 38/39, 40/41, 42/43

Die Angaben für die einzelnen Größen stehen hintereinander, jeweils durch Schrägstriche getrennt. Steht nur eine Angabe, gilt diese für alle Größen.

MATERIAL

- Lana Grossa Meilenweit 50 Cashmere (LL ca. 210 m/50 g) in Weiß (Fb 01), 100 g, Pastellblau (Fb 49), Mint (Fb 28), Pastellrosa (Fb 36) und Lachs (Fb 43), je 50 g
- Nadelspiel 2,5-3,0 mm
- Wollnadel ohne Spitze

MASCHENPROBE

Im Jacquardmuster mit Nd 2,5-3,0 mm 36 M und 44 Rd = 10 cm x 10 cm

GLATT RECHTS

In Hinr rechte M, in Rückr linke M str, bzw. in Rd alle M rechts str,

BÜNDCHENMUSTER

2 M rechts, 2 M links im Wechsel str.

JACQUARDMUSTER

M-Zahl jeweils teilbar durch 4.
In allen Rd glatt rechts nach dem Zählmuster str.
Den Rapport von 4 M fortlaufend wdh.

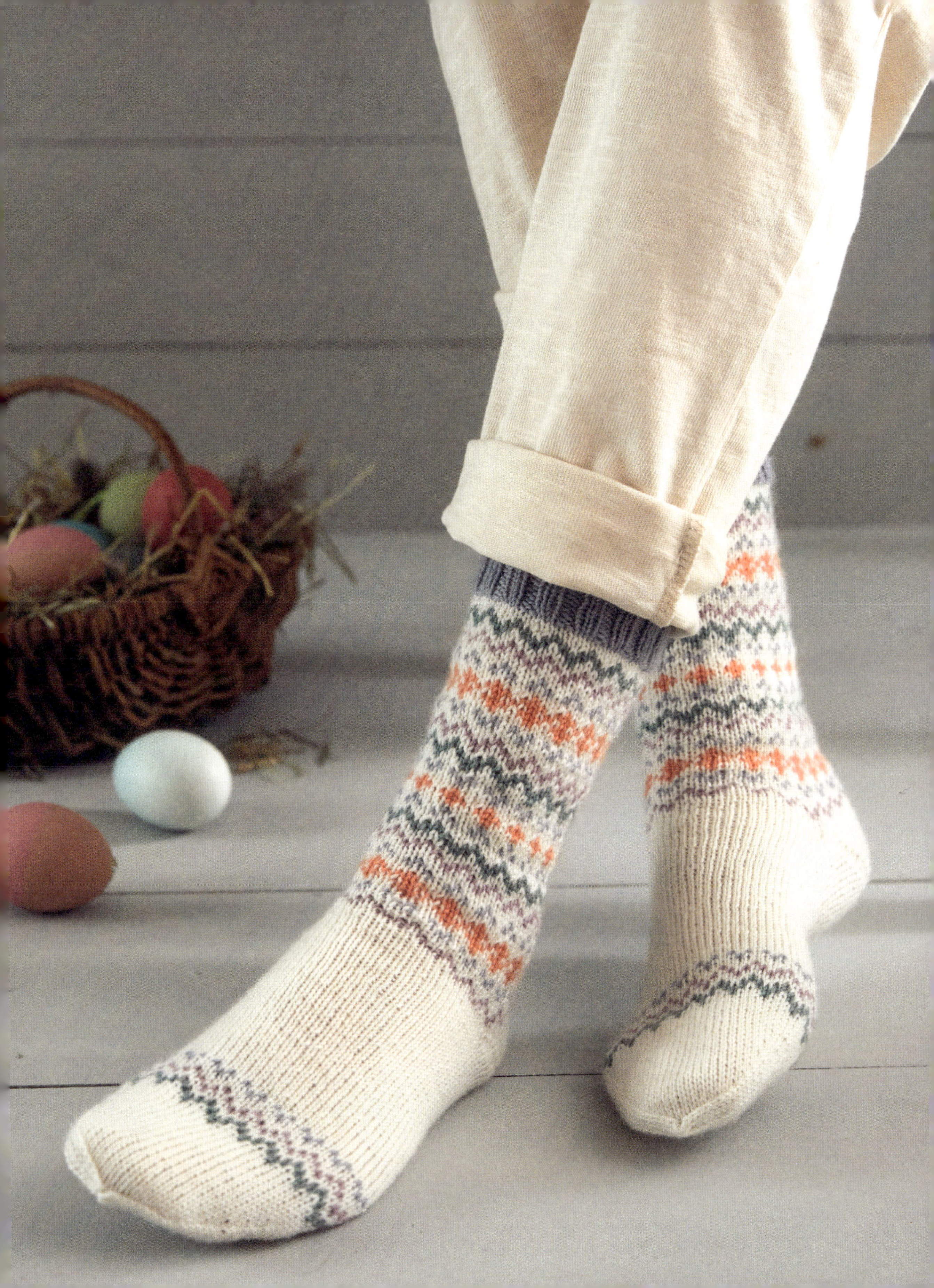

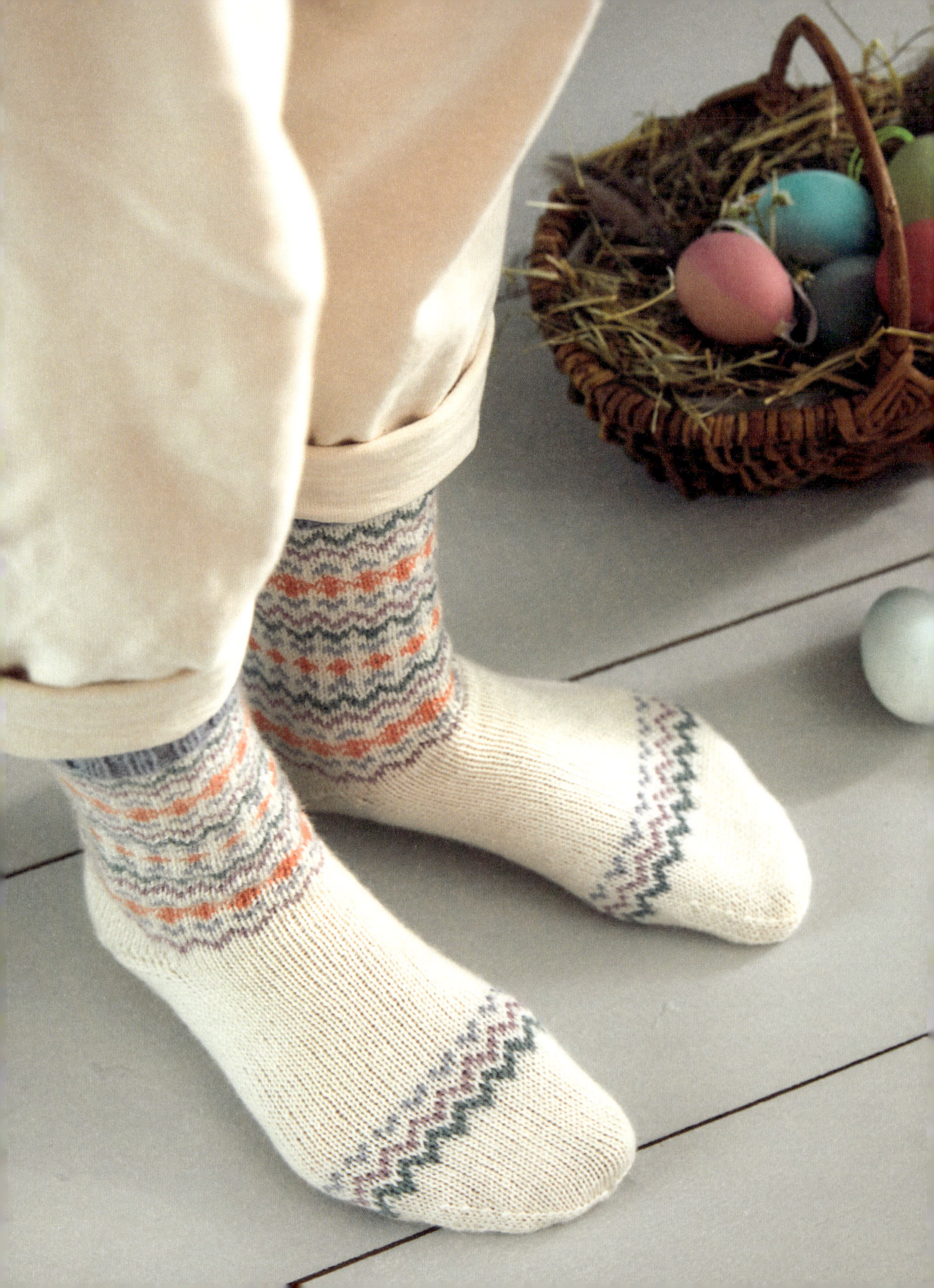

ANLEITUNG

64/64/68/68 M in Pastellblau anschl, gleichmäßig auf 4 Spielnd verteilen (= 16/16/17/17 M pro Nd) und zur Rd schließen.
Für das Bündchen 12 Rd (= 2,5 cm) im Bündchenmuster str. Den Faden in Pastellblau abschneiden.
Den Schaft glatt rechts mit 2 Rd in Weiß beginnen. Anschließend im Jacquardmuster in Weiß, Mint, Pastellrosa, Pastellblau und Lachs weiterarb.
Die 1.-38. Rd des Zählmusters und die 1.-23. Rd jeweils 1x str. Die Fäden in Mint, Pastellrosa, Pastellblau und Lachs abschneiden und 2 Rd in Weiß arb.
Nun die Bumerangferse glatt rechts in Weiß über die 32/32/34/34 M der 4. und 1. Nd nach der Grundanleitung str (siehe Seite 220).

Den Fuß weiter glatt rechts über alle M der 4 Spielnd arb. Nach 11,5/13/14,5/16 cm ab Fersenmitte im Jacquardmuster in Weiß, Pastellblau, Pastellrosa und Mint weiterarb. Die 18.-27. Rd des Zählmusters 1x str. Die Fäden in Pastellblau, Pastellrosa und Mint abschneiden und die Socke in Weiß beenden. Dabei nach 16/17,5/19/20,5 cm ab Fersenmitte mit den Abnahmen für die Bandspitze beginnen.
Die Bandspitze nach der Grundanleitung str (siehe Seite 221). Den Faden abschneiden und nach innen ziehen.
Alle Fäden vernähen.
Die zweite Socke genauso arb.

JACQUARDMUSTER

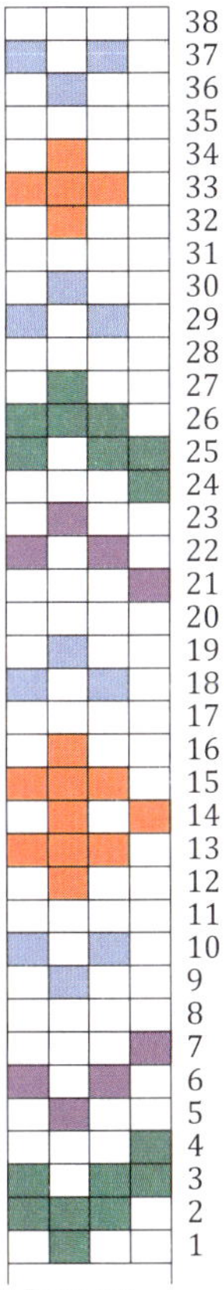

Rapport = 4 Maschen

Legende

- = Weiß
- = Pastellblau
- = Lachs
- = Pastellrosa
- = Mint

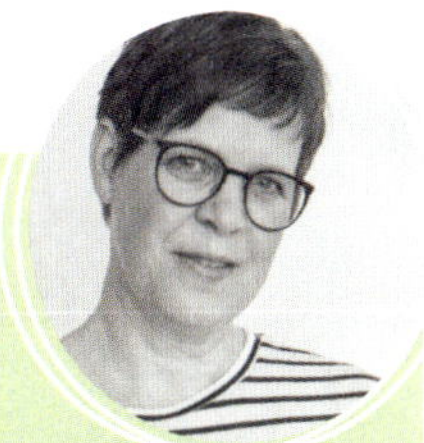

Mein Tipp

Damit bei Jacquardmustern mit vielen Farben zum Schluss nicht zu viele Fäden vernäht werden müssen, beginne ich schon während des Strickens damit.

Kerstin Balke

SÜSSE EIERWÄRMER

SCHWIERIGKEITSGRAD

GRÖSSE

Umfang: 14 cm

Höhe: 9 cm

MATERIAL

- Lana Grossa Meilenweit 50 Cashmere (LL ca. 210 m/50 g) in Weiß (Fb 01), Pastellblau (Fb 49) und Lachs (Fb 43), je 50 g
- Nadelspiel 2,5-3,0 mm
- Wollnadel ohne Spitze

MASCHENPROBE

Im Jacquardmuster mit Nd 2,5-3,0 mm 36 M und 44 Rd = 10 cm x 10 cm

GLATT RECHTS

In Rd alle M rechts str.

BÜNDCHENMUSTER

2 M rechts, 2 M links im Wechsel str.

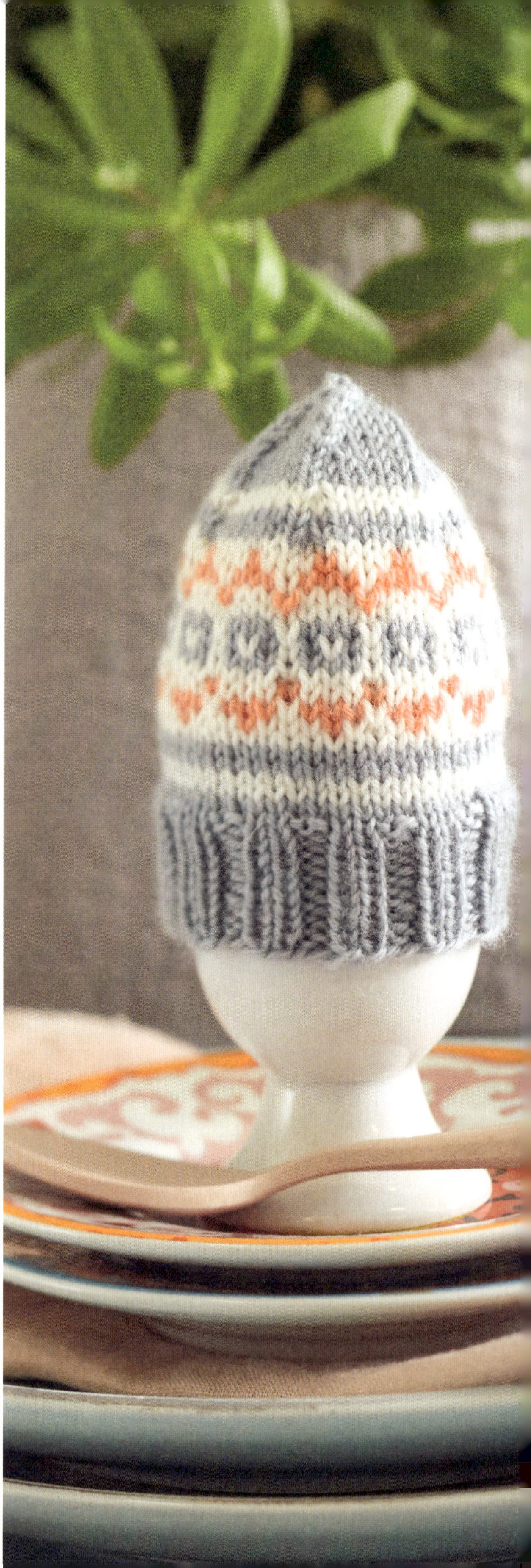

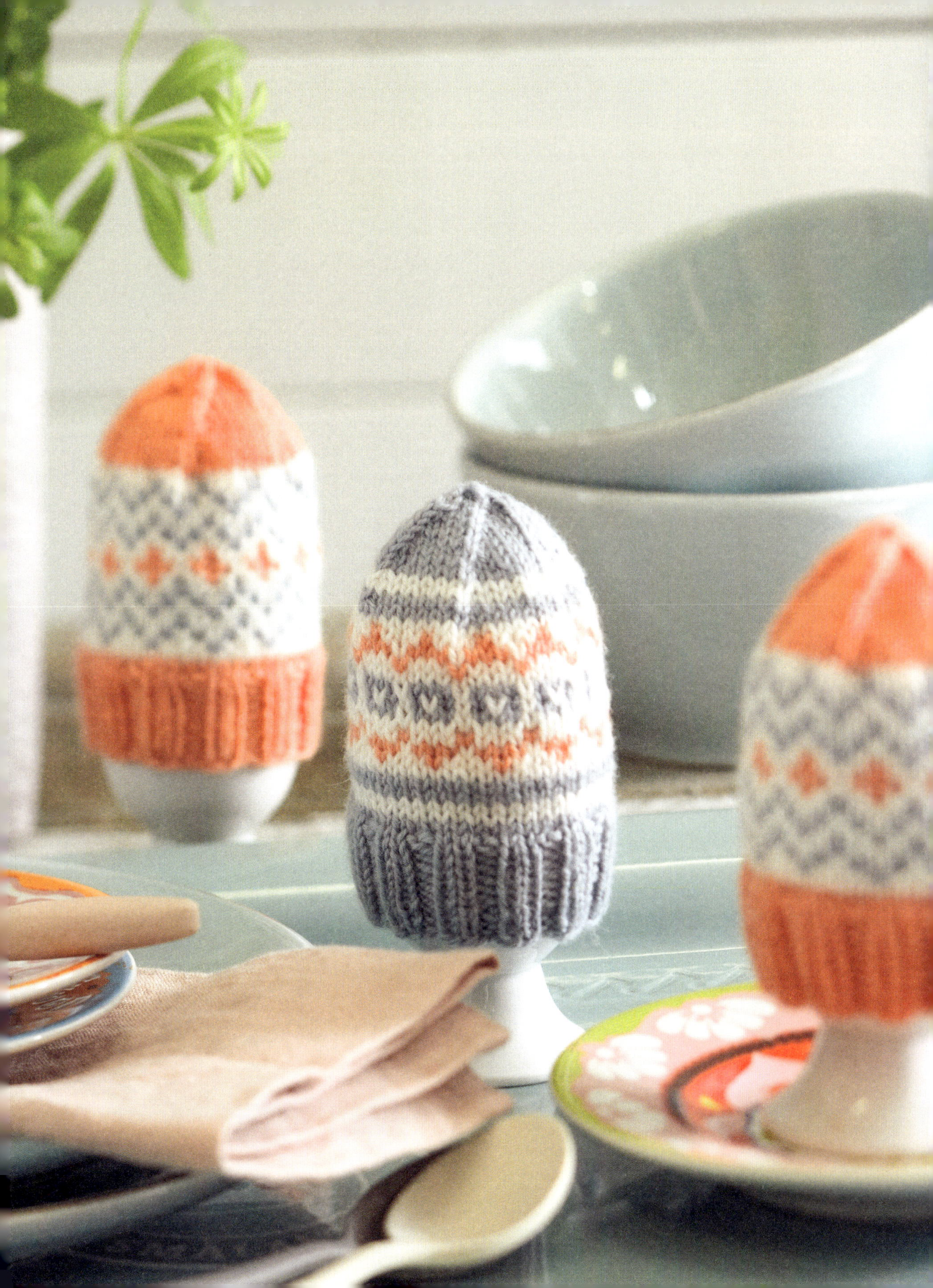

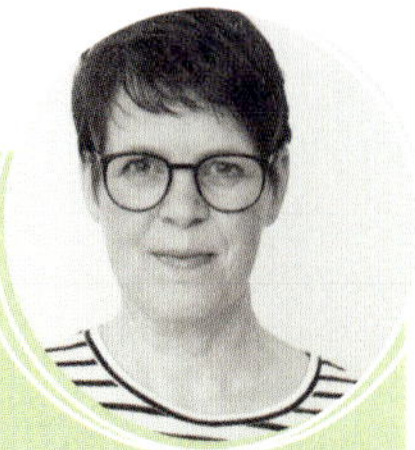

Mein Tipp

Die kleinen Muster sehen als Bordüre auch auf Socken schön aus.

Kerstin Balke

JACQUARDMUSTER A UND B

M-Zahl jeweils teilbar durch 4.
In allen Rd glatt rechts nach dem jeweiligen Zählmuster str. Den Rapport von 4 M fortlaufend wdh.

JACQUARD-MUSTER A

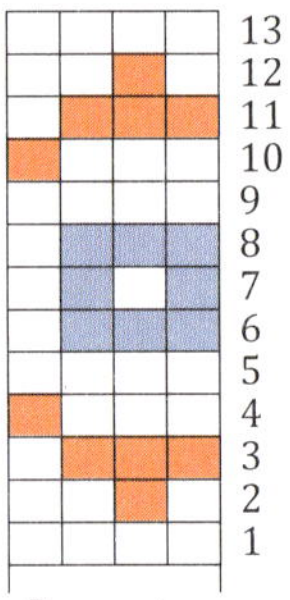

Rapport = 4 Maschen

JACQUARD-MUSTER B

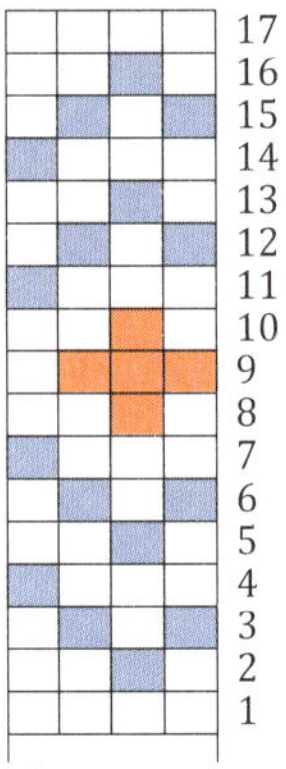

Rapport = 4 Maschen

Legende

- = Weiß
- = Pastellblau
- = Lachs

ANLEITUNG MODELL 1

48 M in Pastellblau anschl, gleichmäßig auf 4 Spielnd verteilen (= 12 M pro Nd) und zur Rd schließen.
Für das Bündchen 10 Rd (= 2 cm) im Bündchenmuster str.
Anschließend glatt rechts weiterarb. 1 Rd in Pastellblau, 2 Rd in Weiß und 2 Rd in Pastellblau str.
Danach im Jacquardmuster A in Weiß, Lachs und Pastellblau weiterarb. Die 1.-13. Rd des Zählmusters 1x str. Den Faden in Lachs abschneiden und 1 Rd in Pastellblau arb.
Danach mit den Abnahmen beginnen und wie folgt str:
1. Rd (Pastellblau): * 6 M rechts str, 2 rechts zusammenstr, ab * 5x wdh.
2.+3. Rd (Weiß): Alle M rechts str.
Den Faden in Weiß abschneiden und den Eierwärmer in Pastellblau beenden.
4. Rd: * 5 M in rechts str, 2 M rechts zusammenstr, ab * 5x wdh.
5.+6. Rd: Alle M rechts str.
7. Rd: * 4 M rechts str, 2 M rechts zusammenstr, ab * 5x wdh.
8. Rd: Alle M rechts str.
9. Rd: * 3 M rechts str, 2 M rechts zusammenstr, ab * 5x wdh.
10. Rd: Alle M rechts str.
11. Rd: * 2 M rechts str, 2 M rechts zusammenstr, ab * 5x wdh.
12. Rd: * 1 M rechts str, 2 M rechts zusammenstr, ab * 5x wdh.
13. Rd: Fortlaufend 2 M rechts zusammenstr.
Den Faden abschneiden und mit einer Wollnd durch die restlichen 6 M ziehen.
Alle Fäden vernähen.

MODELL 2

48 M in Lachs anschl, gleichmäßig auf 4 Spielnd verteilen (= 12 M pro Nd) und zur Rd schließen. Für das Bündchen 10 Rd (= 2 cm) im Bündchenmuster str.
Anschließend glatt rechts weiterarb. 1 Rd in Lachs str. Danach im Jacquardmuster B in Weiß, Pastellblau und Lachs weiterarb. Die 1.-17. Rd des Zählmusters 1x str. Die Fäden in Weiß und Pastellblau abschneiden und den Eierwärmer in Lachs beenden. 1 Rd glatt rechts str.
Danach mit den Abnahmen beginnen und wie folgt str:
1. Rd: * 6 M rechts str, 2 rechts zusammenstr, ab * 5x wdh.
2.+3. Rd: Alle M rechts str.
4. Rd: * 5 M in rechts str, 2 M rechts zusammenstr, ab * 5x wdh.
5.+6. Rd: Alle M rechts str.
7. Rd: * 4 M rechts str, 2 M rechts zusammenstr, ab * 5x wdh.
8. Rd: Alle M rechts str.
9. Rd: * 3 M rechts str, 2 M rechts zusammenstr, ab * 5x wdh.
10. Rd: Alle M rechts str.
11. Rd: * 2 M rechts str, 2 M rechts zusammenstr, ab * 5x wdh.
12. Rd: * 1 M rechts str, 2 M rechts zusammenstr, ab * 5x wdh.
13. Rd: Fortlaufend 2 M rechts zusammenstr.
Den Faden abschneiden und mit einer Wollnd durch die restlichen 6 M ziehen.
Alle Fäden vernähen.

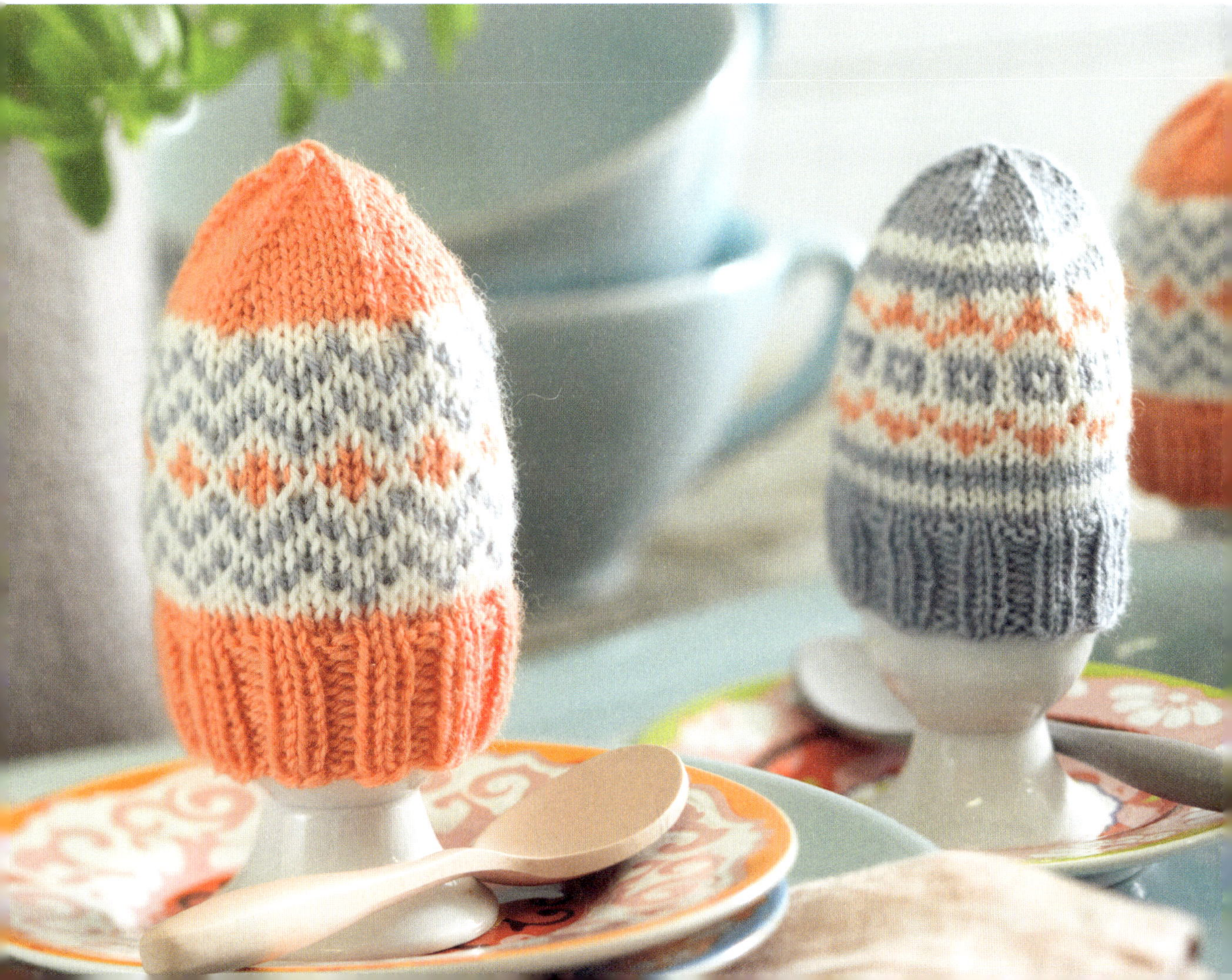

LECKERE GRANOLA-KUGELN

VON KERSTIN BALKE

Jetzt beginnt wieder die Zeit, in der ich viel unterwegs bin. Die kleinen Power-Kugeln sind genau richtig für eine längere Radtour und lange Spaziergänge. Sie sind schnell gemacht, unheimlich lecker und brauchen nicht viel Platz im Rucksack. Die Zutaten lassen sich leicht verändern. Sehr lecker ist eine Variante mit Erdnussbutter statt Datteln. Auch als kleines Mitbringsel eignen sie sich gut. Einfach in ein schönes Glas füllen, eine Schleife dranbinden, fertig ist die kleine Aufmerksamkeit.

ZUTATEN

- 1 REIFE BANANE
- 1/2 ESSLÖFFEL HONIG
- 180 G GETROCKNETE DATTELN OHNE STEIN
- 2 ESSLÖFFEL KOKOSÖL
- 1 PRISE SALZ
- 125 G ZARTE HAFERFLOCKEN
- 150 G KERNIGE HAFERFLOCKEN
- AUSSERDEM: BACKBLECH UND BACKPAPIER

ZUBEREITUNG

DEN BACKOFEN AUF 150°C VORHEIZEN UND EIN BACKBLECH MIT BACKPAPIER AUSLEGEN.
BANANE, HONIG, DATTELN, KOKOSÖL UND SALZ PÜRIEREN. DIE HAFERFLOCKEN IN DIE MISCHUNG GEBEN UND ALLES GUT MIT DEN HÄNDEN VERMISCHEN.
DIE MASSE IN DEN HANDFLÄCHEN ZU CA. 20 BÄLLCHEN FORMEN UND AUF DAS BACKBLECH LEGEN.
DIE KUGELN 15-20 MINUTEN BACKEN UND NACH DER HÄLFTE DER ZEIT WENDEN. IN EINEM LUFTDICHTEN BEHÄLTER BEI ZIMMERTEMPERATUR AUFBEWAHREN, DAMIT DIE KUGELN LÄNGER HALTBAR BLEIBEN.

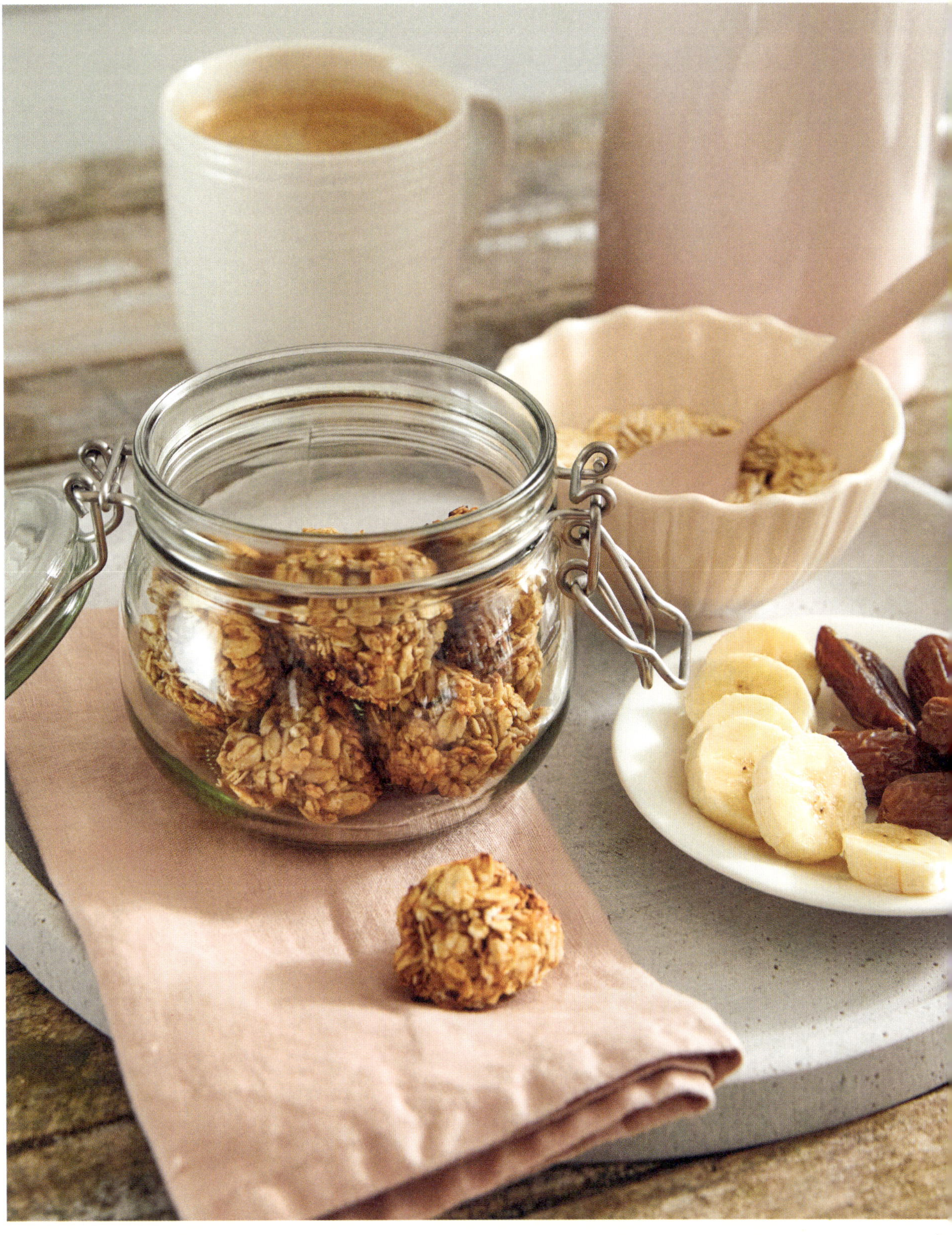

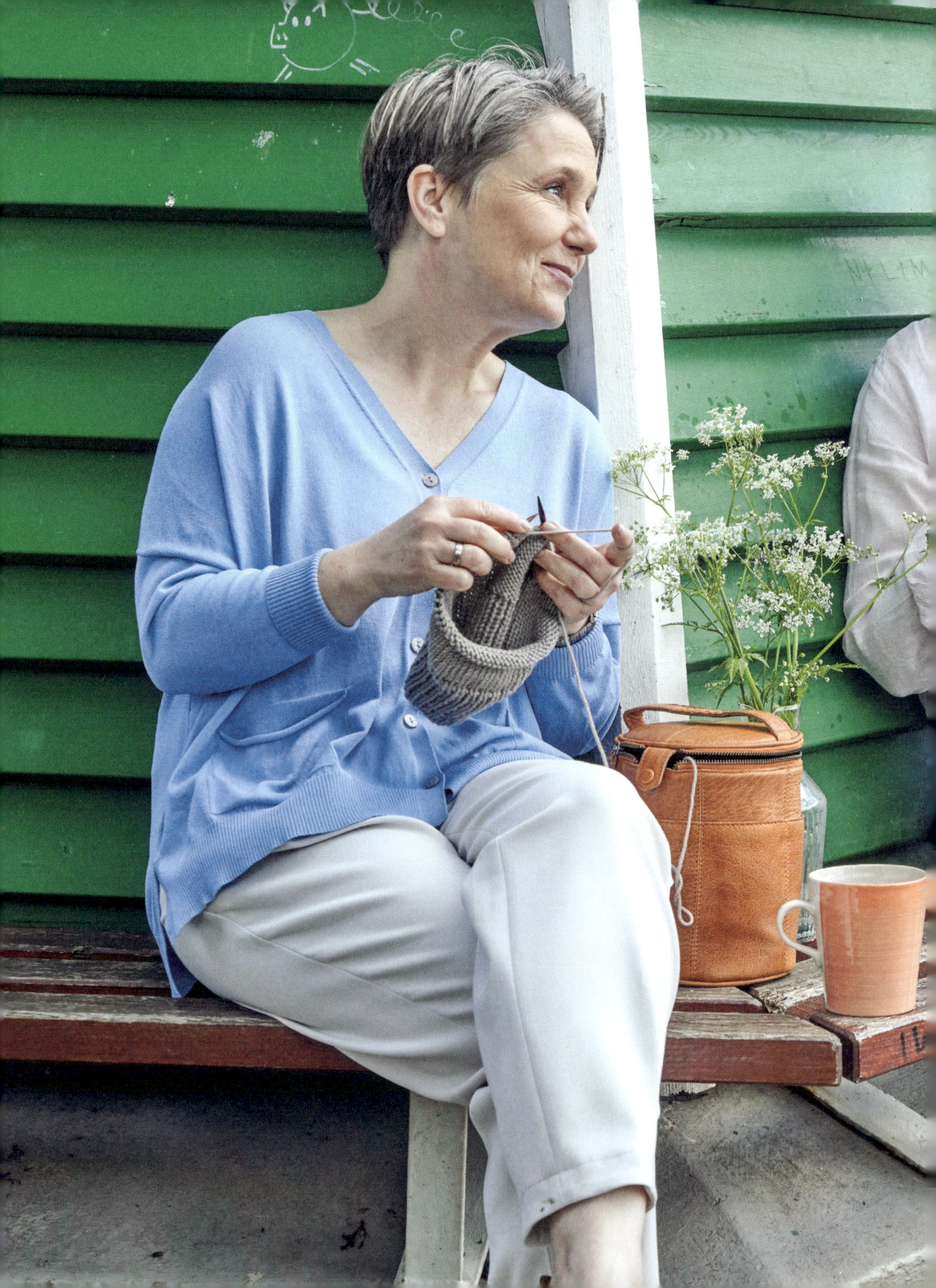

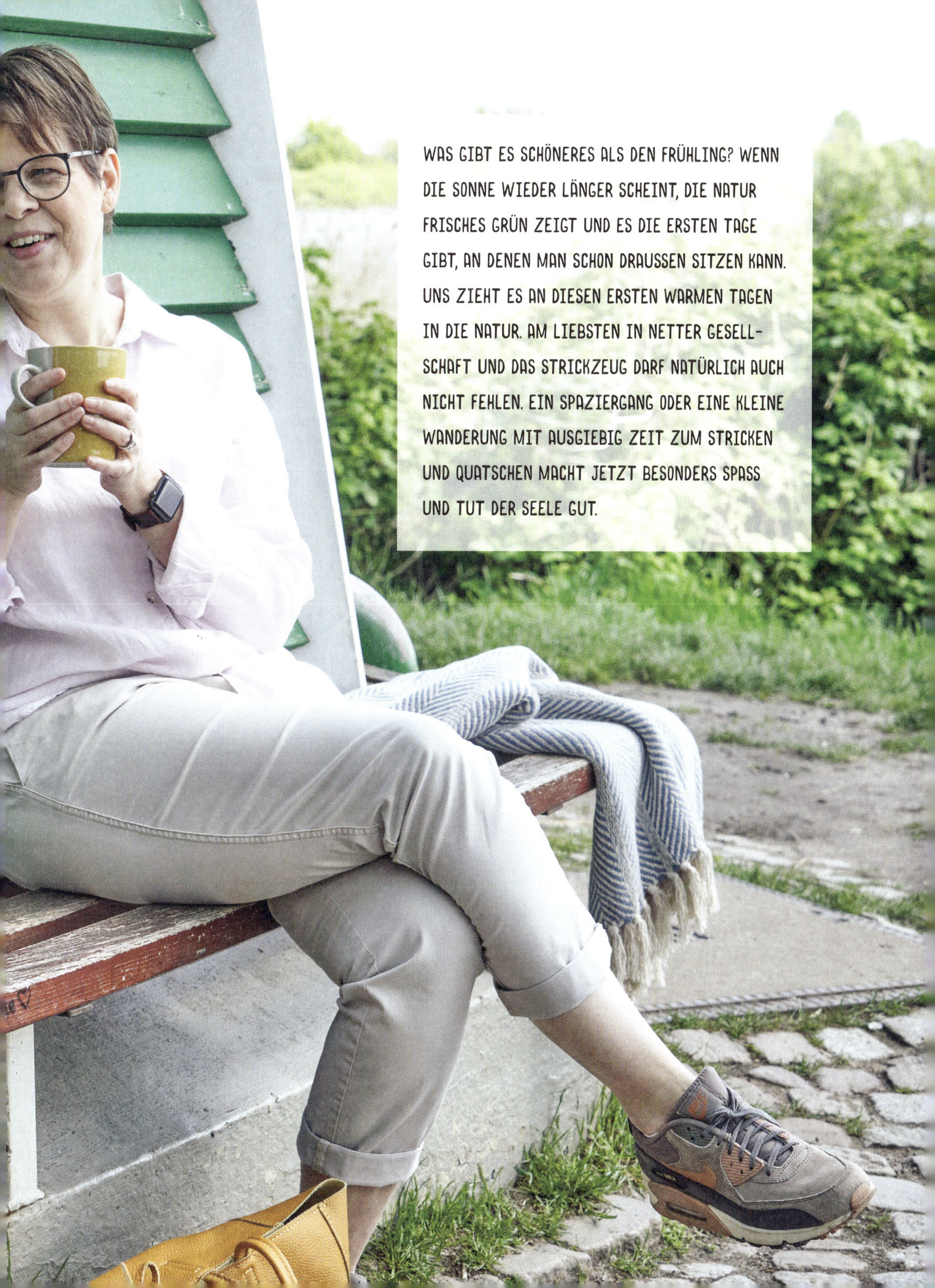

WAS GIBT ES SCHÖNERES ALS DEN FRÜHLING? WENN DIE SONNE WIEDER LÄNGER SCHEINT, DIE NATUR FRISCHES GRÜN ZEIGT UND ES DIE ERSTEN TAGE GIBT, AN DENEN MAN SCHON DRAUSSEN SITZEN KANN. UNS ZIEHT ES AN DIESEN ERSTEN WARMEN TAGEN IN DIE NATUR. AM LIEBSTEN IN NETTER GESELLSCHAFT UND DAS STRICKZEUG DARF NATÜRLICH AUCH NICHT FEHLEN. EIN SPAZIERGANG ODER EINE KLEINE WANDERUNG MIT AUSGIEBIG ZEIT ZUM STRICKEN UND QUATSCHEN MACHT JETZT BESONDERS SPASS UND TUT DER SEELE GUT.

FRÜHLINGSFRISCHER SEELENWÄRMER UND LOOP

SCHWIERIGKEITSGRAD

GRÖSSE

SEELENWÄRMER

Einheitsgrößen 36-42 und 44-50

Die Angaben für die Größe 36-42 stehen vor dem Schrägstrich, für Größe 44-50 nach dem Schrägstrich. Steht nur eine Angabe, gilt diese für beide Größen.

LOOP

Umfang: ca. 130 cm, Höhe: 50 cm

MATERIAL

SEELENWÄRMER

- Lana Grossa Cool Wool Lace (LL 400 m/50 g) in Hellgrau (Fb 27), 200 g
- Lana Grossa Silkhair (LL 210 m/25 g) in Pastellgrün (Fb 134), Zartlila (Fb 87), Gelbgrün (Fb 141), Himmelblau (Fb 92) und Limette (Fb 139), je 50 g
- Rundstricknadel 5,0-5,5 mm, 80-120 cm lang
- Nadelspiel 5,0-5,5 mm, 20 cm lang
- 2 kurze Nadelspielnadeln 5,0 mm (für den Kordelrand)
- Maschenraffer
- Wollnadel ohne Spitze

LOOP

- Lana Grossa Cool Wool Lace (LL 400 m/50 g) in Hellgrau (Fb 27), 100 g
- Lana Grossa Silkhair (LL 210 m/25 g) in Pastellgrün (Fb 134), Zartlila (Fb 87), Gelbgrün (Fb 141), Himmelblau (Fb 92) und Limette (Fb 139), je 25 g
- Rundstricknadel 5,0-5,5 mm, 100-120 cm lang
- Maschenmarkierer
- Wollnadel ohne Spitze

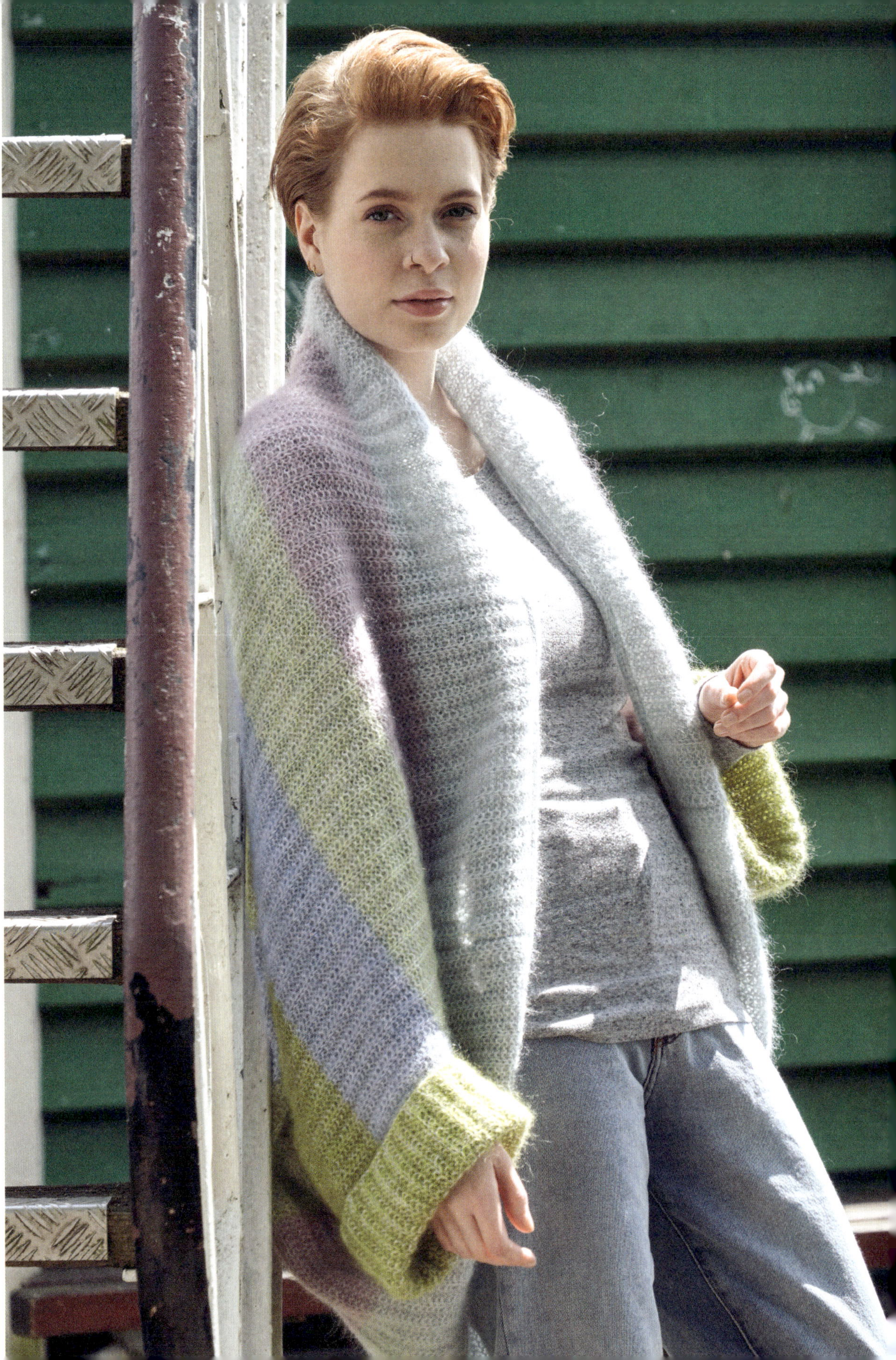

MASCHENPROBE

Im falschen Patentmuster mit Nd 5,0- 5,5 mm und doppeltem Faden (= 1 Faden Cool Wool Lace und 1 Faden Silkhair) 20 M und 34 R = 10 cm x 10 cm

FALSCHES PATENT-MUSTER IN REIHEN

M-Zahl teilbar durch 4 + 3. Es sind alle M inkl. Rdm beschrieben.

1. R: 1 M rechts, * 1 M wie zum Linksstr abheben, den Faden dabei locker vor der M weiterführen, 3 M rechts, ab * fortlaufend wdh, enden mit 1 M wie zum Linksstr abheben, den Faden dabei locker vor der M weiterführen, 1 M rechts.

2. R: 3 M rechts, * 1 M wie zum Linksstr abheben, den Faden dabei locker vor der M weiterführen, 3 M rechts, ab * fortlaufend wdh.

Die 1. und 2. R fortlaufend wdh.

FALSCHES PATENT-MUSTER IN RUNDEN

M-Zahl teilbar durch 4.

1. Rd: * 1 M wie zum Linksstr abheben, den Faden dabei locker vor der M weiterführen, 3 M rechts, ab * fortlaufend wdh.

2. Rd: * 2 M links, 1 M wie zum Linksstr abheben, den Faden dabei locker hinter der M weiterführen, 1 M links, ab * fortlaufend wdh,

Die 1. und 2. Rd fortlaufend wdh.

ANLEITUNG SEELENWÄRMER

HINWEIS: ES WIRD DURCHGEHEND MIT DOPPELTEM FADEN (= 1 FADEN COOL WOOL LACE UND 1 FADEN SILKHAIR) GESTRICKT.

Für die einfache Weste, auch Seelenwärmer genannt, wird ein Rechteck 110/115 cm breit, 99/108 cm hoch gestrickt.

Dafür 219/239 M (= 110/115 cm) mit 1 Faden Cool Wool Lace in Hellgrau und 1 Faden Silkhair Pastellgrün zusammen anschl und im falschen Patentmuster in R arb.

Für den Farbverlauf in 9 Abschnitten arb, jeder Abschnitt (= Farbstreifen) soll 38/44 R umfassen (= 11/12 cm):

1.-38./44. R (= 1. Abschnitt): 1 Faden Cool Wool Lace in Hellgrau und 1 Faden Silkhair in Pastell-grün,

39./45.-76./88. R (= 2. Abschnitt): 1 Faden Cool Wool Lace in Hellgrau und 1 Faden Silkhair in Zartlila,

77./89.-114./132. R (= 3. Abschnitt): 1 Faden Cool Wool Lace in Hellgrau und 1 Faden Silkhair in Gelbgrün,

115./133.-152./176. R (= 4. Abschnitt): 1 Faden Cool Wool Lace in Hellgrau und 1 Faden Silkhair in Himmelblau,

153./177.-190./220. R (= 5. Abschnitt): 1 Faden Cool Wool Lace in Hellgrau und 1 Faden Silkhair in Limette.

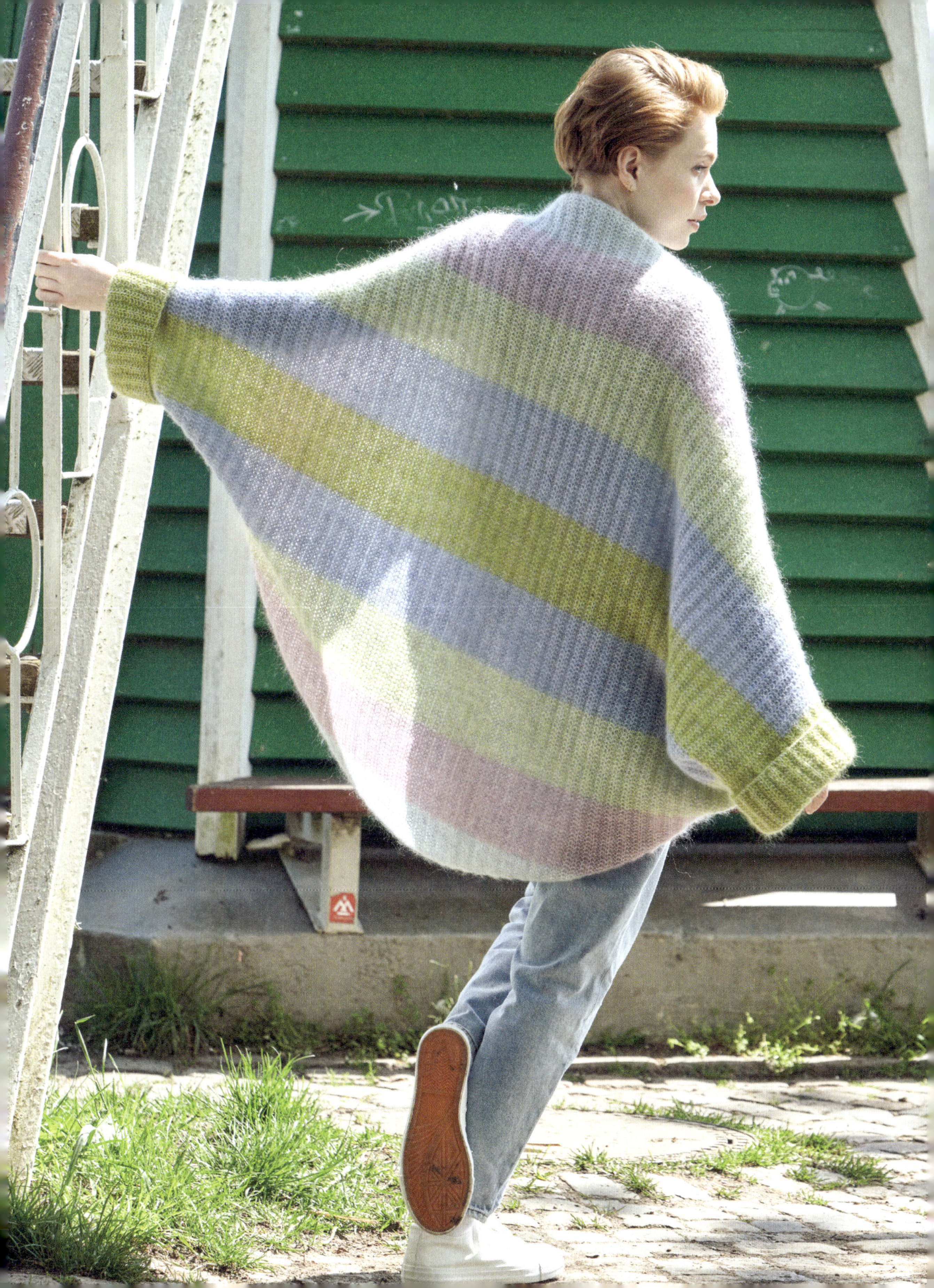

Für den 6.-9. Abschnitt (= restliche 44/48 cm) wird in umgekehrter Farbfolge gestrickt, dafür nacheinander in den Farb- bzw. Fadenkombinationen von Abschnitt 4 – 3 – 2 – 1 im falschen Patentmuster str. Hinweis: Es gibt nur einen Streifen in der Kombination Hellgrau und Limette.
Das Modell wird rundherum mit einem Kordelrand eingefasst. Dafür die M in den zuletzt verwendeten Fb (= 1 Faden Cool Wool Lace Hellgrau und 1 Faden Silkhair Pastellgrün) in der nächsten Hinr mit einem Kordelrand abk.
Dafür am R-Anfang 3 M auf eine der Spielnd aufstr (siehe Seite 211), dann mit der 2. Spielnd * 2 M rechts str, anschließend 2 M rechts überzogen zusammenstr (= 1 M wie zum Rechtsstr abheben, die nächste M = eine M der Abkettkante rechts str, dann die abgehobene M überziehen). Nicht wenden, sondern * die 3 M an das andere Ende der Spielnd schieben, sodass am rechten Ende der Nd wieder weitergestrickt werden kann. Den Arbeitsfaden an den Nd-Anfang holen und wie ab * beschrieben fortlaufend wdh, dabei den Arbeitsfaden immer wieder fest anziehen, sodass eine runde Kante entsteht. Am R-Ende die M des Kordelrands auf einem M-Raffer stilllegen, die beiden Fäden nicht abtrennen.

FERTIGSTELLEN

Das Strickstück einmal zur Hälfte legen, sodass ein Rechteck 48,5/54 x 110/115 cm entsteht. Nun die Schmalkanten von den offenen Kanten zur Umbruchlinie hin jeweils 32/34 cm lang zusammennähen, es soll eine Öffnung für die Arme von 35/40 cm bestehen bleiben. Den Kordelrand an der Abkettkante dabei überstehen lassen. Anschließend den Kordelrand über die M der Anschlagkante fortsetzen, dafür die M der Anschlagkante auf die Rundstricknd auffassen, dann die stillgelegten M des Kordelrands auf eine der kurzen Spielnd auffassen und wie beim Kordelrand ab * beschrieben fortlaufend wdh, bis das Ende der Anschlagkante erreicht ist. Dann die M den Kordelrands abk, mit dem Anfang des Kordelrands zusammennähen und so zur Rd schließen. Aus der Öffnung für die Arme 80/92 M auffassen, die M gleichmäßig auf 4 Spielnd verteilen (= 20/23 M pro Nd) und mit 1 Faden Cool Wool Lace in Hellgrau und 1 Faden Silkhair in Limette im falschen Patentmuster in Rd str. Nach 15 cm, nach einer 2. Rd des falschen Patentmusters, alle M mustergemäß str und dabei abk. Alle Fäden vernähen, die Ärmel etwa zur Hälfte nach außen umschlagen.

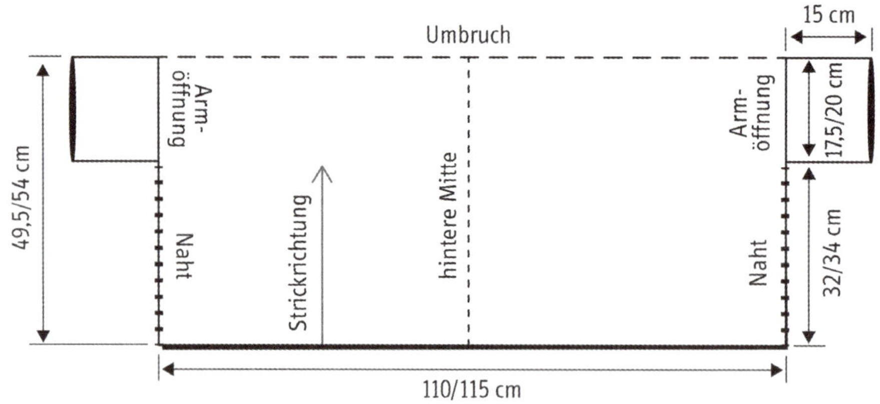

Alle Angaben in cm. Der senkrechte Pfeil bezeichnet die Strickrichtung.

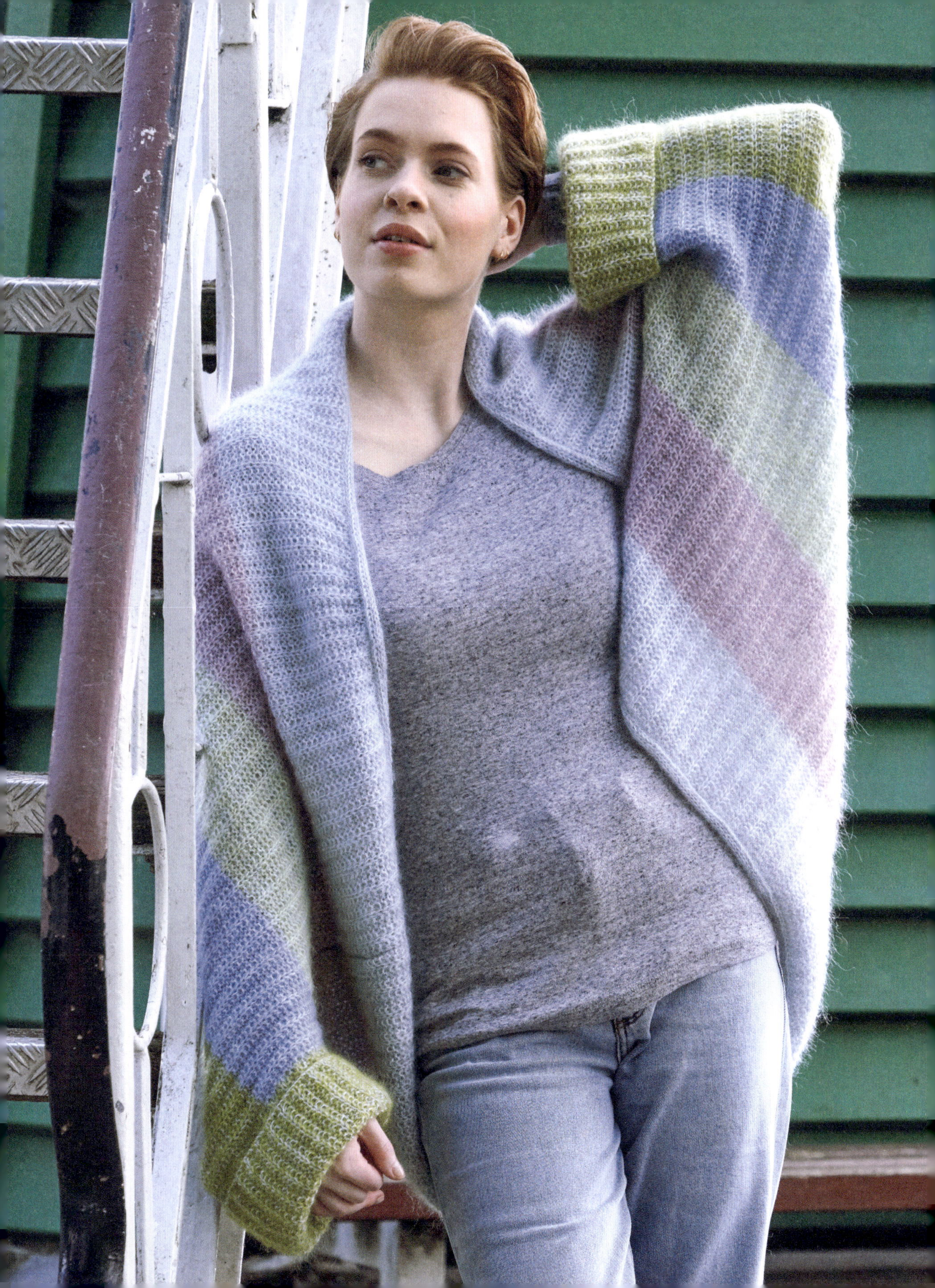

LOOP

HINWEIS: ES WIRD DURCHGEHEND MIT DOPPELTEM FADEN (= 1 FADEN COOL WOOL LACE UND 1 FADEN SILKHAIR) GESTRICKT.

260 M = 130 cm mit 1 Faden Cool Wool Lace in Hellgrau und 1 Faden Silkhair in Pastellgrün zusammen anschl und zur Rd schließen, dabei den Rd-Beginn mit einem M-Markierer kennzeichnen. 1 Rd rechte M str, anschließend im falschen Patentmuster in Rd weiterarb.

Für den Farbverlauf in fünf Abschnitten arb, jeder Abschnitt (= Farbstreifen) umfasst 34 Rd (= 10 cm):

1.-34. Rd (= 1. Abschnitt): 1 Faden Cool Wool Lace in Hellgrau und 1 Faden Silkhair in Pastellgrün,

35.-68. Rd (= 2. Abschnitt): 1 Faden Cool Wool Lace in Hellgrau und 1 Faden Silkhair in Zartlila,

69.-102. Rd (= 3. Abschnitt): 1 Faden Cool Wool Lace in Hellgrau und 1 Faden Silkhair in Gelbgrün,

103.-136. Rd (= 4. Abschnitt): 1 Faden Cool Wool Lace in Hellgrau und 1 Faden Silkhair in Himmelblau,

137.-170. Rd (= 5. Abschnitt): 1 Faden Cool Wool Lace in Hellgrau und 1 Faden Silkhair in Limette.

Anschließend 1 Rd rechte M str. Dann die M in den zuletzt verwendeten Fb (= 1 Faden Cool Wool Lace Hellgrau und 1 Faden Silkhair Pastellgrün) mit einem Kordelrand abk (siehe Seite 213). Am Ende der Rd die M des Kordelrands abk, mit dem Anfang des Kordelrands zusammennähen und so zur Rd schließen. Alle Fäden vernähen.

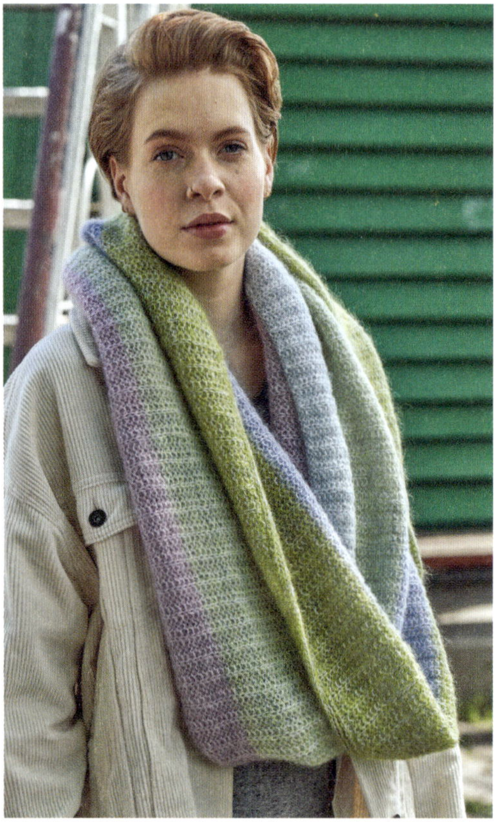

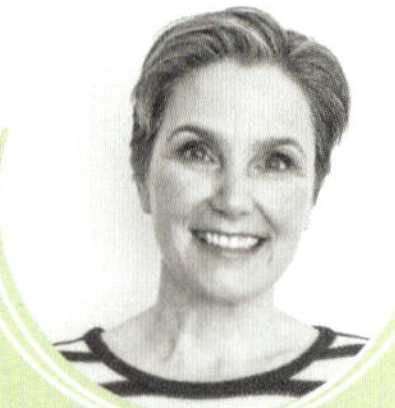

Mein Tipp

Der Loop kann auf vielfältige Weise getragen werden: locker und lässig – dafür das Modell einfach offen tragen – oder für alle, die es warm und kuschelig am Hals mögen, den Loop doppelt, zu einer „8" verdreht umschlingen.

Tanja Steinbach

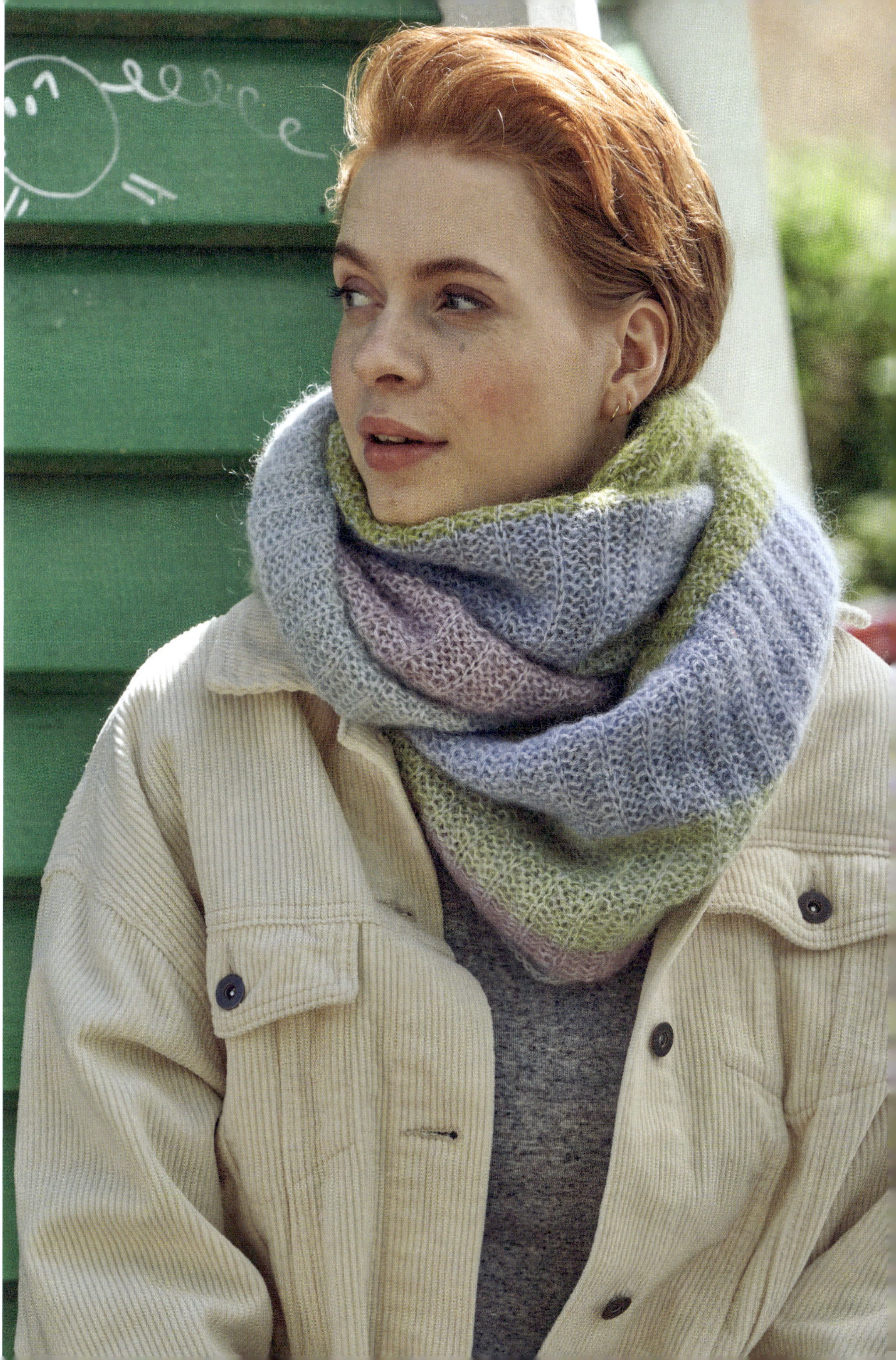

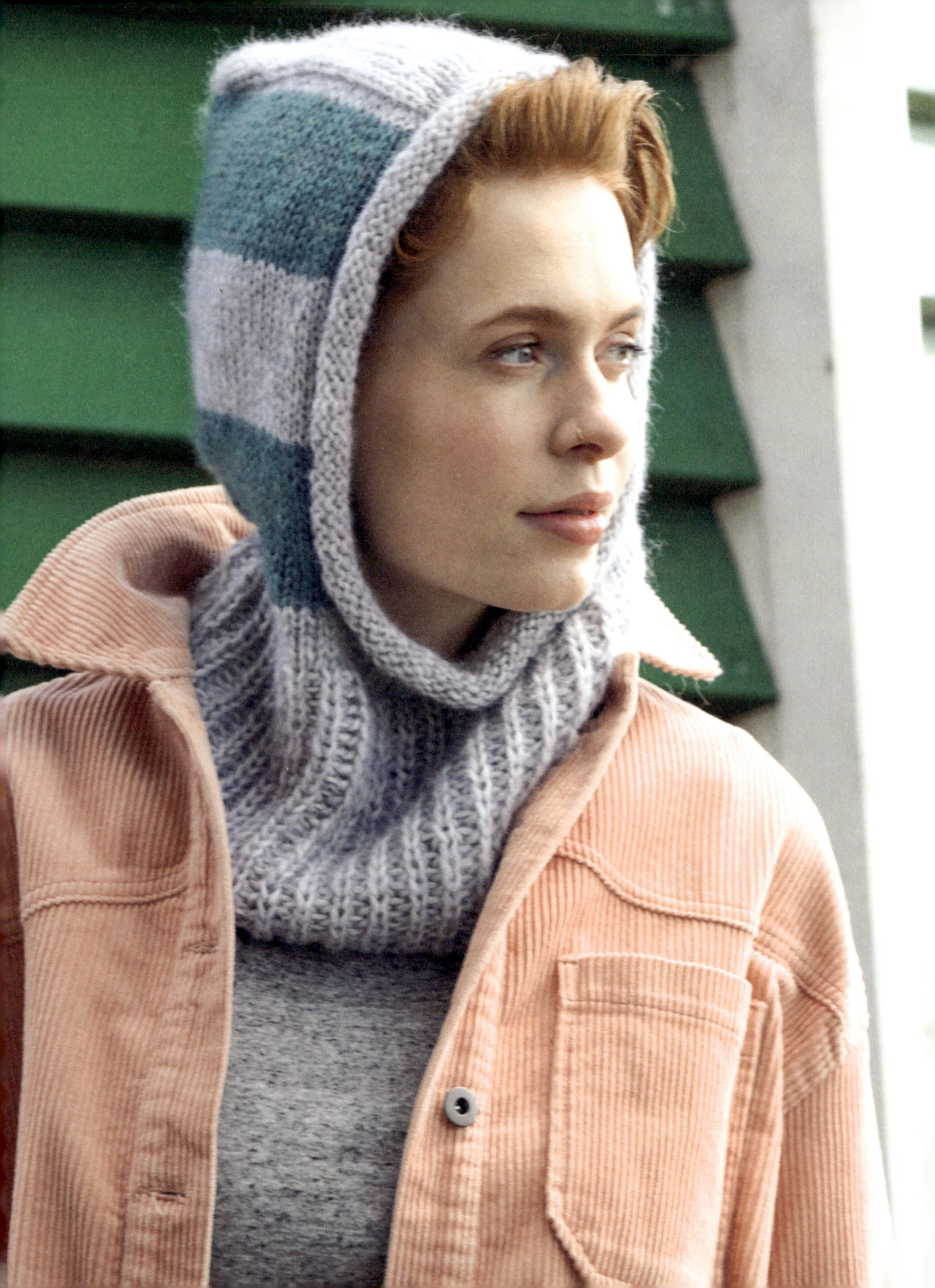

COOLER KAPUZENLOOP

SCHWIERIGKEITSGRAD

GRÖSSE

Einheitsgröße

MATERIAL

- Lana Grossa Brigitte No. 2 (LL 140 m/50 g) in Silbergrau (Fb 13), 100 g, und helles Seegrün (Fb 27), 50 g
- Rundstricknadel 6,0 mm, 50 cm lang, oder Nadelspiel 6,0 mm, 20 cm lang
- 2 Maschenmarkierer
- Maschenraffer zum Stilllegen von Maschen
- Wollnadel ohne Spitze

HINWEIS: FÜR EIN EINFARBIGES MODELL REICHEN 100 G GARN AUS.

MASCHENPROBE

Glatt rechts mit Nd 6,0 mm 15-16 M und 22-23 R = 10 cm x 10 cm

GLATT RECHTS

In Hinr rechte M, in Rückr linke M str, bzw. in Rd alle M rechts str.

HALBPATENT IN RUNDEN

Gerade M-Zahl.
1. Rd: * 1 M links, 1 M mit einem U wie zum Linksstr abheben, ab * fortlaufend wdh.
2. Rd: * 1 M links, 1 M mit dem 1 U der Vor-Rd rechts zusammenstr, ab * fortlaufend wdh.
Die 1. und 2. Rd fortlaufend wdh.

ANLEITUNG

Es wird mit dem Halsloop, an der unteren Kante begonnen. Dafür in Silbergrau 76 M gleichmäßig auf 4 Spielnd verteilt (=19 M pro Nd) oder auf einer 50 cm langen Rundstricknd anschl und zur Rd schließen. Den Rd-Beginn mit einem M-Markierer kennzeichnen.
1 Rd 1 M links, 1 M rechts im Wechsel str, dann 15 cm im Halbpatent in Rd weiterarb, anschließend noch 2 cm glatt rechts in Rd str (= 17 cm ab Anschlag). Den Faden in Silbergrau abschneiden. Nun mit der Kapuze beginnen, dafür glatt rechts in R weiterarb, jeweils 7 cm in hellem Seegrün, 7 cm in Silbergrau im Wechsel. Der Rd-Beginn entspricht der rechten Kapuzenkante, d. h. mit hellem Seegrün die R beginnen und 58 M der insgesamt 76 M rechts str, die restlichen 18 M stilllegen. Hinweis: Die Mitte der 18 stillgelegten M entspricht der vorderen Mitte. Wenden und weiter über die 58 M glatt rechts in R weiterarb, nach etwa 7 cm (=16 R) jeweils die Fb wechseln. Nach drei Streifen (= 21 cm) den Faden in hellem Seegrün abtrennen, in Silbergrau noch eine Hin- und eine Rückr glatt rechts str, dann mit der Kapuzenrundung in Silbergrau beginnen, dafür die mittleren 8 M der R mit 2 M-Markierern kennzeichnen. Dafür die beiden Markierer nach der 25. und vor der 34. M der R platzieren, die Markierer in den nächsten R an den entsprechenden Stellen einfach von der linken auf die rechte Nd heben und so die Kennzeichnung beibehalten.

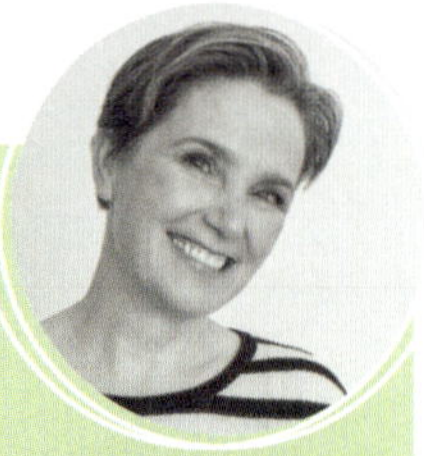

Mein Tipp

Der Kapuzenloop ist ein absolutes „Musthave“ – cool im Look und dazu fühlt man sich so schön eingehüllt!

Übrigens: In der Anleitung „versteckt“ sich die Grundanleitung für eine einfache Käppchenferse – also wenn du dich bisher nicht an Socken herangetraut hast, nur Mut!

Tanja Steinbach

In der nächsten Hinr bis zum 2. Markierer wie gewohnt rechts str (=33 M). Die nächste M nach dem Markierer mit der nachfolgenden M rechts verschränkt zusammenstr. Wenden. * Die 1. M wie zum Linksstr abheben, den Faden dabei vor der M locker weiterführen, die nächsten 8 M (bis zum Markierer) wie gewohnt links str (Rückr). Die nächste M nach dem Markierer mit der nachfolgenden M links zusammenstr. Wenden. Die 1. M wie zum Linksstr abheben, den Faden dabei hinter der M locker weiterführen, die nächsten 8 M (bis zum 2. Markierer) wie gewohnt rechts str (Hinr). Die nächste M nach dem Markierer mit der nachfolgenden M rechts verschränkt zusammenstr. Wenden. Ab * fortlaufend wdh, bis alle Kapuzen-M eingearbeitet sind (= 10 M). Noch 1x wenden und die 10 M rechts str, dabei die M-Markierer entfernen.
Nun die vordere Kapuzenkante rundherum mit einem Rollrand in Silbergrau einfassen. Dafür aus der ersten Kapuzenkante bis zum Beginn der stillgelegten M 33 M in Silbergrau auffassen, dann die 18 stillgelegten M rechts str, weitere 33 M aus der zweiten Kapuzenkante auffassen, alle 84 M zur Rd schließen und 4 cm glatt rechts in Rd str (= Rollrand). Anschließend alle M sehr locker abk. Alle Fäden vernähen.

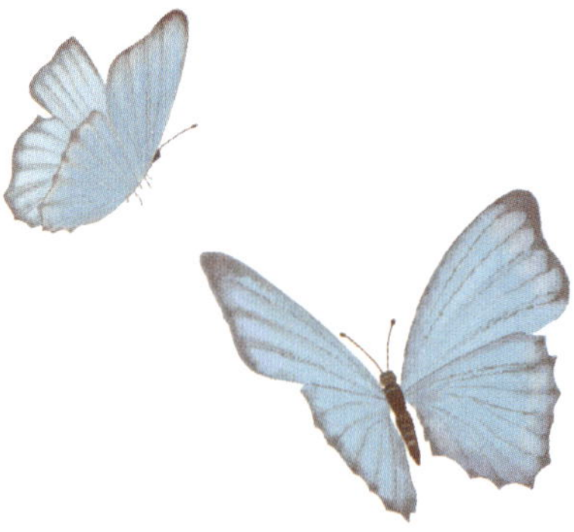

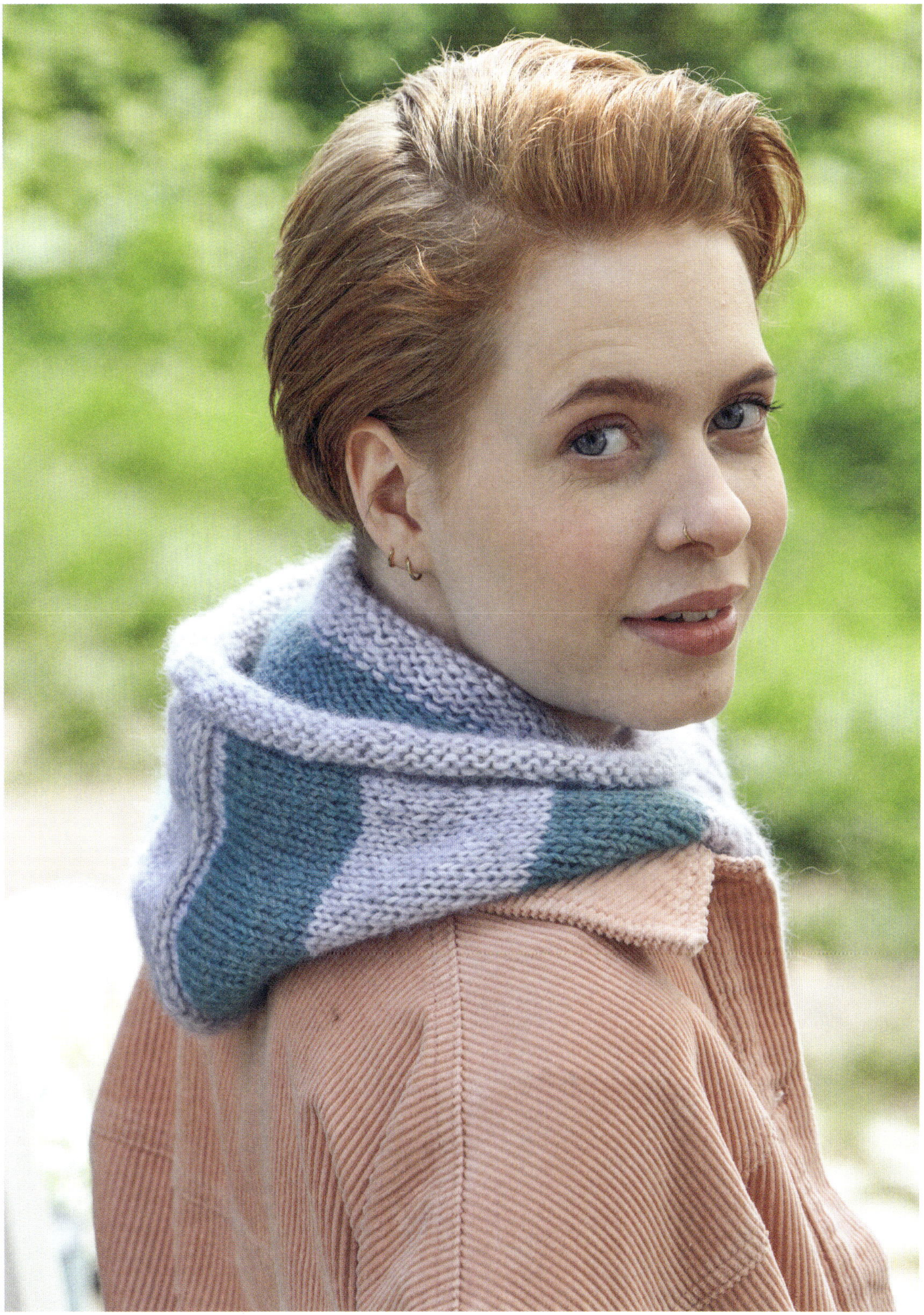

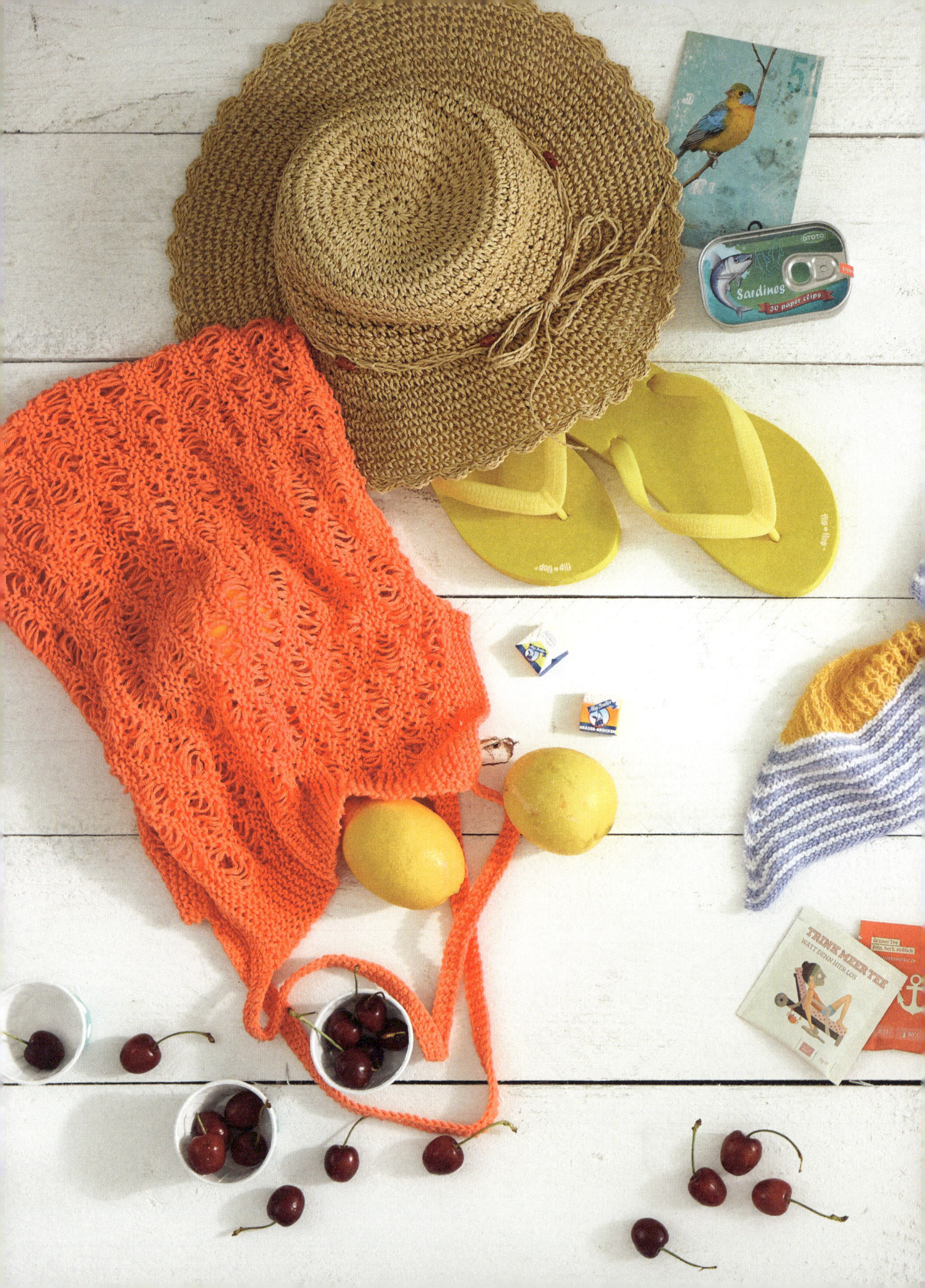
Sardines
30 paper clips
TRINK MEER TEE
WATT DENN HIER LOS

SOMMER

Sonne, Strand und immer ein paar
Maschen auf der Nadel

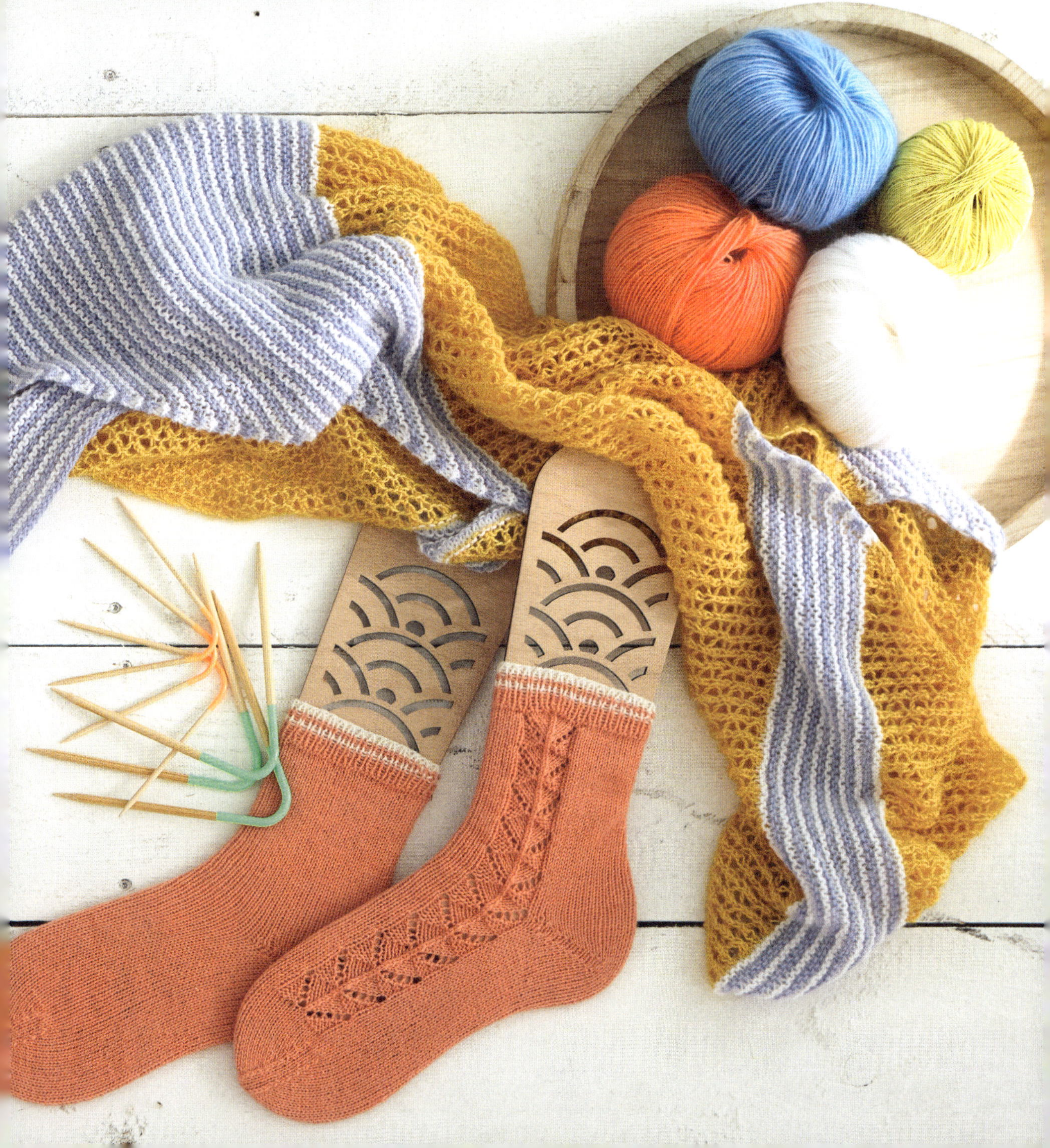

SNEAKER-SOCKEN AHOI

SCHWIERIGKEITSGRAD

GRÖSSE

SNEAKERSOCKEN MIT LOCHMUSTER

36/37 und 38/39

Die Angaben für Größe 36/37 stehen vor, für Größe 38/39 nach dem Schrägstrich. Steht nur eine Angabe, gilt diese für beide Größen.

SNEAKERSOCKEN MIT RINGELN

36/37, 38/39, 40/41, 42/43

Die Angaben für die einzelnen Größen stehen hintereinander, jeweils durch Schrägstriche getrennt. Steht nur eine Angabe, gilt diese für alle Größen.

MATERIAL

- Lana Grossa Meilenweit Soja (LL 400 m/100 g) in Weiß (Fb 01) und Jeans (Fb 04), je 100 g (für beide Modelle)
- Nadelspiel 2,5-3,0 mm
- Wollnadel ohne Spitze

MASCHENPROBE

Glatt rechts mit Nd 2,5-3,0 mm
32 M und 46 Rd = 10 cm x 10 cm

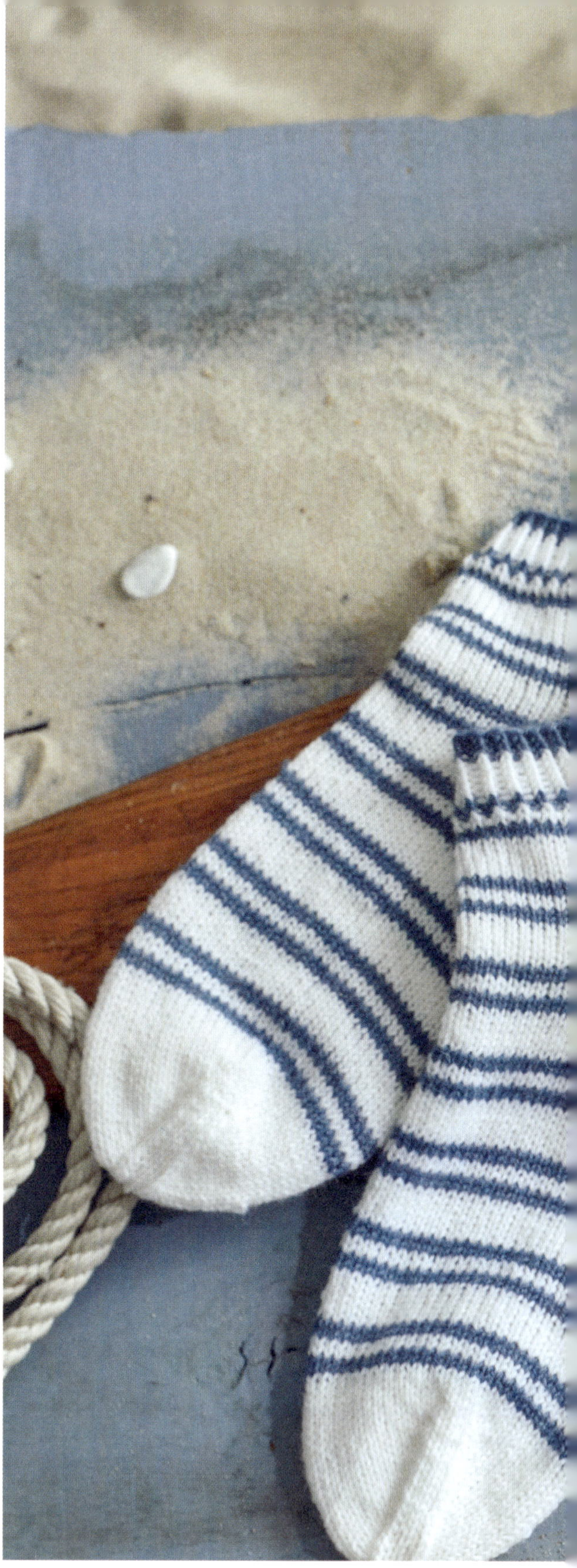

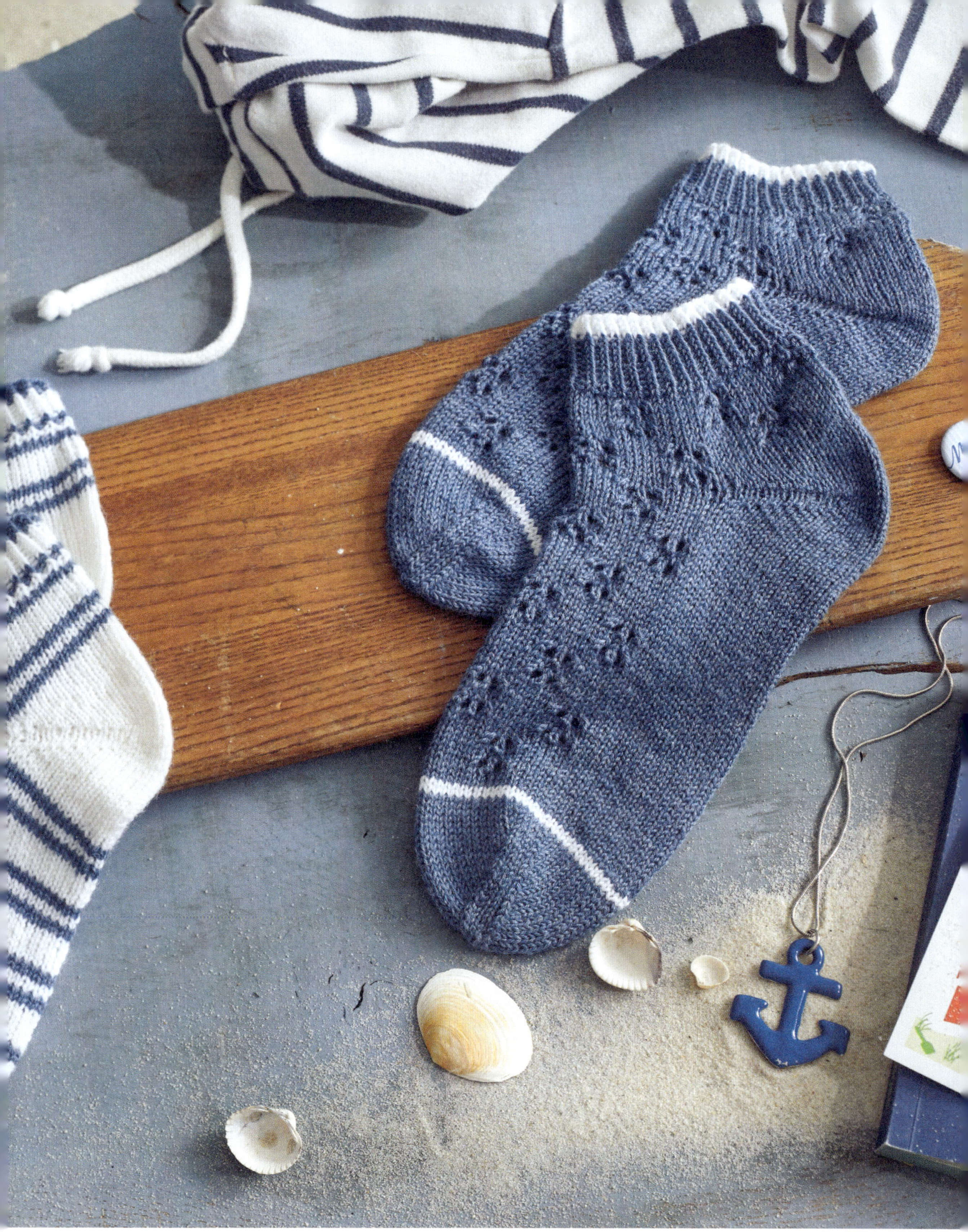

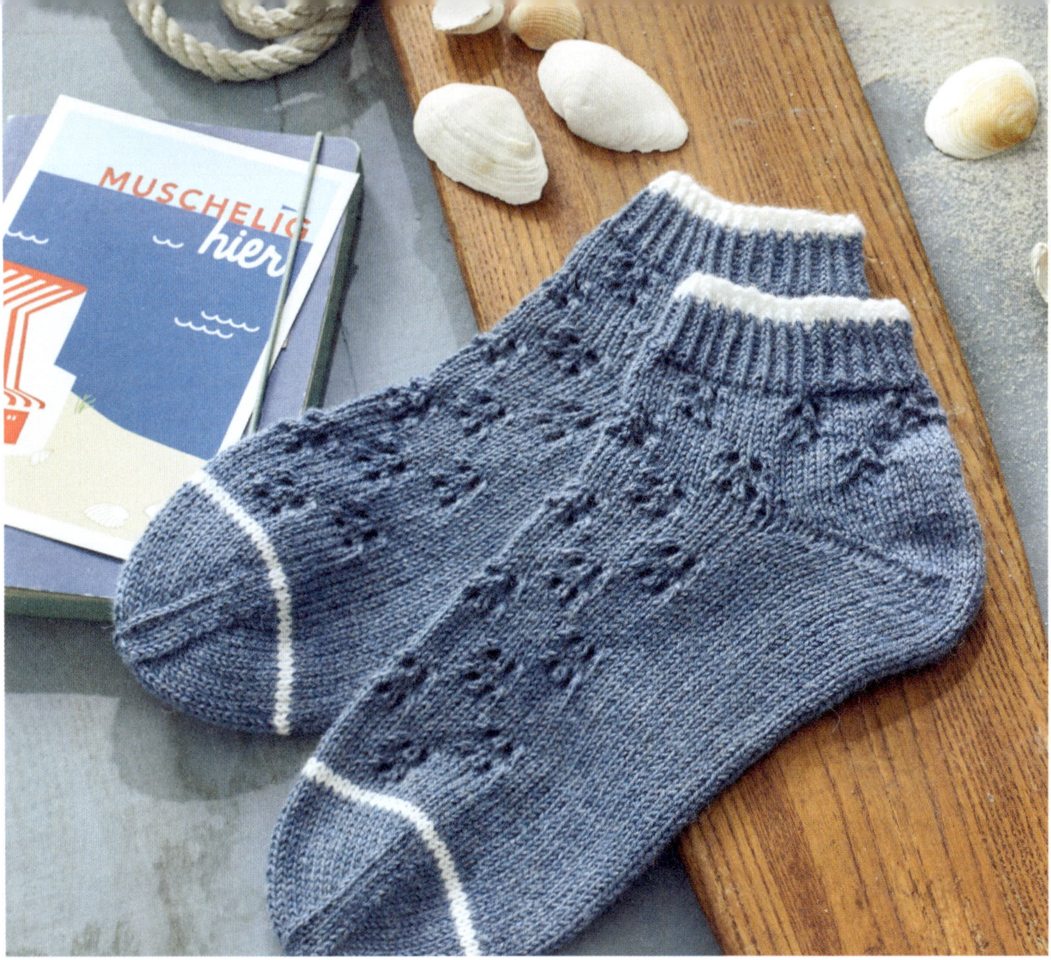

GLATT RECHTS

In Hinr rechte M, in Rückr linke M str, bzw. in Rd alle M rechts str.

RECHTS VERSCHRÄNKTE MASCHEN

In den hinteren M-Schenkel von rechts nach links einstechen und die M rechts abstr, sodass sich die M verdreht.

BÜNDCHENMUSTER

1 M rechts verschränkt, 1 M links im Wechsel str.

LOCHMUSTER

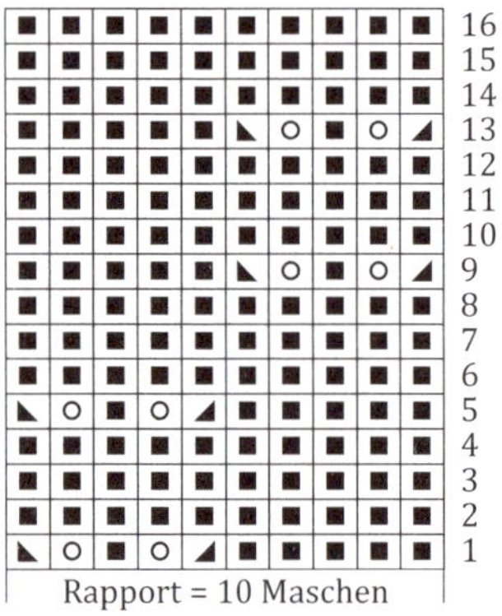

Legende

- ■ = 1 Masche rechts
- ○ = 1 Umschlag
- ◣ = 2 Maschen rechts überzogen zusammenstricken: 1 Masche wie zum Rechtsstricken abheben, die nächste Masche rechts stricken und die abgehobene Masche überziehen
- ◢ = 2 Maschen rechts zusammenstricken

LOCHMUSTER (SNEAKER-SOCKEN MIT LOCHMUSTER)

In Rd nach der Strickschrift str.
1. Rd: * 5 M rechts, 2 M rechts zusammenstr, 1 U, 1 M rechts, 1 U, 2 M rechts überzogen zusammenstr, ab * fortlaufend wdh.
2.-4. Rd: Alle M rechts str.
5. Rd: * 5 M rechts, 2 M rechts zusammenstr, 1 U, 1 M rechts, 1 U, 2 M rechts überzogen zusammenstr, ab * fortlaufend wdh.
6.-8. Rd: Alle M rechts str.
9. Rd: * 2 M rechts zusammenstr, 1 U, 1 M rechts, 1 U, 2 M rechts überzogen zusammenstr, 5 M rechts str, ab * fortlaufend wdh.
10.-12. Rd: Alle M rechts str.
13. Rd: * 2 M rechts zusammenstr, 1 U, 1 M rechts, 1 U, 2 M rechts überzogen zusammenstr, 5 M rechts str, ab * fortlaufend wdh.
14.-16. Rd: Alle M rechts str.
Die 1.-16. Rd fortlaufend bzw. wie in der Anleitung angegeben wdh.

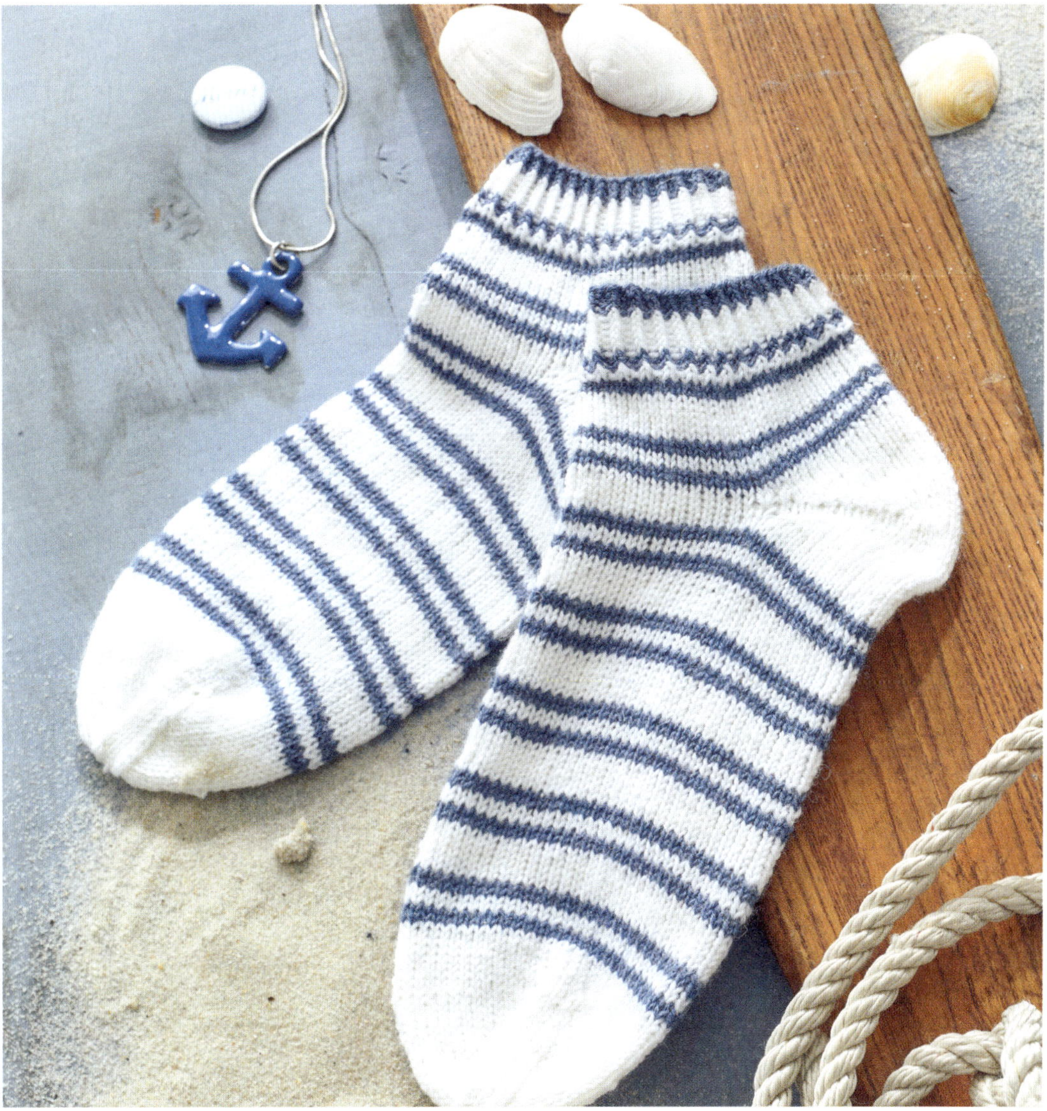

Anleitung Sneakersocken mit Lochmuster

60 M in Weiß anschl, gleichmäßig auf 4 Spielnd verteilen (= 15 M pro Nd) und zur Rd schließen. Für das Bündchen 2 Rd in Weiß und 10 Rd in Jeans (= 3 cm) im Bündchenmuster str. Den Faden in Weiß abschneiden. Den Schaft mit 2 Rd glatt rechts beginnen. Anschließend im Lochmuster weiterarb. Die 1.-14. Rd der Strickschrift 1x str. Nun die Bumerangferse über die 30 M der 4. und 1. Nd nach der Grundanleitung str (siehe Seite 220).
Den Fuß weiter glatt rechts über alle M der 4 Spielnd arb. Die M der 4. und 1. Nd bilden die Fußsohle, die bis zum Schluss glatt rechts gestrickt wird. Auf dem Oberfuß (die M der 2. und 3. Nd) das Lochmuster fortsetzen. Die 1.-16. Rd der Strickschrift 3x und die 1.-8. Rd 0x/1x str. Danach glatt rechts weiterarb. 3 Rd in Weiß str. Den Faden in Weiß abschneiden und die Socke in Jeans beenden. Nach 16/17,5 cm ab Fersenmitte mit den Abnahmen für die Bandspitze beginnen. Die Bandspitze nach der Grundanleitung str (siehe Seite 221). Den Faden abschneiden und nach innen ziehen.
Alle Fäden vernähen.
Die zweite Socke genauso arb.

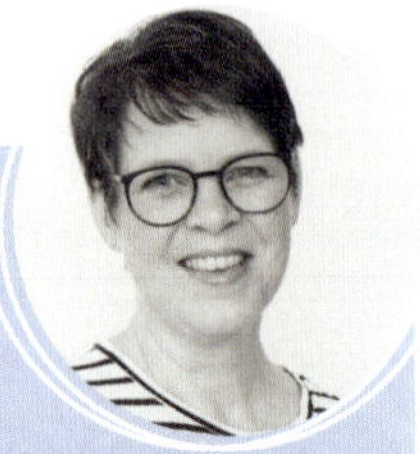

Mein Tipp

Das Lochmuster und die Ringel sehen auch auf Socken gut aus. Für Socken mit Lochmuster die 1.-16. Rd des Zählmusters 3x stricken, für Socken mit Ringeln die Ringel beliebig oft wiederholen.

Kerstin Balke

Sneakersocken mit Ringeln

60/60/64/64 M in Jeans anschl, gleichmäßig auf 4 Spielnd verteilen (= 15/15/16/16 M pro Nd) und zur Rd schließen.
Für das Bündchen 2 Rd in Jeans, 6 Rd in Weiß, 2 Rd in Jeans und 2 Rd in Weiß (= 3 cm) im Bündchenmuster str. Den Schaft glatt rechts arb. 2 Rd in Jeans, 6 Rd in Weiß str. Danach * 2 Rd in Jeans, 2 Rd in Weiß arb, ab * 1x wdh. Den Faden in Jeans abschneiden.
Nun die Bumerangferse in Weiß über die 30/30/32/32 M der 4. und 1. Nd nach der Grundanleitung str (siehe Seite 220).
Den Fuß weiter glatt rechts über alle M der 4 Spielnd arb. 2 Rd in Weiß str. Anschließend * 2 Rd in Jeans, 2 Rd in Weiß, 2 Rd in Jeans und 6 Rd in Weiß arb, ab * 2x/3x/3x/4x wdh. Danach 2 Rd in Jeans, 2 Rd in Weiß und 2 Rd in Jeans str. Den Faden in Jeans abschneiden und die Socke in Weiß beenden. Nach 16/17,5/19/20,5 cm ab Fersenmitte mit den Abnahmen für die Bandspitze beginnen.
Die Bandspitze nach der Grundanleitung str (siehe Seite 221). Den Faden abschneiden und nach innen ziehen.
Alle Fäden vernähen.
Die zweite Socke genauso arb.

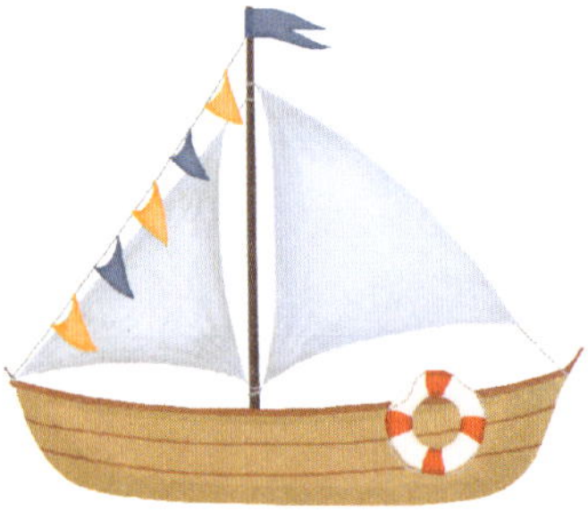

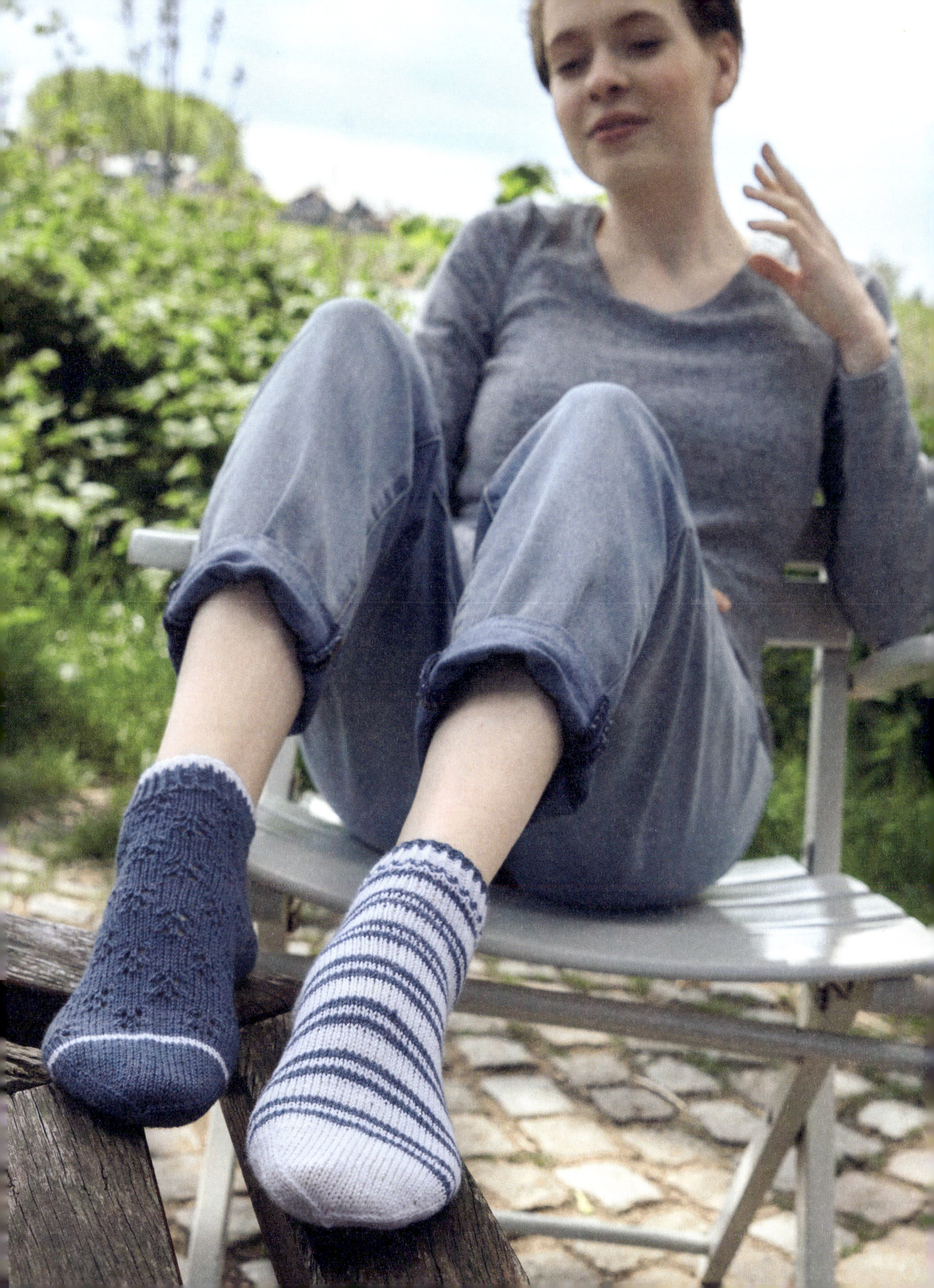

SOMMER-SCHAL

SCHWIERIGKEITSGRAD

GRÖSSE

Breite: ca. 33 cm, Länge: ca. 210 cm

Hinweis: Entlang der diagonal verlaufenden Anschlagkante gemessen ist das Tuch etwa 46 cm breit.

MATERIAL

- Lana Grossa Ecopuno (LL ca. 215 m/50 g)
  für die Variante in Orange: in Leuchtendorange (Fb 51), 100 g, in Grau (Fb 56) und Ecru (Fb 46), je 50 g
  für die Variante in Gelb: In Hellgelb (Fb 52), 100 g, in Hellblau (Fb 13) und Weiß (Fb 26), je 50 g
- Rundstricknadel 4,0-4,5 mm, 80-100 cm lang
- Wollnadel ohne Spitze

MASCHENPROBE

Kraus rechts mit Nd 4,0-4,5 mm 18 M und 40 R = 10 cm x 10 cm

KRAUS RECHTS

In Hin- und Rückr rechte M str.

HINWEIS: DIE FARBANGABEN FÜR DIE VARIANTE IN GELB STEHEN JEWEILS IN KLAMMERN.

RINGELMUSTER

1. R (Hinr): 1 M rechts, 1 M verdoppeln (siehe Seite 211), alle M rechts str bis 3 M vor R-Ende, enden mit 2 M rechts zusammen str, 1 M rechts.
2. R (Rückr): Alle M rechts str.
Die 1. und 2. R fortlaufend wdh, dabei immer 2 R in Ecru (Weiß), 2 R in Grau (Hellblau) im Wechsel arb. Sofern nicht anders beschrieben mit 2 R in Ecru (Weiß) enden. Die 2. Fb stets locker an der Seite mitführen.

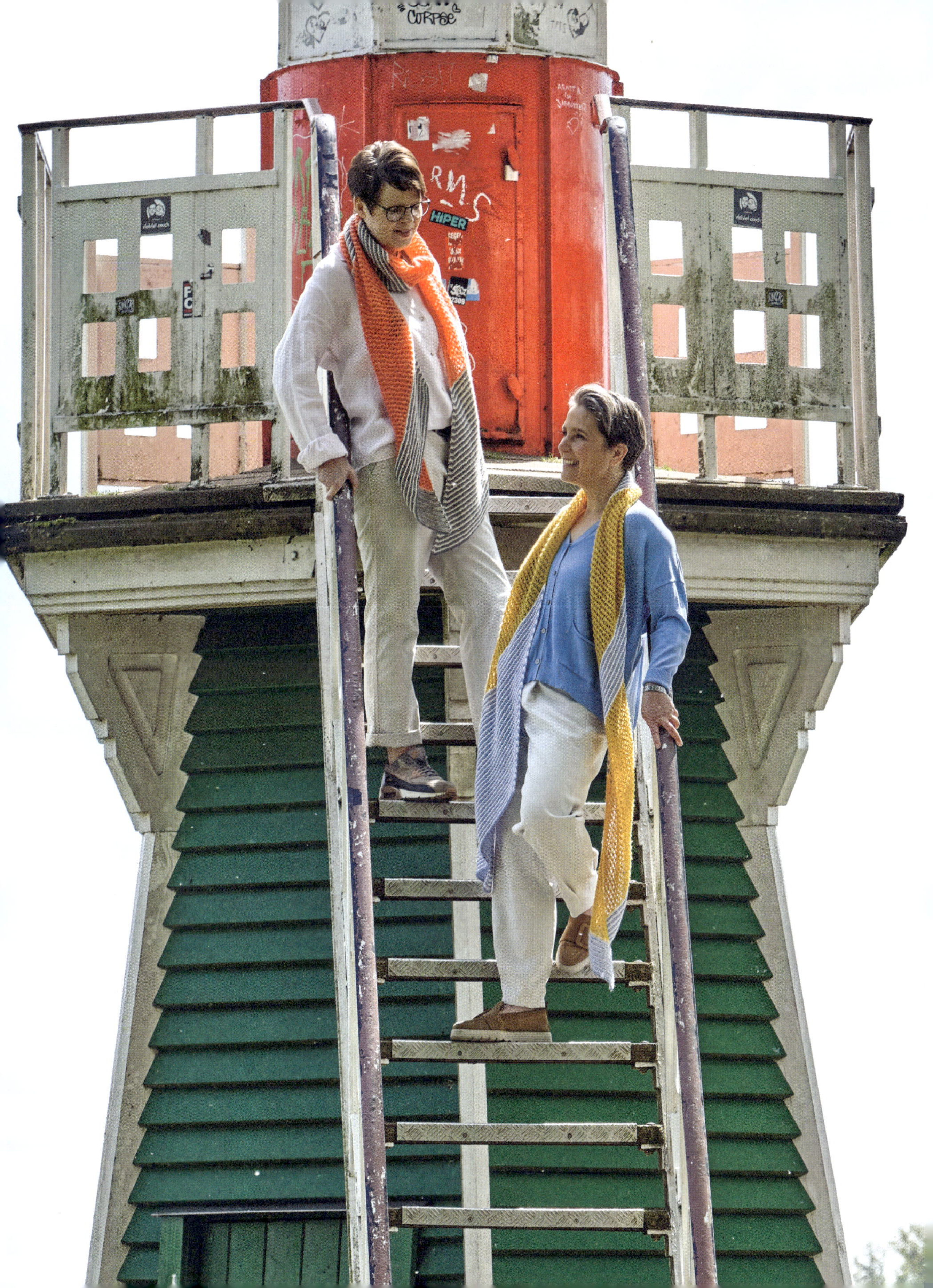
CURPSE
HIPER

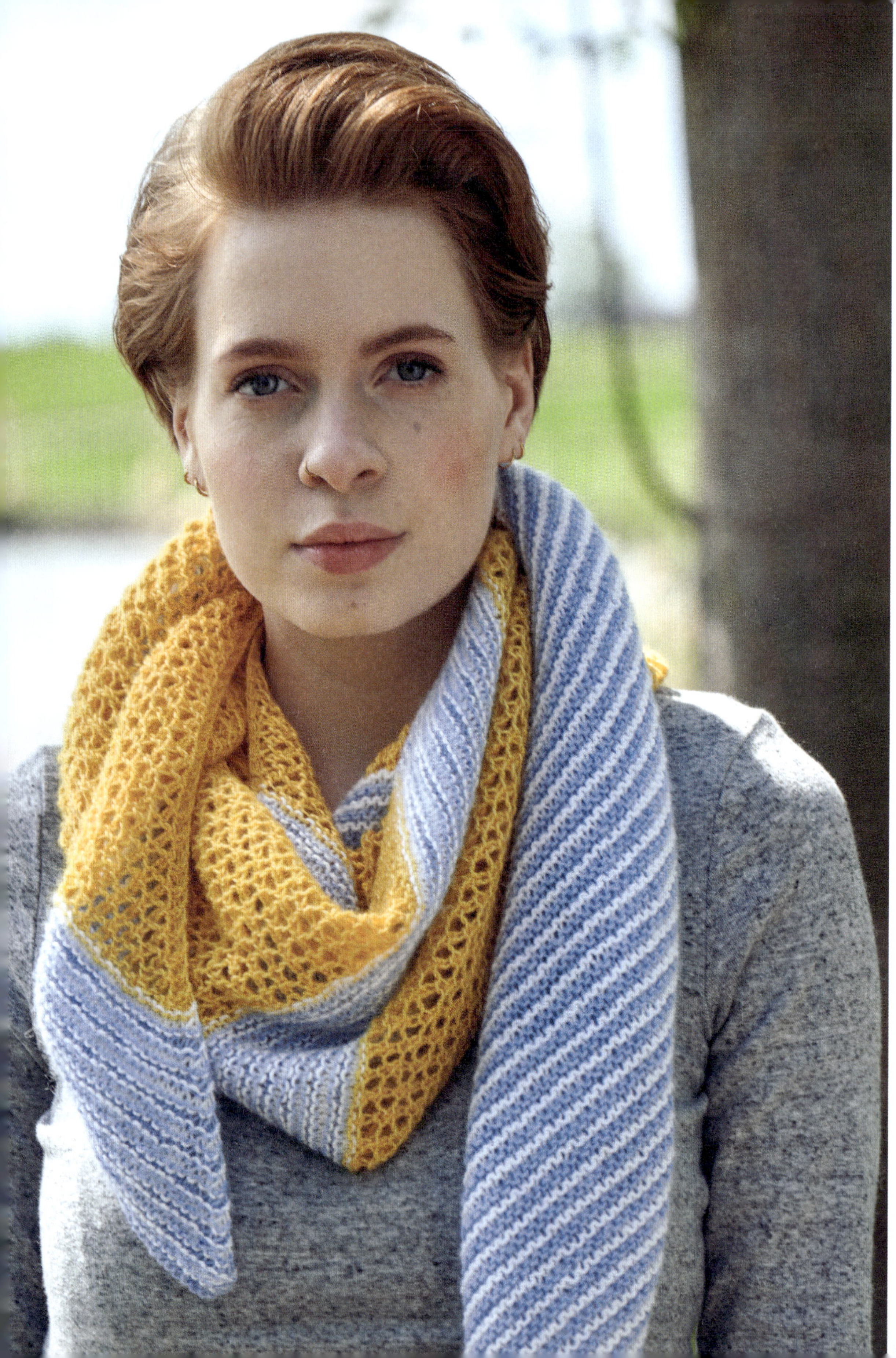

LOCHMUSTER

M-Zahl teilbar durch 4 + 6.
Es sind alle M inkl. den Rdm beschrieben.
Als Übergang vom Ringelmuster zum Lochmuster die ersten 2 R nach dem Ringelmuster in Orange (Gelb) wie folgt str:
Übergangs-Hinr: 1 M rechts, 1 M verdoppeln, alle M rechts str bis 3 M vor R-Ende, enden mit 2 M rechts zusammen str, 1 M rechts.
Übergangs-Rückr: Die ersten und letzten 2 M der R rechts str, alle anderen M und U der R links str.
Anschließend wie folgt weiterarb:
Lochmuster-Hinr: 1 M rechts, 1 M verdoppeln, 1 M rechts, * 1 U, 1 M rechts, 1 U, 3 M mit aufliegender Mittel-M zusammenstr (= 2 M gleichzeitig wie zum Rechtsstr abheben, 1 M rechts str und die abgehobenen M überziehen), ab * fortlaufend wdh, enden mit 2 M rechts zusammenstr, 1 M rechts.
Lochmuster-Rückr: Die ersten und letzten 2 M der R rechts str, alle anderen M und U der R links str.
Diese beiden Lochmuster-R nach den ersten beiden Übergangs-R fortlaufend wdh, bis die gewünschte Höhe erreicht ist.

ANLEITUNG

Durch die Ab- und Zunahmen in jeder Hinr entsteht ein interessanter, diagonaler M-Verlauf.
Es werden Streifen aus schmalen Ringeln kraus rechts in Ecru (Weiß) und Grau (Hellblau) im Wechsel mit breiteren Abschnitten im Lochmuster in Orange (Gelb) gestrickt.
90 M in Grau (Hellblau) anschl und in der folgenden Rückr alle M rechts str.
Anschließend in Farb- bzw. Musterblöcken weiterarb wie folgt:
30 R im Ringelmuster = 16 Ringel inkl. der Anschlagkante und der ersten Rückr, die letzten beiden R in Ecru (Weiß) str,
38 cm Lochmuster in Orange (Gelb),
* 30 R im Ringelmuster = 15 Ringel, den ersten und letzten Ringel in Ecru (Weiß) str,
38 cm Lochmuster in Orange (Gelb),
ab * noch 1x wdh, sodass insgesamt drei Blöcke im Ringelmuster und im Lochmuster gestrickt sind.

HINWEIS: DIE LÄNGE BITTE ENTLANG DER RDM/KANTE MESSEN.

Anschließend 112 R im Ringelmuster str = 56 Ringel. Die nächste Hinr in der Fb der vorhergehenden Rückr str, dabei alle M rechts str und abk.

FERTIGSTELLEN

Alle Fäden vernähen. Den Schal anfeuchten, spannen und trocknen lassen.

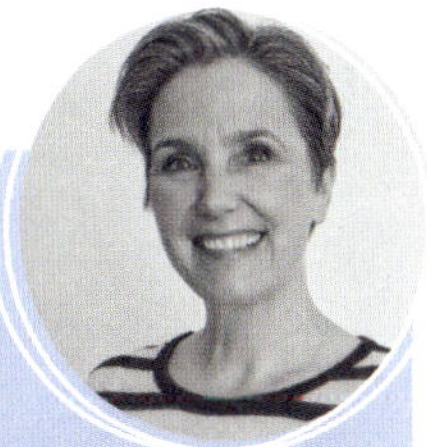

Mein Tipp

Dieses Modell lädt so herrlich zu eigenen Variationen ein: ob du es in deiner Lieblingsfarbe strickst, Ton-in-Ton oder in effektvollen Kontrastfarben oder den Ringelteil am Ende beliebig verlängerst (zum Beispiel einfach die Garne bis zum Ende verstricken) – es wird einfach ein tolles Modell!

Tanja Steinbach

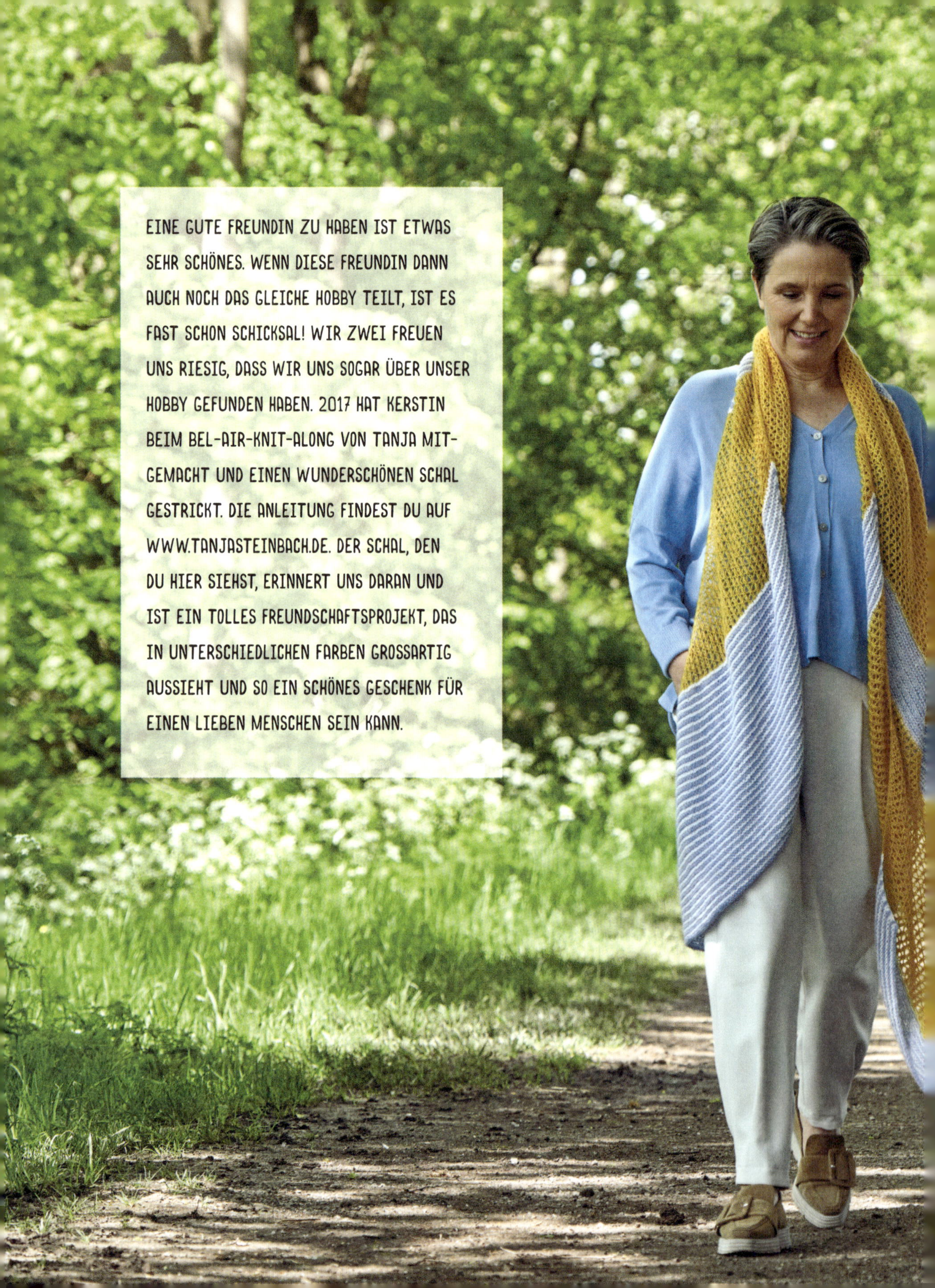

EINE GUTE FREUNDIN ZU HABEN IST ETWAS SEHR SCHÖNES. WENN DIESE FREUNDIN DANN AUCH NOCH DAS GLEICHE HOBBY TEILT, IST ES FAST SCHON SCHICKSAL! WIR ZWEI FREUEN UNS RIESIG, DASS WIR UNS SOGAR ÜBER UNSER HOBBY GEFUNDEN HABEN. 2017 HAT KERSTIN BEIM BEL-AIR-KNIT-ALONG VON TANJA MITGEMACHT UND EINEN WUNDERSCHÖNEN SCHAL GESTRICKT. DIE ANLEITUNG FINDEST DU AUF WWW.TANJASTEINBACH.DE. DER SCHAL, DEN DU HIER SIEHST, ERINNERT UNS DARAN UND IST EIN TOLLES FREUNDSCHAFTSPROJEKT, DAS IN UNTERSCHIEDLICHEN FARBEN GROSSARTIG AUSSIEHT UND SO EIN SCHÖNES GESCHENK FÜR EINEN LIEBEN MENSCHEN SEIN KANN.

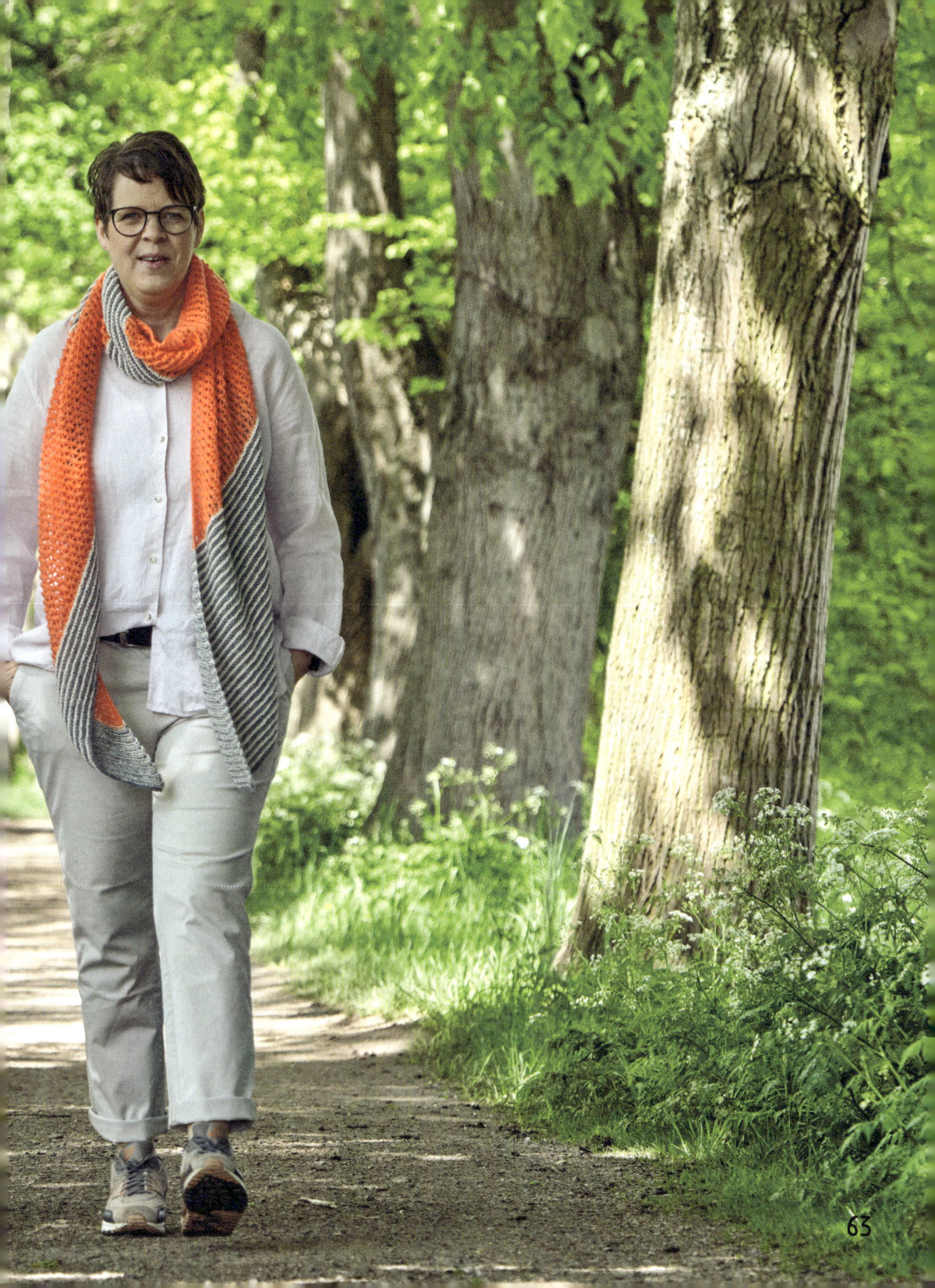

WELLEN-KISSEN KLEINER GOLDFISCH

SCHWIERIGKEITSGRAD

GRÖSSE

50 cm x 50 cm

MATERIAL

- Lana Grossa Alta Moda Cotolana (LL ca. 150 m/50 g) in Weiß (Fb 18), 150 g, in Dunkelblau (Fb 14), 100 g, und Orange (Fb 22), Rest
- Rundstricknadel 4,0 mm, 50 cm lang
- Maschenmarkierer
- Wollnadel ohne Spitze
- Füllkissen, 50 cm x 50 cm

MASCHENPROBE

Glatt rechts mit Nd 4,0 mm
24 M und 36 Rd = 10 cm x 10 cm

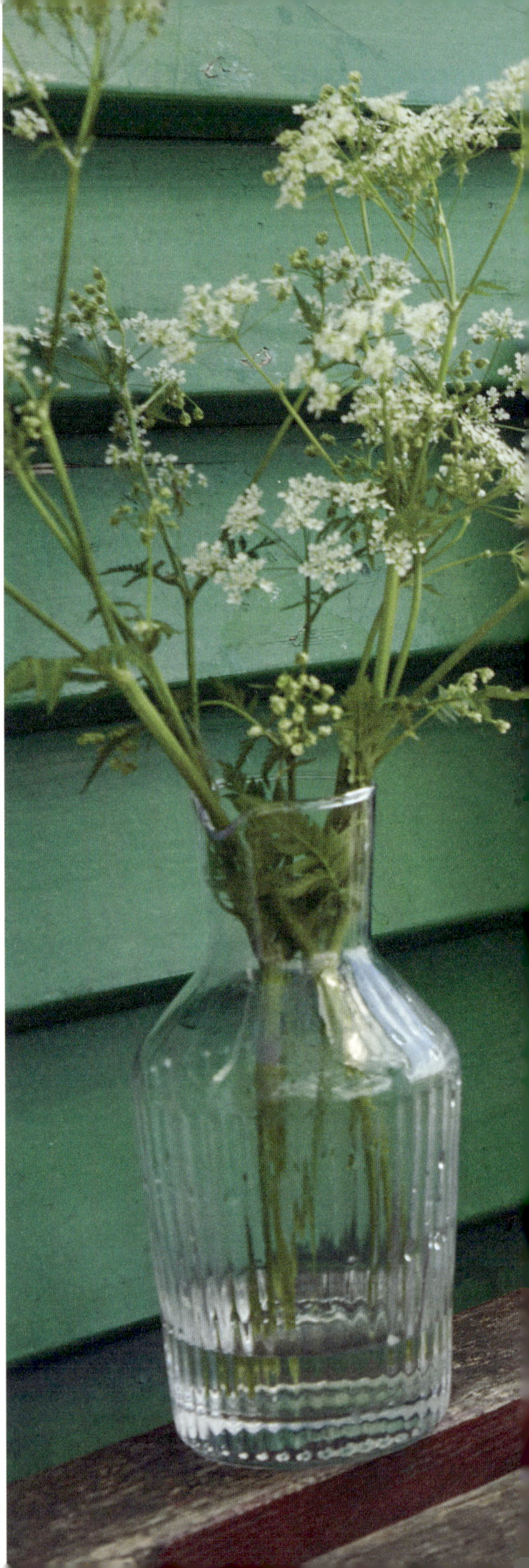

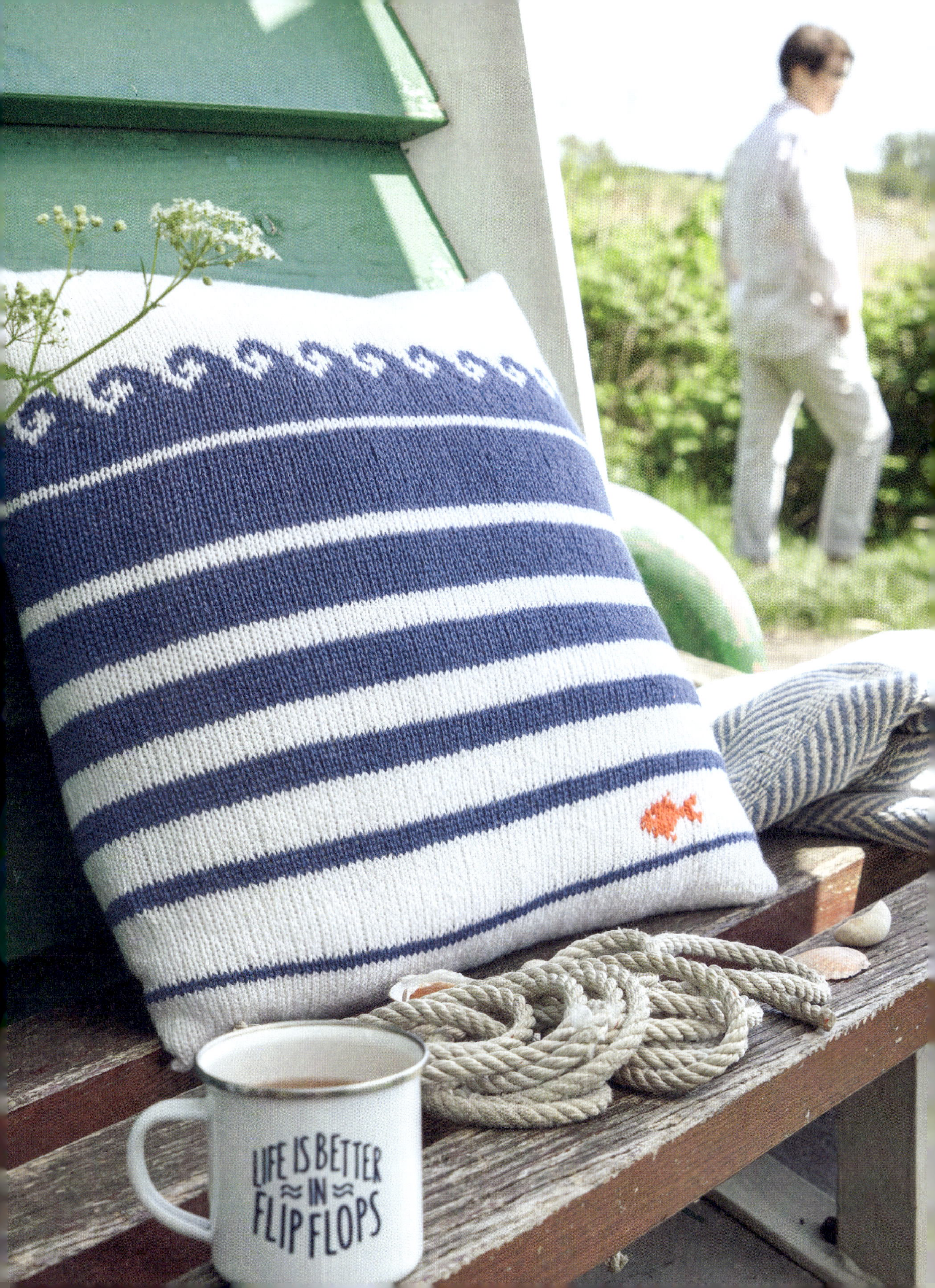
LIFE IS BETTER
IN
FLIP FLOPS

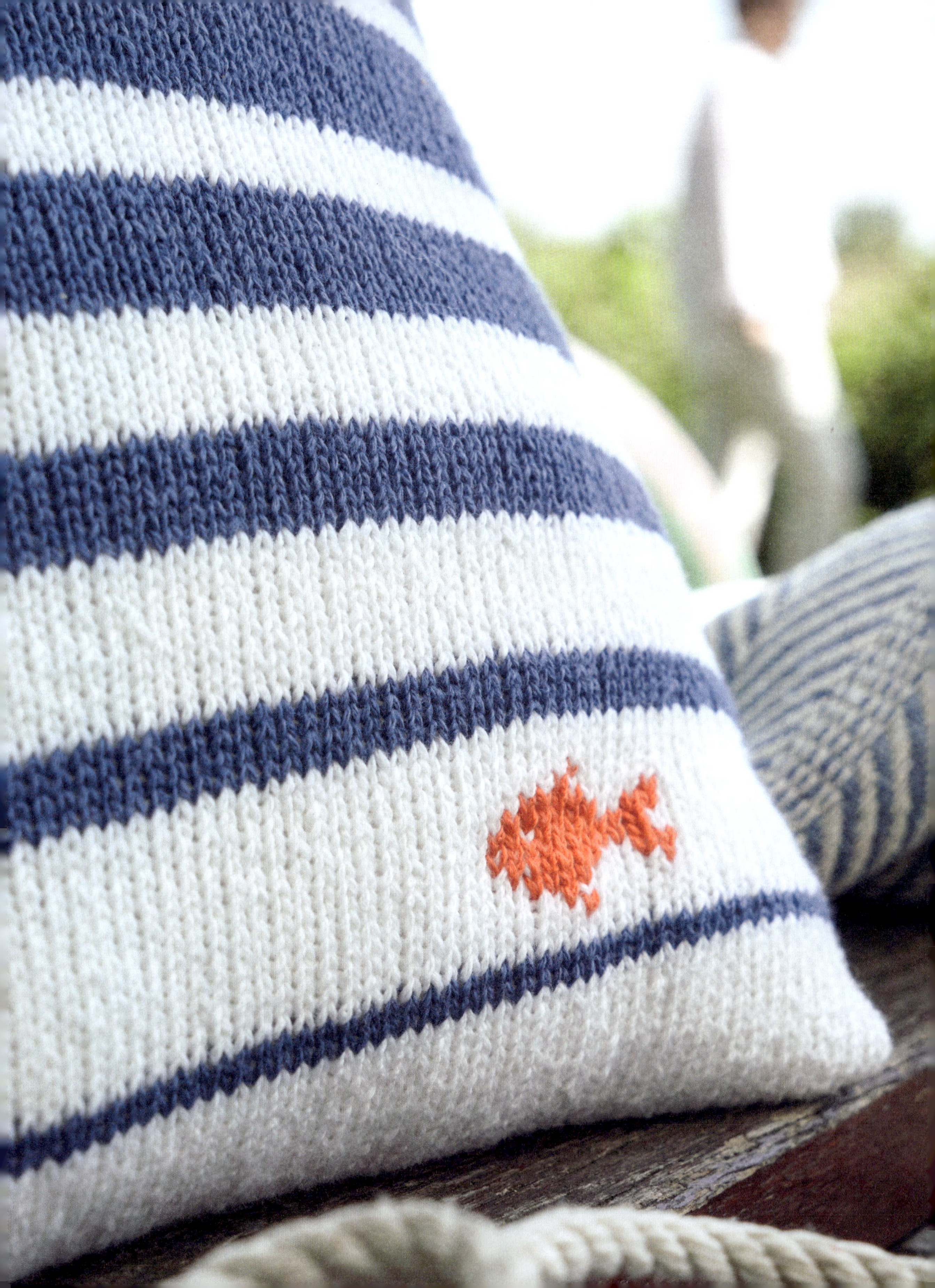

GLATT RECHTS

In Rd alle M rechts str.

JACQUARDMUSTER

M-Zahl teilbar durch 8.
In allen Rd glatt rechts nach dem Zählmuster str.
Den Rapport von 8 M fortlaufend wdh.

JACQUARDMUSTER

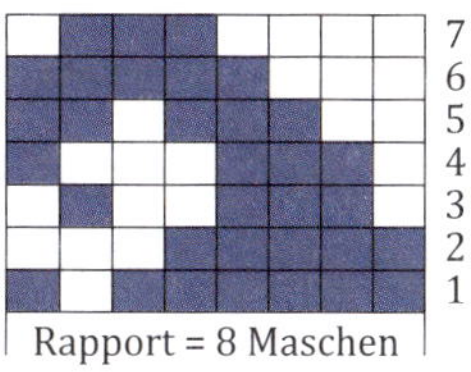

Legende

☐ = Weiß
■ = Dunkelblau

STICKMUSTER

Über 11 M, nach dem Zählmuster im M-Stich aufsticken.

STICKMUSTER

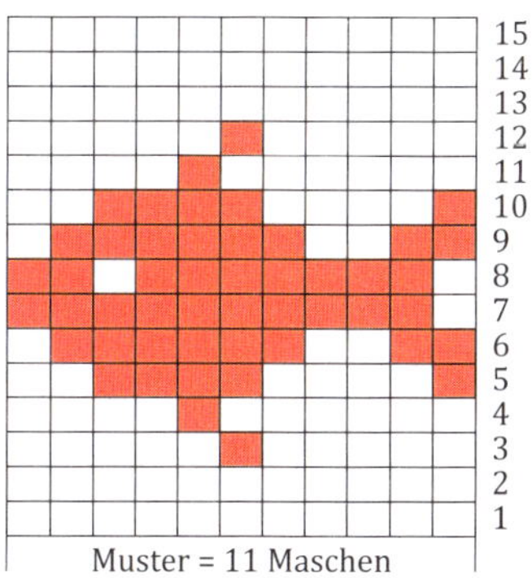

Legende

☐ = Weiß
■ = Orange

ANLEITUNG

184 M in Weiß anschl und zur Rd schließen. Den Rd-Beginn mit einem M-Markierer kennzeichnen. Für die Ringel nun wie folgt str: 15 Rd in Weiß, 2 Rd in Dunkelblau, 15 Rd in Weiß, 4 Rd in Dunkelblau, 10 Rd in Weiß, 6 Rd in Dunkelblau, 8 Rd in Weiß, 8 Rd in Dunkelblau, 6 Rd in Weiß, 10 Rd in Dunkelblau, 4 Rd in Weiß, 15 Rd in Dunkelblau, 2 Rd in Weiß, 8 Rd in Dunkelblau.
Anschließend im Jacquardmuster in Dunkelblau und Weiß weiterarb. Die 1.-7 Rd des Zählmusters 1x str.
Den Faden in Dunkelblau abschneiden und das Kissen mit 30 Rd in Weiß beenden. Die Nd-Spitzen parallel legen und die offenen Kanten im M-Stich verbinden (siehe Seite 215).
Nun den Fisch im zweiten Streifen in Weiß, nach 15 M vom rechten Rand, im M-Stich aufsticken. Dazu einen Faden in die Wollnd ohne Spitze fädeln und auf der Oberseite den Fadenverlauf der M nachsticken.
Alle Fäden vernähen, das Füllkissen einlegen und die Anschlagkante im Matratzenstich schließen (siehe Seite 214).

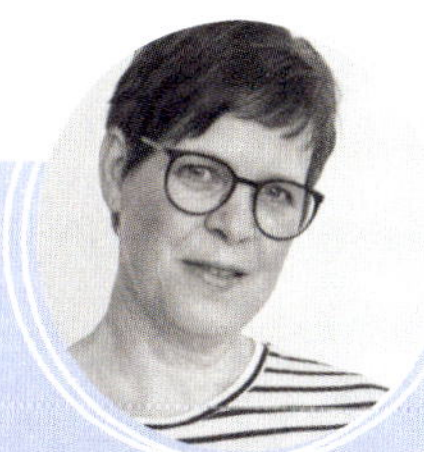

Mein Tipp

Wird das Muster des Kissens leicht abgewandelt, entstehen viele unterschiedliche Variationen, die wunderbar zusammenpassen. Dafür das Jacquardmuster weglassen oder mehrere Fische auf das Kissen sticken.

Kerstin Balke

ERFRISCHENDER WALDMEISTER-ZITRONEN-SIRUP

VON KERSTIN BALKE

Ich mache meine Limonade am liebsten selber. Mein Lieblingsgetränk ist Waldmeister-Zitronen-Limonade, für die ich regelmäßig eine große Flasche Sirup ansetze. Für ein Glas Limonade verdünne ich ca. 4 cl Sirup mit 300-400 ml Mineralwasser und gebe ein paar Blätter Zitronenmelisse und eine Zitronenscheibe dazu. Wer gerade keinen Waldmeister zur Hand hat, kann den Sirup auch mit 2 Handvoll Zitronenmelisse ansetzen.

ZUTATEN

- 10-12 STÄNGEL WALDMEISTER
- 1 BIO-ZITRONE
- 1 L WASSER
- 150 G ZUCKER
- 1 HANDVOLL ZITRONENMELISSE
- AUSSERDEM: GLASFLASCHE (MIT 1 L FÜLLMENGE)

ZUBEREITUNG (FÜR 1 L)

DIE WALDMEISTERSTÄNGEL WASCHEN UND MINDESTENS 24 STUNDEN TROCKNEN LASSEN.
DIE ZITRONE WASCHEN UND IN SCHEIBEN SCHNEIDEN. 1 L WASSER ZUSAMMEN MIT DEM ZUCKER IN EINEN GROSSEN TOPF GEBEN UND AUFKOCHEN LASSEN, BIS SICH DER ZUCKER GELÖST HAT. KURZ ABKÜHLEN LASSEN. ANSCHLIESSEND DIE GETROCKNETEN WALDMEISTERSTÄNGEL, DIE ZITRONENMELISSE UND DIE ZITRONENSCHEIBEN DAZUGEBEN. DEN SIRUP 2-3 TAGE IM GESCHLOSSENEN TOPF AN EINEM KÜHLEN ORT ZIEHEN LASSEN. ANSCHLIESSEND DEN SIRUP DURCH EIN SIEB GEBEN UND IN EINE 1-LITER-FLASCHE FÜLLEN. IM KÜHLSCHRANK HÄLT SICH DER SIRUP 1-2 WOCHEN.

HINWEIS: WALDMEISTER NUR IN DER HIER ANGEGEBENEN DOSIERUNG ZUR AROMATISIERUNG VERWENDEN, ZU VIEL DAVON KANN KOPFSCHMERZEN AUSLÖSEN.

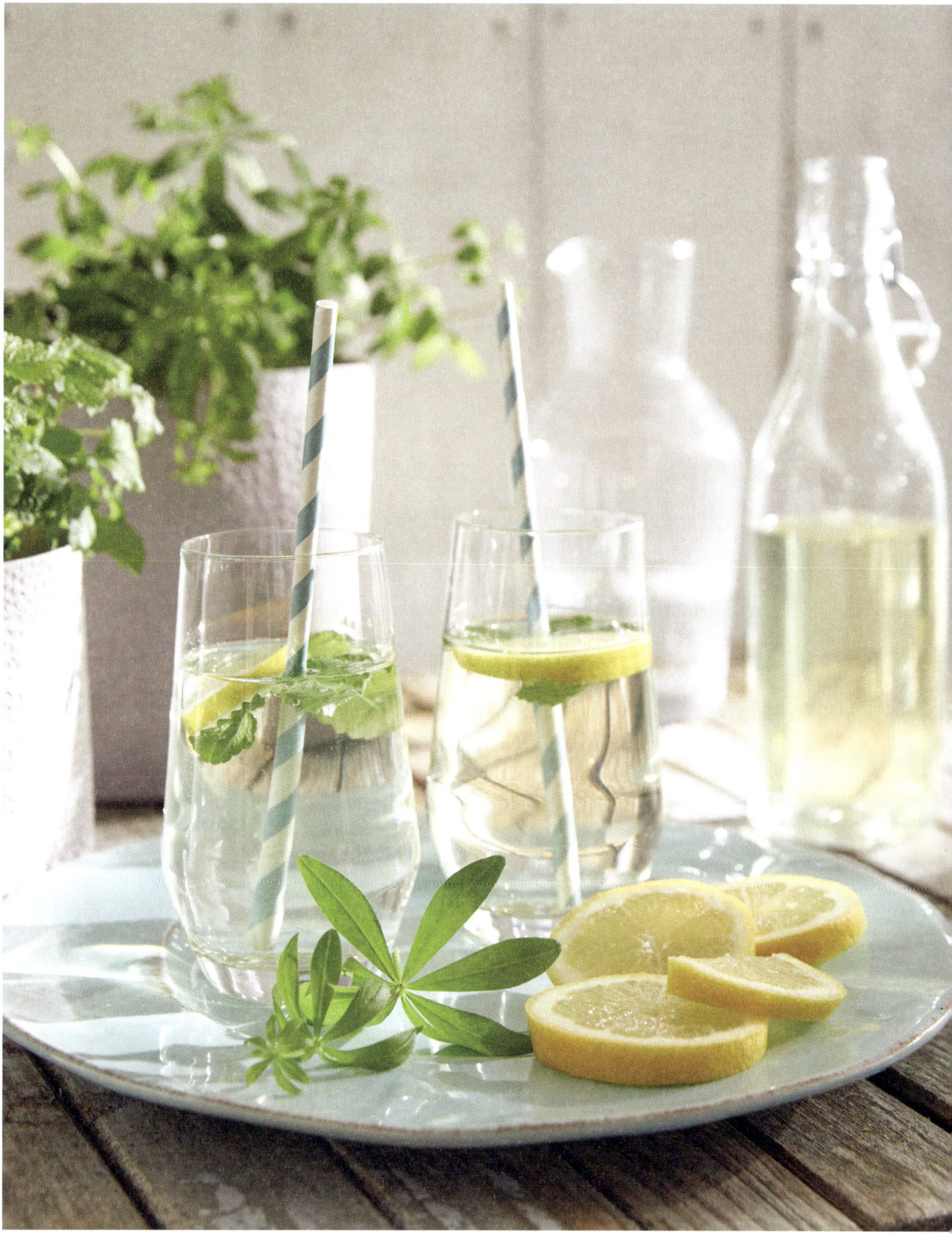

PRAKTISCHE EINKAUFSTASCHE

SCHWIERIGKEITSGRAD

GRÖSSE

Breite ca. 35 cm

Höhe ca. 37 cm

MATERIAL

- Lana Grossa Imagine (LL 120 m/50 g) in Koralle (Fb 33), 150 g
- Rundstricknadel 3,5-4,0 mm, 80-100 cm
- Häkelnadel 3,5 mm
- 2 Maschenmarkierer
- Wollnadel ohne Spitze

MASCHENPROBE

Im Fallmaschenmuster mit Nd 3,5-4,0 mm 17 M und 24 R = 10 cm x 10 cm

KRAUS RECHTS

In Hin- und Rückr rechte M str.

FALLMASCHENMUSTER

M-Zahl teilbar durch 10 + 8.
Das Muster ist ohne Rdm beschrieben, bitte die Anleitung beachten.
1. R (Hinr): Alle M rechts str.
2. R (Rückr): Alle M rechts str.
3. R (Hinr): 7 M rechts, * 2 U, 1 M rechts, 3 U, 1 M rechts, 4 U, 1 M rechts, 3 U, 1 M rechts, 2 U, 6 M rechts, ab * fortlaufend wdh, enden mit 1 M rechts.
4. R (Rückr): Alle M rechts str, dabei die U der Vor-R fallen lassen und die M lang ziehen.
5. R (Hinr): Alle M rechts str.
6. R (Rückr): Alle M rechts str.
7. R (Hinr): 2 M rechts, * 2 U, 1 M rechts, 3 U, 1 M rechts, 4 U, 1 M rechts, 3 U, 1 M rechts, 2 U, 6 M rechts, ab * fortlaufend wdh, enden mit 2 U, 1 M rechts, 3 U, 1 M rechts, 4 U, 1 M rechts, 3 U, 1 M rechts, 2 U, 2 M rechts.
8. R (Rückr): Alle M rechts str, dabei die U der Vor-R fallen lassen und die M lang ziehen.
Die 1.-8. R fortlaufend wdh.

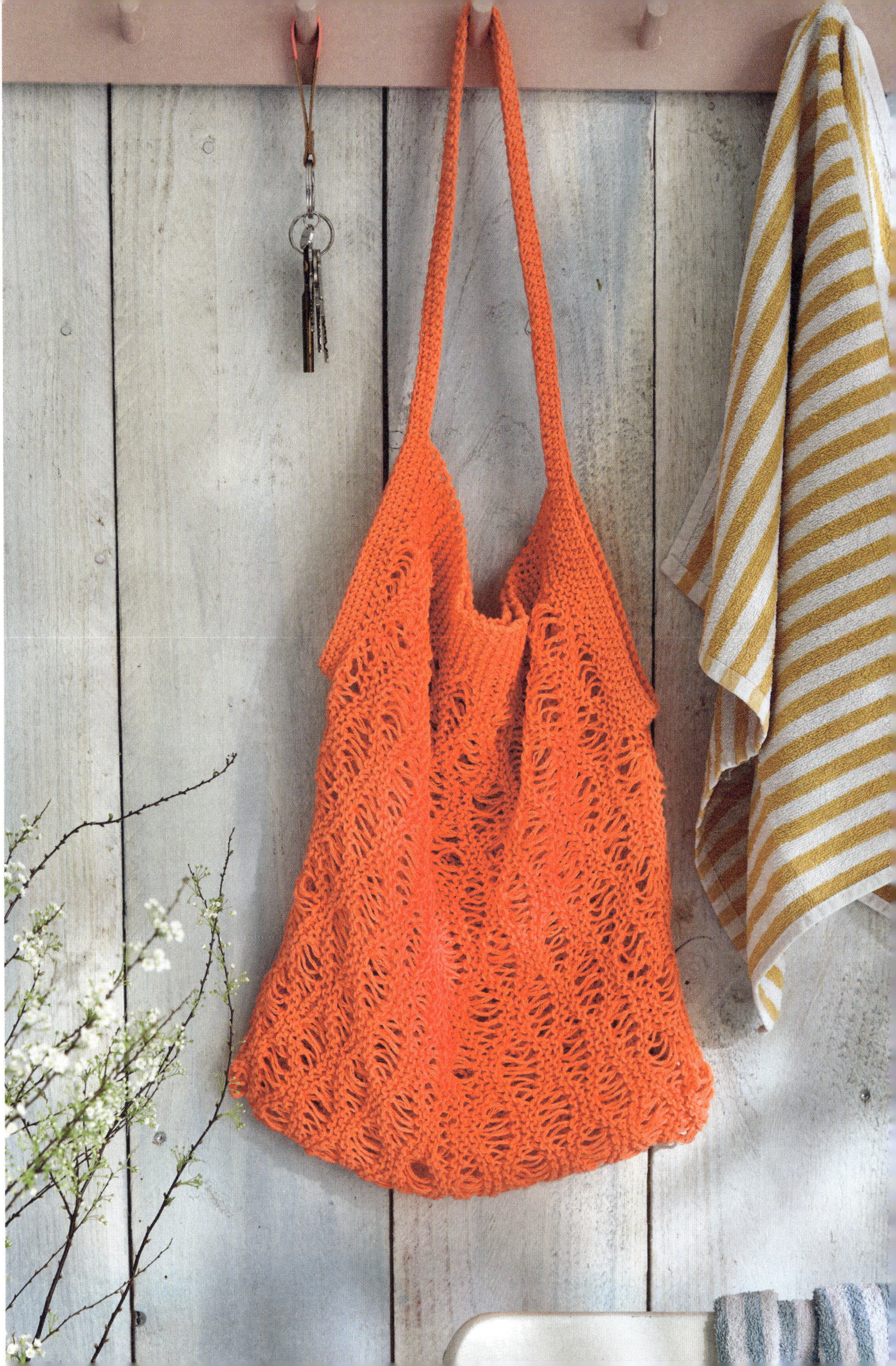

FESTE MASCHEN

Mit der Häkelnd an der entsprechenden Stelle von vorne nach hinten einstechen, Faden holen. Es liegen 2 Schlingen auf der Nd. Nun beide Schlingen zusammen abmaschen, dafür erneut den Faden holen und durch die 2 Schlingen ziehen.

ANLEITUNG

Für die Tasche wird zuerst ein Rechteck im Fallmaschenmuster quer gestrickt, anschließend zusammengenäht und dann werden die Träger angehäkelt.
Für 70 cm Breite 124 M inkl. Rdm locker anschl und in der folgenden Rückr alle M rechts str. Anschließend in der folgenden M-Einteilung weiterarb:
8 M kraus rechts, M-Markierer setzen, 108 M im Fallmaschenmuster str, M-Markierer setzen, 8 M kraus rechts.
In dieser M-Einteilung weiterarb, dabei die 1.-8 R des Fallmaschenmusters fortlaufend wdh. In etwa 35-36 cm Höhe, nach 6. R des Fallmaschenmusters in der folgenden Rückr alle M rechts stricken, die M-Markierer entfernen und dabei locker abk.

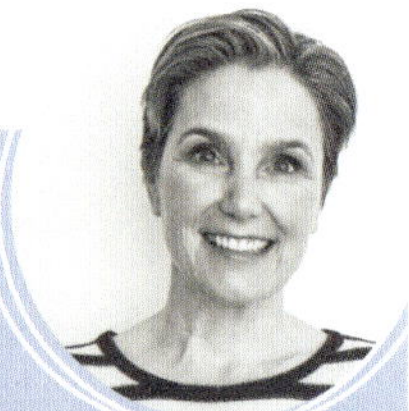

Mein Tipp

Verwende Maschenmarkierer, um das Muster vom Randbereich abzugrenzen! Dafür einfach an der entsprechenden Stelle einen Maschenmarkierer auf die Stricknadel fädeln, den Markierer in jeder Reihe beibehalten und an der entsprechenden Stelle einfach von der linken Stricknadel auf die rechte heben.

Tanja Steinbach

FERTIGSTELLEN

Alle Fäden vernähen. Das Rechteck zur Hälfte falten: Anschlagkante auf Anschlagkante, Abkettkante auf Abkettkante. Es entsteht ein etwa 35 cm x 35 cm großes Quadrat. Die Anschlag- und Abkettkante vom Umbruch in Richtung der Seitenkante hin etwa 22 cm lang im Matratzenstich zusammennähen. Es bleibt an beiden Kanten ein etwa 13 cm langer Schlitz offen. An einer Ecke der Kante beginnen und einen neuen Faden mit der Häkelnd anschlingen und die Kante mit 48 fM behäkeln. Am Ende der Kante für den Träger weitere fM häkeln, dafür wie folgt weiterarb:
In die letzte Einstichstelle der letzten fM einstechen und * den Faden durchholen. Es liegen 2 Schlingen auf der Nd. 1 U auf die Nd nehmen und durch die 1. Schlinge ziehen (= Fußschlinge), wieder 1 U auf die Nd nehmen und jetzt durch beide Schlingen ziehen. In die Fußschlinge einstechen und ab * fortlaufend wdh, bis etwa 44 cm Länge = etwa 70-74 M erreicht sind. Diese Anschlagvariante wird auch als „elastischer Maschenanschlag mit Fußschlinge" bezeichnet. Um die Anzahl der M zu bestimmen, die Fußschlingen oder die kleinen Vs an der oberen Kante zählen.
Nun an der nächsten Ecke die gegenüberliegende Kante die R fortsetzen, dabei darauf achten, dass sich die M-Kette nicht verdreht. Die zweite Kante ebenfalls mit 48 fM behäkeln, dann für den gegenüberliegenden Träger nochmals 70-74 M in der Technik wie oben erklärt arb und am Ende mit 1 Km in die 1. fM zur Rd schließen.
Diese Rd nun mit 2 Rd fM behäkeln, dabei am Beginn der Rd 1 Anfangs-Lftm häkeln, dann in jede fM der Vor-Rd 1 fM häkeln, die Rd mit 1 Km in die 1. fM schließen. Nach insgesamt 3. Rd den Faden abschneiden und durch die letzte M ziehen. Die Fäden vernähen.

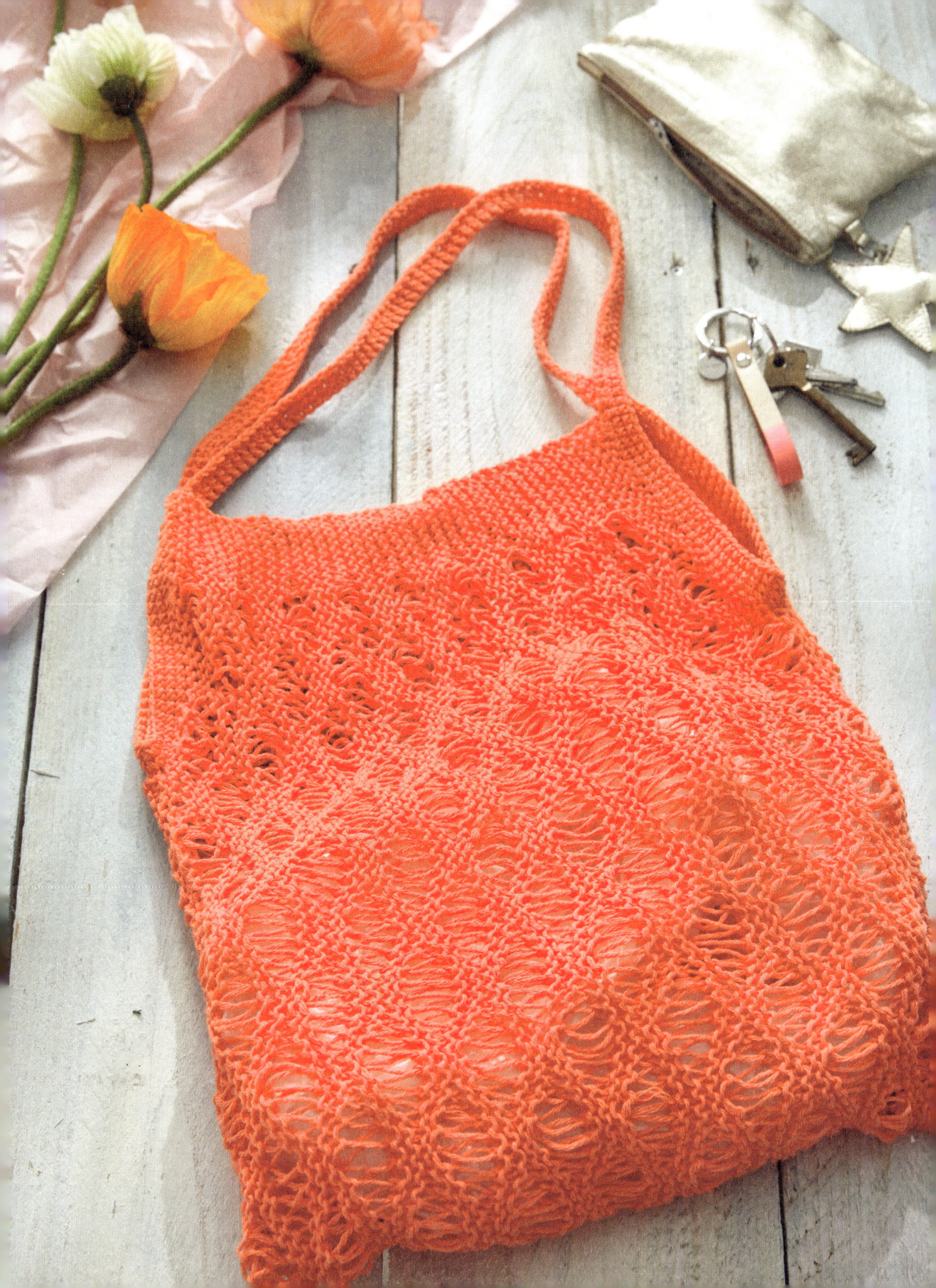

ROMANTISCHE WINDLICHTHÜLLEN

SCHWIERIGKEITSGRAD

GRÖSSE

Größe 1 für einen Glaszylinder mit ø12 cm (Umfang 37 cm, 21 cm hoch)

Größe 2 für einen Glaszylinder mit ø 14 cm (Umfang 44 cm, 15 cm hoch)

Größe 3 für einen Glaszylinder mit ø 15 cm (Umfang 47 cm, 25 cm hoch)

MATERIAL

- Lana Grossa Capri (LL 150 m/50 g) in Mint (Fb 14), Gelb (Fb 17) und Zitrusgelb (Fb 23), je 50 g
- Nadelspiel 3,0-3,5 mm, 20 cm lang
- Maschenmarkierer
- Wollnadel ohne Spitze

HINWEIS: FÜR GRÖSSE 1 WERDEN ETWA 30 G, FÜR GRÖSSE 2 23 G UND FÜR GRÖSSE 3 43 G GARN BENÖTIGT.

MASCHENPROBEN

Im Ajourmouster A mit Nd 3,0-3,5 mm 17 M und 46 Rd (gedehnt) = 10 cm x 10 cm

Im Ajourmuster B mit 3,0-3,5 mm 18 M und 40 Rd (gedehnt) = 10 cm x 10 cm

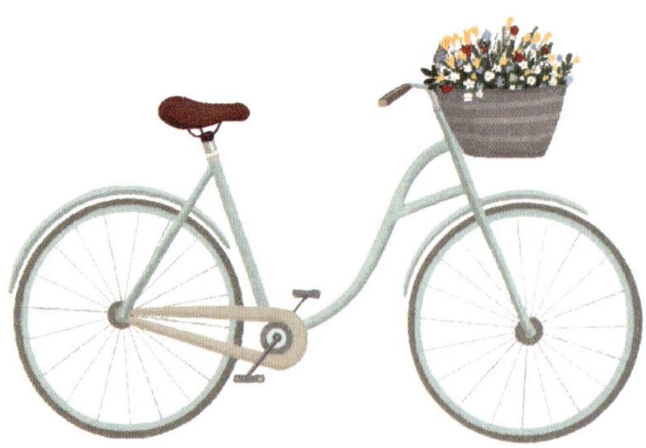

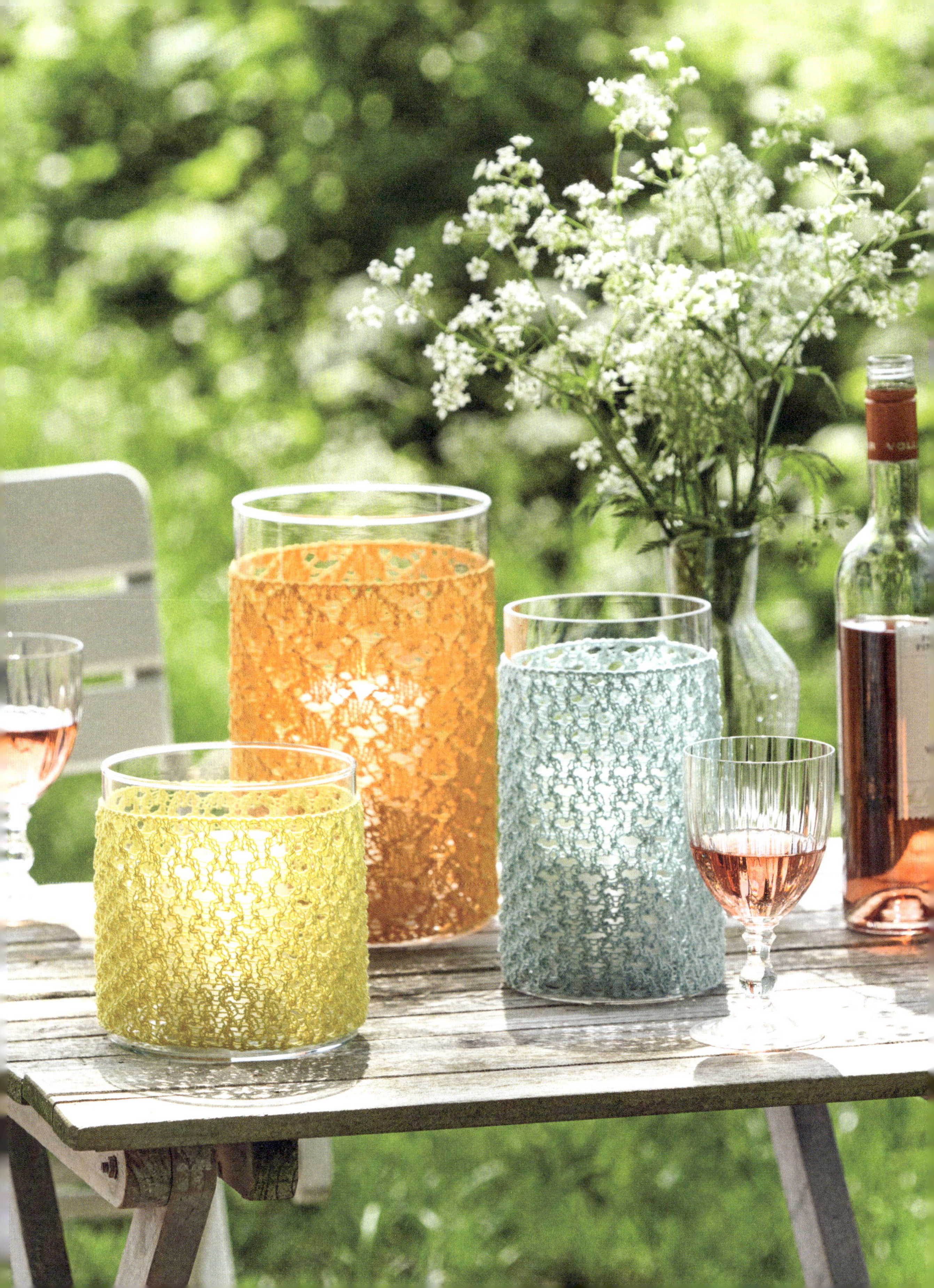

AJOURMUSTER A

M-Zahl teilbar durch 4.
Jede Rd nach der Strickschrift str. Jede Rd nach der Strickschrift str, dabei den Rapport von 4 M und die 1.-8. Rd fortlaufend wdh.
Oder nach der Beschreibung str wie folgt:
1. Rd: * 1 U, 2 M rechts überzogen zusammenstr (= 1 M wie zum Rechtsstr abheben, die nächste M rechts str, dann die abgehobene M überziehen), 2 M rechts zusammenstr 1 U, ab * fortlaufend wdh.
2. Rd: * 1 M links, 3 M rechts, ab * fortlaufend wdh.
3.+4. Rd: Alle M rechts str.
5. Rd: * 2 M rechts zusammen str, 2 U, 2 M rechts überzogen zusammenstr, ab * fortlaufend wdh.
6. Rd: * 2 M rechts, 1 M links, 1 M rechts ab * fortlaufend wdh.
7.+8. Rd: Alle M rechts str.
Die 1.-8. Rd fortlaufend wdh.

AJOURMUSTER B

M-Zahl teilbar durch 8. Jede Rd nach der Strickschrift str, dabei den Rapport von 8 M und die 1.-12. Rd fortlaufend wdh.

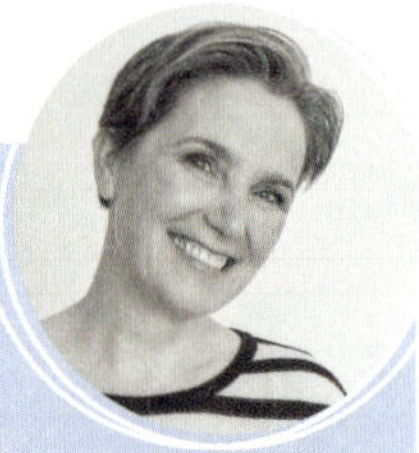

Mein Tipp

Windlichter sind im Sommer großartige Mitbringsel! Außerdem kann man ganz wunderbar einfach mal schöne Muster ausprobieren!

Tanja Steinbach

ANLEITUNG

HINWEIS: DIE WINDLICHTHÜLLEN IN GRÖSSE 2 UND 3 LASSEN SICH AUCH BEQUEM AUF EINER KURZEN RUNDSTRICKND (40 CM LANG) ARB, DABEI DEN RD-BEGINN MIT EINEM M-MARKIERER KENNZEICHNEN.

Die Strickhüllen sollen straff auf den jeweiligen Glasylindern sitzen.

AJOURMUSTER A

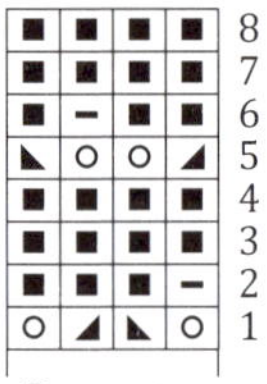

Rapport = 4 Maschen

AJOURMUSTER B

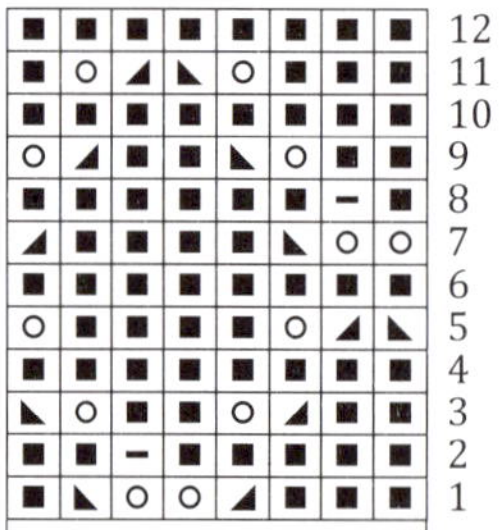

Rapport = 8 Maschen

Legende

- ■ = 1 Masche rechts
- – = 1 Masche links
- ○ = 1 Umschlag
- ◢ = 2 Maschen rechts zusammenstricken
- ◣ = 2 Maschen rechts überzogen zusammenstricken: 1 Masche wie zum Rechtsstricken abheben, die nächste Masche rechts stricken und die abgehobene Masche überziehen

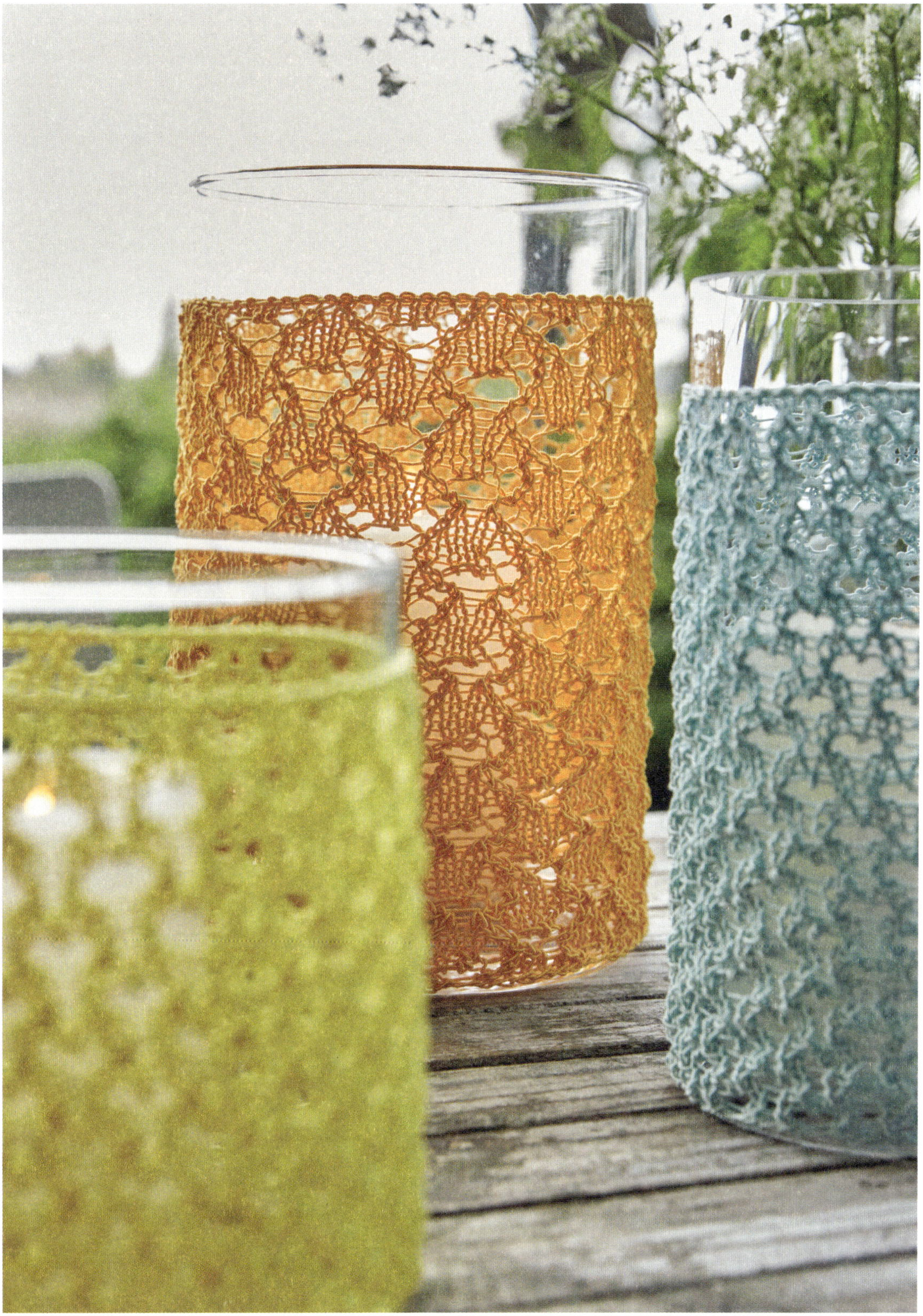

HÜLLE FÜR GRÖSSE 1 IN MINT UND GRÖSSE 2 IN ZITRUSGELB

Die Angaben für Größe 2 stehen in Klammern. Steht nur eine Angabe, gilt diese für beide Größen.
In Mint (Zitrusgelb) 68 (80) M locker anschl und zur Rd schließen. 1 Rd rechte M str, dann im Ajourmuster A wie beschrieben weiterarb. In etwa 20 (14) cm Höhe, nach einer 2. oder 6. Rd des Ajourmusters A. Anschließend die M locker links abk.

HÜLLE FÜR GRÖSSE 3 IN GELB

In Gelb 80 M locker anschl und zur Rd schließen. 1 Rd rechte M str, dann im Ajourmuster B wie beschrieben weiterarb. In etwa 23 cm Höhe, nach einer 5. oder 11. Rd des Ajourmusters A. Anschließend die M locker links abk.

FERTIGSTELLEN

Fäden gut vernähen und die Hülle über den passenden Glaszylinder ziehen.

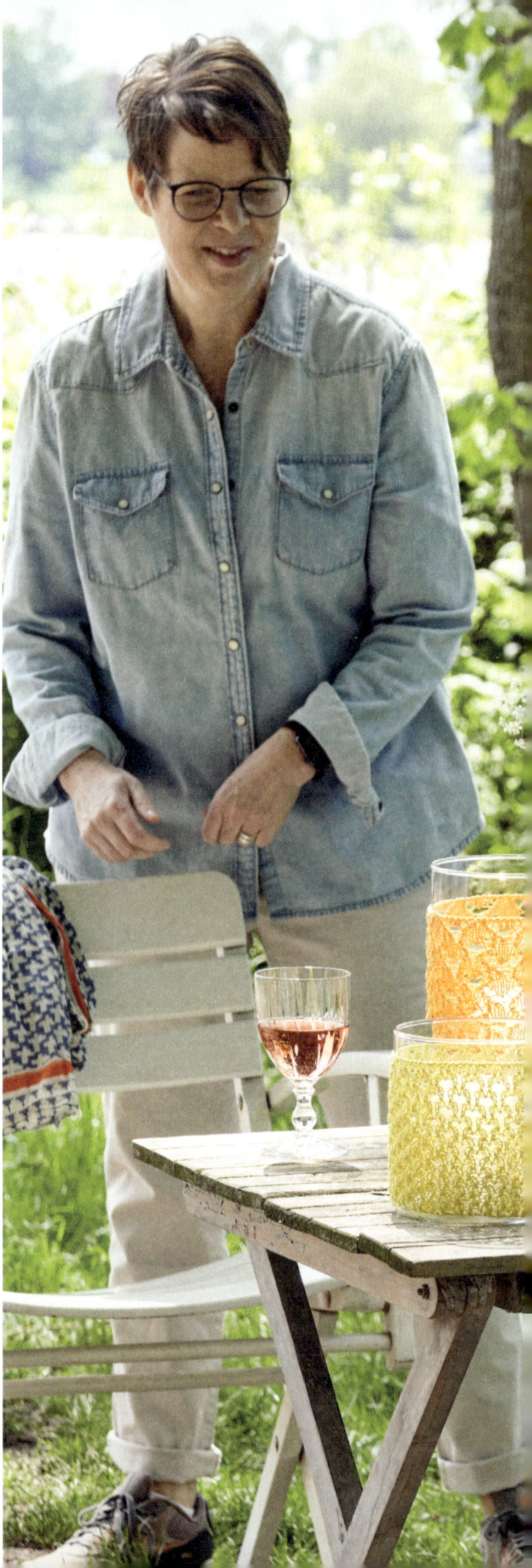

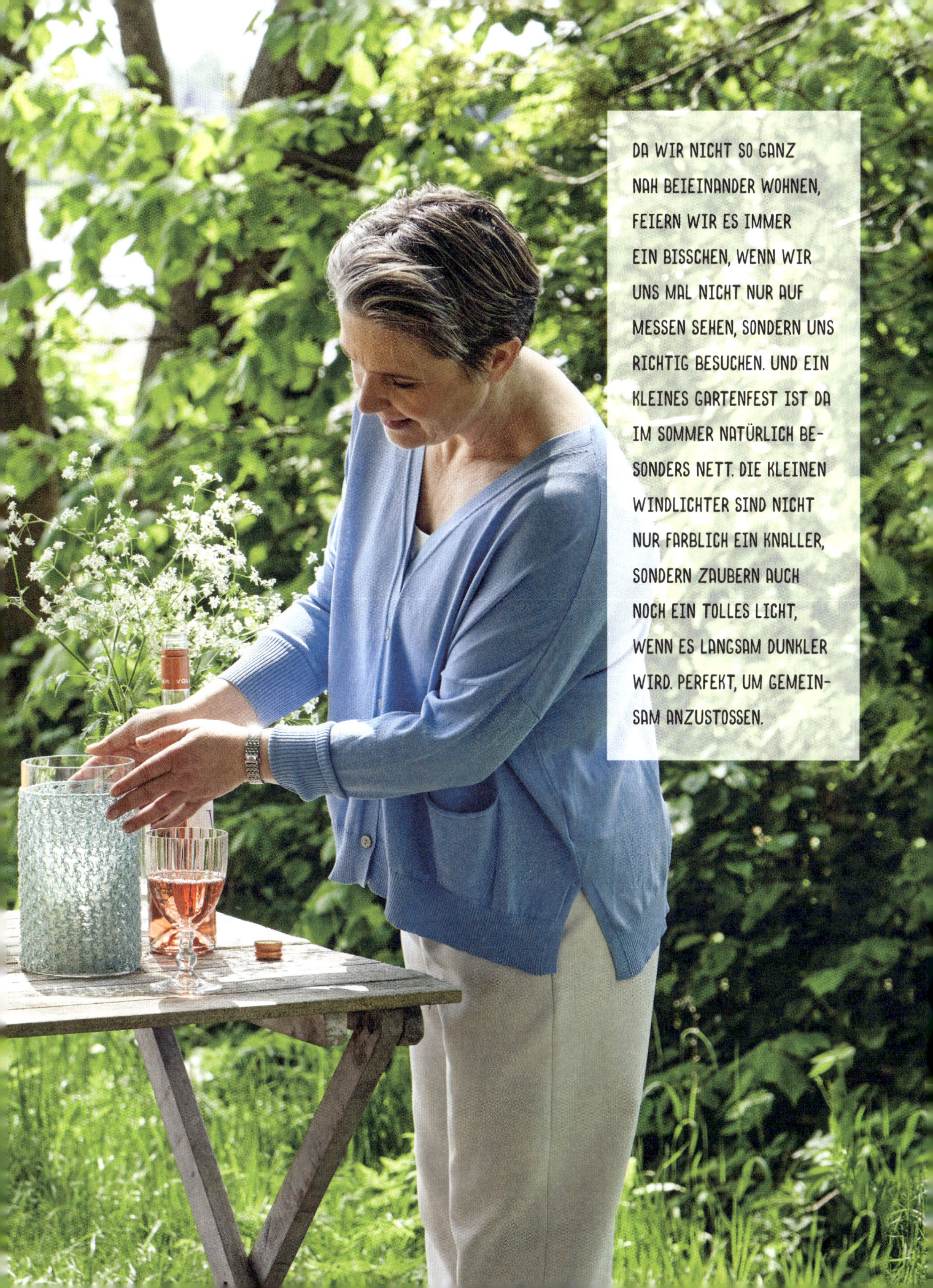

DA WIR NICHT SO GANZ NAH BEIEINANDER WOHNEN, FEIERN WIR ES IMMER EIN BISSCHEN, WENN WIR UNS MAL NICHT NUR AUF MESSEN SEHEN, SONDERN UNS RICHTIG BESUCHEN. UND EIN KLEINES GARTENFEST IST DA IM SOMMER NATÜRLICH BESONDERS NETT. DIE KLEINEN WINDLICHTER SIND NICHT NUR FARBLICH EIN KNALLER, SONDERN ZAUBERN AUCH NOCH EIN TOLLES LICHT, WENN ES LANGSAM DUNKLER WIRD. PERFEKT, UM GEMEINSAM ANZUSTOSSEN.

SOMMERLICHE SOCKEN MIT AJOUR

SCHWIERIGKEITSGRAD

GRÖSSE

36/37, 38/39, 40/41, 42/43

Die Angaben für die einzelnen Größen stehen hintereinander, jeweils durch Schrägstriche getrennt. Steht nur eine Angabe, gilt diese für alle Größen.

MATERIAL

- Lana Grossa Meilenweit 50 Cashmere (210 m/50 g) in Lachs (Fb 43), 100 g, und Weiß (Fb 01), Rest
- Nadelspiel 2,5-3,0 mm
- Wollnadel ohne Spitze

MASCHENPROBE

Glatt rechts mit Nd 2,5-3,0 mm 32 M und 46 Rd = 10 cm x 10 cm

GLATT RECHTS

In Hinr rechte M, in Rückr linke M str, bzw. in Rd alle M rechts str,

BÜNDCHENMUSTER 1

1 M rechts, 1 M links im Wechsel str.

BÜNDCHENMUSTER 2

1 M links, 1 M rechts im Wechsel str.

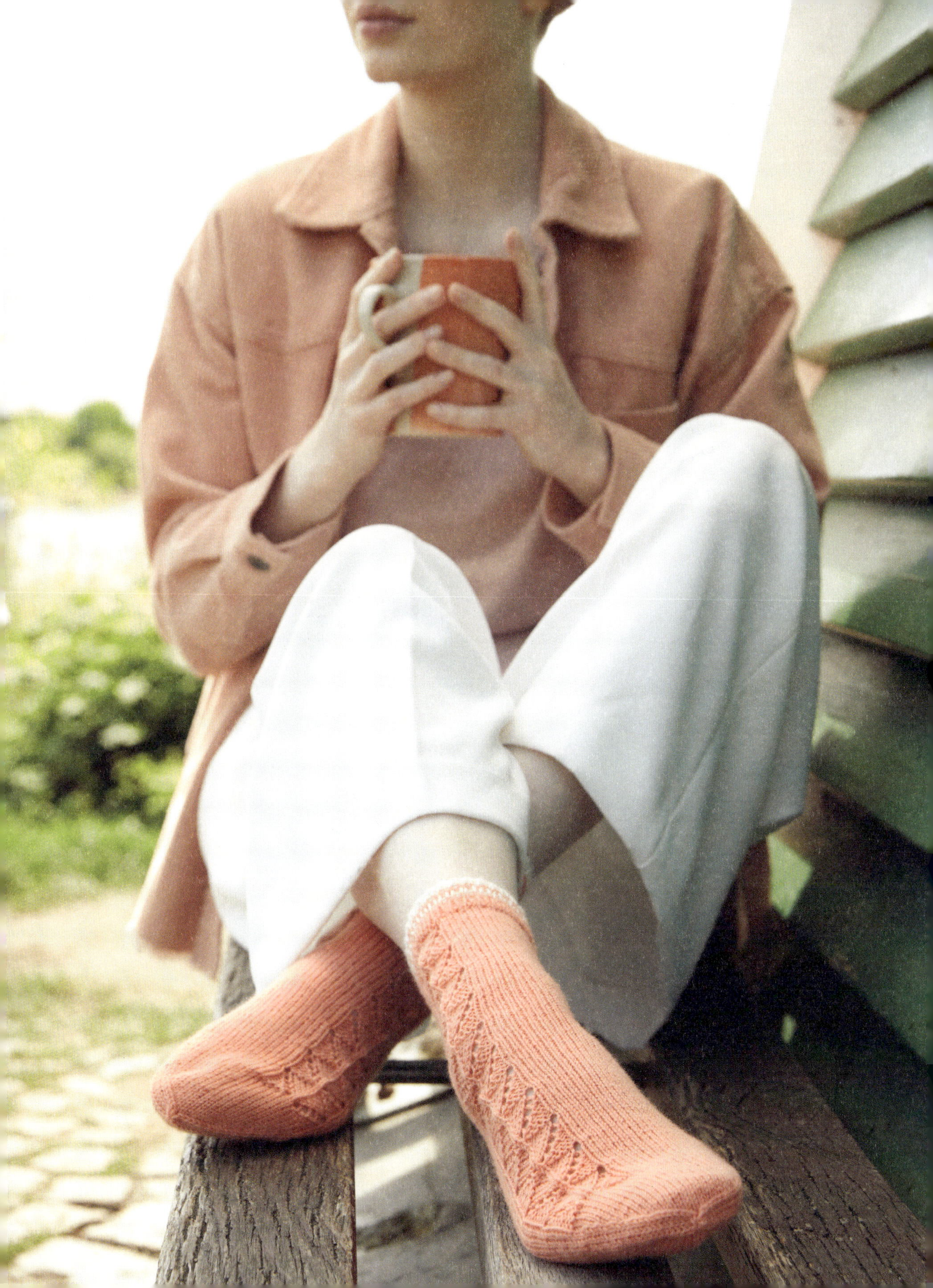

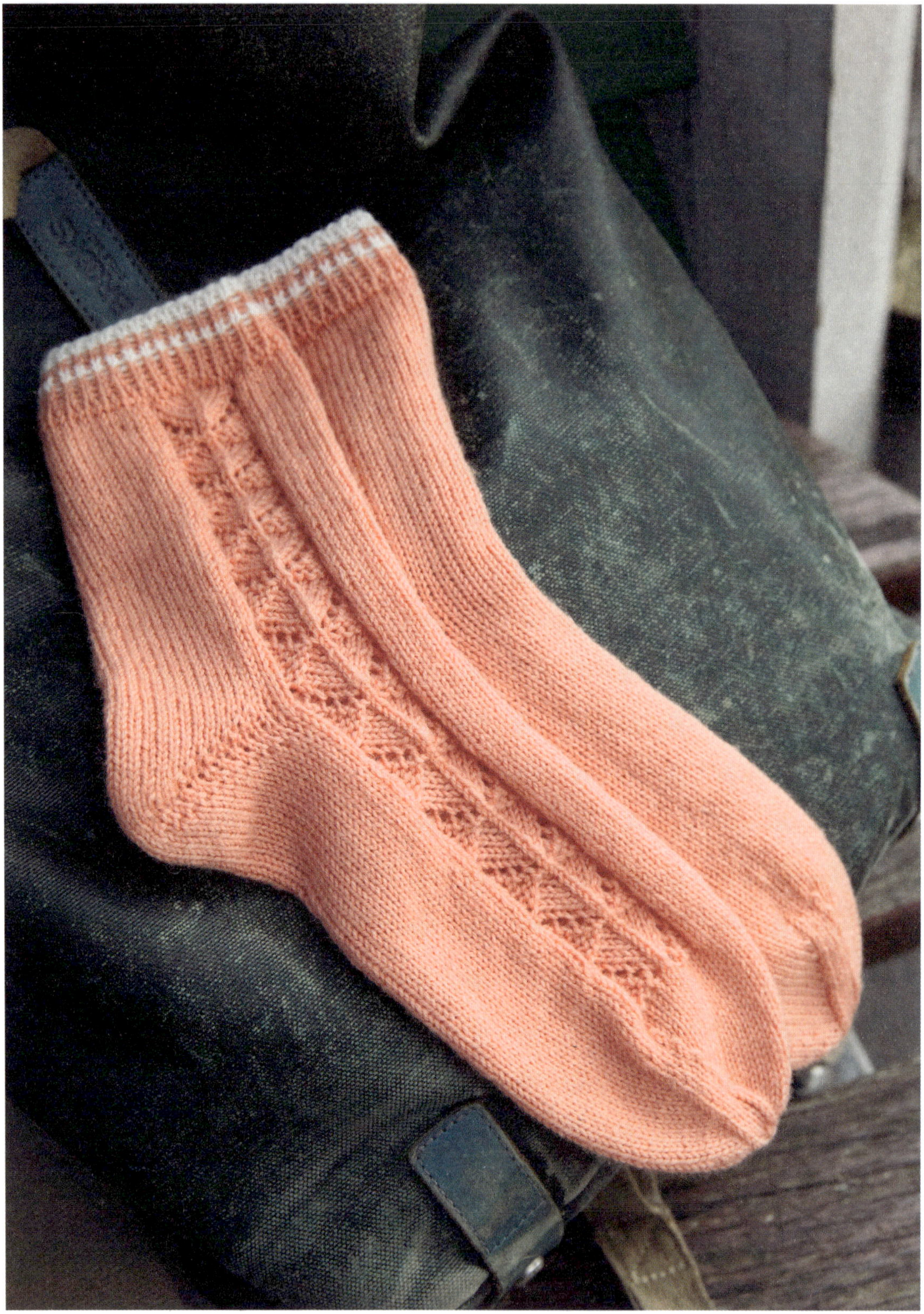

AJOURMUSTER

Über 11 M str, siehe auch Strickschrift.

1. Rd: 1 U, 4 M rechts, 3 M mit aufliegender Mittel-M zusammenstr (siehe Seite 209), 4 M rechts str, 1 U.

2. Rd: Alle M rechts str.

3. Rd: 1 M links, 1 U, 3 M rechts, 3 M mit aufliegender Mittel-M zusammenstr, 3 M rechts, 1 U, 1 M links str.

4. Rd: 1 M links, 9 M rechts, 1 M links str.

5. Rd: 2 M links, 1 U, 2 M rechts, 3 M mit aufliegender Mittel-M zusammenstr, 2 M rechts, 1 U, 2 M links str.

6. Rd: 2 M links, 7 M rechts, 2 M links str.

7. Rd: 3 M links, 1 U, 1 M rechts, 3 M mit aufliegender Mittel-M zusammenstr, 1 M rechts, 1 U, 3 M links str.

8. Rd: 3 M links, 5 M rechts, 3 M links str.

9. Rd: 4 M links, 1 U, 3 M mit aufliegender Mittel-M zusammenstr, 1 U, 4 M links str

10. Rd: 4 M links, 3 M rechts, 4 M links str.

Die 1.-10. Rd fortlaufend wdh.

AJOURMUSTER

−	−	−	−	■	■	■	−	−	−	−	10
−	−	−	−	○	⋒	○	−	−	−	−	9
−	−	−	■	■	■	■	■	−	−	−	8
−	−	−	○	■	⋒	■	○	−	−	−	7
−	−	■	■	■	■	■	■	■	−	−	6
−	−	○	■	■	⋒	■	■	○	−	−	5
−	■	■	■	■	■	■	■	■	■	−	4
−	○	■	■	■	⋒	■	■	■	○	−	3
■	■	■	■	■	■	■	■	■	■	■	2
○	■	■	■	■	⋒	■	■	■	■	○	1

Muster = 11 Maschen

Legende

− = 1 Masche links

■ = 1 Masche rechts

○ = 1 Umschlag

⋒ = 3 Maschen mit aufliegender Mittelmasche zusammenstricken: 2 Maschen gleichzeitig wie zum Rechtsstricken abheben, 1 Masche rechts stricken und die abgehobenen Maschen überziehen

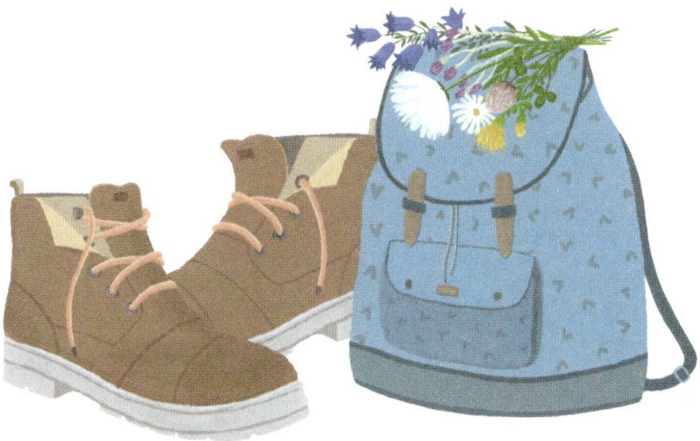

ANLEITUNG

60/60/64/64 M in Weiß anschl, gleichmäßig auf 4 Spielnd verteilen (= 15/15/16/16 M pro Nd) und zur Rd schließen.

SOCKE 1

Für das Bündchen 2 Rd in Weiß, 2 Rd in Lachs, 2 Rd in Weiß und 6 Rd in Lachs (= 2,5 cm) im Bündchenmuster 1/1/2/2 str. Den Faden in Weiß abschneiden.
Den Schaft mit 1 Rd glatt rechts beginnen und anschließend in folgender Einteilung weiterstr: 17/17/18/18 M glatt rechts, 11 M Ajourmuster, 32/32/35/35 M glatt rechts str. Die 1.-10. Rd der Strickschrift 5x str.

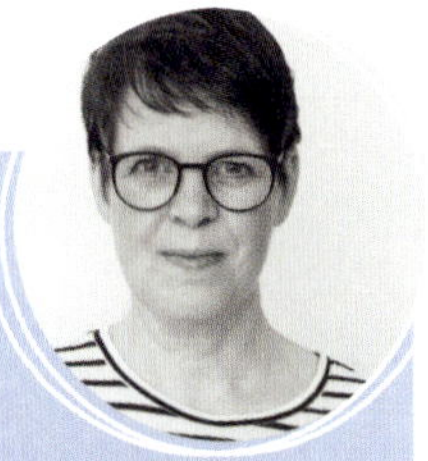

Mein Tipp

Wenn die 1.-10. Rd des Lochmusters am Schaft nur 1x gestrickt wird, erhält man wunderschöne Sneakersocken.

Kerstin Balke

SOCKE 2

Für das Bündchen 2 Rd in Weiß, 2 Rd in Lachs, 2 Rd in Weiß und 6 Rd in Lachs (= 2,5 cm) im Bündchenmuster 2/2/1/1 str. Den Faden in Weiß abschneiden.
Den Schaft mit 1 Rd glatt rechts beginnen und anschließend in folgender Einteilung weiterstr: 32/32/35/35 M glatt rechts, 11 M Ajourmuster, 17/17/18/18 M glatt rechts str. Die 1.-10. Rd der Strickschrift 5x str.

Nun die Bumerangferse über die 30/30/32/32 M der 4. und 1. Nd nach der Grundanleitung str (siehe Seite 220). Dabei nach der ersten Hälfte der Ferse in den beiden Rd über alle M das Ajourmuster mit der 1. und 2. Rd der Strickschrift fortführen.
Den Fuß weiter über alle M der 4 Spielnd arb, dabei das Ajourmuster fortführen. Dazu die 3.-10. Rd der Strickschrift 1x und die 1.-10. Rd 4x/5x/5x/6x str. Anschließend glatt rechts weiterarb. Nach 16/17,5/19/20,5 cm ab Fersenmitte mit den Abnahmen für die Bandspitze beginnen. Die Bandspitze nach der Grundanleitung str (siehe Seite 221). Den Faden abschneiden und nach innen ziehen.
Alle Fäden vernähen.
Die zweite Socke genauso arb.

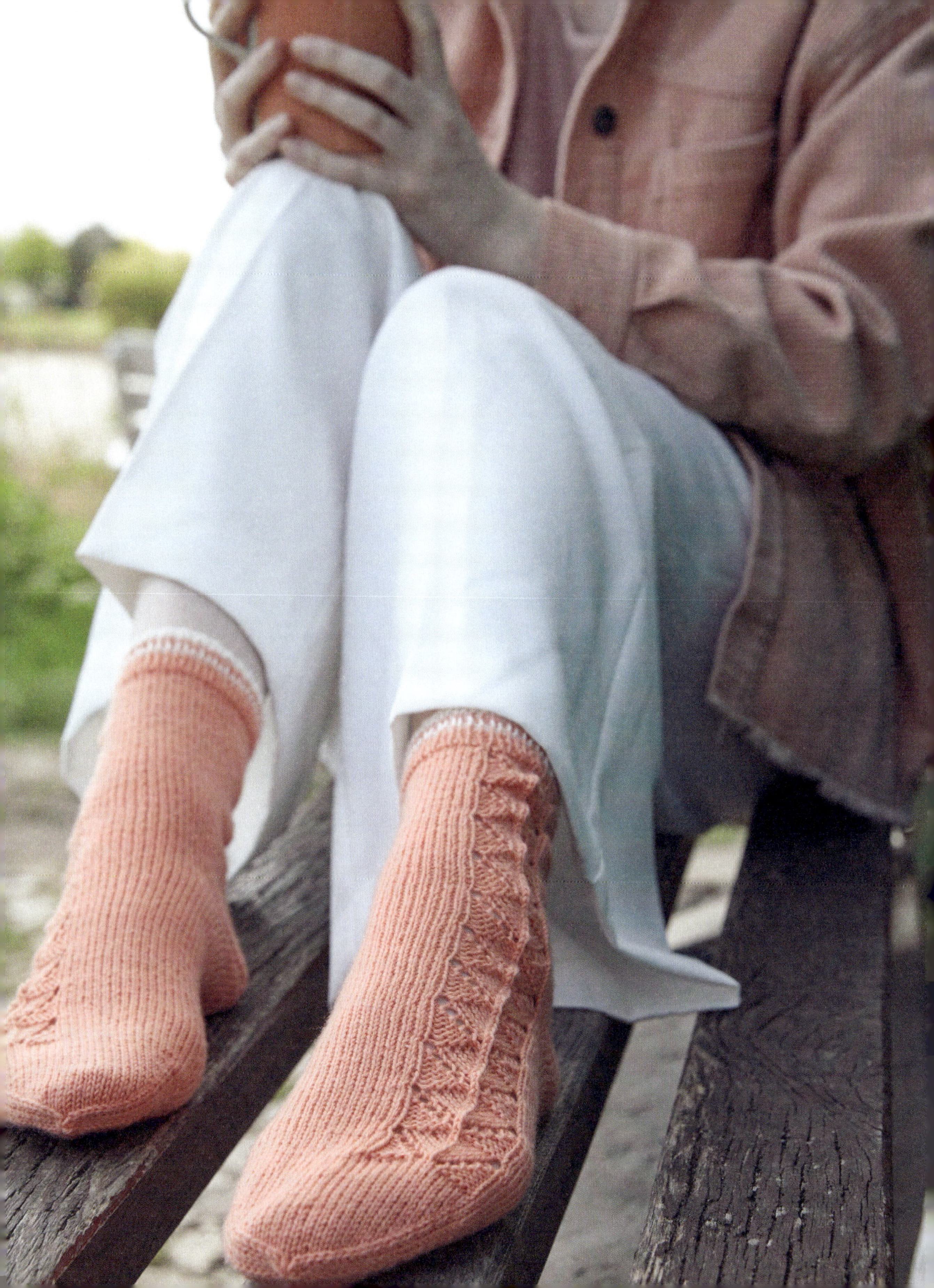

LÄSSIGER PONCHO-PULLI

SCHWIERIGKEITSGRAD

GRÖSSE

Größe 36-42 und Größe 44-48

Bedingt durch den einfachen Schnitt und die legere Passform ist das Modell für mehrere Konfektionsgrößen verwendbar.

Die Angaben für Größe 36-42 stehen vor, für Größe 44-48 nach dem Schrägstrich. Steht nur eine Angabe, gilt diese für beide Größen.

MATERIAL

- Lana Grossa Ecopuno (LL ca. 215 m/50 g) in Ecru (Fb 46), 300/350 g, und Marine (Fb 10), 50 g
- Rundstricknadel 3,5-4,0 mm, 100-120 cm lang
- Nadelspiel 3,5-4,0 mm, 15 cm lang
- 2 kurze Nadelspielnadeln 3,5 mm (für den Kordelrand)
- Wollnadel ohne Spitze

MASCHENPROBE

Glatt rechts mit Nd 3,5-4,0 mm 20-21 M und 32 R = 10 cm x 10 cm

NAHTRAND

Für den Nahtrand die Rdm in Hinr rechts und in Rückr links str.

KRAUS RECHTS

In Hin- und Rückr rechte M str.

GLATT RECHTS

In Hinr rechte M, in Rückr linke M str.

RIPPENMUSTER (ÄRMEL)

M-Zahl teilbar durch 4.

1. Rd: Alle M rechts str.

2. Rd: 2 M rechts, 2 M links im Wechsel str.

Die 1. und 2. Rd fortlaufend wdh.

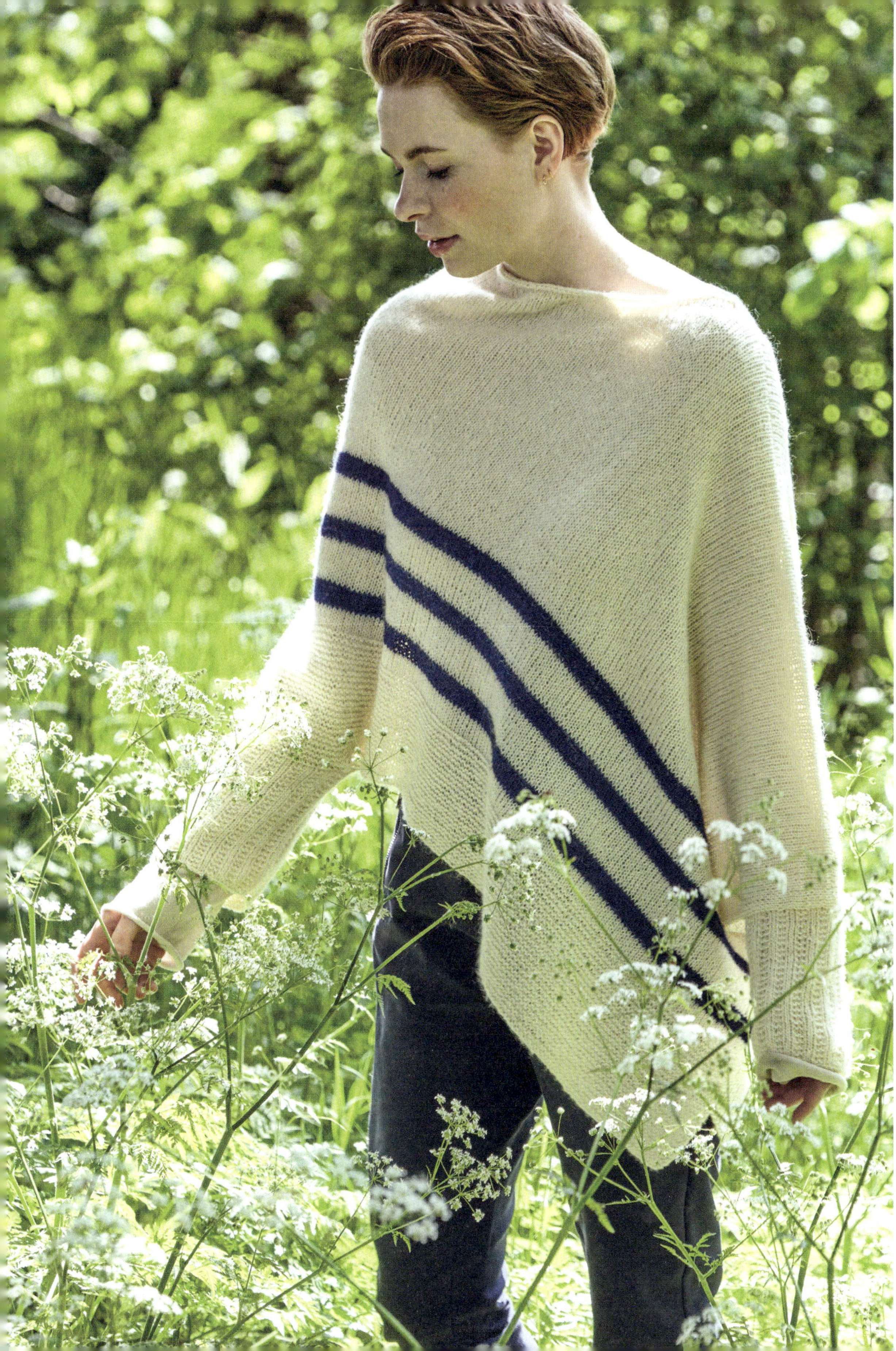

ANLEITUNG

Der Poncho wird in R von unten nach oben gestrickt. Dafür in Ecru 308/318 M (= 150/156 cm) anschl und 12 cm kraus rechts über alle M str. Dann glatt rechts in Ecru weiterarb, die Rdm nun ebenfalls glatt rechts als Nahtrand arbeiten. Nach 6 R glatt rechts mit den Streifen in Marine beginnen. In folgender Streifenfolge glatt rechts arb:
* 6 R in Marine, 12 R in Ecru str, ab * noch 1x/2x wdh, enden mit 6 R in Marine (= 42/60 R, 3/4 Streifen in Marine).
Anschließend den Faden in Marine abschneiden und das Strickstück in Ecru glatt rechts beenden. In etwa 52/60 cm Höhe die M stilllegen. Die M teilen und eine Hälfte der M auf eine zusätzliche Nd nehmen, den Poncho zur Hälfte umschlagen, sodass sich die M beider Nd gegenüberliegen, und von der Seitenkante zur Mitte hin die ersten 90/95 M mit den letzten 90/95 M (= etwa 45/48 cm) im M-Stich verbinden (siehe Seite 215).

Als einfachere Alternative können auch die ersten und letzten 90/95 M abgekettet werden und die Schulternaht zusammengenäht werden.

Die mittleren restlichen 128 M (= 30/60 cm) für den Halsausschnitt mit einem Kordelrand abk. Dazu die M auf eine Rundstricknd legen, von der rechten Seite aus den Faden in Ecru neu ansetzen, aus der 1. M auf eine Spielnd 3 M aufstr (siehe Seite 211) und dann mit der 2. Spielnd * 2 M rechts str, anschließend 2 M rechts überzogen zusammenstr (= 1 M wie zum Rechtsstr abheben, die nächste M rechts str, dann die abgehobene M überziehen), dabei ist die letzte M eine M des Ponchos. Nicht wenden, sondern * die 3 M an das andere Ende der Spielnd schieben, sodass am rechten Ende der Nd wieder weitergestrickt werden kann. Den Arbeitsfaden an den Nd-Anfang holen und wie ab * beschrieben fortlaufend wdh, bis alle M des Poncho-Ausschnitts verarbeitet sind. Dabei den Arbeitsfaden immer wieder fest anziehen, sodass eine runde Kante entsteht. Zuletzt die M des Kordelrands abk, den Faden

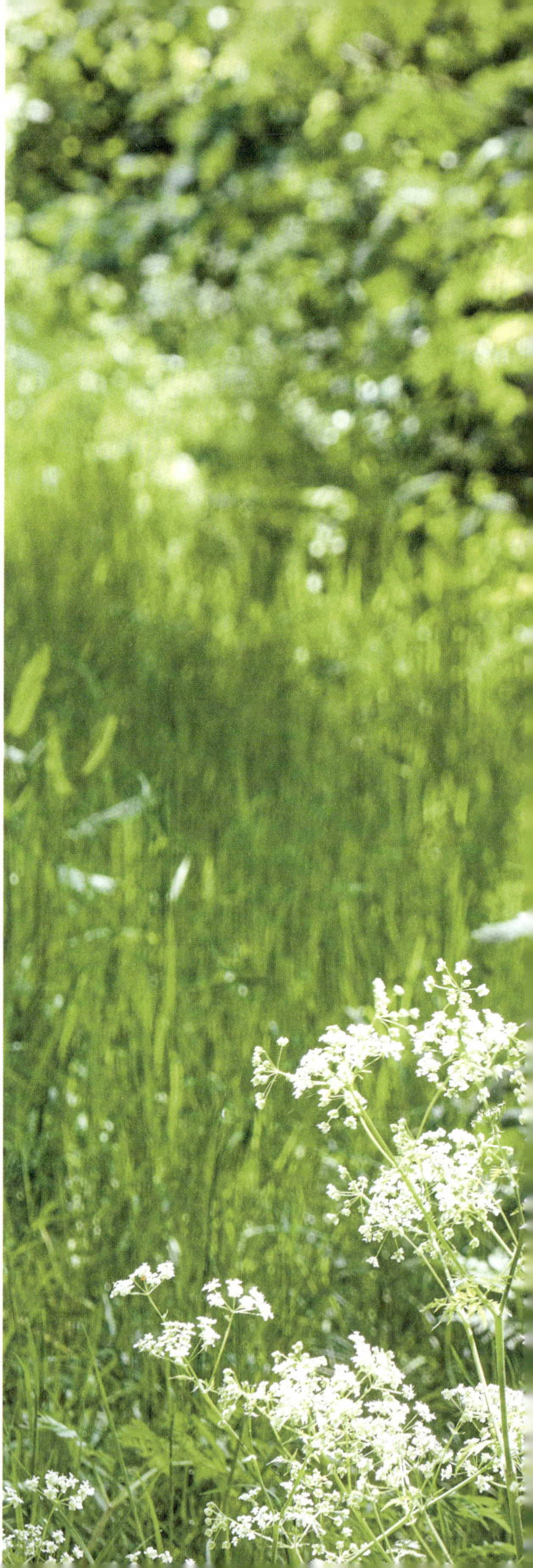

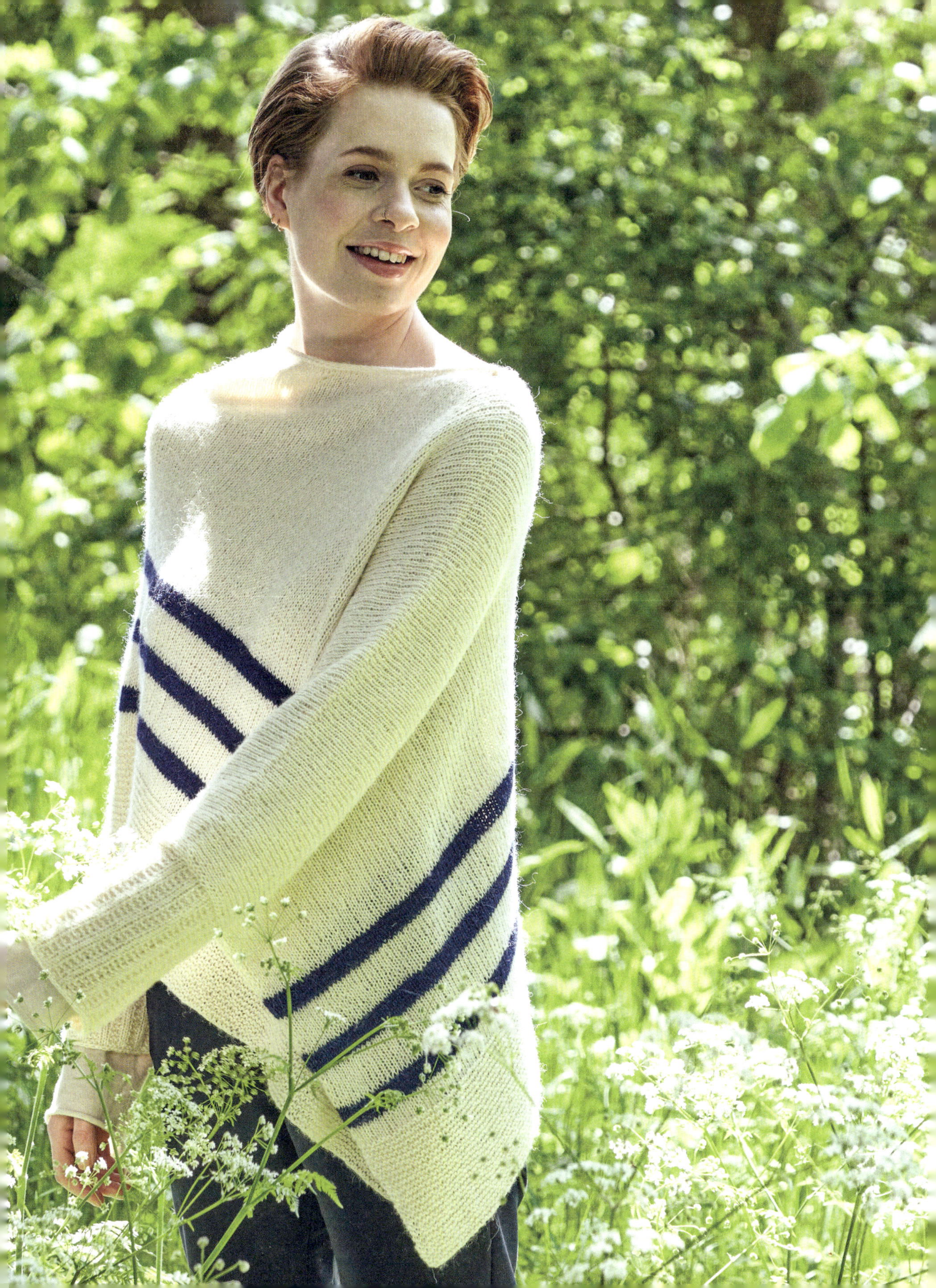

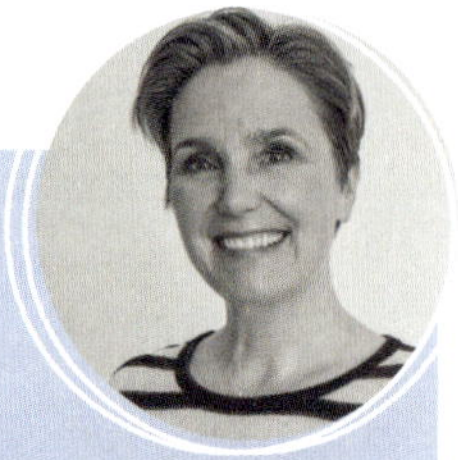

Mein Tipp

Ein ganz eigener, asymmetrischer Look entsteht, wenn man die zweite Ärmelstulpe weglässt! Daher einfach mal den Poncho vor Beginn der zweiten Ärmelstulpe anprobieren und entscheiden.

Tanja Steinbach

abschneiden und durch die letzte M ziehen und mit dem Kordelrandanschlag zur Rd zusammennähen.

FERTIGSTELLEN

Das Strickstück zur Hälfte legen, sodass ein 75/78 cm breites und etwa 52/60 cm hohes Rechteck entsteht. Die offene, rechte Kante mit der entsprechend gegenüberliegenden Kante entlang der Nahtrand-M etwa mittig über 25/31 cm (siehe Schnittzeichnung) zusammennähen. Dabei den etwa 12 cm langen Kraus-rechts-Bereich als Schlitz offen lassen und für die erste Ärmelstulpe eine ca. 30/34 cm lange Öffnung lassen.
Für die erste Ärmelstulpe in Ecru aus der Öffnung 64/72 M (= 30/34 cm) auf 4 Spielnd gleichmäßig verteilt auffassen (= 16/18 M pro Nd) und zur Rd schließen. Etwa 14 cm im Rippenmuster in Rd str, dann alle M in einer 1. Rd abk.
Für die zweite Ärmelstulpe aus der Anschlag- bzw. Abkettkante jeweils 32/36 M vor dem seitlichen Umbruch und 32/36 M nach dem Umbruch aus der Anschlagkante heraus auf die 4 Spielnd verteilt auffassen (= 16/18 M pro Nd) und zur Rd schließen (= 64/72 M) und wie bei der ersten Ärmelstulpe beschrieben weiterarb.
Alle Fäden vernähen. Den Poncho doppelt gelegt auf die Maße 75/78 cm x 52/60 cm spannen, anfeuchten und trocknen lassen.

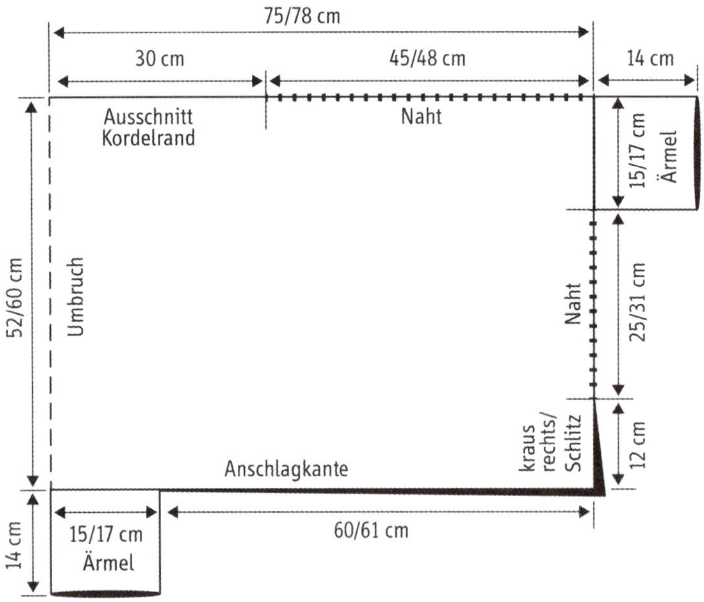

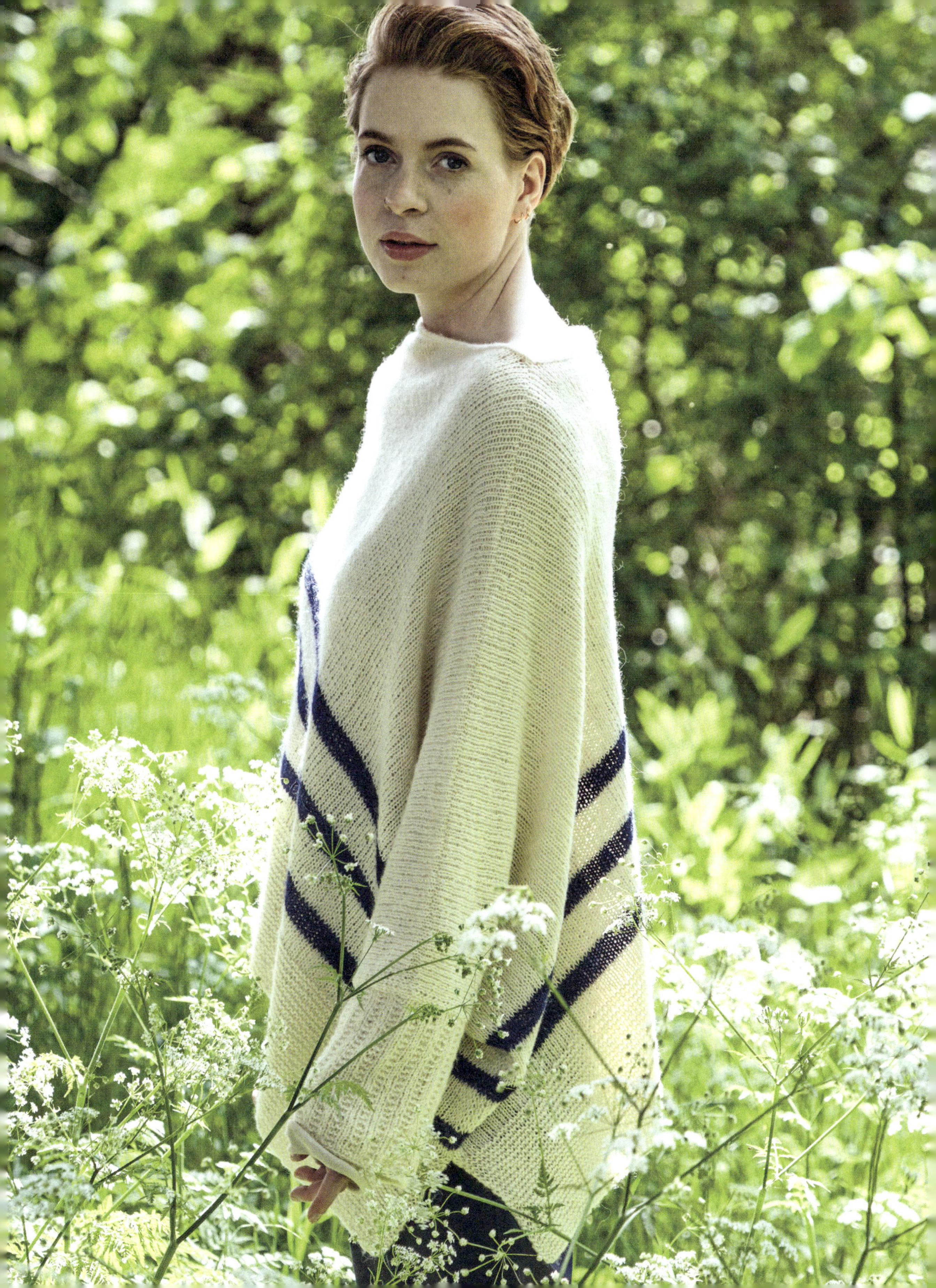

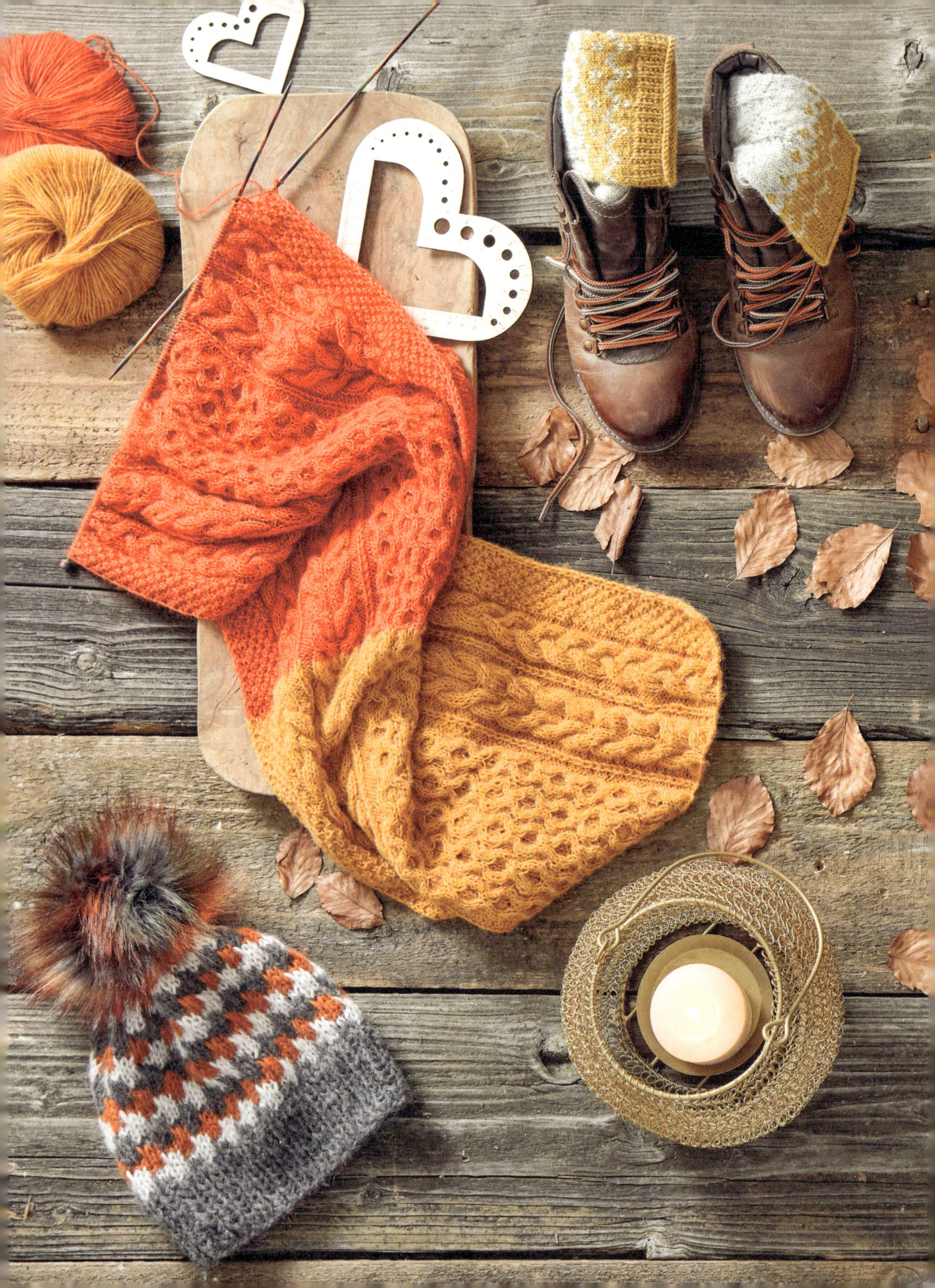

HERBST

Masche für Masche
ein Versprechen von
Gemütlichkeit

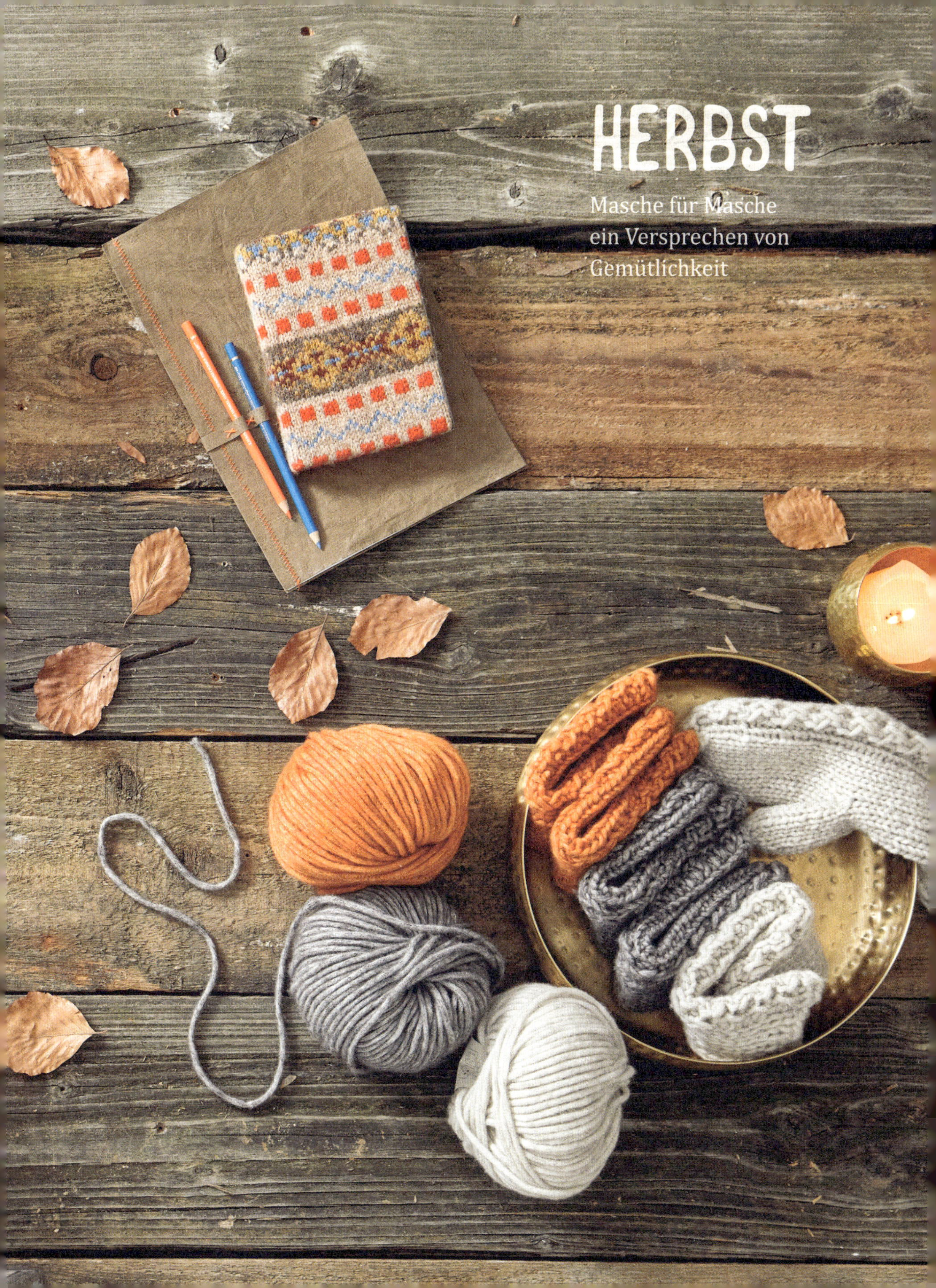

SOCKEN KLEINER WALDSPAZIERGANG

SCHWIERIGKEITSGRAD

GRÖSSE

36/37, 38/39, 40/41, 42/43

Die Angaben für die einzelnen Größen stehen hintereinander, jeweils durch Schrägstriche getrennt. Steht nur eine Angabe, gilt diese für alle Größen.

MATERIAL

- Lana Grossa Meilenweit 50 (LL ca. 210 m/50 g) in Natur meliert (Fb 1102), 100 g, und Curry (Fb 1390), 50 g
- oder Lana Grossa Meilenweit 50 Cashmere (LL ca. 210 m/50 g) in Silbergrau (Fb 35), 100 g, und Nougat (Fb 47), 50 g
- Nadelspiel 2,5 mm
- Wollnadel ohne Spitze

MASCHENPROBE

Glatt rechts mit Nd 2,5 mm 30 M und 42 Rd = 10 cm x 10 cm

GLATT RECHTS

In Hinr rechte M, in Rückr linke M str, bzw. in Rd alle M rechts str,

BÜNDCHENMUSTER

M-Zahl teilbar durch 2.

1. Rd: Alle M rechts str.

2. Rd: 1 M rechts, 1 M links im Wechsel str.

Die 1. und 2. Rd fortlaufend wdh.

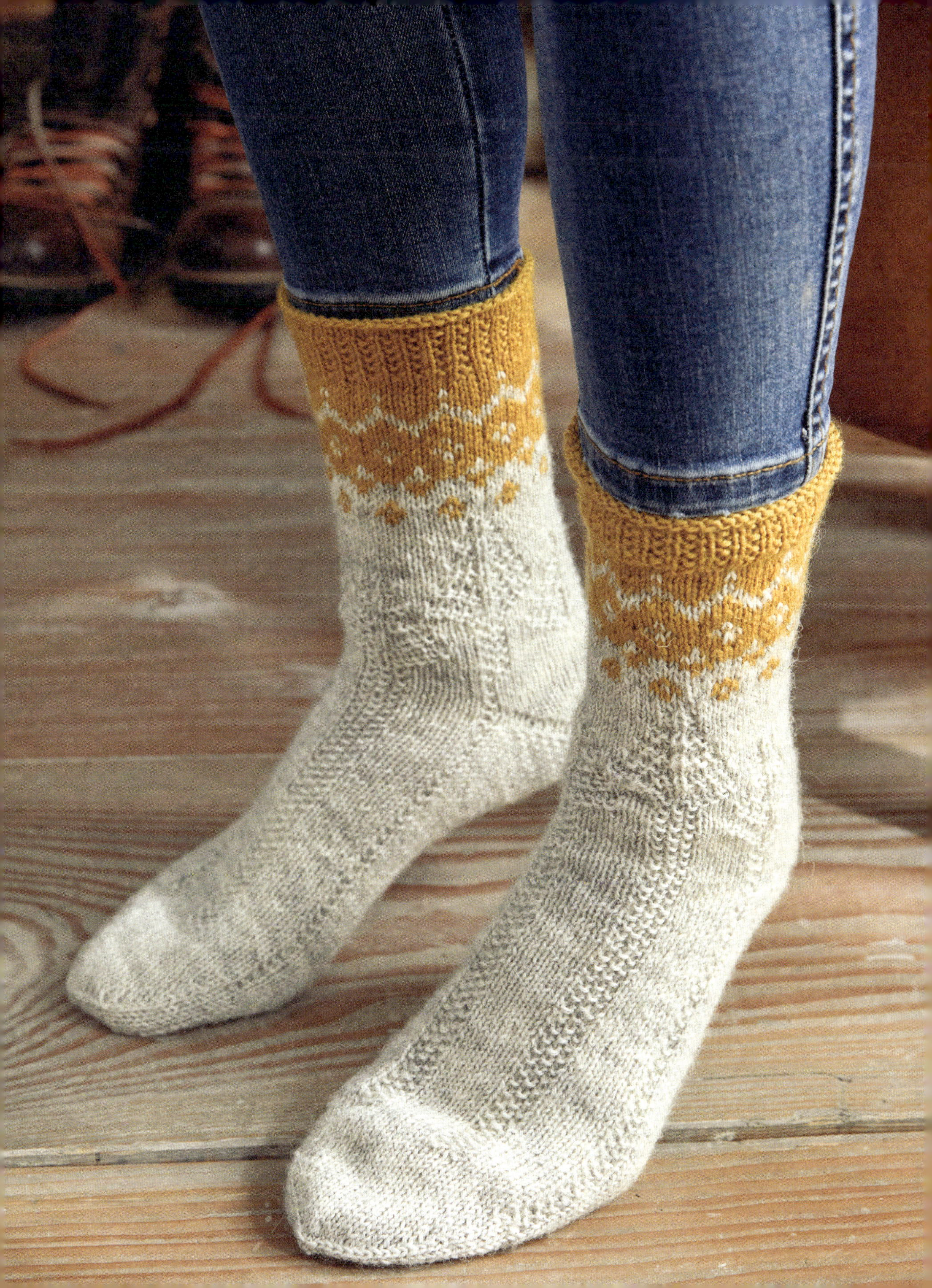

JACQUARDMUSTER (ALLE GRÖSSEN)

M-Zahl teilbar durch 6.
In allen Rd glatt rechts nach dem Zählmuster str. Den Rapport von 6 M fortlaufend wdh.
Die 1.-20. Rd 1x nach Anleitung str.

JACQUARDMUSTER

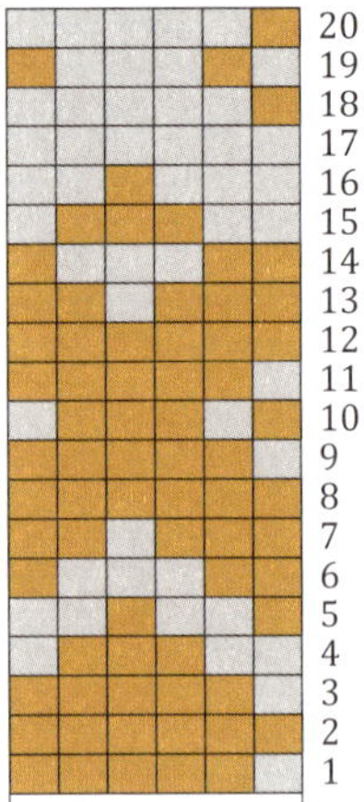

Rapport = 6 Maschen

Legende

[Curry] = Curry oder Nougat

[Natur] = Natur oder Silbergrau

STRUKTURMUSTER GRÖSSE 36/37 UND 38/39

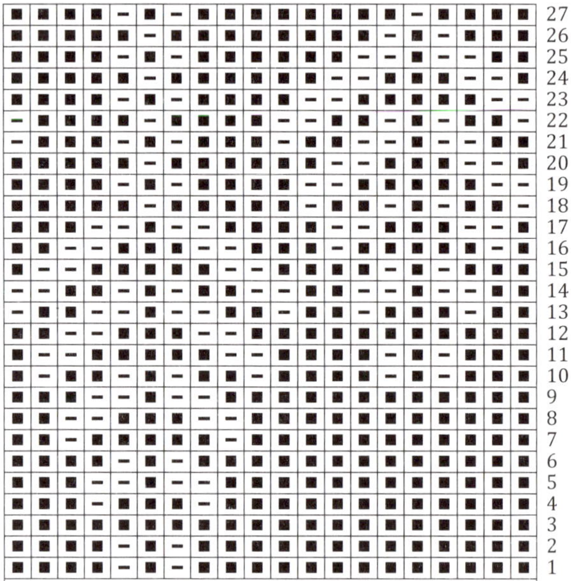

Rapport = 20 Maschen

STRUKTURMUSTER GRÖSSE 40/41 UND 42/43

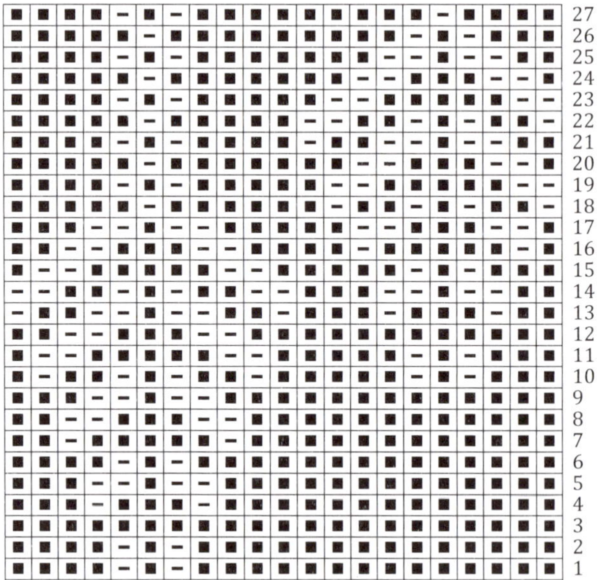

Rapport = 21 Maschen

Legende

■ = 1 Masche rechts

– = 1 Masche links

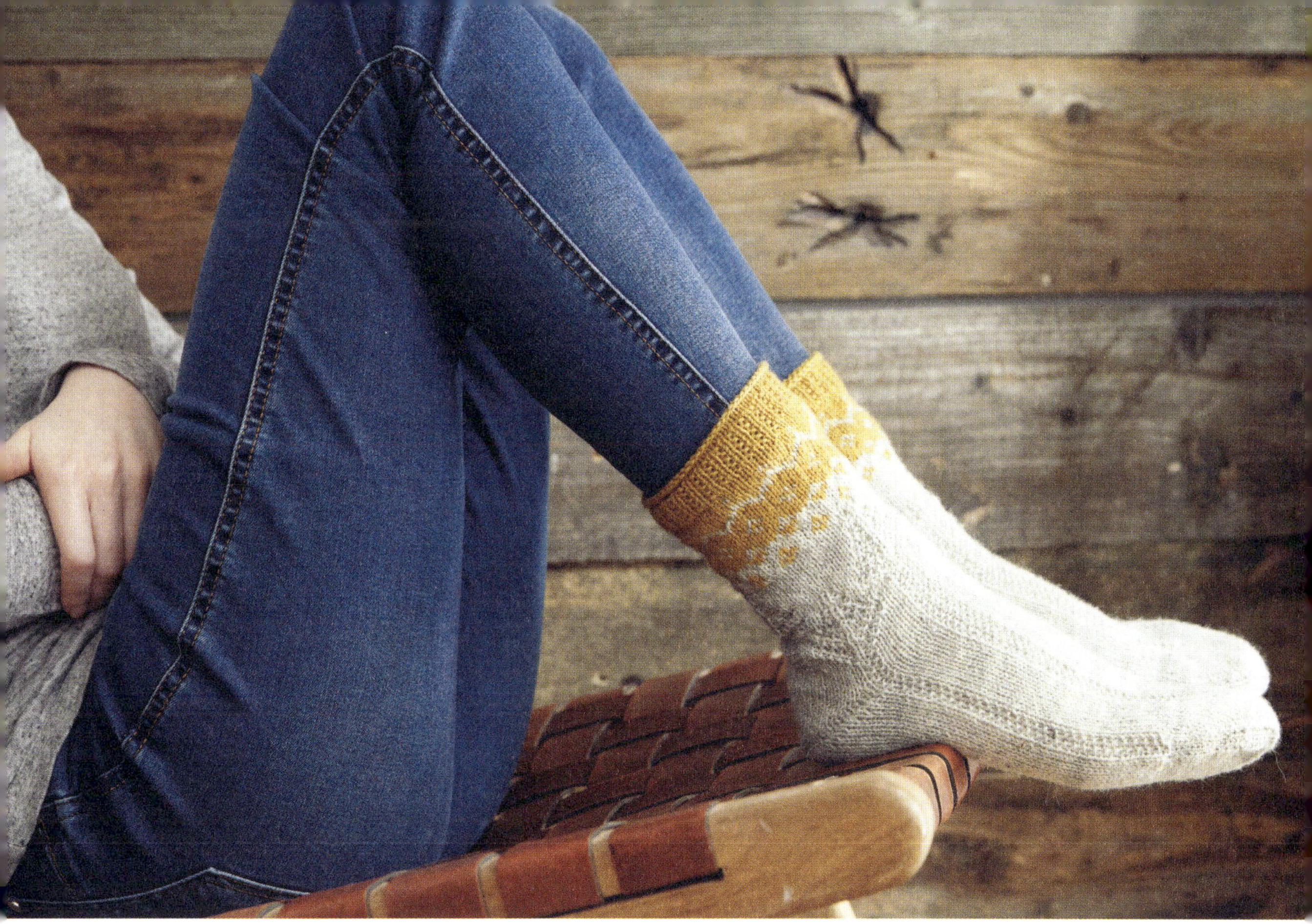

STRUKTURMUSTER
(GRÖSSE 36/37 UND 38/39)

M-Zahl teilbar durch 20.
In Rd nach der Strickschrift str. Den Rapport von 20 M fortlaufend wdh. Die 1.-27. Rd 1-27 1x nach Anleitung str, anschließend für das Rippenmuster die 26. und 27. fortlaufend wdh.

STRUKTURMUSTER
(GRÖSSE 40/41 UND 42/43)

M-Zahl teilbar durch 21 + 1.
In Rd nach der Strickschrift str. Den Rapport von 21 M fortlaufend wdh, dann die Rd mit 1 M rechts beenden. Die 1.-27. Rd 1-27 1x nach Anleitung str, anschließend für das Rippenmuster die 26. und 27. fortlaufend wdh.

ANLEITUNG

60/60/64/64 M in Curry anschl, gleichmäßig auf 4 Spielnd verteilen (= 15/15/16/16 M pro Nd) und zur Rd schließen. Der Rd-Beginn liegt in der hinteren Mitte.

Zunächst 3 Rd glatt rechts str, anschließend 2 cm im Bündchenmuster. Als Übergang zum Jacquardmuster 2 Rd glatt rechts str, dabei in der 2. Rd gleichmäßig verteilt 6/6/2/2 linksgeneigt aus dem Querfaden zunehmen (= 66 M).

Nun im Jacquardmuster in Curry und Natur arb, die 1.-20. Rd des Zählmusters 1x str str. Danach den Faden in Curry abschneiden und in Natur weiterarb. 1 Rd rechte M str, dabei gleichmäßig verteilt 6x 2/6x 2/2x 2/2x 2 M rechts zusammenstr (= 60/60/64/64 M). Weitere 2 Rd glatt rechts str.

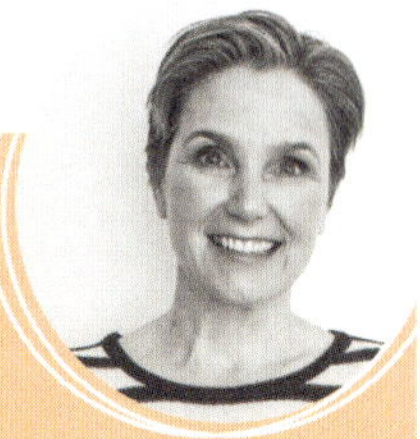

Mein Tipp

Sockenspanner verhelfen schnell und einfach zu perfekten Socken! Dafür die fertigen Socken anfeuchten und über Sockenspanner in der entsprechenden Größe ziehen, zurechtzupfen und trocknen lassen. Kleine Unregelmäßigkeiten im Gestrick werden so wunderbar ausgeglichen und die Muster erscheinen schön gleichmäßig.

Sockenspanner sind in verschiedenen Ausführungen (Holz, Metall, Kunststoff) im Handel erhältlich, eine provisorische Pappschablone hilft aber ebenfalls.

Tanja Steinbach

Nun im Strukturmuster nach der entsprechenden Strickschrift weiterarb, die 1.-27. Rd 1x str, danach die 26. und 27. Rd fortlaufend wdh und so das Rippenmuster fortsetzen.

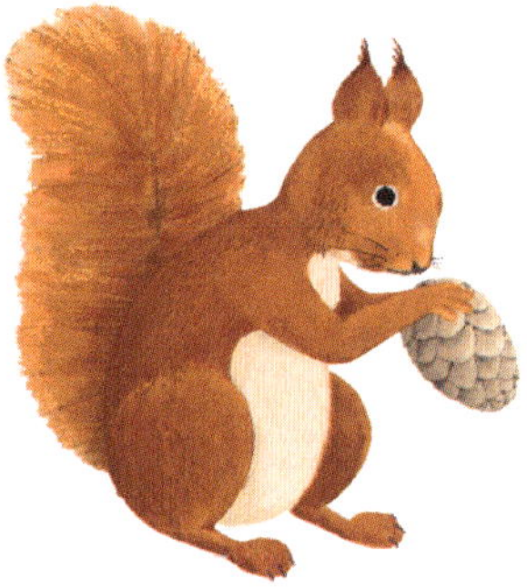

HINWEIS: DAS MOTIV DES STRUKTURMUSTERS (= 1.-27. RD DER STRICKSCHRIFT) ERSCHEINT 1X IM SCHAFT, ANSCHLIESSEND WIRD DAS RIPPENMUSTER (= 26. UND 27. RD DER STRICKSCHRIFT) ÜBER DIE OBERFUSS-M BIS ZUR SPITZE FORTGEFÜHRT. BITTE DIE UNTERSCHIEDLICHEN STRICKSCHRIFTEN FÜR DAS STRUKTURMUSTER FÜR DIE UNTERSCHIEDLICHEN GRÖSSEN/M-ZAHLEN BEACHTEN!

In etwa 15/15/16/16 cm Höhe über die je 15/15/16/16 M der 1. und 4. Nd nun noch 4 Rd glatt rechts weiterarb. Über die M der 2. und 3. Nd die 26. und 27. Rd des Strukturmusters wie gewohnt fortsetzen.
Nun die Bumerangferse glatt rechts über die 30/30/32/32 M der 4. und 1. Nd nach der Grundanleitung str (siehe Seite 220).

Nach der Ferse wieder über alle M arb: Über die M der 1. und 4. Nd die Sohle bis zum Ende glatt rechts str. Die 26. und 27. Rd des Strukturmusters auf dem Oberfuß über die M der 2. und 3. Nd fortführen.

Nach 18,5/20/21/22 cm ab Fersenmitte mit den Abnahmen für die Bandspitze beginnen.

Die Bandspitze glatt rechts nach der Grundanleitung str (siehe Seite 221). Den Faden abschneiden und nach innen ziehen.

Alle Fäden vernähen.

Die zweite Socke gegengleich str, dafür die Strickschriften jeweils von links nach rechts lesen.

HINWEIS: RECHTS IM BILD IST DAS MODELL AUS LANA GROSSA MEILENWEIT 50 CASHMERE IN NOUGAT UND SILBERGRAU ZU SEHEN.

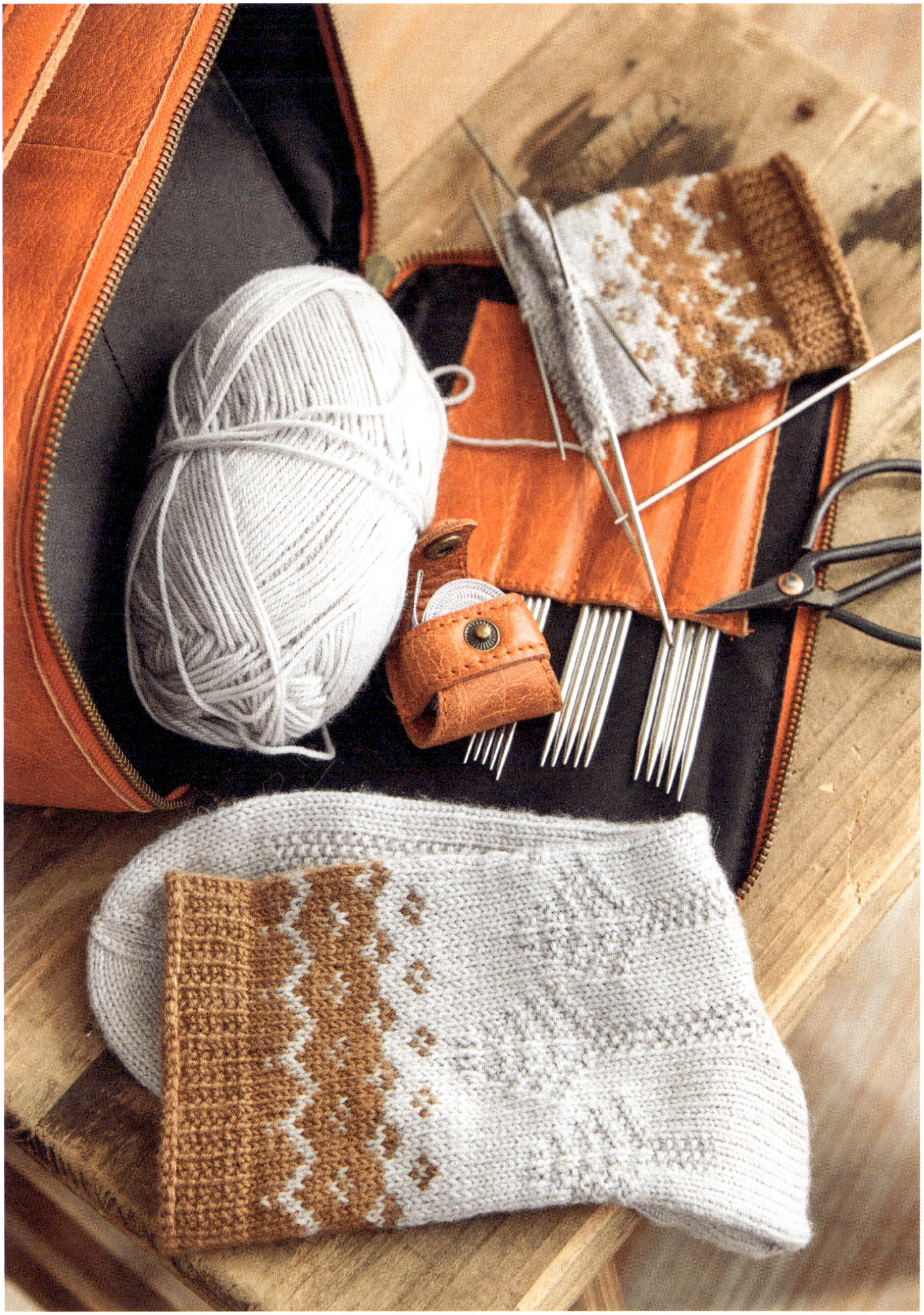

SCHAL ZOPFMUSTER-LIEBE

SCHWIERIGKEITSGRAD

GRÖSSE

41 cm x 200 cm

MATERIAL

- Lana Grossa Ecopuno (LL ca. 215 m/50 g) in Rotorange (Fb 34), 250 g, in Hellgrau (Fb 14) und Gelborange (Fb 33), je 100 g
- Rundstricknadel 3,5 mm, 80 cm lang
- Hilfs- oder Zopfnadel
- Wollnadel ohne Spitze

MASCHENPROBE

Im Wabenmuster mit Nd 3,5 mm 31 M und 37 Rd = 10 cm x 10 cm

DOPPELTE RANDMASCHE

Die doppelte Rdm wird in jeder R (Hinr und Rückr) über 2 M wie folgt gestrickt:
R-Anfang: Die erste M wie zum Linksstr abheben, den Faden dabei vor der M weiterführen, 1 M rechts str.
R-Ende: Die vorletzte M wie zum Linksstr abheben, den Faden dabei vor der M weiterführen, 1 M rechts str.

HEBEMASCHE

Hinr: 1 M wie zum Linksstr abheben, den Faden dabei hinter der M weiterführen.
Rückr: 1 M links str.

HINWEIS: IN DEN STRICKSCHRIFTEN SIND NUR DIE HINR GEZEICHNET, IN DEN RÜCKR DIE M STR, WIE SIE ERSCHEINEN.

GROSSES PERLMUSTER

Siehe auch Strickschrift.
1. R (Hinr): 1 M links, 1 M rechts im Wechsel str
2. R (Rückr): Die M str, wie sie erscheinen.
3. R (Hinr): 1 M rechts, 1 M links im Wechsel str
4. R (Rückr): Die M str, wie sie erscheinen.
5.-8. R: Die 1.-4. R 1x wdh.
Die 1.-8. R fortlaufend wdh.

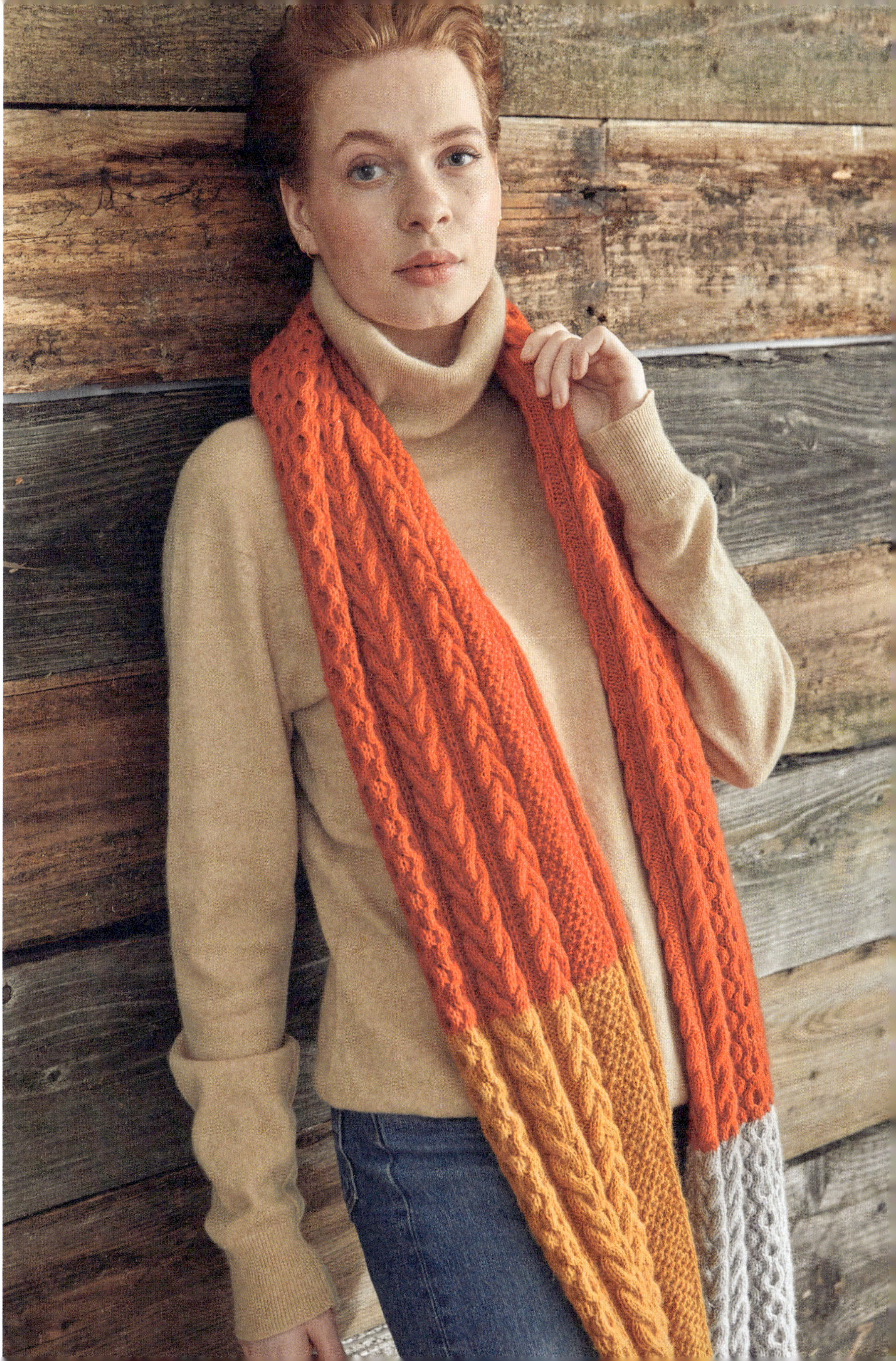

GEFLOCHTENER ZOPF 1

Über 14 M str. Siehe auch Strickschrift.

1. R (Hinr): 2 M links, 9 M rechts, 3 M links str.

2. R (Rückr): Die M str, wie sie erscheinen.

3. R (Hinr): 2 M links, 3 M auf einer Hilfsnd vor die Arbeit legen, 3 M rechts str, dann die M der Hilfsnd rechts str, 3 M rechts, 3 M links str.

4. R (Rückr): Die M str, wie sie erscheinen.

5. R (Hinr): Wie die 1. R str.

6. R (Rückr): Die M str, wie sie erscheinen.

7. R (Hinr): 2 M links, 3 M rechts, 3 M auf einer Hilfsnd hinter die Arbeit legen, 3 M rechts str, dann die M der Hilfsnd rechts str, 3 M links str.

8. R (Rückr): Die M str, wie sie erscheinen.

Die 1.-8. Rd fortlaufend wdh.

ZOPFMUSTER

Über 19 M str. Siehe auch Strickschrift.

1. R (Hinr): 3 M links, 6 M rechts, 1 M links, 6 M rechts, 3 M links str.

2. R (Rückr): Die M str, wie sie erscheinen.

3. R (Hinr): Wie die 1. R str.

4. R (Rückr): Die M str, wie sie erscheinen.

5. R (Hinr): 3 M links, 3 M auf einer Hilfsnd hinter die Arbeit legen, 3 M rechts str, dann die M der Hilfsnd rechts str, 1 M links, 3 M auf einer Hilfsnd vor die Arbeit legen, 3 M rechts str, dann die M der Hilfsnd rechts str, 3 M links str.

6. R (Rückr): Die M str, wie sie erscheinen.

7. R (Hinr): Wie die 1. R str.

8. R (Rückr): Die M str, wie sie erscheinen.

Die 1.-8. Rd fortlaufend wdh.

GROSSES PERLMUSTER

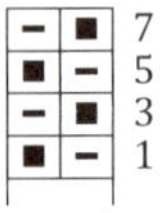

Rapport = 2 Maschen

ZOPFMUSTER

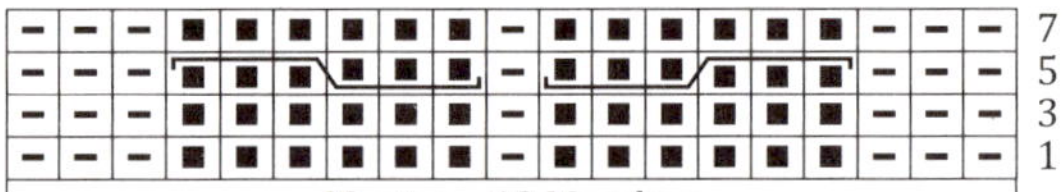

Muster = 19 Maschen

GEFLOCHTENER ZOPF 1

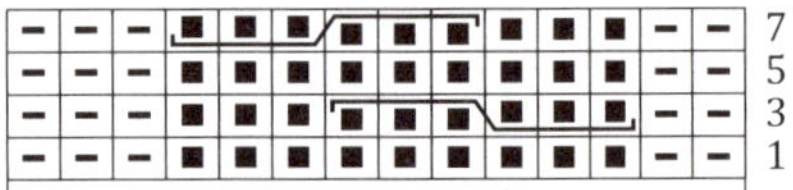

Muster = 14 Maschen

GEFLOCHTENER ZOPF 2

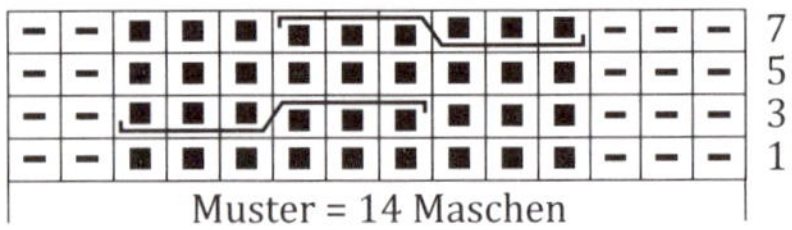

Muster = 14 Maschen

Legende

– = 1 Masche links

■ = 1 Masche rechts

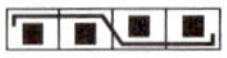 = 2 Maschen auf einer Hilfsnadel vor die Arbeit legen, 2 Maschen rechts stricken, dann die Maschen der Hilfsnadel rechts stricken.

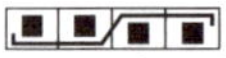 = 2 Maschen auf einer Hilfsnadel hinter die Arbeit legen, 2 Maschen rechts stricken, dann die Maschen der Hilfsnadel rechts stricken.

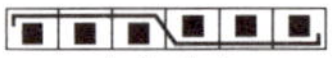 = 3 Maschen auf einer Hilfsnadel vor die Arbeit legen, 3 Maschen rechts stricken, dann die Maschen der Hilfsnadel rechts stricken.

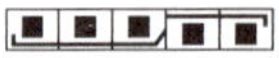 = 3 Maschen auf einer Hilfsnadel hinter die Arbeit legen, 3 Maschen rechts stricken, dann die Maschen der Hilfsnadel rechts stricken.

WABENMUSTER

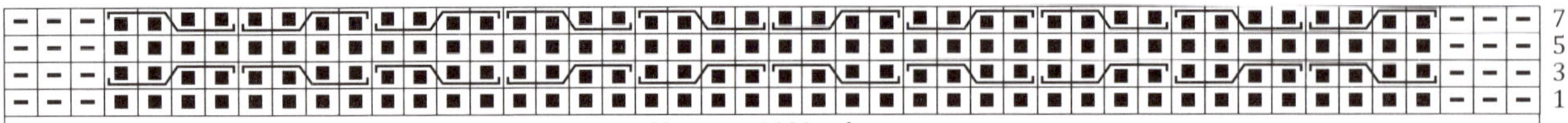

Muster = 46 Maschen

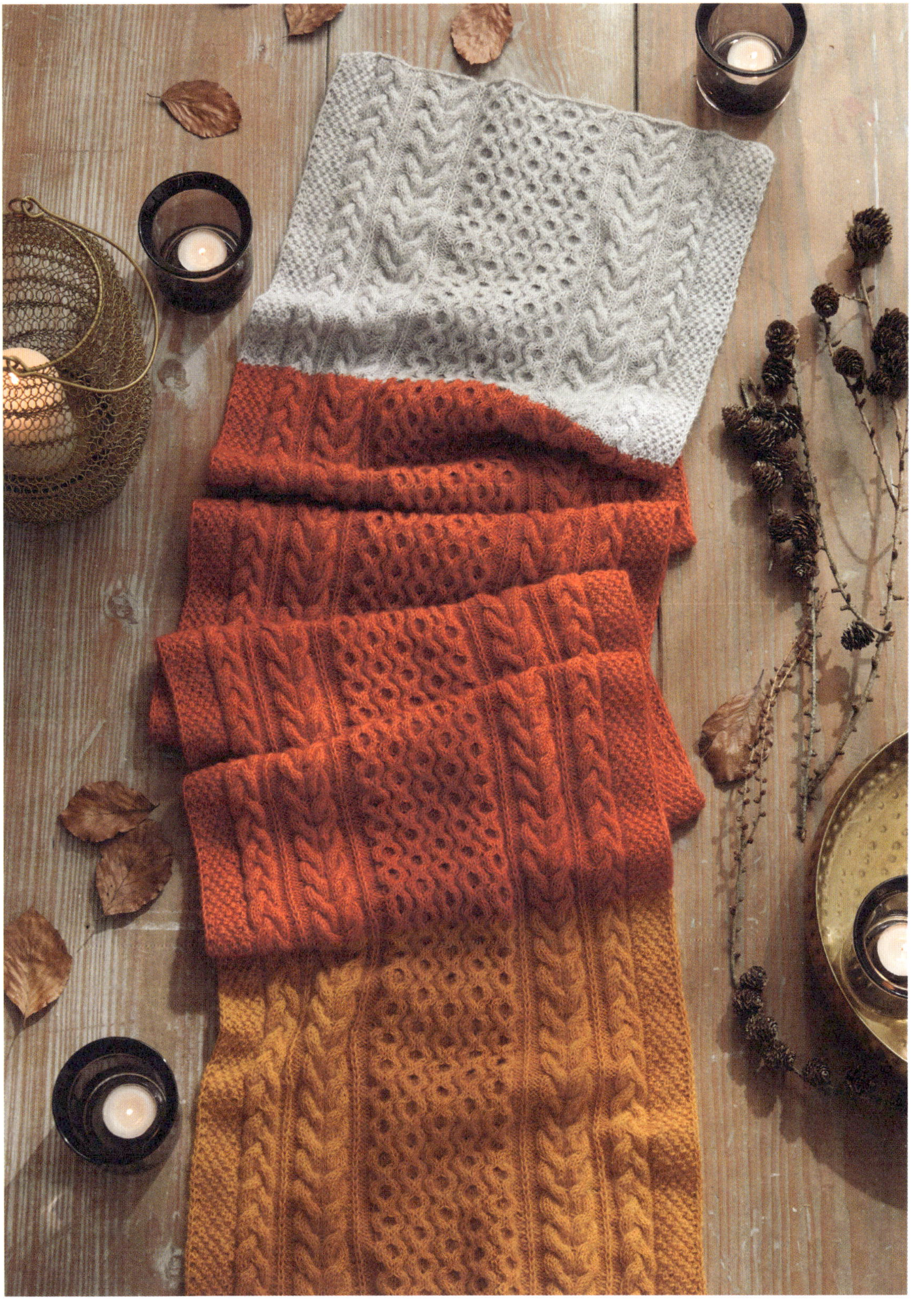

GEFLOCHTENER ZOPF 2

Über 14 M str. Siehe auch Strickschrift.
1. R (Hinr): 3 M links, 9 M rechts, 2 M links str.
2. R (Rückr): Die M str, wie sie erscheinen.
3. R (Hinr): 3 M links, 3 M rechts, 3 M auf einer Hilfsnd hinter die Arbeit legen, 3 M rechts str, dann die M der Hilfsnd rechts str, 2 M links str.
4. R (Rückr): Die M str, wie sie erscheinen.
5. R (Hinr): Wie die 1. R str.
6. R (Rückr): Die M str, wie sie erscheinen.
7. R (Hinr): 3 M links, 3 M auf einer Hilfsnd vor die Arbeit legen, 3 M rechts str, dann die M der Hilfsnd rechts str, 3 M rechts, 2 M links str.
8. R (Rückr): Die M str, wie sie erscheinen.
Die 1.-8. Rd fortlaufend wdh.

WABENMUSTER

Über 46 M str. Siehe auch Strickschrift.
1. R (Hinr): 3 M links, 40 M rechts, 3 M links str.
2. R (Rückr): Die M str, wie sie erscheinen.
3. R (Hinr): 3 M links, 2 M auf einer Hilfsnd vor die Arbeit legen, 2 M rechts str, dann die M der Hilfsnd rechts str, * 2x [2 M auf einer Hilfsnd hinter die Arbeit legen, 2 M rechts str, dann die M der Hilfsnd rechts str], 2x [2 M auf einer Hilfsnd vor die Arbeit legen, 2 M rechts str, dann die M der Hilfsnd rechts str], ab * 1x wdh, 2 M auf einer Hilfsnd hinter die Arbeit legen, 2 M rechts str, dann die M der Hilfsnd rechts str, 3 M links str.
4. R (Rückr): Die M str, wie sie erscheinen.
5. R (Hinr): Wie die 1. R str.
6. R (Rückr): Die M str, wie sie erscheinen.
7. R (Hinr): 3 M links, 2 M auf einer Hilfsnd hinter die Arbeit legen, 2 M rechts str, dann die M der Hilfsnd rechts str, * 2x [2 M auf einer Hilfsnd vor die Arbeit legen, 2 M rechts str, dann die M der Hilfsnd rechts str], 2x [2 M auf einer Hilfsnd hinter die Arbeit legen, 2 M rechts str, dann die M der Hilfsnd rechts str], ab * 1x wdh, 2 M auf einer Hilfsnd vor die Arbeit legen, 2 M rechts str, dann die 2 M der Hilfsnd rechts str, 3 M links str
8. R (Rückr): Die M str, wie sie erscheinen.
Die 1.-8. R fortlaufend wdh.

ANLEITUNG

136 M in Gelborange anschl. Die 1. R (Rückr) wie folgt str:
Doppelte Rdm, 10 M rechts, 9 M links, 3 M rechts, 1 M links, 3 M rechts, 6 M links, 1 M rechts, 6 M links, 3 M rechts, 1 M links, 3 M rechts, 40 M links, 3 M rechts, 1 M links, 3 M rechts, 6 M links, 1 M rechts, 6 M links, 3 M rechts, 1 M links, 3 M rechts, 9 M links, 10 M rechts, doppelte Rdm.
Anschließend in folgender Aufteilung weiterarb: Doppelte Rdm, 8 M großes Perlmuster (Strickschrift: den Rapport von 2 M 4x arb), 14 M geflochtener Zopf 1, 1 Hebe-M, 19 M Zopfmuster, 1 Hebe-M, 46 M Wabenmuster, 1 Hebe-M, 19 M Zopfmuster, 1 Hebe-M, 14 M geflochtener Zopf 2, 8 M großes Perlmuster (Strickschrift: den Rapport von 2 M 4x arb), doppelte Rdm.
Die 1.-8. R der jeweiligen Strickschrift 15x in Gelborange, 54x in Rotorange und 15x in Hellgrau arb.
Die M abk, wie sie erscheinen. Alle Fäden vernähen.

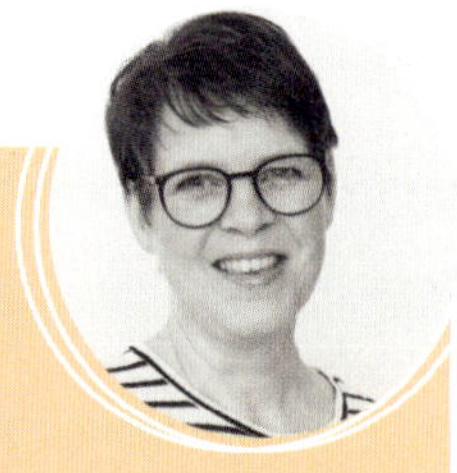

Mein Tipp

Der Schal sieht auch einfarbig gestrickt wunderschön aus und ist durch sein klassisches Muster absolut männertauglich.

Kerstin Balke

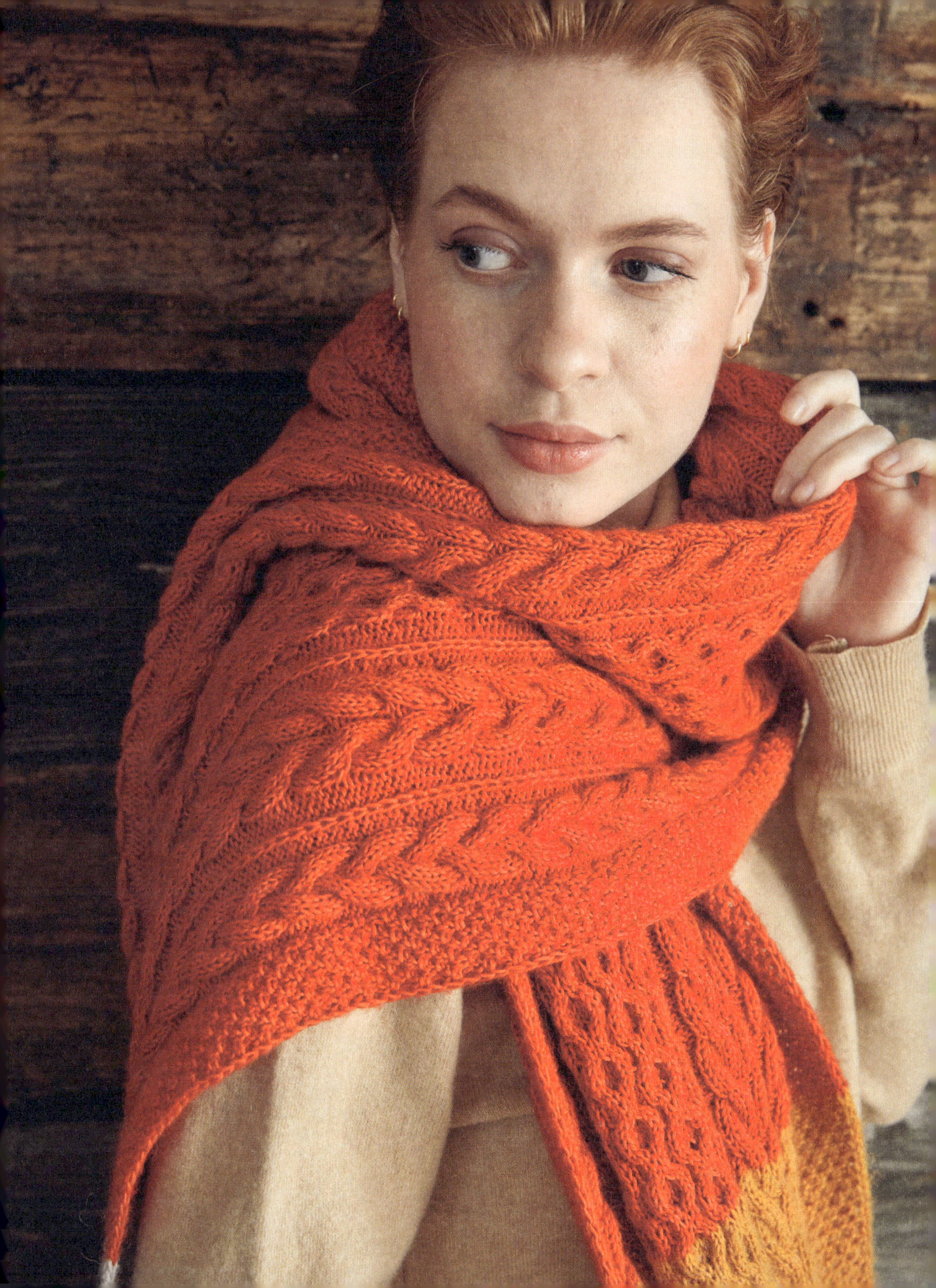

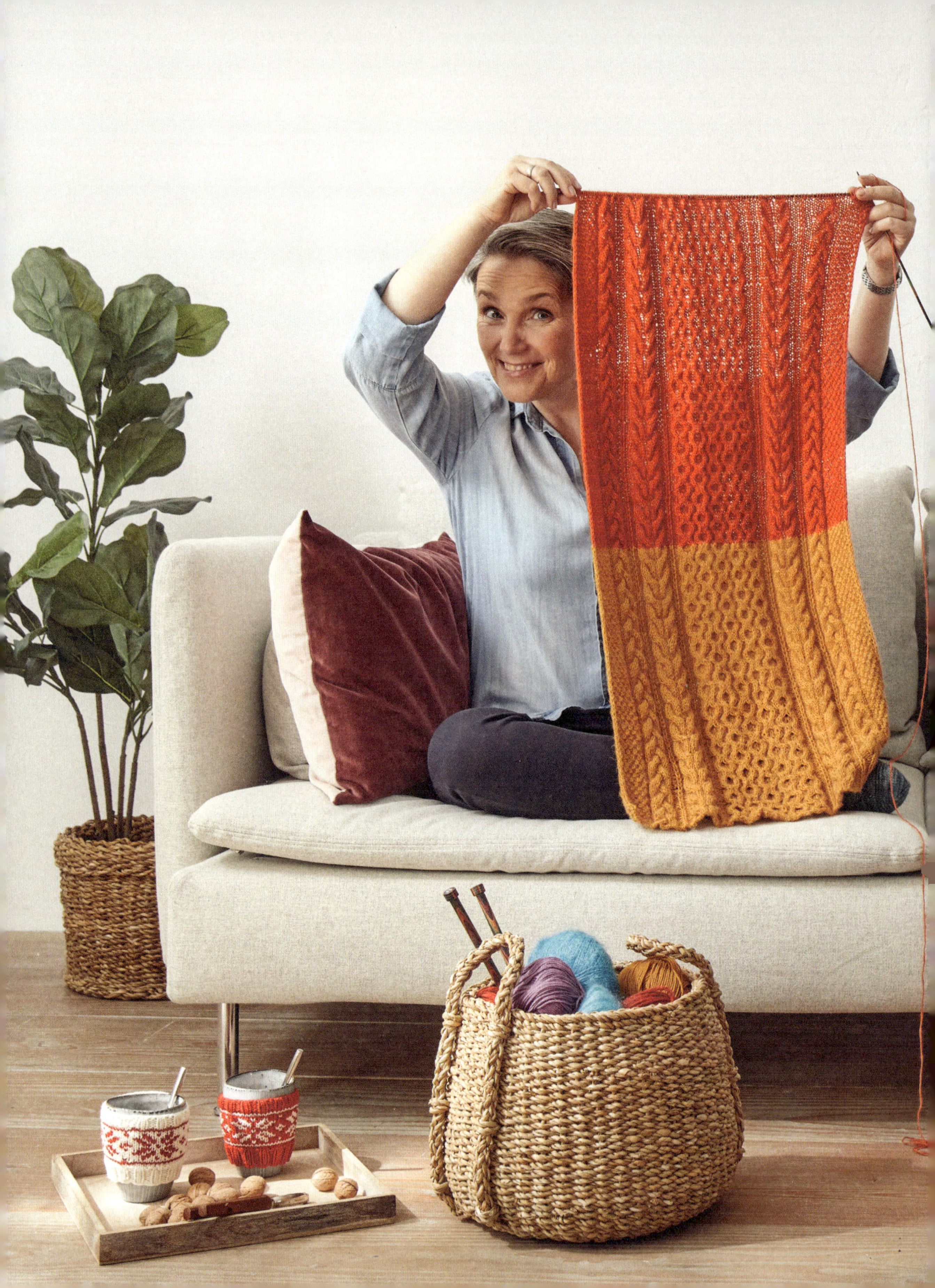

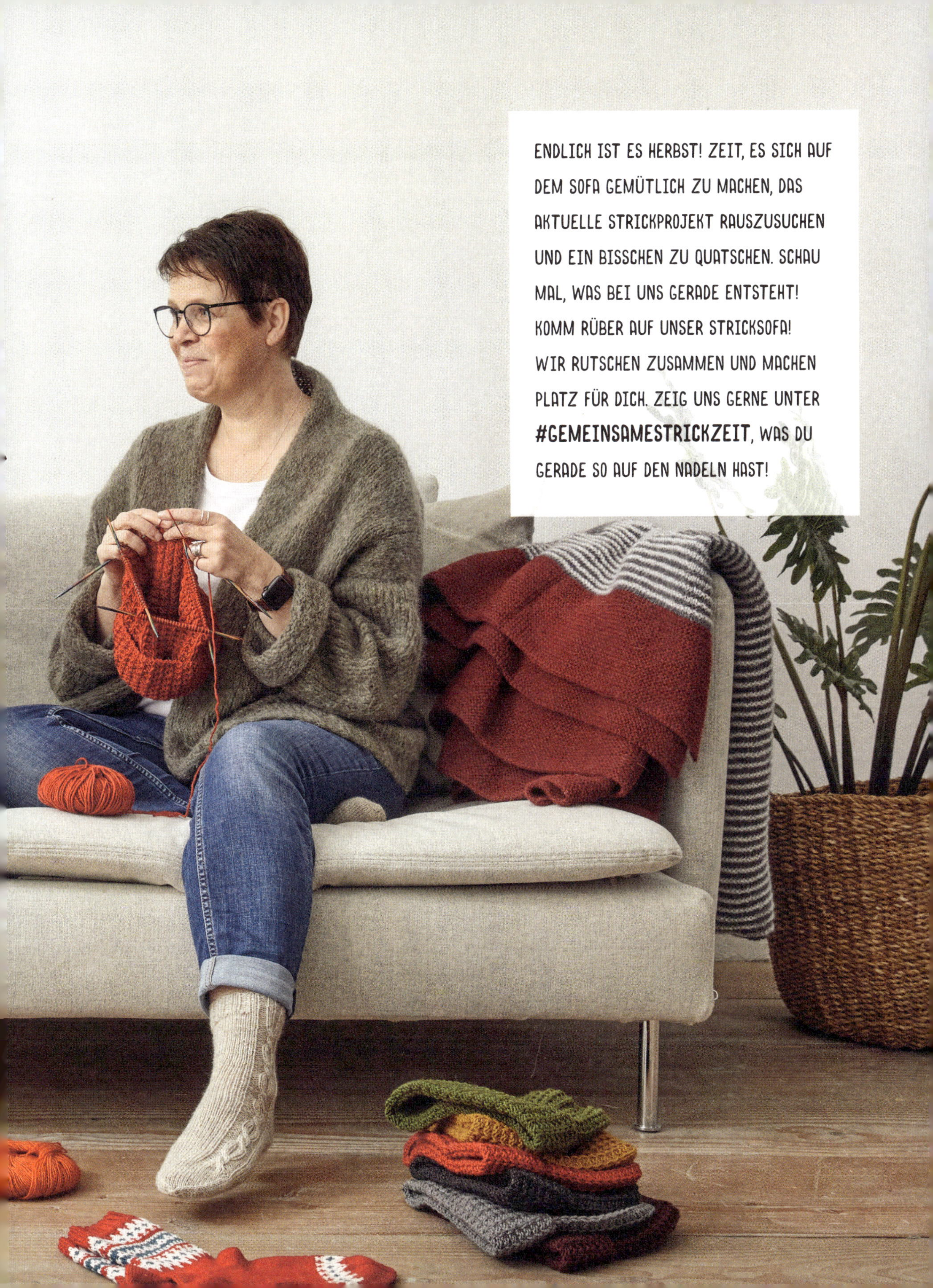

ENDLICH IST ES HERBST! ZEIT, ES SICH AUF DEM SOFA GEMÜTLICH ZU MACHEN, DAS AKTUELLE STRICKPROJEKT RAUSZUSUCHEN UND EIN BISSCHEN ZU QUATSCHEN. SCHAU MAL, WAS BEI UNS GERADE ENTSTEHT! KOMM RÜBER AUF UNSER STRICKSOFA! WIR RUTSCHEN ZUSAMMEN UND MACHEN PLATZ FÜR DICH. ZEIG UNS GERNE UNTER **#GEMEINSAMESTRICKZEIT**, WAS DU GERADE SO AUF DEN NADELN HAST!

MÜTZE IN LIEBLINGSFARBEN

SCHWIERIGKEITSGRAD

GRÖSSE

Passend für einen Kopfumfang von etwa 54-56 cm, Umfang ungedehnt ca. 44-46 cm, Höhe ca. 21-22 cm

Je nach Dehnbarkeit des Strickmusters sollte der Mützenumfang etwa 10-15 % geringer sein als der tatsächliche Kopfumfang.

MATERIAL

- Lana Grossa Brigitte No. 2 (LL 140 m/50 g) in Schiefer (Fb 24), Silbergrau (Fb 13) und Zimtorange (Fb 32), je 50 g
- Nadelspiele 5,5 mm und 6,0 mm
- evtl. je eine Rundstricknadel 5,5 mm und 6,0 mm, 50 cm lang
- evtl. 1 Maschenmarkierer
- Kunstfell-Pompon (nach Belieben)
- Wollnadel ohne Spitze

HINWEIS: FÜR EINE MÜTZE BETRÄGT DER GARNVERBRAUCH 25 G IN SCHIEFER UND JE 13 G IN SILBERGRAU UND ZIMTORANGE.

MASCHENPROBE

Im Hebemaschenmuster mit Nd 6,0 mm 16-17 M und 29 Rd (ungedehnt) = 10 cm x 10 cm

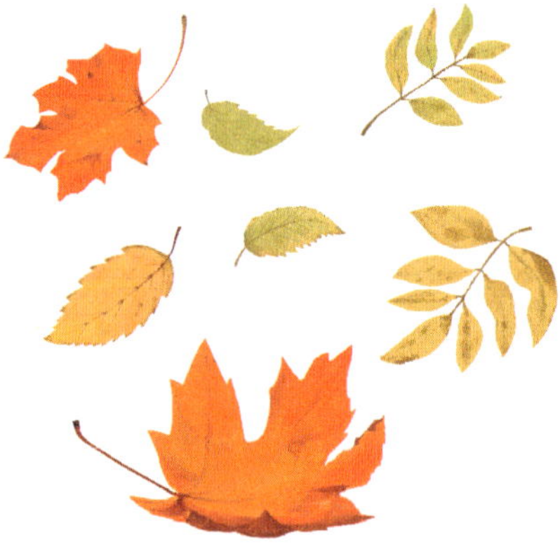

RIPPENMUSTER

M-Zahl teilbar durch 2.
1. Rd: 1 M rechts, 1 M links im Wechsel str.
2. Rd: * 1 M wie zum Linksstr abheben, den Faden dabei hinter der M weiterführen, 1 M links, ab * fortlaufend wdh.
Die 1. und 2. Rd fortlaufend wdh.

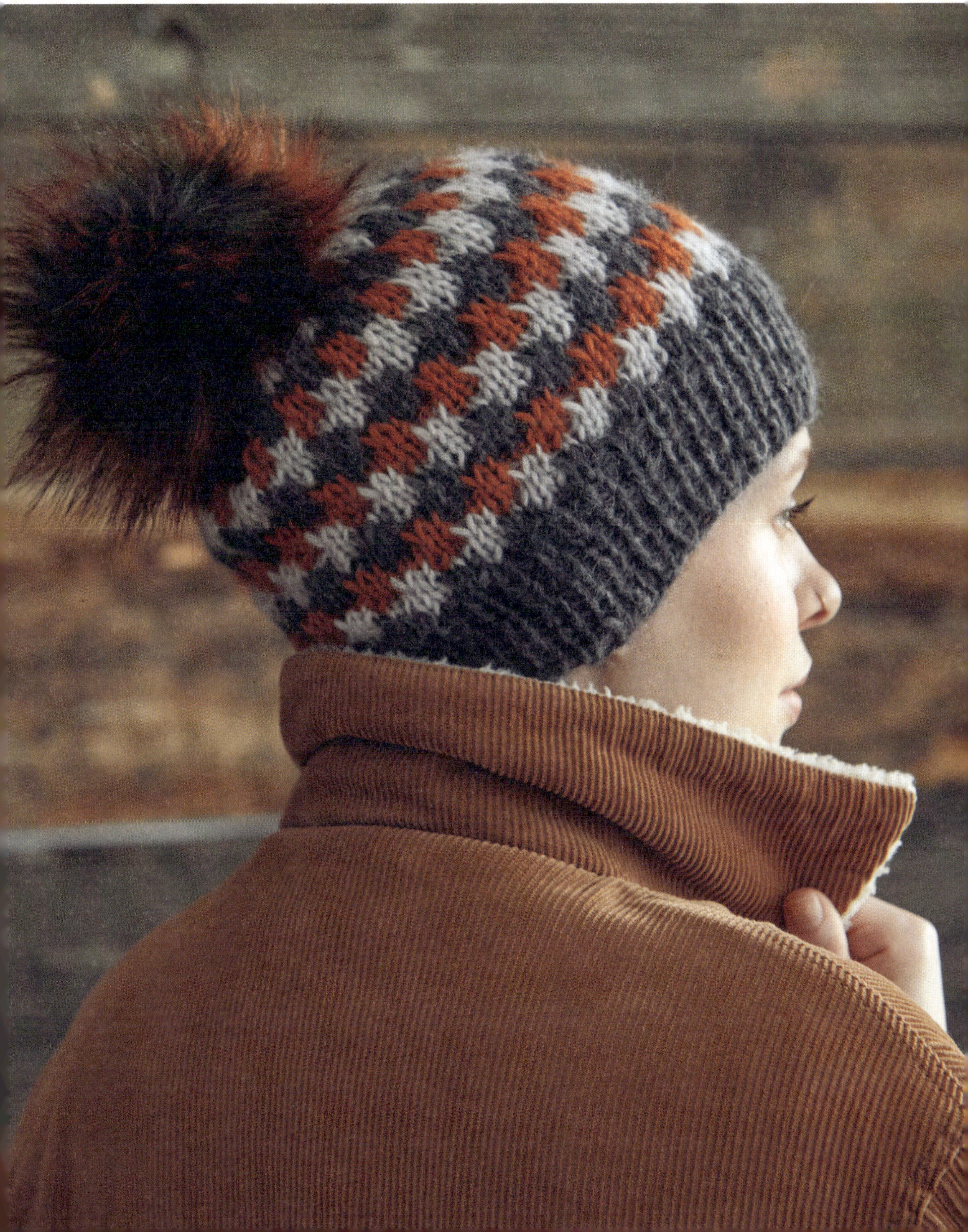

HEBEMASCHENMUSTER

M-Zahl teilbar durch 4.
Fb 1 = Silbergrau, Fb 2 = Zimtorange,
Fb 3 = Schiefer

HINWEIS: DIE JEWEILS NICHT BENÖTIGTEN FB LOCKER MITFÜHREN.

1.+2. Rd (Fb 1): * 2 M rechts, 2 M wie zum Linksstr abheben, den Faden dabei locker hinter der M weiterführen, ab * fortlaufend wdh.
3.+4. Rd (Fb 1): Alle M rechts str.
5.+6. Rd (Fb 2): Muster versetzen: * 2 M wie zum Linksstr abheben, den Faden dabei locker hinter der M weiterführen, 2 M rechts, ab * fortlaufend wdh.
7.+8. Rd (Fb 2): Alle M rechts str.
Die 1.-8. Rd fortlaufend wdh, dabei jedoch die Fb immer nach 4 Rd wechseln (siehe Farbfolge).

FARBFOLGE HEBEMASCHENMUSTER

* 4 Rd in Fb 1, 4 Rd in Fb 2, 4 Rd in Fb 3 str, ab * fortlaufend wdh.

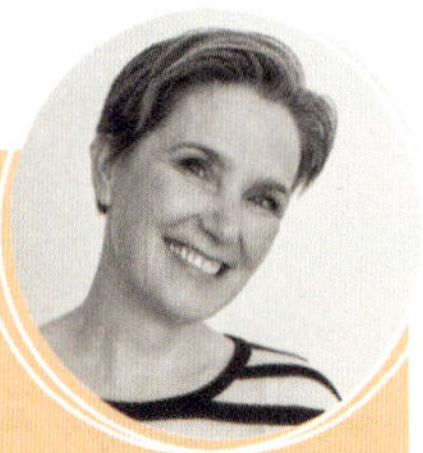

Mein Tipp

Mützen sollen straff sitzen, ohne zu rutschen. Falls sich das Bündchen nachträglich doch zu sehr weitet, hilft ein dünnes Fleeceband. Das Fleeceband in Bündchenbreite zuschneiden, wie ein Stirnband zum Ring schließen und innen am Bündchen locker festheften. Das ist zusätzlich auch ein guter Windstopper!

Tanja Steinbach

ANLEITUNG

Mit Nd 5,5 mm beginnen. In Schiefer 74 M auf 4 Spielnd verteilt (= 18-19-18-19 M) oder auf einer 50 cm langen Rundstricknd anschl und zur Rd schließen. Wird mit einer Rundstricknd gearbeitet, den Rd-Beginn mit einem M-Markierer kennzeichnen.
Anschließend für das Bündchen 6 cm im Rippenmuster str. Danach zu Nd 6,0 mm wechseln, noch 1 Rd rechte M str, dabei verteilt 2x je 1 M linksgeneigt aus dem Querfaden der Vor-Rd zunehmen (= 76 M).
Anschließend im Hebemaschenmuster mit drei Fb weiterarb, dabei jeweils nach 4 Rd die Fb wechseln und nach der angegeben Farbfolge str. Insgesamt 44 Rd im Hebemaschenmuster str, nach einer 4. Rd des Hebemaschenmusters in Zimtorange enden. Nun die Fäden in Silbergrau und Zimtorange abschneiden und die Mütze in Schiefer beenden, dafür nun wie folgt arb:
1. Rd (Abnahme-Rd): * 2 M wie zum Linksstr abheben, den Faden dabei locker hinter der M weiterführen, 2 M rechts zusammenstr, ab * fortlaufend wdh (= 57 M).
2. Rd: * 2 M wie zum Linksstr abheben, den Faden dabei locker hinter der M weiterführen, 1 M rechts, ab * fortlaufend wdh (= 57 M).
3. Rd (Abnahme-Rd): * 2 M rechts zusammenstr, 1 M rechts, ab * fortlaufend wdh (= 38 M).
4. Rd (Abnahme-Rd): Fortlaufend 2 M rechts zusammenstr (= 19 M).
5. Rd: Fortlaufend 2 M rechts zusammenstr, enden mit 1 M rechts (= 10 M).
Den Faden abschneiden, 2x durch die restlichen 10 M fädeln und diese zusammenziehen. Alle Fäden vernähen. An der Mützenspitze nach Belieben einen Kunstfell-Pompon befestigen.

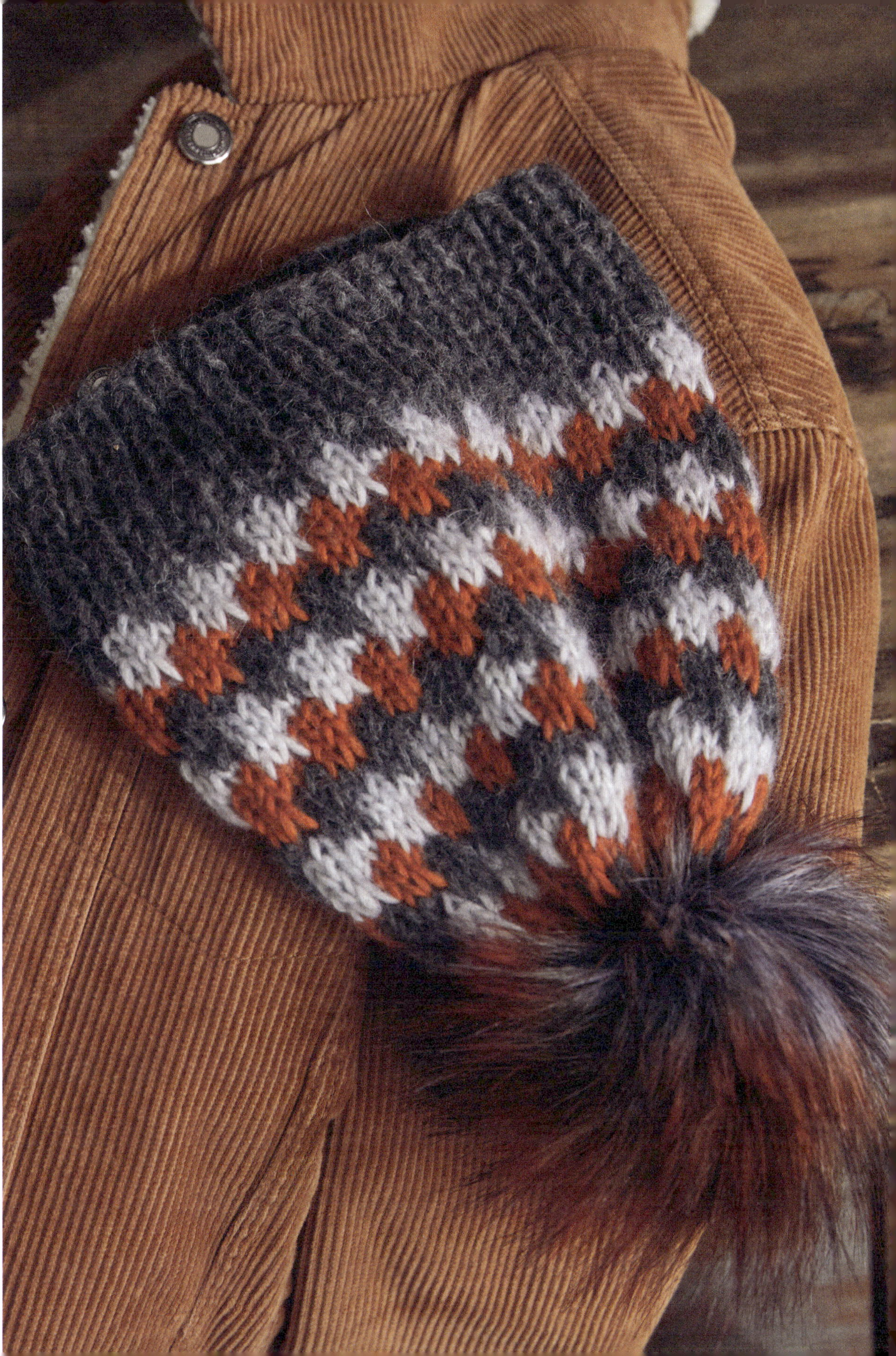

TUCH HERBSTSPAZIERGANG

SCHWIERIGKEITSGRAD

GRÖSSE

Länge (lange Kante): 150 cm, Höhe: 73 cm

MATERIAL

- Lana Grossa Silkhair (LL 210 m/25 g) in Moosgrün (Fb 127), 125 g
- Lana Grossa Cool Wool Lace (LL 400 m/50 g) in Khaki (Fb 07), 150 g
- Rundstricknadel 4,0 mm, 100 cm lang
- 4 Maschenmarkierer
- Wollnadel ohne Spitze

MASCHENPROBE

Kraus rechts mit Nd 4,0 mm und doppeltem Faden (= 1 Faden Silkhair und 1 Faden Cool Wool Lace)
21 M und 35 R = 10 cm x 10 cm (nach dem Spannen)

DOPPELTE RANDMASCHE

Die doppelte Rdm wird in jeder R (Hinr und Rückr) über 2 M wie folgt gestrickt:
R-Anfang: Die erste M wie zum Linksstr abheben, den Faden dabei vor der M weiterführen, 1 M rechts str.
R-Ende: Die vorletzte M wie zum Linksstr abheben, den Faden dabei vor der M weiterführen, 1 M rechts str.

KRAUS RECHTS (MIT ZUNAHMEN)

1. R (Hinr): Doppelte Rdm, 3 M rechts, M-Markierer, 1 M linksgeneigt aus dem Querfaden zunehmen (siehe Seite 210), bis zum nächsten M-Markierer rechts str, 1 U, M-Markierer, 1 M rechts, M-Markierer, 1 U, bis zum nächsten M-Markierer rechts str, 1 M rechtsgeneigt aus dem Querfaden zunehmen (siehe Seite 210), M-Markierer, 3 M rechts, doppelte Rdm.
2. R (Rückr): Doppelte Rdm, 3 M rechts, M-Markierer, bis zum nächsten M-Markierer rechts str, M-Markierer, 1 M links, M-Markierer, bis zum nächsten M-Markierer rechts str, M-Markierer, 3 M rechts, doppelte Rdm.
Die 1. und 2. R fortlaufend wdh.

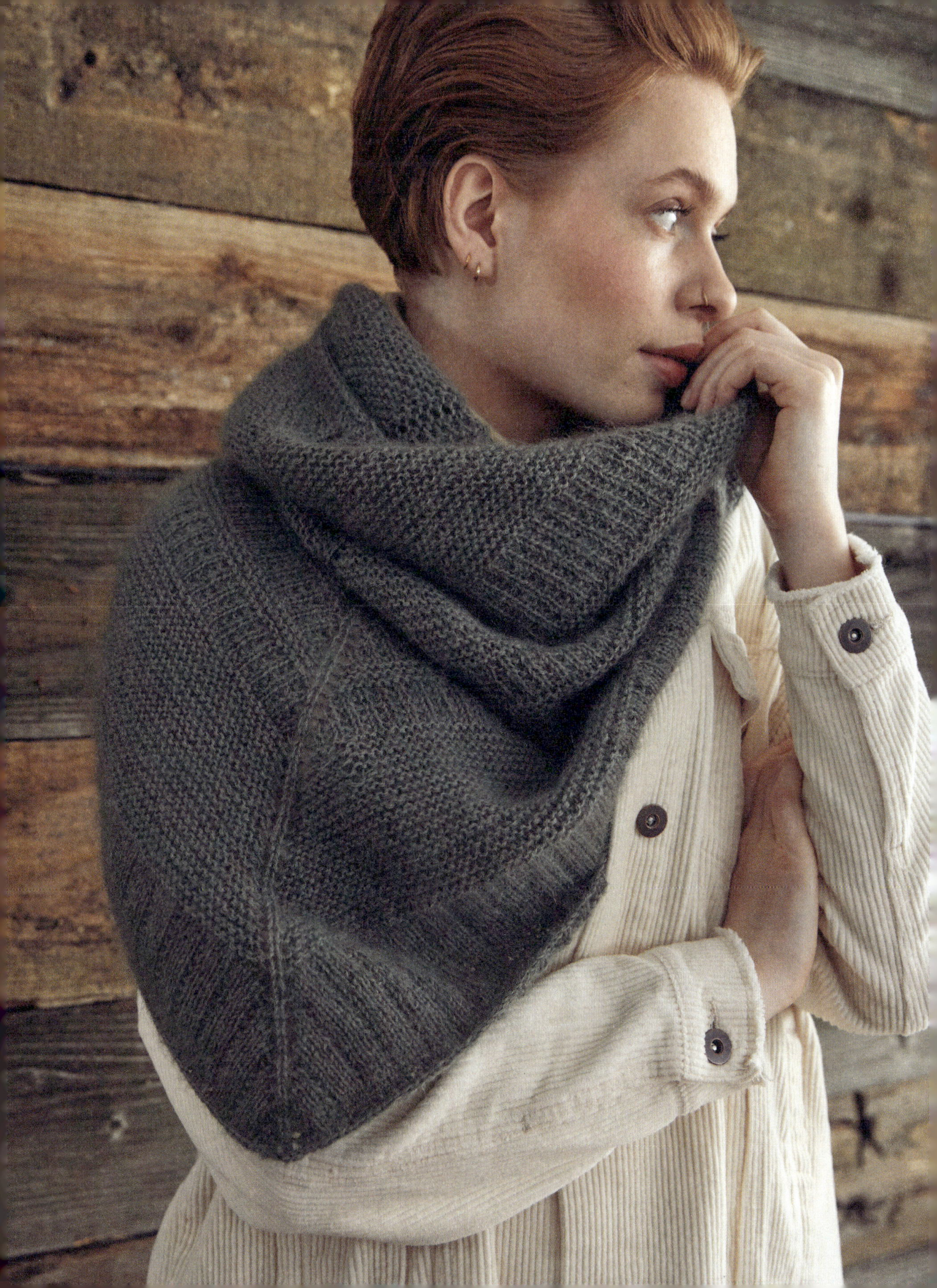

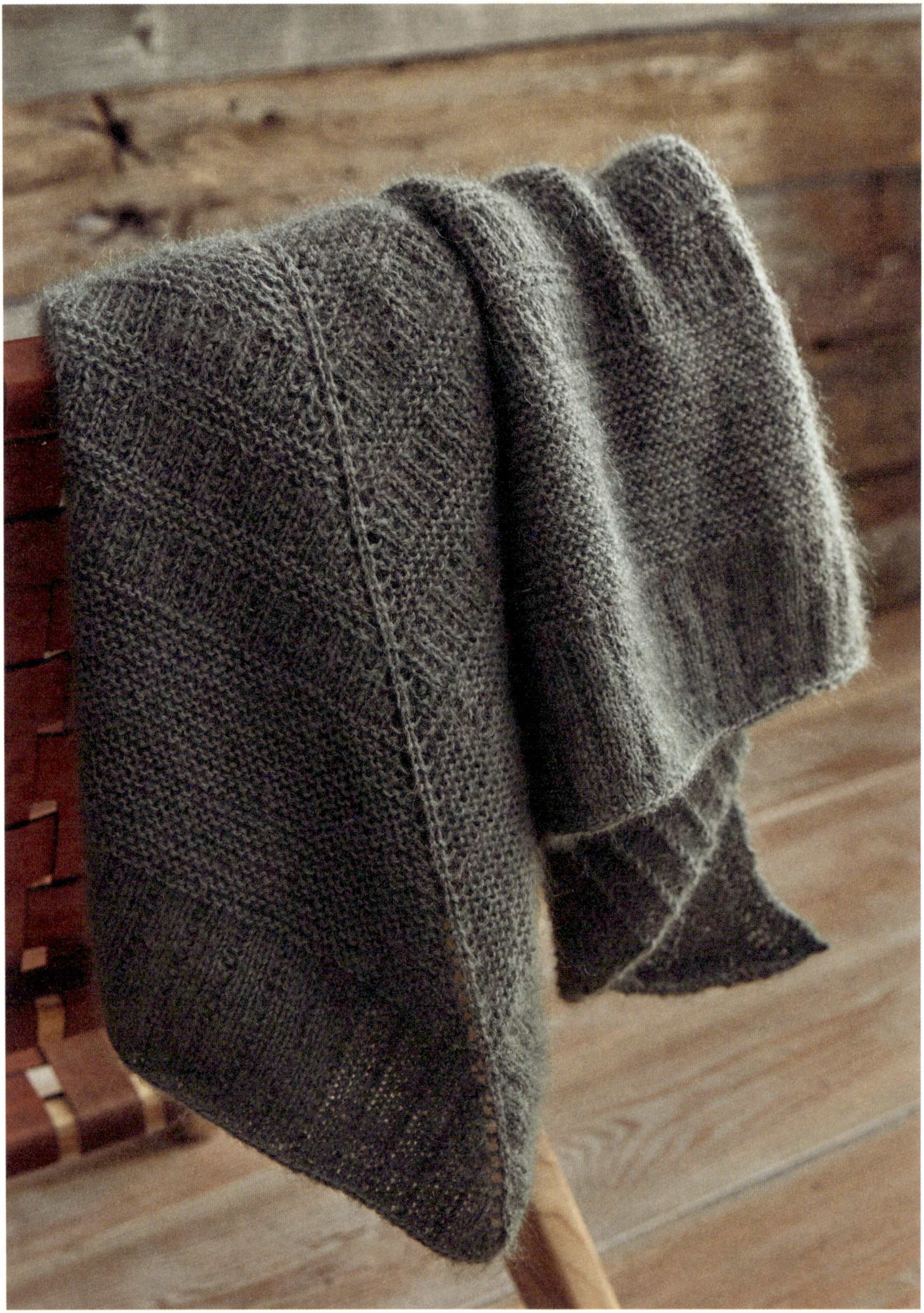

RIPPENMUSTER 1 (MIT ZUNAHMEN)

1. R (Hinr): Doppelte Rdm, 3 M rechts, M-Markierer, 1 M linksgeneigt aus dem Querfaden zunehmen, bis zum nächsten M-Markierer rechts str, 1 U, M-Markierer, 1 M rechts, M-Markierer, 1 U, bis zum nächsten M-Markierer rechts str, 1 M rechtsgeneigt aus dem Querfaden zunehmen, M-Markierer, 3 M rechts, doppelte Rdm.
2. R (Rückr): Doppelte Rdm, 3 M rechts, M-Markierer, 1 M links, 1 M rechts im Wechsel str bis 1 M vor dem nächsten M-Markierer, 1 M links, M-Markierer, 1 M links, M-Markierer, 1 M links, 1 M rechts bis 1 M vor dem nächsten M-Markierer im Wechsel str, 1 M links, M-Markierer, 3 M rechts, doppelte Rdm.
3. R (Hinr): Wie die 1. R arb.
4. R (Rückr): Doppelte Rdm, 3 M rechts, M-Markierer, 1 M rechts, 1 M links im Wechsel str bis 1 M vor dem nächsten M-Markierer, 1 M rechts, M-Markierer, 1 M links, M-Markierer, 1 M rechts, 1 M links bim Wechsel str bis 1 M vor dem nächsten M-Markierer, 1 M rechts, M-Markierer, 3 M rechts, doppelte Rdm.
Die 1.-4. R fortlaufend wdh.

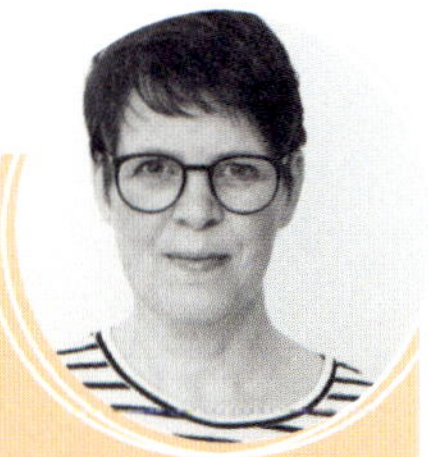

Mein Tipp

Da das Tuch mit zwei Fäden gestrickt wird, können sehr schöne Farbkombinationen entstehen. Der Seelenwärmer auf Seite 38 ist aus den gleichen Garnen gestrickt und kann als Inspiration dienen.

Kerstin Balke

RIPPENMUSTER 2 (MIT ZUNAHMEN)

1. R (Hinr): Doppelte Rdm, 3 M rechts, M-Markierer, 1 M linksgeneigt aus dem Querfaden zunehmen, bis zum nächsten M-Markierer rechts str, 1 U, M-Markierer, 1 M rechts, M-Markierer, 1 U, bis zum nächsten M-Markierer rechts str, 1 M rechtsgeneigt aus dem Querfaden zunehmen, M-Markierer, 3 M rechts, doppelte Rdm.
2. R (Rückr): Doppelte Rdm, 3 M rechts, M-Markierer, 3 M links, 1 M rechts im Wechsel str bis 3 M vor dem nächsten M-Markierer, 3 M links, M-Markierer, 1 M links, M-Markierer, 3 M links, 1 M rechts im Wechsel str bis 3 M vor dem nächsten M-Markierer, 3 M links, M-Markierer, 3 M rechts, doppelte Rdm.
3. R (Hinr): Wie die 1. R arb.
4. R (Rückr): Doppelte Rdm, 3 M rechts, M-Markierer, 1 M rechts, 3 M links im Wechsel str bis 1 M vor dem nächsten M-Markierer, 1 M rechts, M-Markierer, 1 M links, M-Markierer, 1 M rechts, 3 M links im Wechsel str bis 1 M vor dem nächsten M-Markierer, 1 M rechts, M-Markierer, 3 M rechts, doppelte Rdm.
5. R (Hinr): Wie die 1. R arb.
6. R (Rückr): Doppelte Rdm, 3 M rechts, M-Markierer, 1 M links, bis 2 M vor dem nächsten M-Markierer 1 M rechts, 3 M links im Wechsel str, 1 M rechts, 1 M links, M-Markierer, 1 M links, M-Markierer, 1 M links, bis 2 M vor dem nächsten M-Markierer 1 M rechts, 3 M links im Wechsel str, 1 M rechts, 1 M links, M-Markierer, 3 M rechts, doppelte Rdm.
7. R (Hinr): Wie die 1. R arb.
8. R (Rückr): Doppelte Rdm, 3 M rechts, M-Markierer, 2 M links, 1 M rechts, bis 2 M vor dem nächsten M-Markierer 3 M links, 1 M rechts im Wechsel str, 2 M links, M-Markierer, 1 M links, M-Markierer, 2 M links, bis 3 M vor dem nächsten M-Markierer 1 M rechts, 3 M links im Wechsel str, 1 M rechts, 2 M links, M-Markierer, 3 M rechts, doppelte Rdm.

ANLEITUNG

HINWEIS: ES WIRD DURCHGEHEND MIT DOPPELTEM FADEN (= 1 FADEN COOL WOOL LACE UND 1 FADEN SILKHAIR) GESTRICKT.

Das Tuch wird in der Mitte der langen Seite begonnen und erhält seine Form durch Zunahmen am R-Anfang und- ende sowie vor und nach der Mittel-M.
5 M anschl.
1. R (Rückr): 3 M rechts, doppelte Rdm str.
2. R (Hinr): Doppelte Rdm, 3 M rechts str.
Die 1. und 2. R 2x wdh.
Anschließend aus der linken Kante 3 M auffassen (aus jeder Kraus-rechts-Rippe 1 M) und aus der Anschlagkante 5 M auffassen (= 13 M).
Rückr: Doppelte Rdm, 3 M rechts, M-Markierer setzen, 1 M rechts, M-Markierer setzen, 1 M links, M-Markierer, 1 M rechts, M-Markierer, 3 M rechts, doppelte Rdm.
Nun 64 R kraus rechts mit Zunahmen str (= 141 M).
Anschließend im Rippenmuster 1 weiterarb. Die 1.-4. R des Musters 4x str (= 173 M).
36 R kraus rechts mit Zunahmen arb (= 245 M).
* Danach im Rippenmuster 1 weiterstr. Die 1.-4 R des Musters 2x arb (= 261 M).
6 R kraus rechts str (= 273 M), ab * 1x wdh (= 301 M).
Nun im Rippenmuster 1 weiterarb. Die 1.-4. R des Musters 2x str (= 317 M).
36 R kraus rechts mit Zunahmen arb (= 389 M).
Anschließend das Tuch im Rippenmuster 2 beenden. Die 1.-8. R 3x und anschließend noch 1x die 1. und 2. R str (= 441 M).
Die M locker abk, wie sie erscheinen.

FERTIGSTELLEN

Die Fäden vernähen. Das Tuch anfeuchten und spannen.

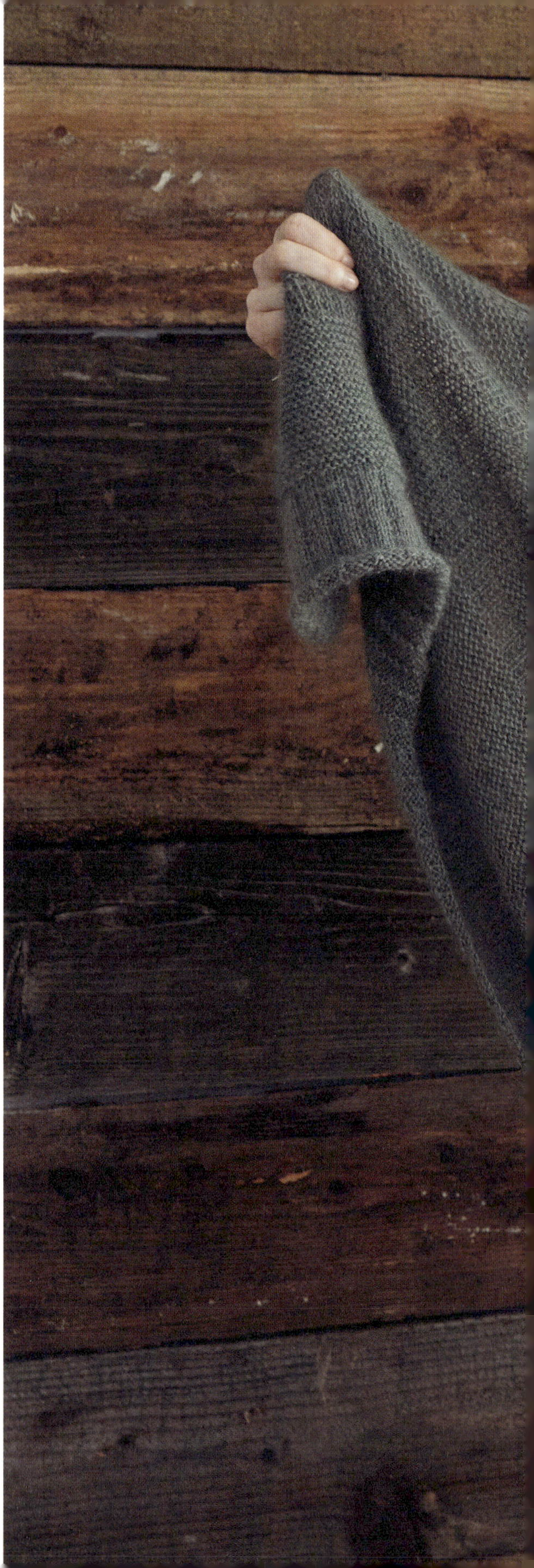

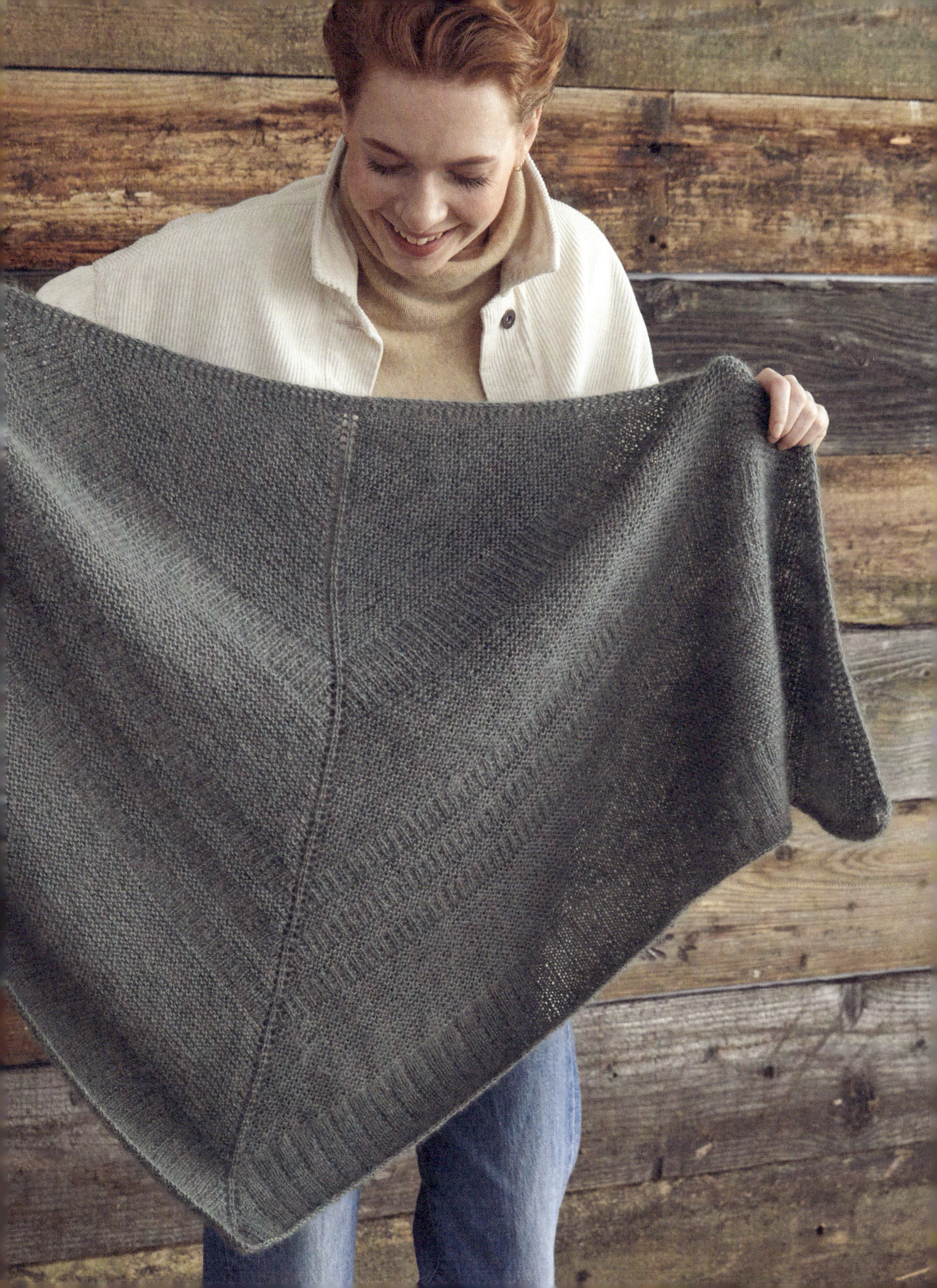

HANDSTULPEN HERBSTGEFLÜSTER

SCHWIERIGKEITSGRAD

GRÖSSE

Umfang: 19 cm, Höhe: 21 cm

MATERIAL

- Lana Grossa Meilenweit 50 Cashmere (LL ca. 210 m/50 g) in Weiß (Fb 01), Burgund (Fb 40) und Graubraun (Fb 14), je 50 g
- Nadelspiel 2,5-3,0 mm
- Maschenmarkierer
- Wollnadel ohne Spitze

MASCHENPROBE

Im Jacquardmuster mit Nd 2,5-3,0 mm 34 M und 38 Rd = 10 cm x 10 cm

GLATT RECHTS

In Rd alle M rechts str.

BÜNDCHENMUSTER

1 M rechts, 1 M links im Wechsel str.

JACQUARDMUSTER A UND B

M-Zahl jeweils teilbar durch 8.
In allen Rd glatt rechts nach dem jeweiligen Zählmuster str. Den Rapport von 8 M fortlaufend wdh.

DAUMENKEILMUSTER

Nach dem Zählmuster arb. In jeder 2. Rd am Rd-Beginn 1 M rechtsgeneigt aus dem Querfaden zunehmen und vor dem Maschenmarkierer 1 M linksgeneigt aus dem Querfaden zunehmen (siehe Seite 210).

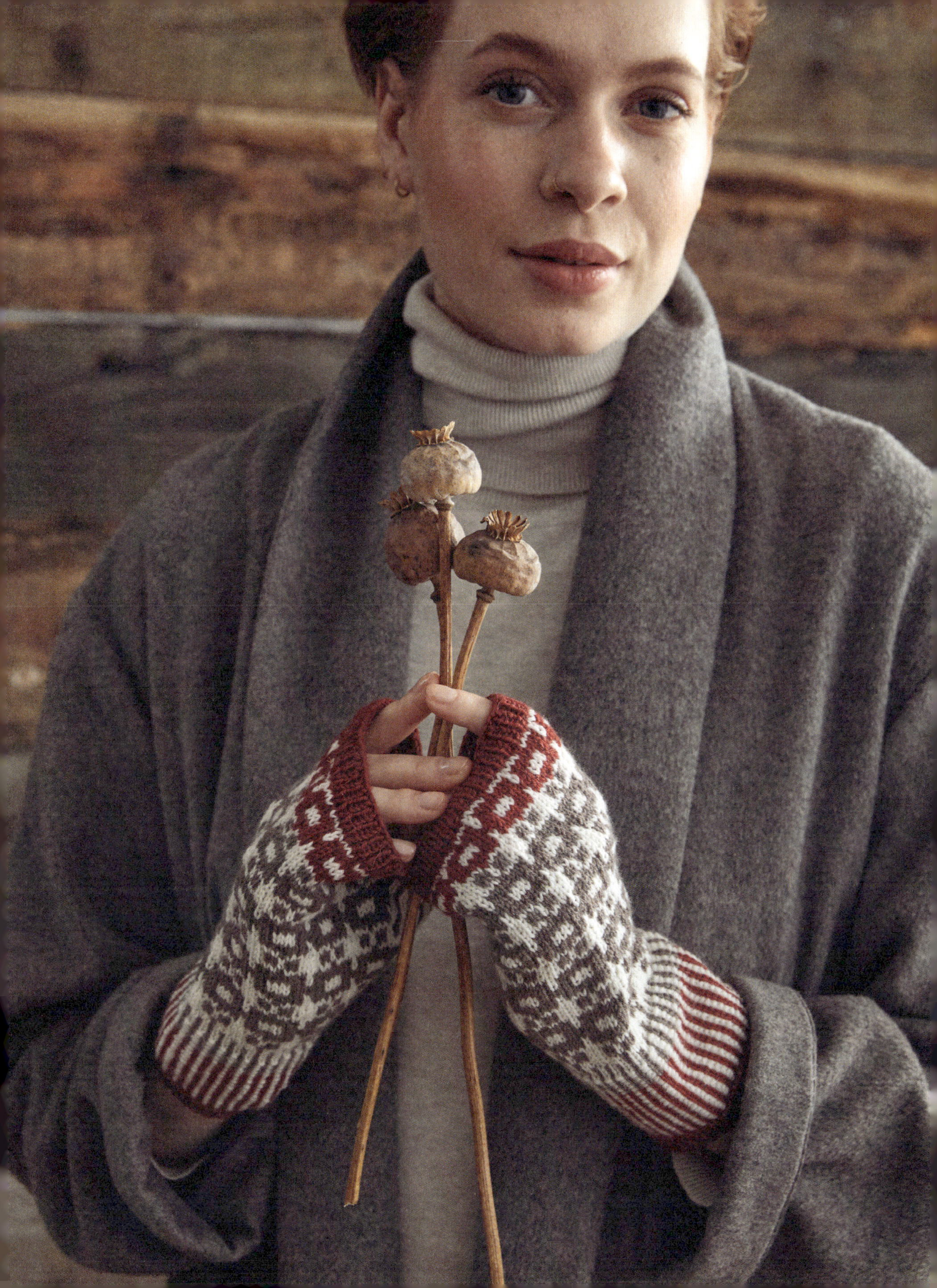

ANLEITUNG

64 M in Burgund anschl (= 16 M pro Nd) und zur Rd schließen. 1 Rd glatt rechts str.
Für das Bündchen 2 Rd in Burgund, dann 15 Rd 1 M rechts in Burgund, 1 M links in Weiß im Wechsel und 5 Rd 1 M rechts in Graubraun, 1 M links in Weiß im Wechsel str (= 6,5 cm). Den Faden in Burgund abschneiden. Anschließend glatt rechts weiterarb. 2 Rd 1 M in Graubraun, 1 M in Weiß im Wechsel str. In der 1. Rd nach der 1. M einen M-Markierer setzen. Diese M ist die 1. M des Daumenkeils. Danach im Jacquardmuster A in Graubraun und Weiß weiterarb. Zunächst die 1. Rd des Zählmusters 1x str, dann die 1.-10. Rd 3x arb. WICHTIG: Die 1. M der Rd immer in Graubraun arb, dann den Rapport von 8 M 7x wdh, anschließend 1x die 1.-7. M des Rapports str.

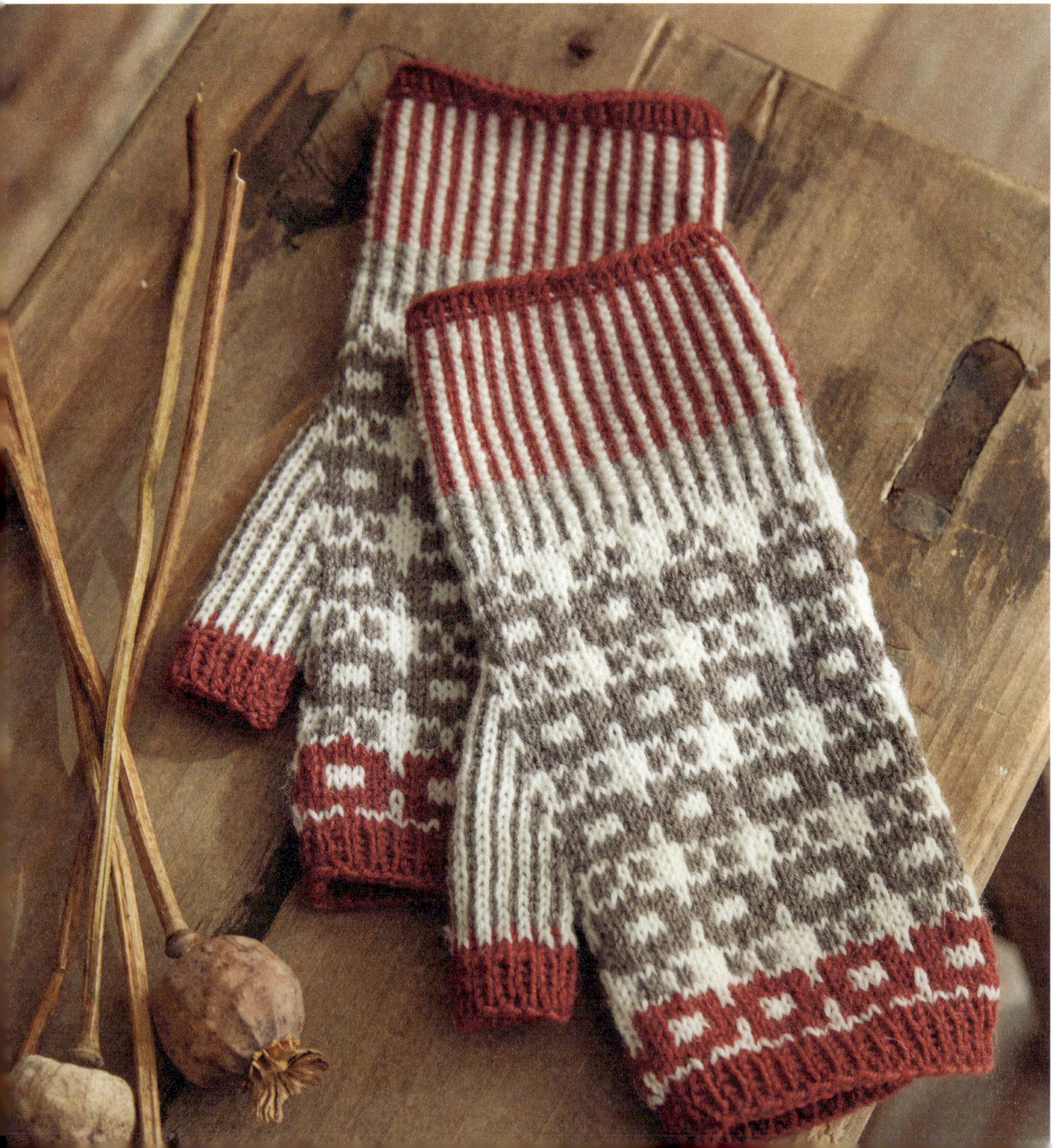

GLEICHZEITIG in der 9. Rd mit den Zunahmen für den Daumenkeil beginnen. Am Rd-Beginn 1 M rechtsgeneigt aus dem Querfaden zunehmen und vor dem M-Markierer 1 M linksgeneigt aus dem Querfaden zunehmen. Die Zunahmen in jeder 2. Rd wdh.
Die 1.-22. Rd des Daumenkeilmusters 1x arb. GLEICHZEITIG über die restlichen M das Jacquardmuster A fortführen. Nun die 23 M der des Daumenkeils auf einem Faden stilllegen und über die restlichen 63 M die Handpartie im Jacquardmuster A in Weiß und Graubraun fortführen. In der 1. Rd am Rd-Ende 1 M in Weiß aufschlingen (siehe Seite 211) (= 64 M). Die 1.-10. Rd des Zählmusters 1x str, dann die 1.-3. Rd 1x arb.
Den Faden in Graubraun abschneiden und im Jacquardmuster B in Weiß und Burgund weiterstr. Die 1.-8. Rd des Zählmusters 1x arb. Den Faden in Weiß abschneiden und 2 Rd in Burgund str. Anschließend 5 Rd (= 1 cm) im Bündchenmuster arb. Die M abk, wie sie erscheinen.
Danach für den Daumen die 23 stillgelegten Daumenkeil-M wieder aufnehmen und auf 4 Spielnd verteilen (= 6-6-6-5 M). Am Ende der 4. Nd aus der aufgeschlungenen M 1 M in Graubraun auffassen (= 24 M). Zur Rd schließen und glatt rechts weiterarb. 4 Rd 1 M in Weiß, 1 M in Graubraun im Wechsel str. Den Faden in Graubraun abschneiden. Danach 2 Rd 1 M in Weiß, 1 M in Burgund im Wechsel arb. Den Faden in Weiß abschneiden und 2 Rd in Burgund str. Anschließend noch 5 Rd (= 1 cm) im Bündchenmuster arb. Die M abk, wie sie erscheinen.
Anschließend alle Fäden vernähen.
Die zweite Stulpe genauso arb.

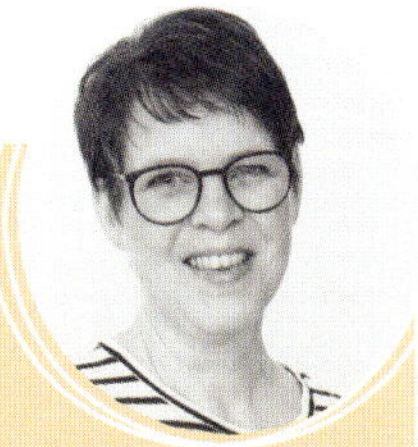

Mein Tipp

Diese Stulpen lassen sich auch ohne Daumen stricken. Dafür nach dem Bündchen ohne Zunahmen im entsprechenden Jacquardmuster weiterarbeiten und den Rapport fortlaufend wiederholen.

Kerstin Balke

JACQUARDMUSTER A

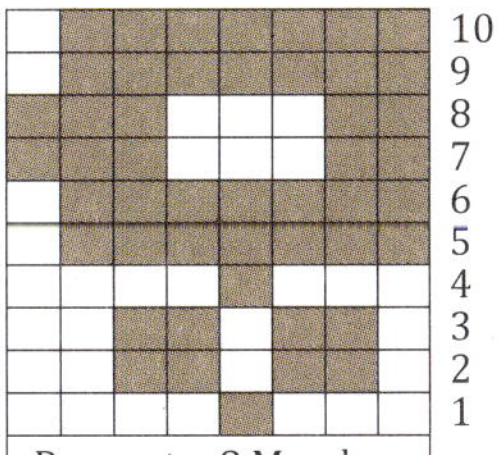

Rapport = 8 Maschen

DAUMENKEIL

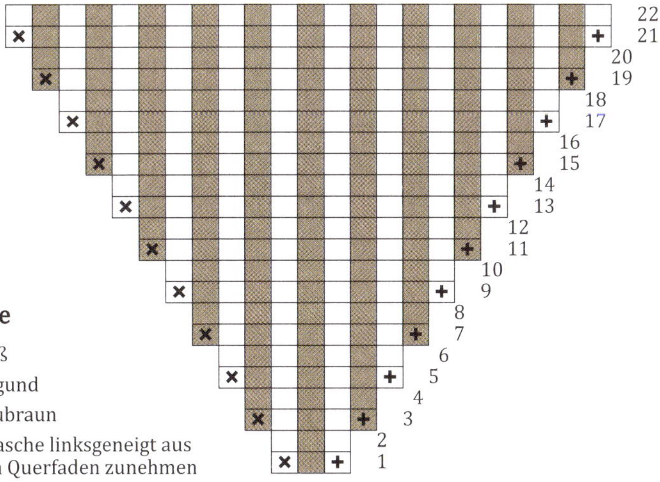

JACQUARDMUSTER B

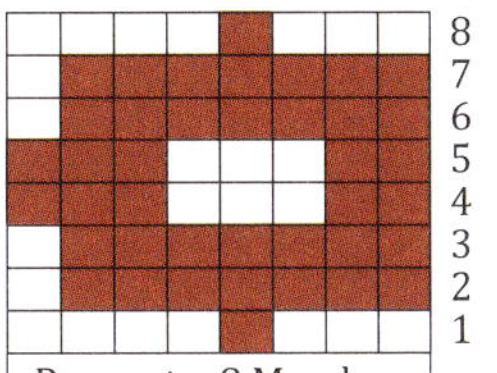

Rapport = 8 Maschen

Legende

- = Weiß
- = Burgund
- = Graubraun
- + = 1 Masche linksgeneigt aus dem Querfaden zunehmen
- × = 1 Masche rechtsgeneigt aus dem Querfaden zunehmen

LOOP AUFREGEND ASYMMETRISCH

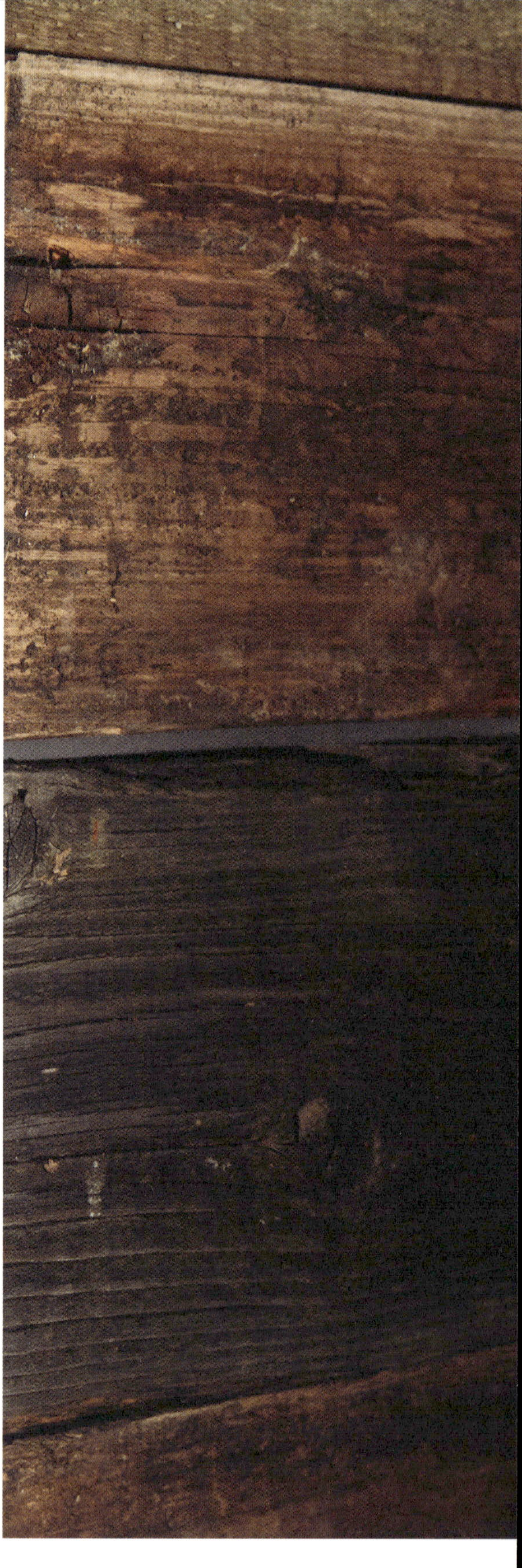

SCHWIERIGKEITSGRAD

GRÖSSE

Umfang: 58 cm, Höhe: ca. 40-42 cm

MATERIAL

- Lana Grossa Landlust Winterwolle (LL 70 m/ 50 g) in Mittelgrau meliert (Fb 08), 150 g
- Rundstricknadel 7,0-8,0 mm, 80-100 cm lang
- Maschenmarkierer
- Wollnadel ohne Spitze

MASCHENPROBE

Kraus rechts mit Nd 7,0-8,0 mm
11 M und 22 R = 10 cm x 10 cm

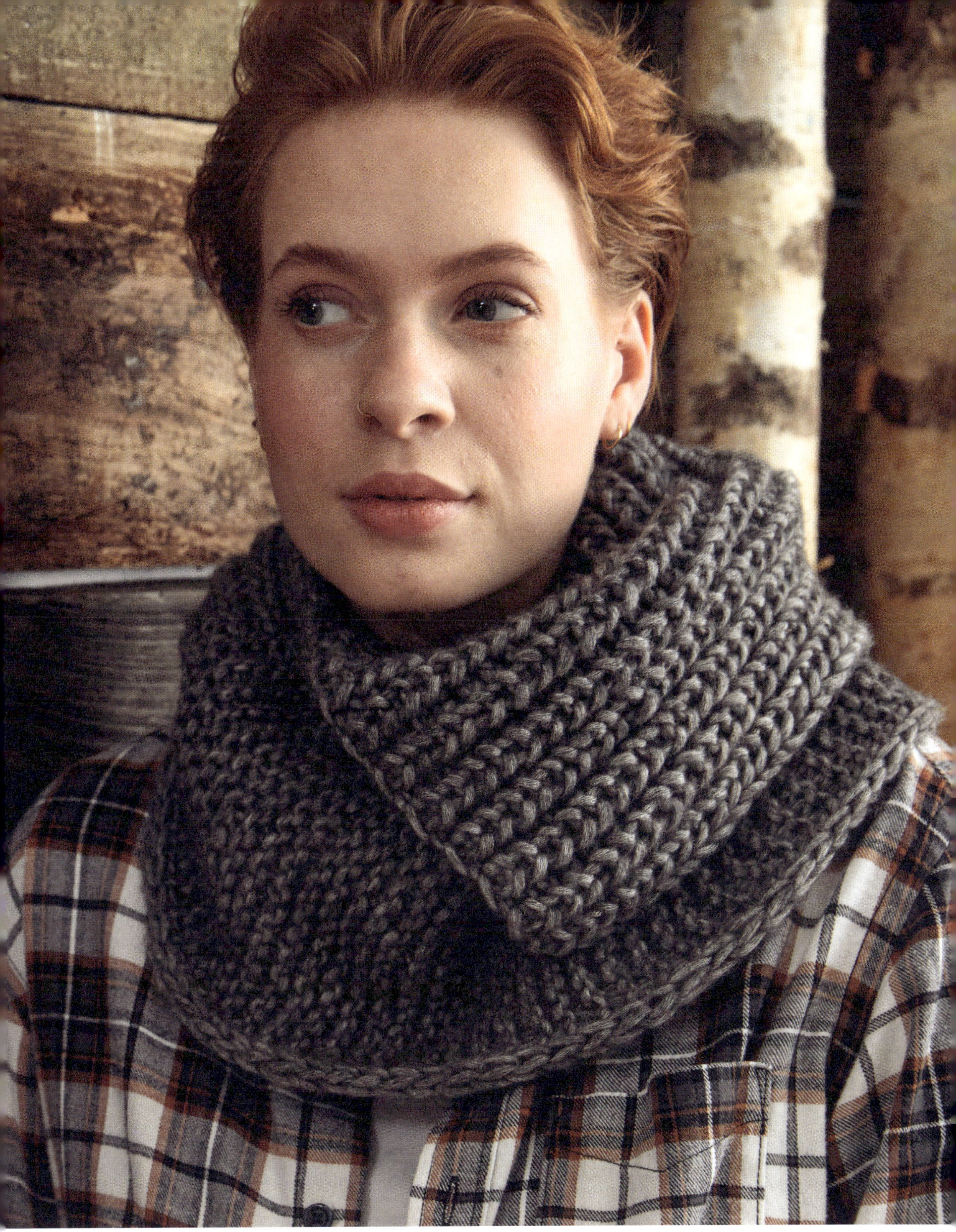

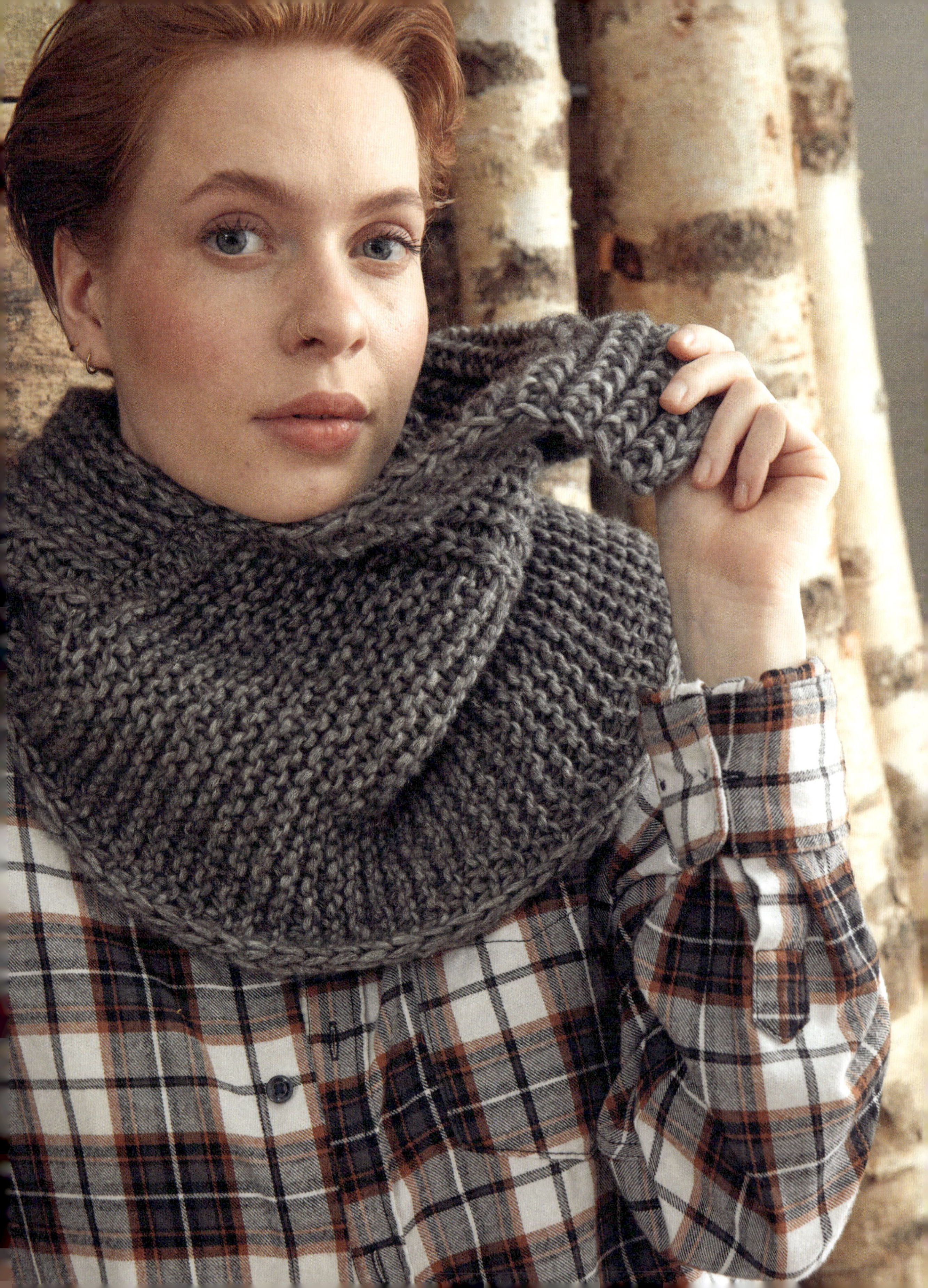

DOPPELTE RANDMASCHE

Die doppelte Rdm wird in jeder R (Hinr und Rückr) über 2 M wie folgt gestrickt:
R-Anfang: Die erste M wie zum Linksstr abheben, den Faden dabei vor der M weiterführen, 1 M rechts str.
R-Ende: Die vorletzte M wie zum Linksstr abheben, den Faden dabei vor der M weiterführen, 1 M rechts str.

KRAUS RECHTS

In Hin- und Rückr rechte M str.

HALBPATENT IN REIHEN

Ungerade M-Zahl.
1. R (Hinr): * 1 M links, 1 M mit einem U wie zum Linksstr abheben, ab * fortlaufend wdh, enden mit 1 M links.
2. R (Rückr): * 1 M rechts, 1 M mit dem 1 U der Vor-R links zusammenstr, ab * fortlaufend wdh, enden mit 1 M rechts.
Die 1. und 2. R fortlaufend wdh.

ANLEITUNG

Für den Loop wird ein einfaches Rechteck gestrickt und anschließend mit einem Versatz zusammengenäht.
Für 40-42 cm Breite 46 M inkl. Rdm anschl und ab der folgenden Rückr in dieser M-Einteilung weiterarb:
Doppelte Rdm, M-Markierer setzen, 21 M kraus rechts str, M-Markierer setzen, über die nächsten 21 M 1 M rechts, 1 M links im Wechsel str, enden mit 1 M rechts, M-Markierer setzen, enden mit doppelter Rdm.
In dieser M-Einteilung weiterarb (= eine Hälfte des Strickstücks im Halbpatent, die andere kraus rechts). In etwa 58 cm Höhe alle M in der nächsten Hinr str und abk, dabei die doppelte Rdm vor dem Abk jeweils rechts zusammenstr.

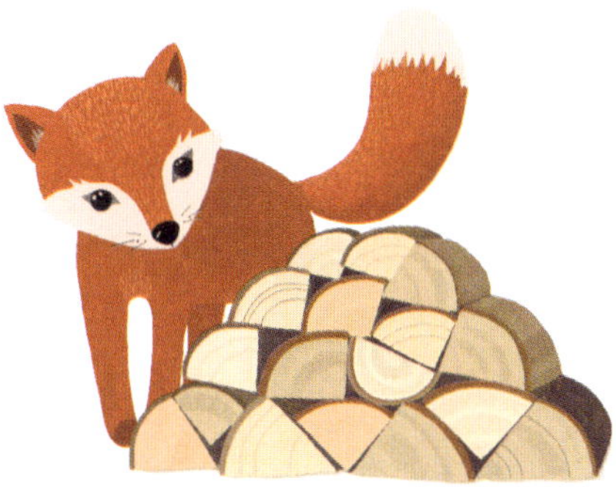

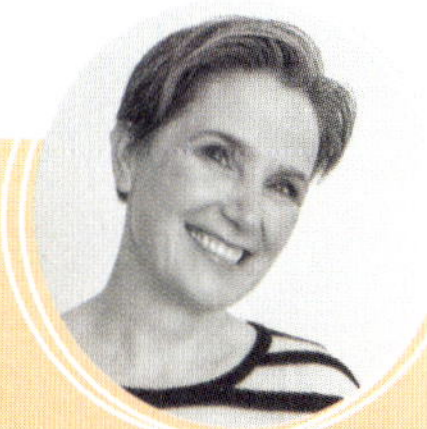

Mein Tipp

Ein neues Knäuel am Reihenanfang oder -ende neu ansetzen und die Endfäden später innerhalb der doppelten Randmaschen vernähen.

Tanja Steinbach

FERTIGSTELLEN

Fäden vernähen. Das Rechteck versetzt zum Ring zusammennähen (siehe Schritt-für-Schritt-Fotos).

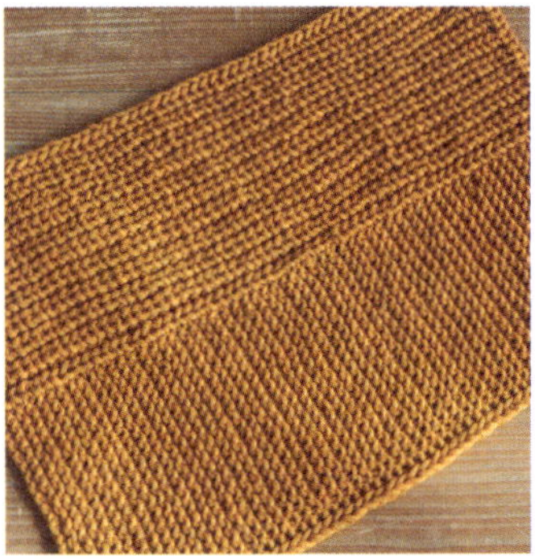

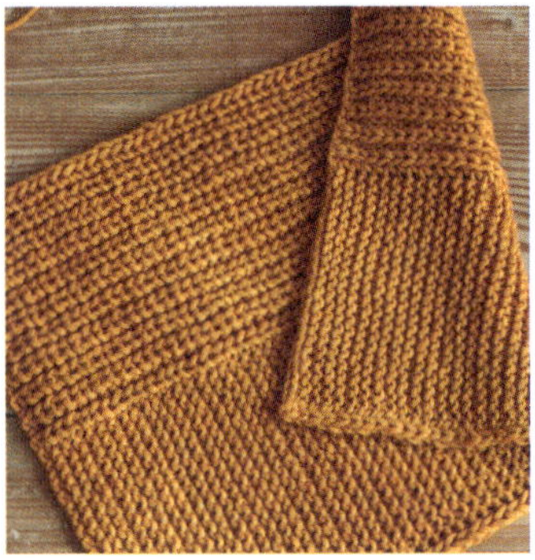

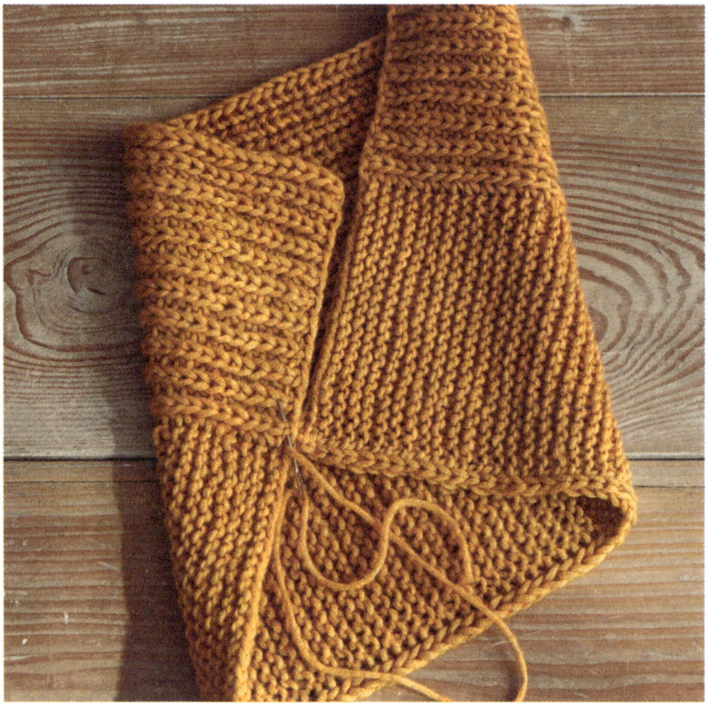

Die abgekettete Kante des Kraus-rechts-Teils wird mit der Anschlagkante im Halbpatent zusammengenäht, die restliche Anschlag- bzw. Abkettkante steht über.

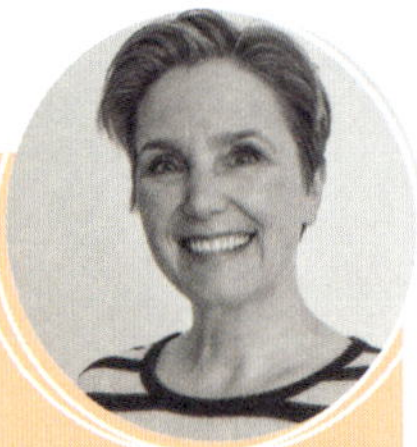

Mein Tipp

Der Loop wird so getragen, dass der Kraus-rechts-Teil nach unten und der Teil im Halbpatentmuster nach oben, zum Gesicht hin zeigt, die überstehende Ecke im Halbpatent locker nach außen umschlagen.

Tanja Steinbach

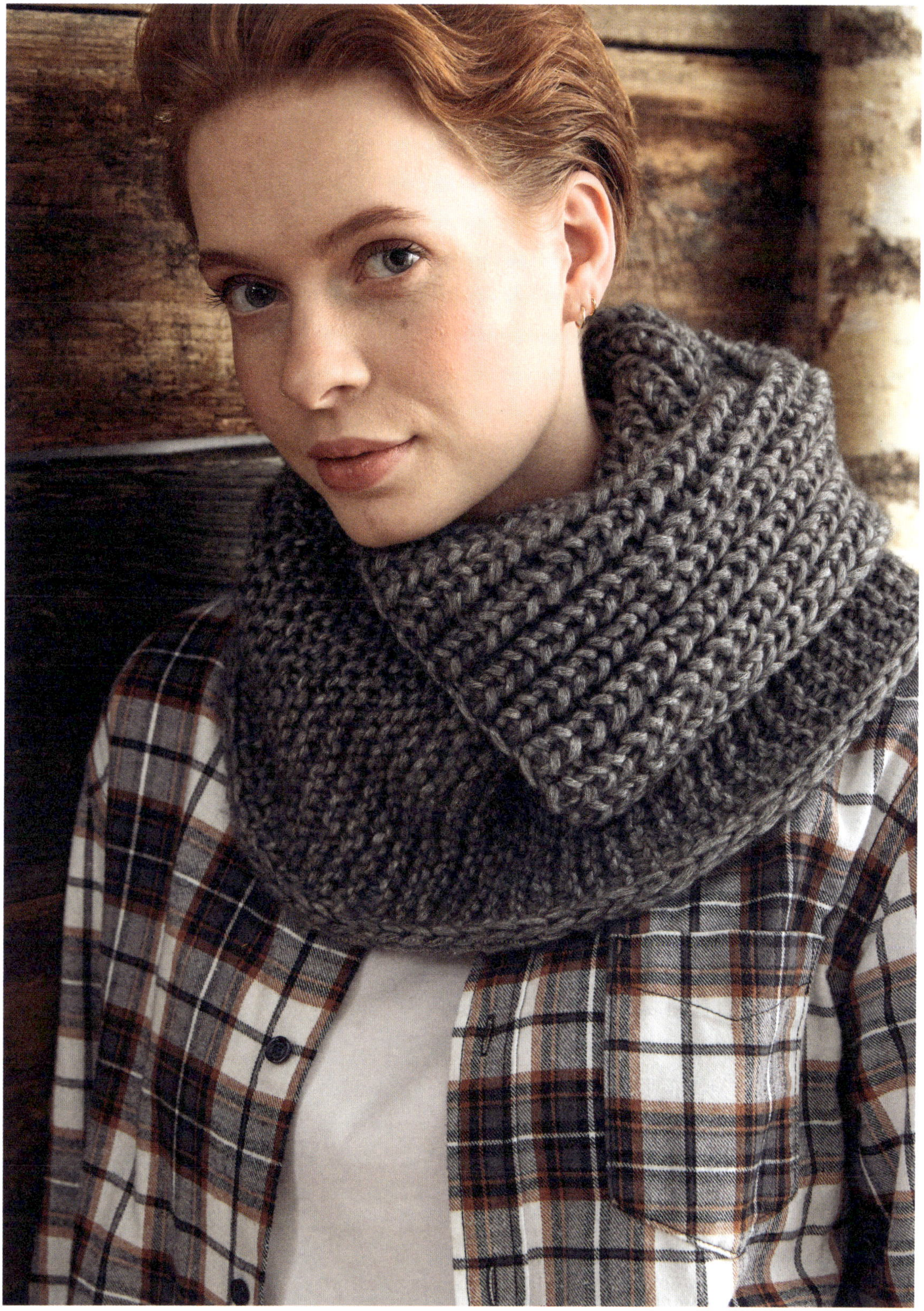

WÄRMENDE FÄUSTLINGE

SCHWIERIGKEITSGRAD

GRÖSSE

S, M und L

Größe S: Handumfang 16-17 cm

Größe M: Handumfang 18-19 cm

Größe L: Handumfang 19-20 cm

Um den Handumfang zu messen, ein Maßband in die Handmitte unterhalb der Ballen und oberhalb des Daumenansatzes um die Hand legen. Der Daumen wird dabei nicht mitgemessen!

Die Angaben für die einzelnen Größen stehen hintereinander, jeweils durch Schrägstriche getrennt. Steht nur eine Angabe, gilt diese für alle Größen.

MATERIAL

- Lana Grossa Landlust Winterwolle (LL 70 m/50 g) in Orange meliert (Fb 03), Mittelgrau meliert (Fb 08) oder Natur meliert (Fb 10), 100 g
- Nadelspiel 7,0 mm, 15-20 cm lang
- evtl. Zopfnadel
- Hilfsnadel oder große Sicherheitsnadel zum Stilllegen
- Wollnadel ohne Spitze

MASCHENPROBE

Glatt rechts mit Nd 7,0-8,0 mm 12 M und 19 Rd = 10 cm x 10 cm

GLATT RECHTS

In Rd alle M rechts str.

BÜNDCHENMUSTER

M-Zahl teilbar durch 2.

1. Rd: 1 M rechts, 1 M links im Wechsel str.

2. Rd: * 1 M wie zum Linksstr abheben, den Faden dabei hinter der M weiterführen, 1 M links str, ab * fortlaufend wdh.

Die 1. und 2. Rd fortlaufend wdh.

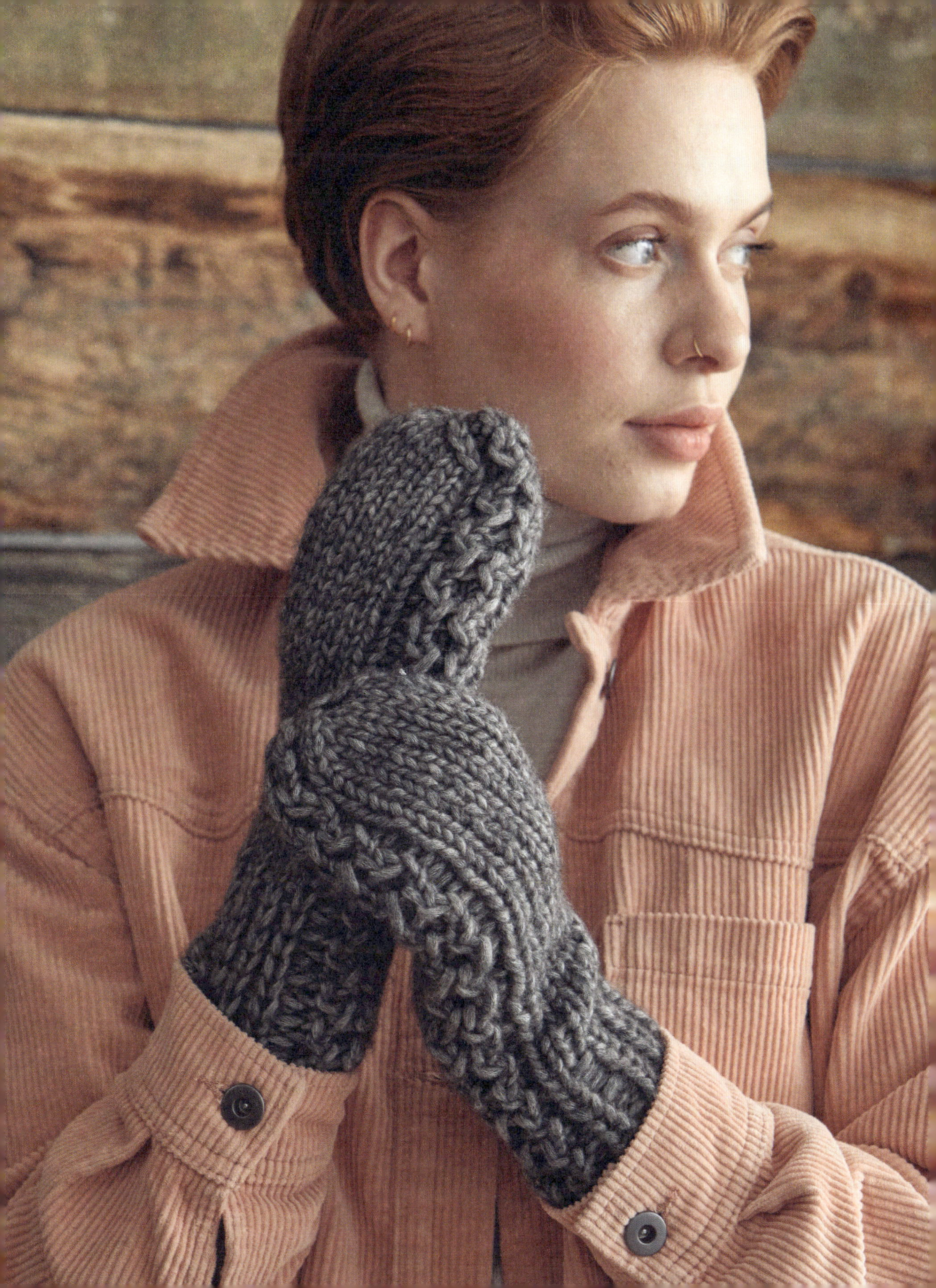

ZOPFSTREIFEN ÜBER 6 MASCHEN

HINWEIS: DIE VERZOPFUNGEN KÖNNEN MIT UND OHNE HILFSND GESTRICKT WERDEN!

1. Rd: 1 M links, 4 M rechts, 1 M links str.
2. Rd: 1 M links, 2 M nach rechts kreuzen, 2 M nach links kreuzen, 1 M links str.
3. Rd: 1 M links, 4 M rechts, 1 M links str.
4. Rd: 1 M links, 2 M nach links kreuzen, 2 M nach rechts kreuzen, 1 M links str.
Die 1.-4. Rd fortlaufend wdh.

2 MASCHEN NACH RECHTS KREUZEN

1 M auf einer Hilfsnd hinter die Arbeit legen, 1 M rechts str, dann die M der Hilfsnd rechts str.
Oder ohne Hilfsnd arb: Dafür mit der rechten Nd wie zum Rechtsstr von vorn nach hinten in die 2. M einstechen, während die 1. M noch davor, auf der linken Nd liegt. 1 M rechts str, die M jedoch noch auf der linken Nd belassen. Nun mit der rechten Nd in die 1. M wie zum Rechtsstr einstechen und 1 M rechts str, dann beide M auf die rechte Nd gleiten lassen

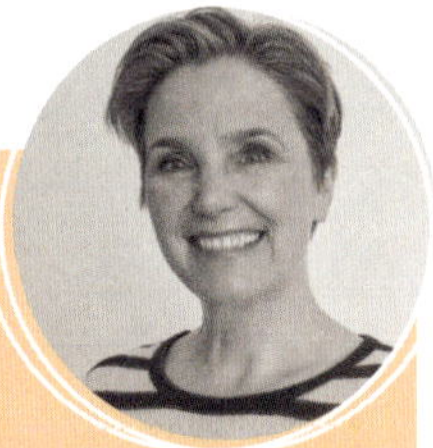

Mein Tipp

Zopfmuster sind auf dem Nadelspiel oft unbeliebt, die zusätzliche Hilfsnadel für das verkreuzen stört den Strickablauf. Deshalb wähle ich gerne Zopfmuster aus, die auch ohne Hilfsnadel gestrickt werden können (siehe Anleitung). Der verwendete Zopfstreifen macht sich auch schön an Socken – einfach mal ausprobieren! Dafür 2 Maschen mehr als üblich einplanen, da der Zopfstreifen nicht ganz so elastisch ist wie ein Glatt-rechts- oder Rippenmuster.

Tanja Steinbach

2 MASCHEN NACH LINKS KREUZEN

1 M auf einer Hilfsnd vor die Arbeit legen, 1 M rechts str, dann die M der Hilfsnd rechts str.
Oder ohne Hilfsnd arb: Dafür mit der rechten Nd hinter der Arbeit in die 2. M einstechen von rechts nach links einstechen, während die 1. M noch davor, auf der linken Nd liegt. 1 M rechts str, die M jedoch noch auf der linken Nd belassen. Nun mit der rechten Nd in die 1. M wie zum Rechtsstr einstechen und 1 M rechts str, dann beide M auf die rechte Nd gleiten lassen.

ANLEITUNG

HINWEIS: DER ZOPFSTREIFEN VERLÄUFT SEITLICH, AN DER HANDAUSSENKANTE VOM ANSCHLAG BIS ZUR SPITZE.

Für den rechten Fäustling 21/23/25 M anschl, gleichmäßig auf 4 Spielnd verteilen (= 5-5-5-6/ 5-6-6-6/6-6-6-7 M) und zur Rd schließen. Der Rd-Beginn liegt an der Innenhandkante, d. h., die Handaußenkante liegt zwischen der 2. und 3. Nd. 7 cm in folgender M-Einteilung str.

HINWEIS: UNMITTELBAR VOR UND NACH DEM ZOPFSTREIFEN ÜBER 6 M WIRD 1 M RECHTS GESTRICKT.

Größe S: 7 M im Bündchenmuster (enden mit 1 M rechts), 6 M Zopfstreifen, 8 M im Bündchenmuster (= 21 M).
Größe M: 8 M im Bündchenmuster, dabei die Rd mit 1 M links beginnen, 6 M Zopfstreifen, 9 M im Bündchenmuster (= 23 M).
Größe L: 9 M im Bündchenmuster (enden mit 1 M rechts), 6 M Zopfstreifen, 10 M im Bündchenmuster (= 25 M).
Anschließend über die M im Bündchenmuster glatt rechts in Rd str, dabei den Zopf über 6 M weiterführen. In der 1. Rd nach dem Bündchen im Bereich der 1. Nd 1 M linksgeneigt aus dem Querfaden zunehmen (= 22/24/26 M = 5-6-5-6/ 6-6-6-6/6-7-6-7 M).
In einer Höhe von 14/15/16 cm ab Anschlag für den Daumenschlitz die ersten 3/4/5 M der 1. Nd auf einer großen Sicherheitsnd stilllegen. Für den Daumensteg entsprechend 3/4/5 M neu anschl und in Rd wie gewohnt weiterarb.
In der jeweiligen M-Einteilung bis zu einer Höhe von etwa 15/17/19 cm ab Bündchen weiterstr, dann mit den Abnahmen für die Bandspitze beginnen.
Abnahme-Rd für die Bandspitze: Auf der 1. Nd die ersten 2 M rechts überzogen zusammenstr (= 1 M wie zum Rechtsstr abheben, die nächste M rechts str, dann die abgehobene M überziehen), auf der 2. Nd die letzten 2 M vor dem Zopfstreifen rechts zusammenstr, auf der 3. Nd die 2 M nach dem Zopfstreifen rechts überzogen zusammenstr und auf der 4. Nd die letzten 2 M rechts zusammenstr (= 18/20/22 M). Dabei über die 6 M des Zopfstreifens die Wiederholungen wie gewohnt fortsetzen.
Anschließend 1 Rd rechte M str, die M des Zopfstreifens wie gewohnt str.
Die Abnahme-Rd in den folgenden 2/2/3 Rd wie beschrieben wdh.
In der nächsten Rd auch über die M des Zopfstreifens M abnehmen: Auf der 1. Nd die ersten 2 M

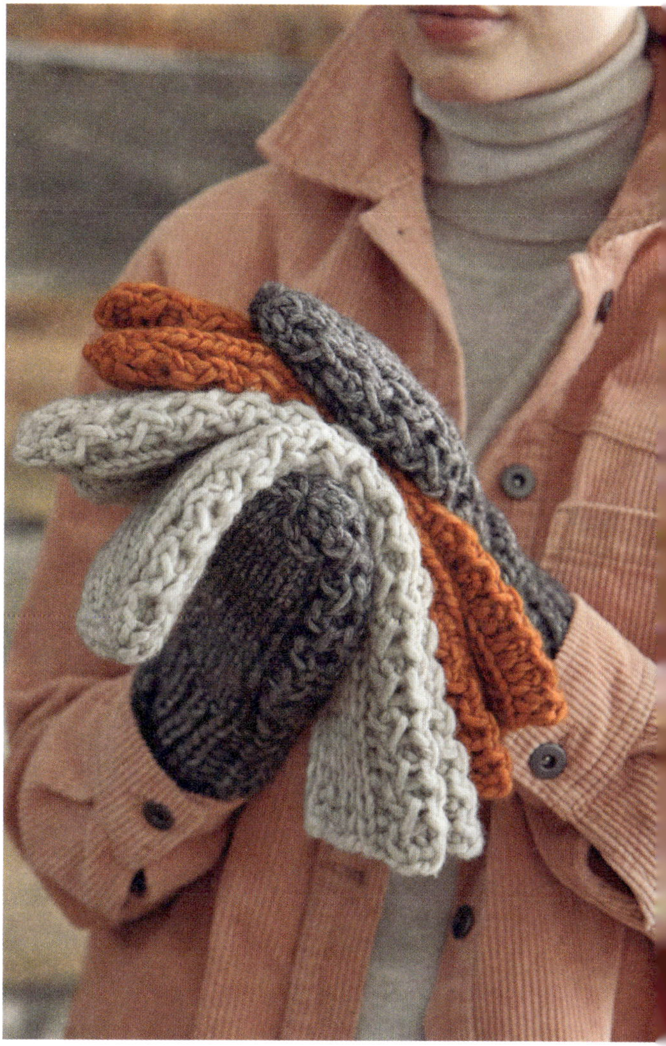

rechts überzogen zusammenstr, auf der 2. Nd die letzten 2 M vor dem Zopfstreifen rechts zusammenstr, dann über die die 4 rechten M des Zopfstreifens wie folgt arb: 1x 2 M rechts zusammenstr und 1x 2 M rechts überzogen zusammenstr, auf der 3. Nd die 2 M nach dem Zopfstreifen rechts überzogen zusammenstr und auf der 4. Nd die letzten 2 M rechts zusammenstr. Den Faden abschneiden und mit einer Wollnd 2x durch die restlichen M fädeln und diese zusammenziehen. Den Faden innen vernähen.

Für den Daumen mit 3 Spielnd glatt rechts in Rd str. Mit einem neuen Faden die 3/4/5 stillgelegten M str, dann insgesamt 5/6/7 M aus dem Daumensteg herausstr = 3/4/5 M aus dem Steg und jeweils rechts und links des Daumens je 1 M linksgeneigt aus dem Querfaden zunehmen (= 8/10/12 M). In Rd glatt rechts bis zu einer Höhe von etwa 5/6/7 cm str, in der nächsten Rd fortlaufend 2 M rechts zusammenstr (= 4/5/6 M). Den Faden abschneiden und mit einer Wollnd 2x durch die restlichen M fädeln und diese zusammenziehen. Den Faden innen vernähen.

Alle restlichen Fäden vernähen.

Den linken Fäustling gegengleich arb, dabei für den Daumenschlitz die letzten 3/4/5 M der 4. Nd auf einer großen Sicherheitsnd stilllegen.

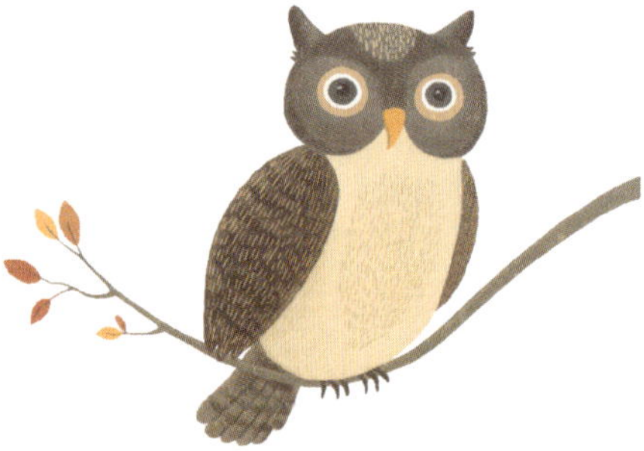

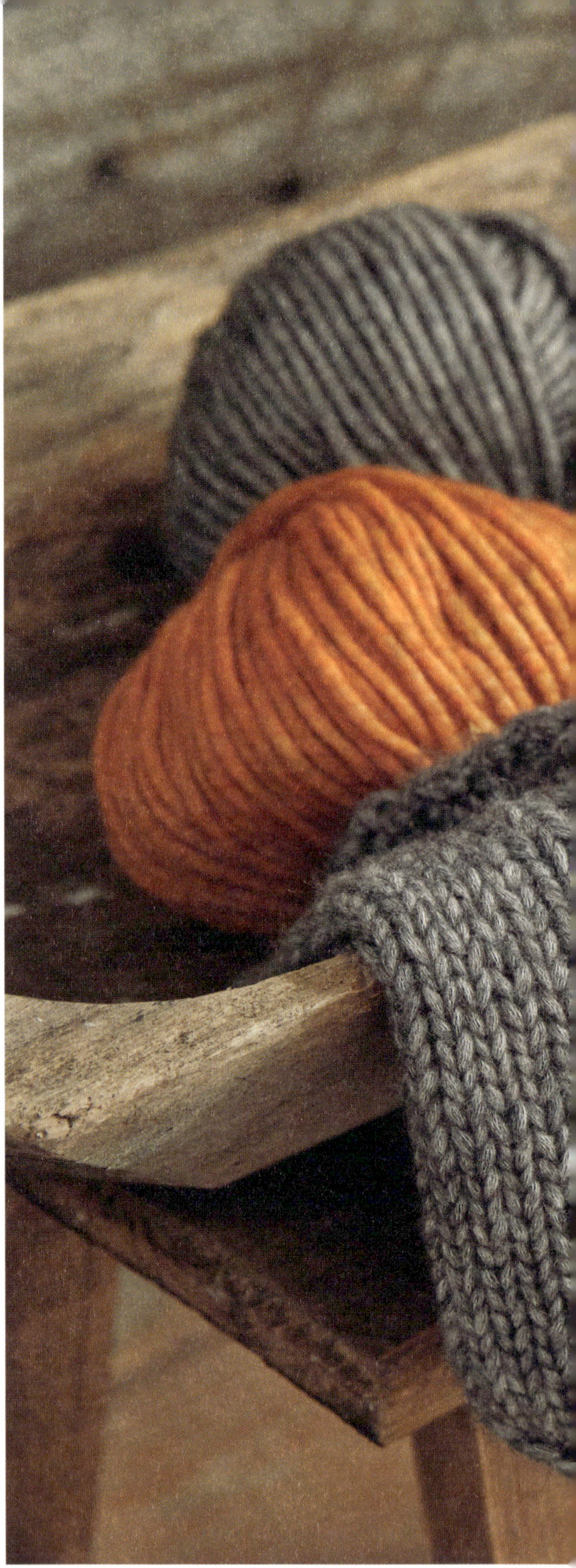

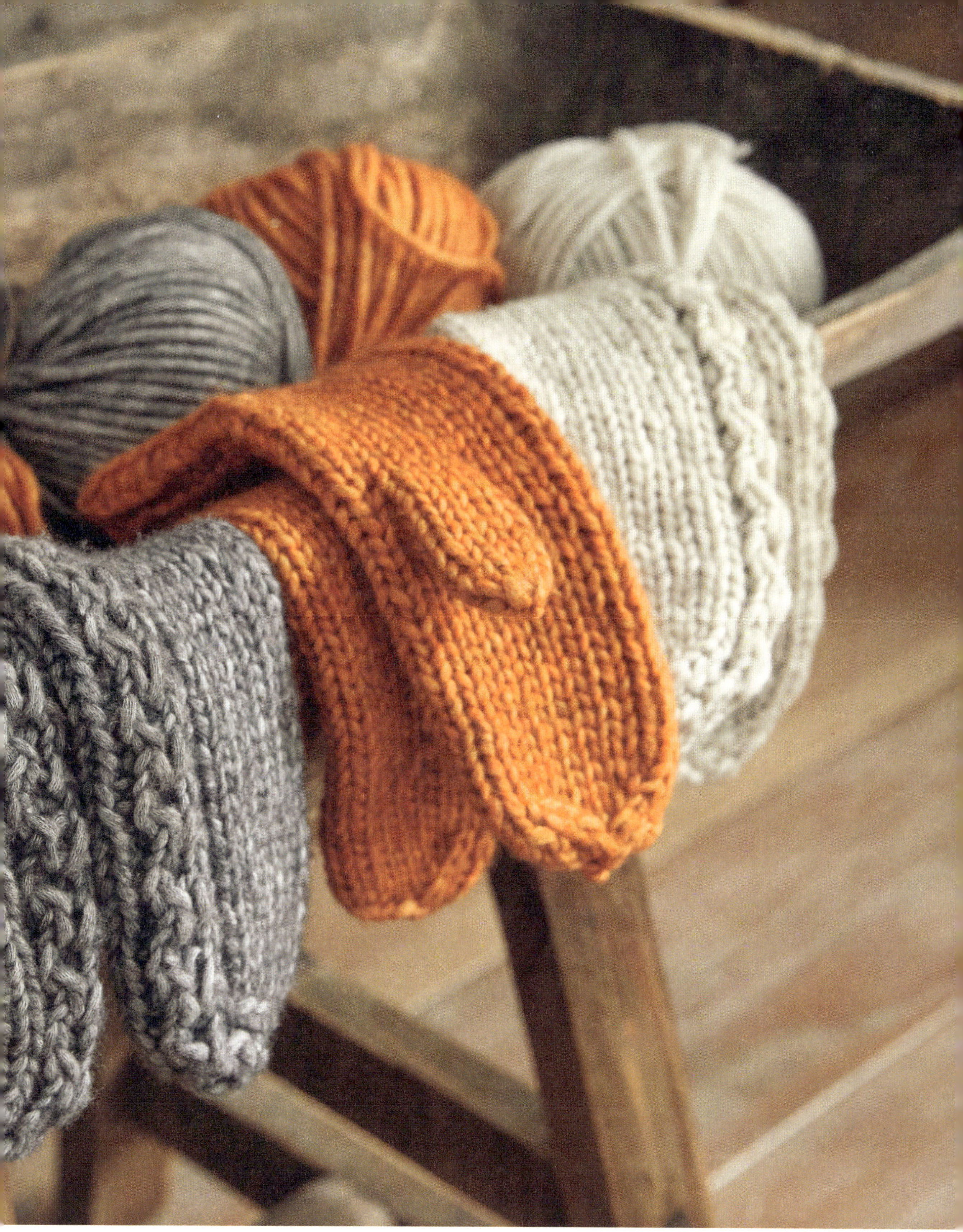

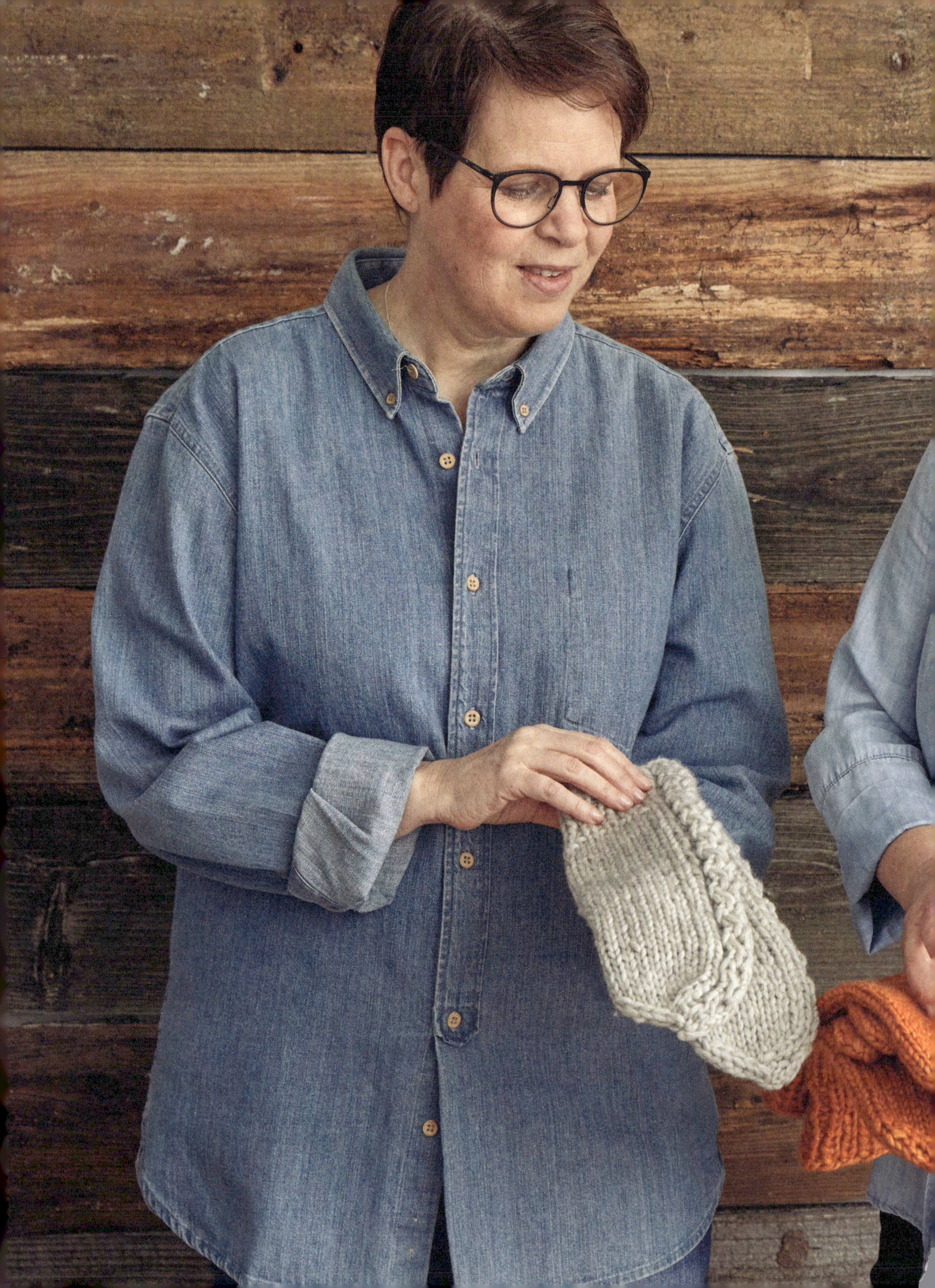

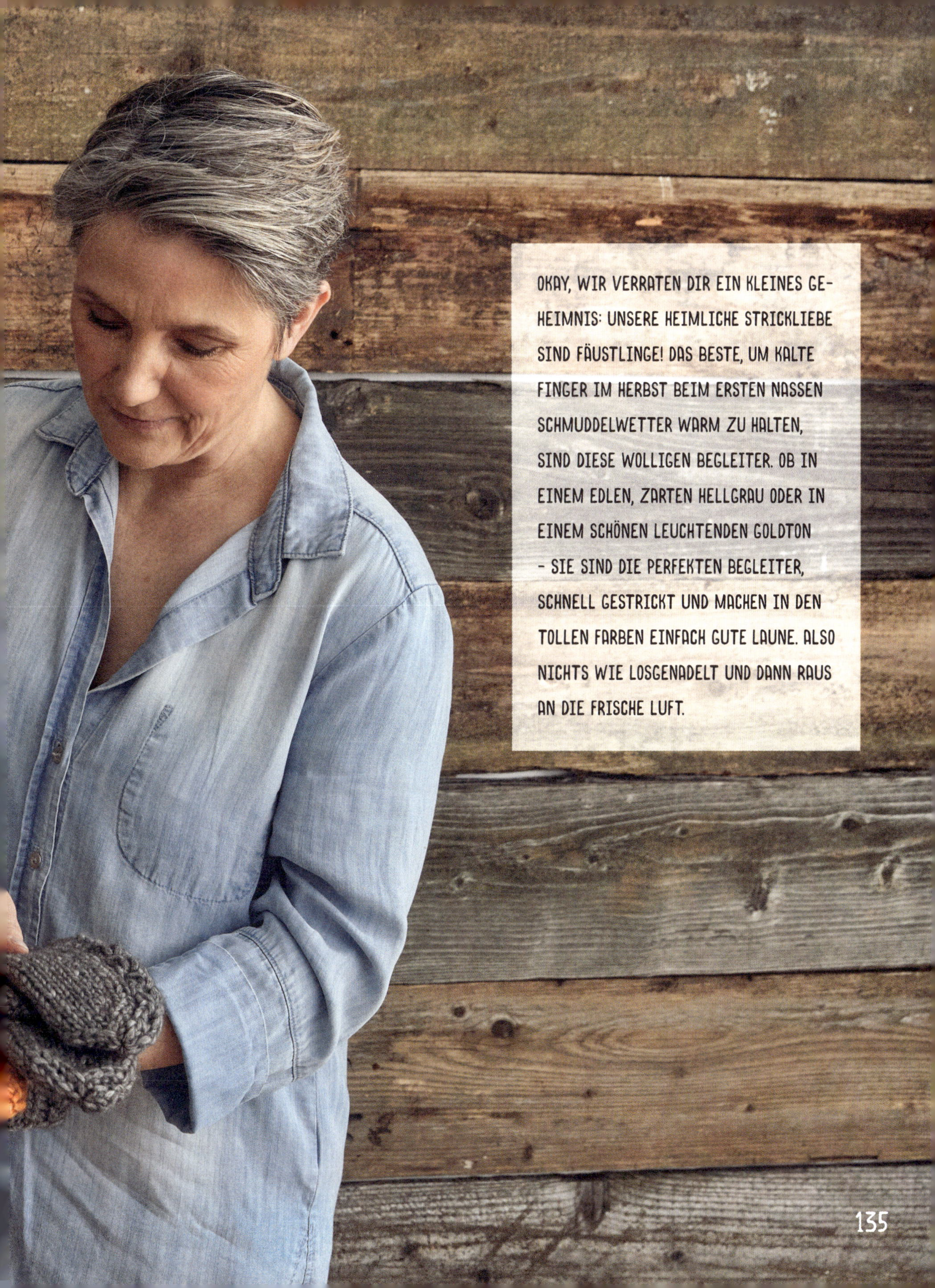

OKAY, WIR VERRATEN DIR EIN KLEINES GEHEIMNIS: UNSERE HEIMLICHE STRICKLIEBE SIND FÄUSTLINGE! DAS BESTE, UM KALTE FINGER IM HERBST BEIM ERSTEN NASSEN SCHMUDDELWETTER WARM ZU HALTEN, SIND DIESE WOLLIGEN BEGLEITER. OB IN EINEM EDLEN, ZARTEN HELLGRAU ODER IN EINEM SCHÖNEN LEUCHTENDEN GOLDTON – SIE SIND DIE PERFEKTEN BEGLEITER, SCHNELL GESTRICKT UND MACHEN IN DEN TOLLEN FARBEN EINFACH GUTE LAUNE. ALSO NICHTS WIE LOSGENADELT UND DANN RAUS AN DIE FRISCHE LUFT.

INGWER-SHOT
ODER WIE KOMME ICH GESUND DURCH HERBST UND WINTER!
VON TANJA STEINBACH

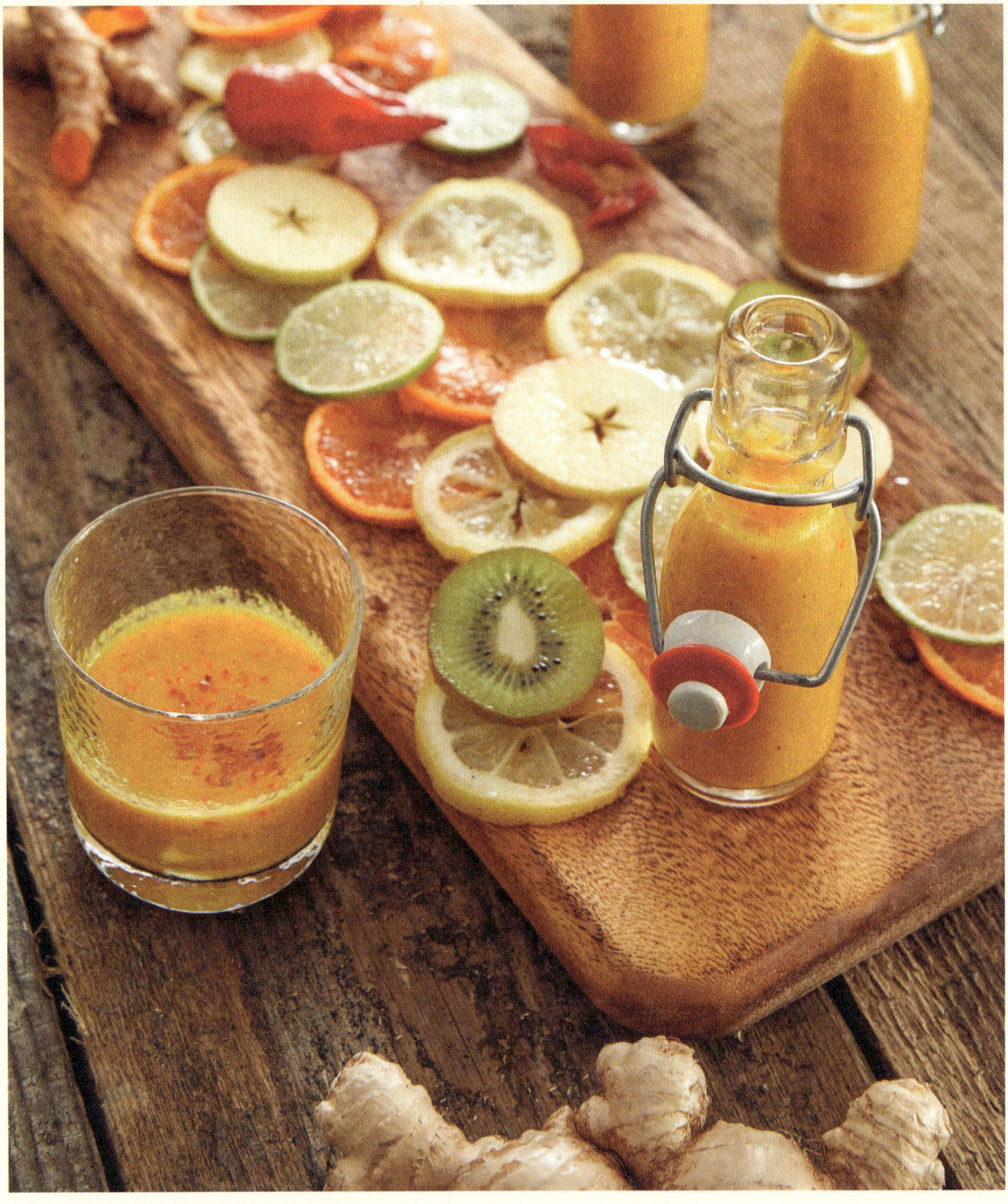

ZUTATEN (FÜR ETWA 300-400 ML, MEINE WOCHENRATION)

- 2-3 ORANGEN, SEHR GERNE BLUTORANGEN
- 1 ZITRONE
- 40-50 G FRISCHER INGWER, VORZUGSWEISE AUS BIO-ANBAU
- 20-25 G FRISCHE KURKUMA, VORZUGSWEISE AUS BIO-ANBAU
- 1 PEPERONI ODER 1/2 TEELÖFFEL CHILIFLOCKEN
- 1 TEELÖFFEL HONIG
- 1/2 TEELÖFFEL ÖL, ICH NEHME DA GERNE KOKOSFETT ODER OLIVENÖL
- SCHWARZER PFEFFER, FRISCH GEMAHLEN
- EXTRAS: ICH NEHME GERNE NOCH EINEN KLEINEN APFEL UND EINE KIWI DAZU, IM WINTER MANCHMAL AUCH MANDARINEN. UND WENN ICH LIMETTEN IM HAUS HABE, ERSETZEN DIESE AUCH MAL DIE ZITRONE.
- AUSSERDEM: SAFTPRESSE, MIXER ODER PÜRIERSTAB, EINWEGHANDSCHUHE, SCHRAUBGLAS ODER BÜGELFLASCHE

ZUBEREITUNG

WICHTIG IST EIN GUTER MIXER BZW. PÜRIERSTAB, UM ALLES SCHÖN KLEIN UND GESCHMEIDIG ZU BEKOMMEN, AUSSERDEM EINWEG-HANDSCHUHE, DA FRISCHE KURKUMAWURZEL DOCH ORDENTLICH ABFÄRBT UND SO EINE SCHARFE PEPERONI AN DEN HÄNDEN GANZ SCHÖN GEFÄHRLICH SEIN KANN. (DIE EINWEG-HANDSCHUHE AUFBEWAHREN UND MEHRMALS BENUTZEN.)

DIE ORANGEN UND DIE ZITRONE AUSPRESSEN. DIE INGWER- UND KURKUMAWURZELN IN GROBE STÜCKE SCHNEIDEN. (ICH ACHTE DARAUF, DASS BEIDES AUS BIOLOGISCHEM ANBAU KOMMT UND VERWENDE DIE WURZELN UNGESCHÄLT. WENN ES VERUNREINIGUNGEN AN DER SCHALE GIBT, ENTFERNE ICH NUR DIESE.) DEN STRUNK DER PEPERONI UND DIE KERNE ENTFERNEN, WASCHEN UND IN ZWEI BIS DREI STÜCKE TEILEN. FALLS EIN APFEL, EINE KIWI ODER MANDARINE DAZUKOMMT, DIESE EBENFALLS IN STÜCKE SCHNEIDEN, DIE KIWI UND DIE MANDARINE NATÜRLICH ZUERST SCHÄLEN, DEN APFEL WASCHEN.

ALLES ZUSAMMEN, ALSO DEN SAFT UND DIE STÜCKE DER RESTLICHEN ZUTATEN IN DEN MIXER GEBEN, MIT DEM HONIG, ÖL UND DEM FRISCH GEMAHLENEN PFEFFER WÜRZEN, DANN ALLES EINIGE MINUTEN SCHÖN FEIN PÜRIEREN. ES ENTSTEHT EINE ART DICKFLÜSSIGE SOSSE, DIESE IN EIN SCHRAUBGLAS ODER EINE BÜGELFLASCHE FÜLLEN. DIE MENGE HÄLT SICH ETWA EINE WOCHE IM KÜHLSCHRANK. PUR ODER MIT HEISSEM WASSER VERDÜNNT GENIESSEN.

MEIN TIPP: UM DEN MIXER (GROB) ZU SÄUBERN GEBE ICH ANSCHLIESSEND EIN GLAS HEISSES WASSER IN DEN BEHÄLTER, MIXE NOCHMALS KURZ AUF UND HABE SO GLEICH DIE ERSTE PORTION!

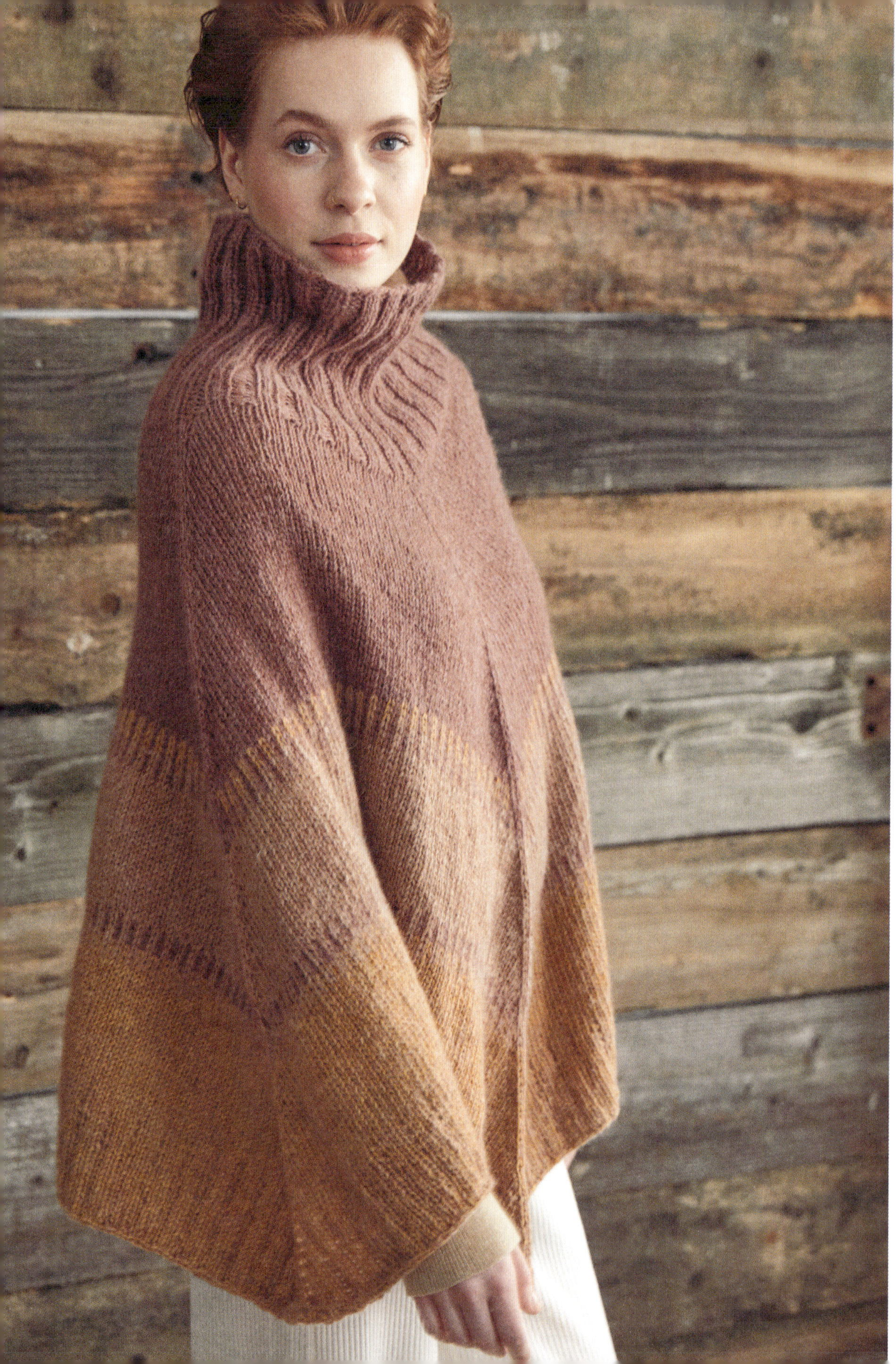

EXKLUSIVER PONCHO

SCHWIERIGKEITSGRAD

GRÖSSE

Länge: 63 cm ab Halsbündchen

MATERIAL

- Lana Grossa Brigitte No. 2 (LL ca. 140 m/50 g) in Terrakotta (Fb 42), 150 g, Sandgelb (Fb 37), 200 g, und Rosenholz (Fb 43), 100 g
- Rundstricknadeln 5,5 mm, 60 cm lang, und 6,0 mm, 60 cm und 100 cm lang
- 4 Maschenmarkierer
- Wollnadel ohne Spitze

MASCHENPROBE

Glatt rechts mit Nd 6,0 mm 15 M und 26 Rd = 10 cm x 10 cm

GLATT RECHTS

In Rd alle M rechts str.

BÜNDCHENMUSTER 1

2 M rechts, 2 M links im Wechsel str.

ZUNAHME-RUNDEN

1. Rd: * M-Markierer, 1 M rechts, 1 M linksgeneigt aus dem Querfaden zunehmen (siehe Seite 210), bis 1 M vor dem nächsten M-Markierer rechts str, 1 M rechtsgeneigt aus dem Querfaden zunehmen (siehe Seite 210), 1 M rechts str, ab * 3x wdh.
2. Rd: Alle M rechts str.
Die 1. und 2. Rd fortlaufend wdh.

JACQUARDMUSTER A UND B

(SIEHE AUCH ZÄHLMUSTER)

HINWEIS: DIE FB FÜR DAS JACQUARDMUSTER B STEHEN JEWEILS IN KLAMMERN.

JACQUARDMUSTER A

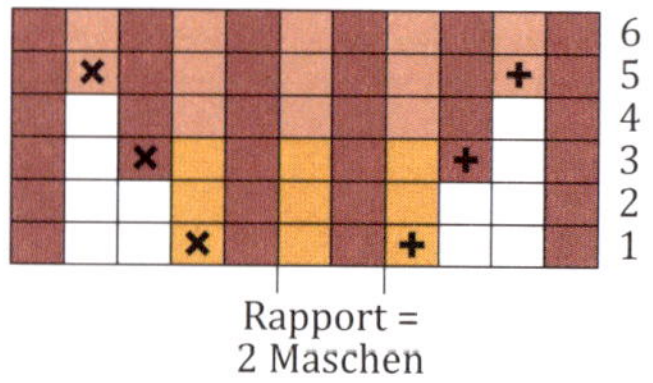

JACQUARDMUSTER B

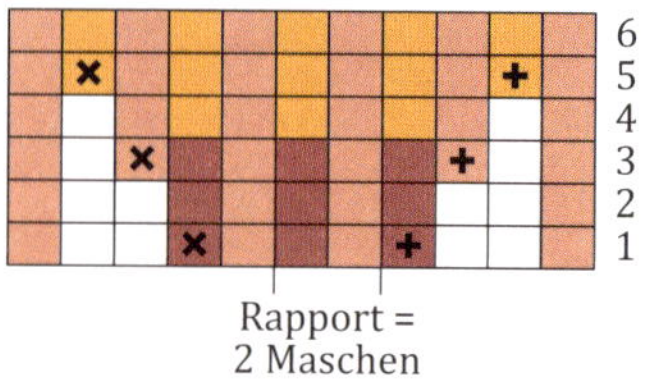

Legende

- = Terrakotta
- = Sandgelb
- = Rosenholz
- = keine Bedeutung, dient der besseren Übersicht
- + = 1 Masche linksgeneigt aus dem Querfaden zunehmen
- × = 1 Masche rechtsgeneigt aus dem Querfaden zunehmen

1. Rd: * M-Markierer, 1 M in Terrakotta (Rosenholz), 1 M in Sandgelb (Terrakotta) linksgeneigt aus dem Querfaden zunehmen, bis 2 M vor dem nächsten M-Markierer 1 M in Terrakotta (Rosenholz), 1 M in Sandgelb (Terrakotta) im Wechsel str, 1 M in Terrakotta (Rosenholz), 1 M in Sandgelb (Terrakotta) rechtsgeneigt aus dem Querfaden zunehmen, 1 M in Terrakotta (Rosenholz) str, ab * 3x wdh.
2. Rd: * M-Markierer, bis 1 M vor dem nächsten M-Markierer 1 M in Terrakotta (Rosenholz), 1 M in Sandgelb (Terrakotta) im Wechsel str, 1 M in Terrakotta (Rosenholz) arb, ab * 3x wdh.
3. Rd: * M-Markierer, 1 M in Terrakotta (Rosenholz), 1 M in Terrakotta (Rosenholz) linksgeneigt aus dem Querfaden zunehmen, bis 2 M vor dem nächsten M-Markierer 1 M in Sandgelb (Terrakotta), 1 M in Terrakotta (Rosenholz) im Wechsel str, 1 M in Sandgelb (Terrakotta), 1 M in Terrakotta (Rosenholz) rechtsgeneigt aus dem Querfaden zunehmen, 1 M in Terrakotta (Rosenholz) str, ab * 3x wdh.
4. Rd: * M-Markierer, 2 M in Terrakotta (Rosenholz), bis 1 M vor dem nächsten M-Markierer 1 M in Rosenholz (Sandgelb), 1 M in Terrakotta (Rosenholz) im Wechsel str, 1 M in Terrakotta (Rosenholz) arb, ab * 3x wdh.
5. Rd: * M-Markierer, 1 M in Terrakotta (Rosenholz), 1 M in Rosenholz (Sandgelb) linksgeneigt aus dem Querfaden zunehmen, bis 2 M vor dem nächsten M-Markierer 1 M in Terrakotta (Rosenholz), 1 M in Rosenholz (Sandgelb) im Wechsel str, 1 M in Terrakotta (Rosenholz), 1 M in Rosenholz (Sandgelb) rechtsgeneigt aus dem Querfaden zunehmen, 1 M in Terrakotta (Rosenholz) str, ab * 3x wdh.
6. Rd: * M-Markierer, bis 1 M vor dem nächsten M-Markierer 1 M in Terrakotta (Rosenholz), 1 M in Rosenholz (Sandgelb) im Wechsel str, 1 M in Terrakotta (Rosenholz) arb, ab * 3x wdh.

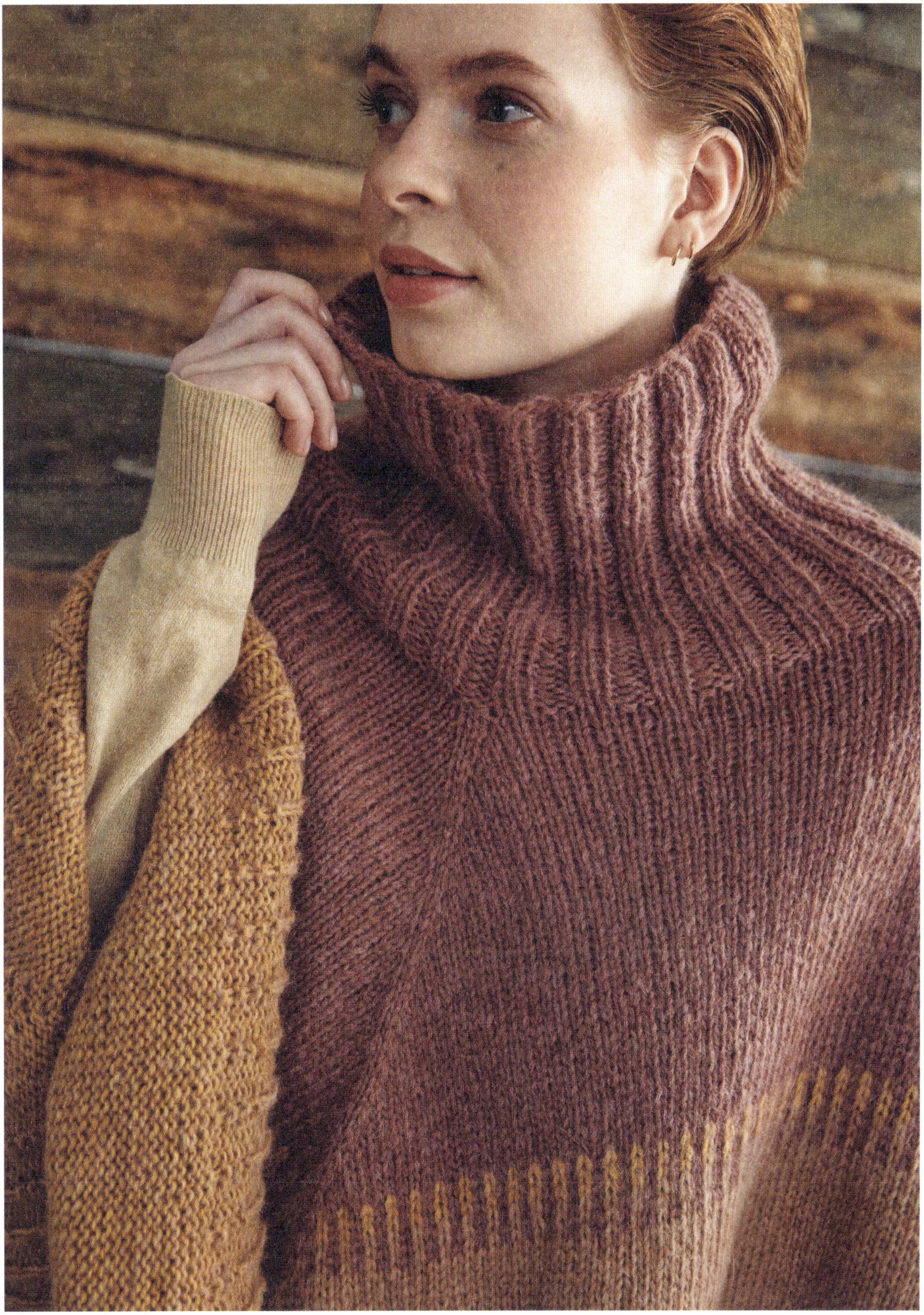

UNTERBROCHENES BÜNDCHENMUSTER
(MIT ZUNAHMEN)

1. Rd: * M-Markierer, 1 M rechts, 1 M linksgeneigt aus dem Querfaden zunehmen, bis 2 M vor dem nächsten M-Markierer 2 M rechts, 1 M links, 1 M rechts im Wechsel str, 1 M rechts, 1 M rechtsgeneigt aus dem Querfaden zunehmen, 1 M rechts str, ab * 3x wdh.
2. Rd: Alle M rechts str.
3. Rd: * M-Markierer, 1 M rechts, 1 M linksgeneigt aus dem Querfaden zunehmen, 1 M rechts, bis 3 M vor dem nächsten M-Markierer 2 M rechts, 1 M links, 1 M rechts im Wechsel str, 2 M rechts, 1 M rechtsgeneigt aus dem Querfaden zunehmen, 1 M rechts str, ab * 3x wdh.
4. Rd: Alle M rechts str.
5. Rd: * M-Markierer, 1 M rechts, 1 M linksgeneigt aus dem Querfaden zunehmen, 1 M links, 1 M rechts, bis 4 M vor dem nächsten M-Markierer 2 M rechts, 1 M links, 1 M rechts im Wechsel str, 2 M rechts, 1 M links, 1 M rechtsgeneigt aus dem Querfaden zunehmen, 1 M rechts str, ab * 3x wdh.
6. Rd: Alle M rechts str.
Die 1.-6. Rd 1x str.

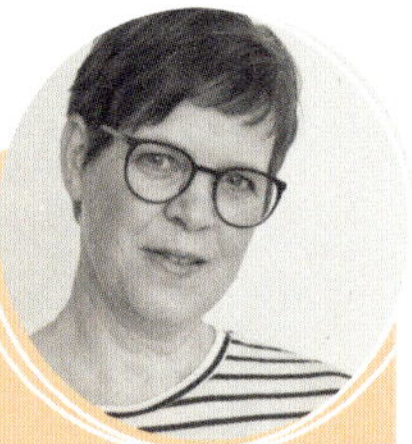

Mein Tipp

Die vier Abschnitte des Ponchos werden mit Maschenmarkierern unterteilt. Um den Überblick zu behalten, den Rundenbeginn am besten mit einem andersfarbigen Markierer kennzeichnen.

Kerstin Balke

BÜNDCHENMUSTER 2
(MIT ZUNAHMEN)

1. Rd: * M-Markierer, 1 M rechts, 1 M linksgeneigt aus dem Querfaden zunehmen, 1 M rechts, 1 M links, 1 M rechts, bis 1 M vor dem nächsten M-Markierer 2 M rechts, 1 M links, 1 M rechts im Wechsel str, 1 M rechtsgeneigt aus dem Querfaden zunehmen, 1 M rechts str, ab * 3x wdh.
2. Rd: * M-Markierer, 1 M rechts, bis 2 M vor dem nächsten M-Markierer 2 M rechts, 1 M links, 1 M rechts im Wechsel str, 2 M rechts str, ab* 3x wdh.
3. Rd: * M-Markierer, 1 M rechts, 1 M linksgeneigt aus dem Querfaden zunehmen, bis 2 M vor dem nächsten M-Markierer 2 M rechts, 1 M links, 1 M rechts im Wechsel str, 1 M rechts, 1 M rechtsgeneigt aus dem Querfaden zunehmen, 1 M rechts str, ab * 3x wdh.
4. Rd: * M-Markierer, 2 M rechts, bis 3 M vor dem nächsten M-Markierer 2 M rechts, 1 M links, 1 M rechts im Wechsel str, 3 M rechts str, ab * 3x wdh.
5. Rd: * M-Markierer, 1 M rechts, 1 M linksgeneigt aus dem Querfaden zunehmen, 1 M rechts, bis 3 M vor dem nächsten M-Markierer 2 M rechts, 1 M links, 1 M rechts im Wechsel str, 2 M rechts, 1 M rechtsgeneigt aus dem Querfaden zunehmen, 1 M rechts str, ab * 3x wdh.
6. Rd: * M-Markierer, 1 M rechts, 1 M links, 1 M rechts, bis zum nächsten M-Markierer 2 M rechts, 1 M links, 1 M rechts im Wechsel str, ab * 3x wdh.
7. Rd: * M-Markierer, 1 M rechts, 1 M linksgeneigt aus dem Querfaden zunehmen, 1 M links, 1 M rechts, bis 4 M vor dem nächsten M-Markierer 2 M rechts, 1 M links, 1 M rechts im Wechsel str, 2 M rechts, 1 M links, 1 M rechtsgeneigt aus dem Querfaden zunehmen, 1 M rechts str, ab * 3x wdh.
8. Rd: * M-Markierer, bis 1 M vor dem nächsten M-Markierer 2 M rechts, 1 M links, 1 M rechts im Wechsel str, 1 M rechts arb, ab * 3x wdh.
Die 1.-8. Rd wie in der Anleitung angegeben wdh.

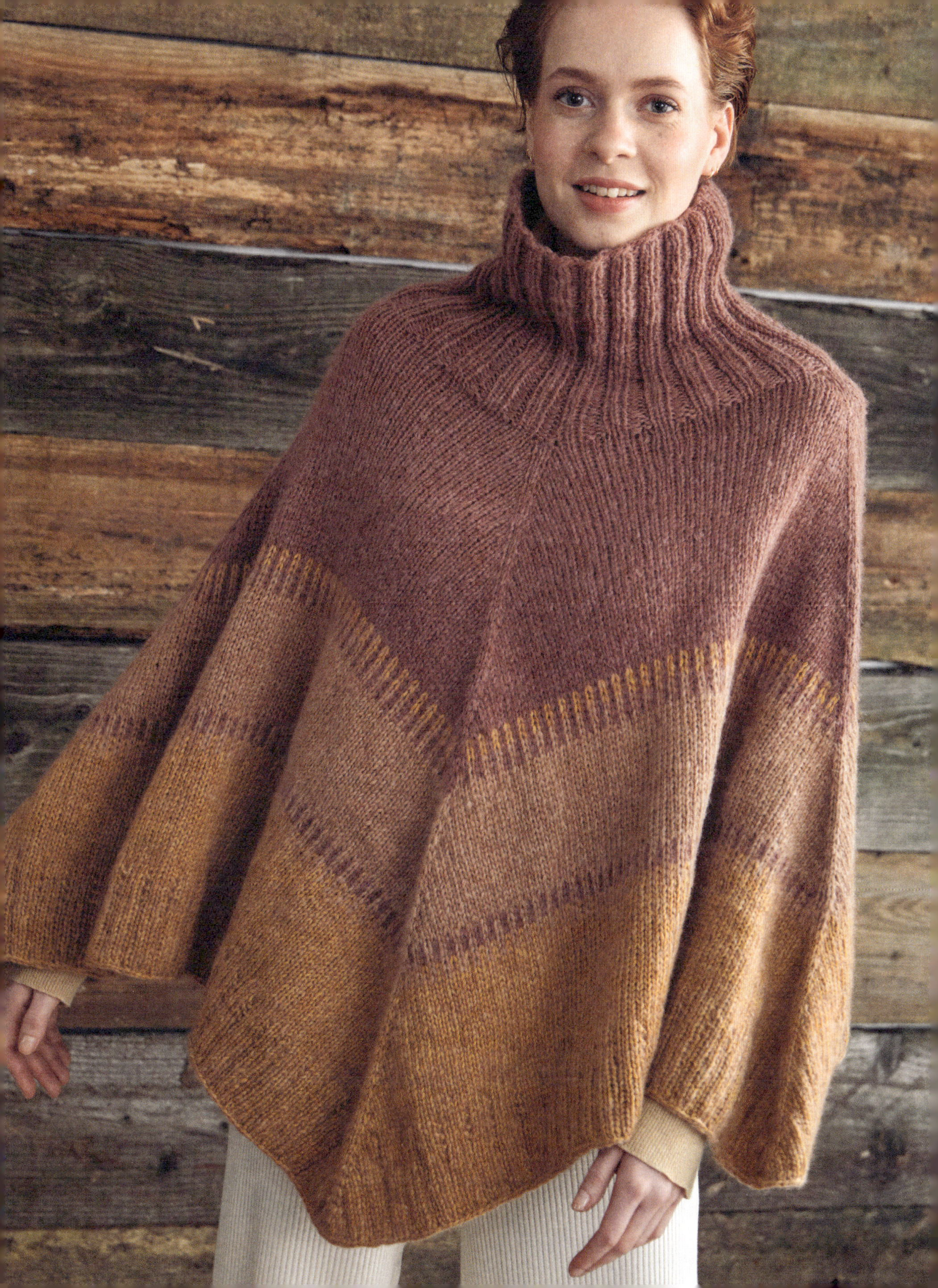

ANLEITUNG

Der Poncho wird von oben nach unten mit vier Zunahmestellen gestrickt.
Nach der ersten und vor der letzten M eines Abschnittes wird in jeder 2. Rd jeweils 1 M zugenommen (= 8 M pro Rd).
100 M mit Rundstricknd 5,5 mm in Terrakotta anschl und zur Rd schließen. Den Rd-Beginn mit einem M-Markierer kennzeichnen.
Für das Bündchen 20 cm im Bündchenmuster 1 str. Zu Nd 6,0 mm wechseln und 1 Rd glatt rechts arb, dabei nach jeweils 25 M einen M-Markierer setzen und so den Poncho in vier Abschnitte einteilen.
Anschließend die 1. und 2. Rd der Zunahme-Rd 23x str.
Nun im Jacquardmuster A in Terrakotta, Sandgelb und Rosenholz weiterarb. Die 1.-6. Rd 1x str. Die Fäden in Terrakotta und Sandgelb abschneiden. Danach in Rosenholz weiterarb und die 1. und 2. Rd der Zunahme-Rd 12x str. Nun im Jacquardmuster B in Rosenholz, Terrakotta und Sandgelb weiterarb. Die 1.-6. Rd 1x str. Die Fäden in Rosenholz und Terrakotta abschneiden. Dann in Sandgelb weiterarb und die 1. und 2. Rd der Zunahmen-Rd 12x str. Danach im unterbrochenen Bündchenmuster weiterarb. Die 1.-6. Rd 1x str. Anschließend im Bündchenmuster 2 weiterarb. Die 1.-8. Rd und die 1.-4. Rd jeweils 1x str. Die M abk, wie sie erscheinen. Den Faden abschneiden. Alle Fäden vernähen.

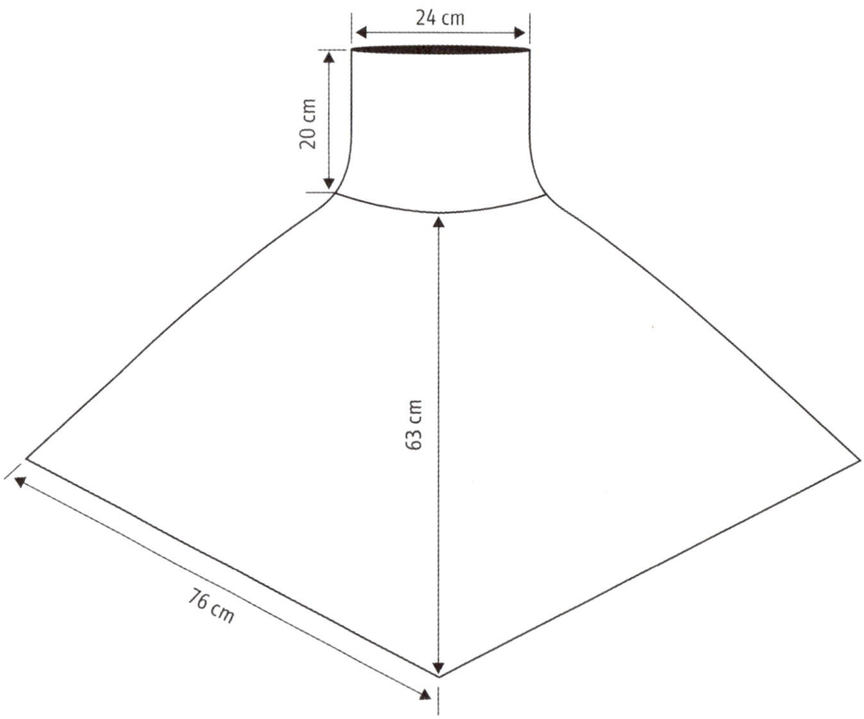

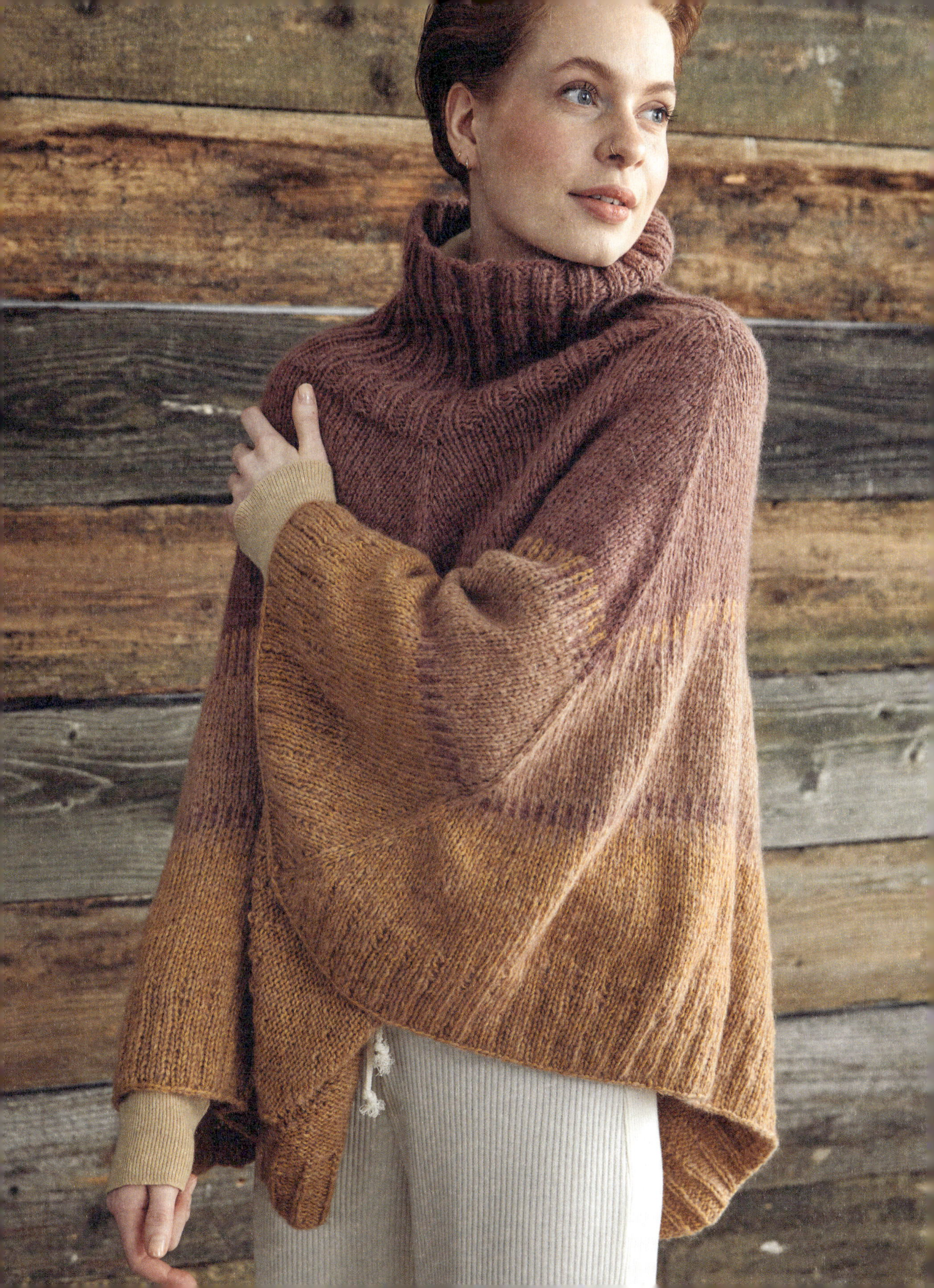

EDLE STULPEN

SCHWIERIGKEITSGRAD

GRÖSSE

Umfang 21 cm, Länge: 25 cm

MATERIAL

- Lana Grossa Brigitte No. 2 (LL ca. 140 m/50 g) in Terrakotta (Fb 42), Sandgelb (Fb 37) und Rosabeige (Fb 41), je 50 g
- Nadelspiel 5,5 mm
- Wollnadel ohne Spitze

MASCHENPROBE

Glatt rechts mit Nd 5,5 mm 18 M und 24 Rd = 10 cm x 10 cm

GLATT RECHTS

In Rd alle M rechts str.

BÜNDCHENMUSTER

2 M rechts, 2 M links im Wechsel str.

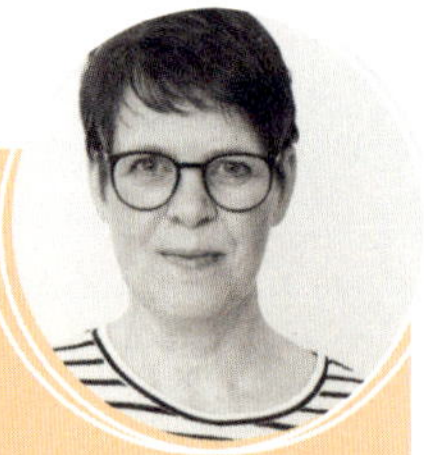

Mein Tipp

Damit der Abschluss der Stulpen nicht zu eng wird, die Maschen locker abketten.

Kerstin Balke

ANLEITUNG

36 M in Terrakotta anschl, gleichmäßig auf 4 Spielnd verteilen (= 9 M pro Nd) und zur Rd schließen.
Für das Bündchen 10 Rd (= 4 cm) im Bündchenmuster str. Anschließend 10 Rd glatt rechts arb. Nun 3 Rd 1 M in Terrakotta, 1 M in Sandgelb im Wechsel str. Den Faden in Sandgelb abschneiden. 3 Rd 1 M in Terrakotta,1 M in Rosabeige im Wechsel str. Den Faden in Terrakotta abschneiden und 10 Rd in Rosabeige str. Danach 3 Rd 1 M in Rosabeige, 1 M in Terrakotta im Wechsel arb. Den Faden in Terrakotta abschneiden und 3 Rd 1 M in Rosa, 1 M in Sandgelb im Wechsel str. Den Faden in Rosabeige abschneiden und die Stulpe in Sandgelb beenden. 10 Rd glatt rechts arb. Anschließend 10 Rd im Bündchenmuster str.
Die M abk, wie sie erscheinen. Den Faden abschneiden.
Alle Fäden vernähen.
Die zweite Stulpe genauso arb.

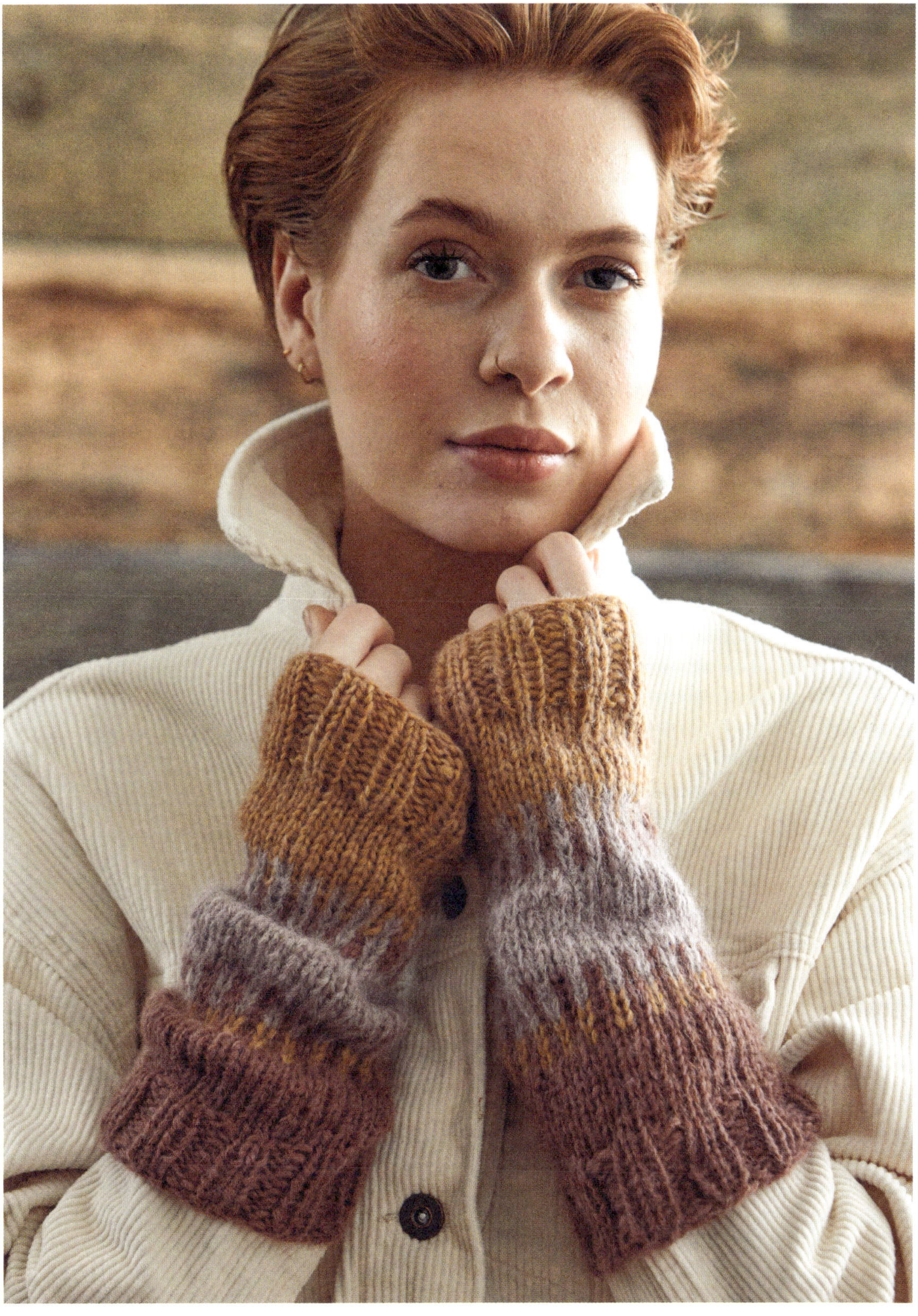

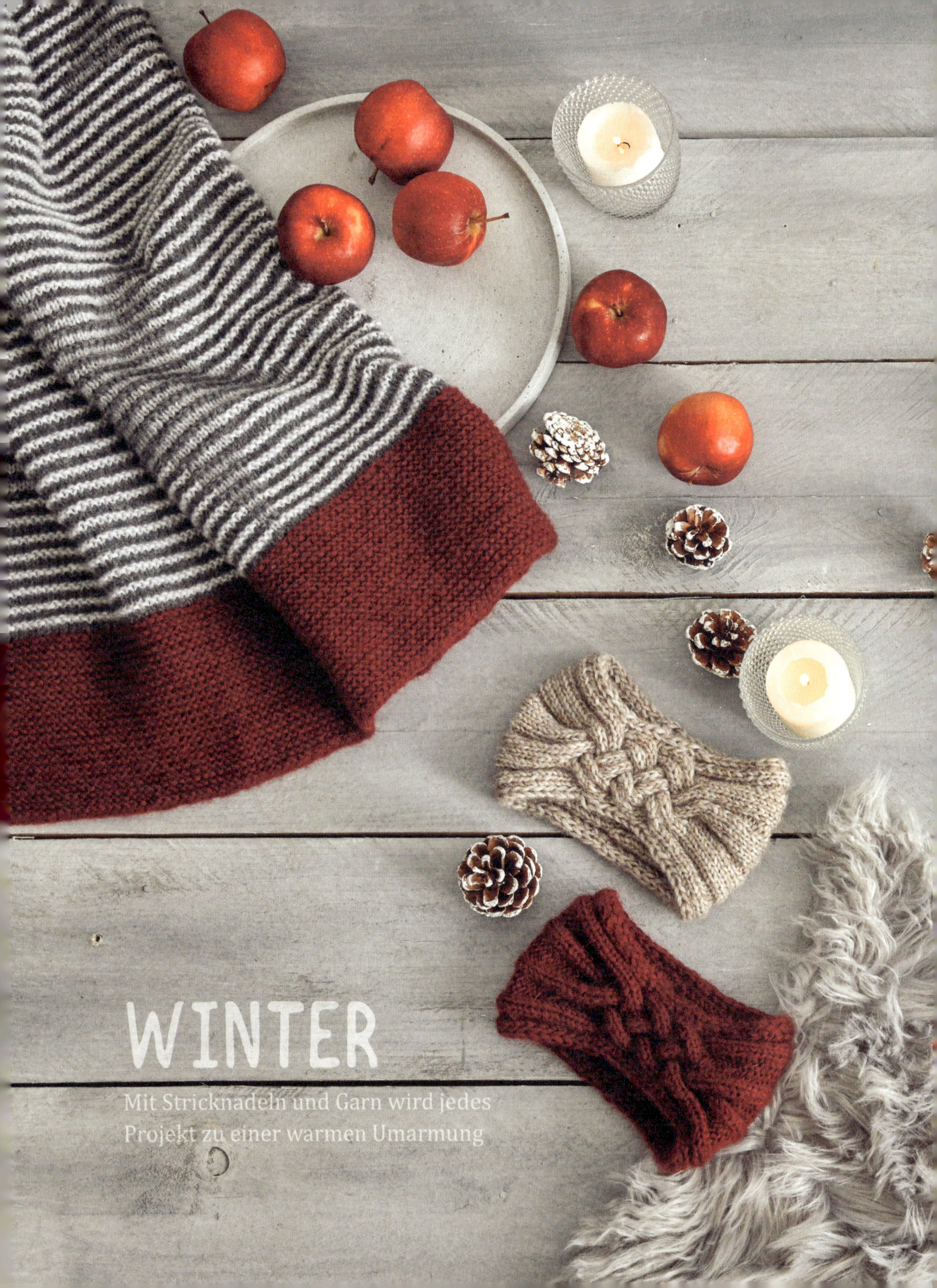

WINTER

Mit Stricknadeln und Garn wird jedes Projekt zu einer warmen Umarmung

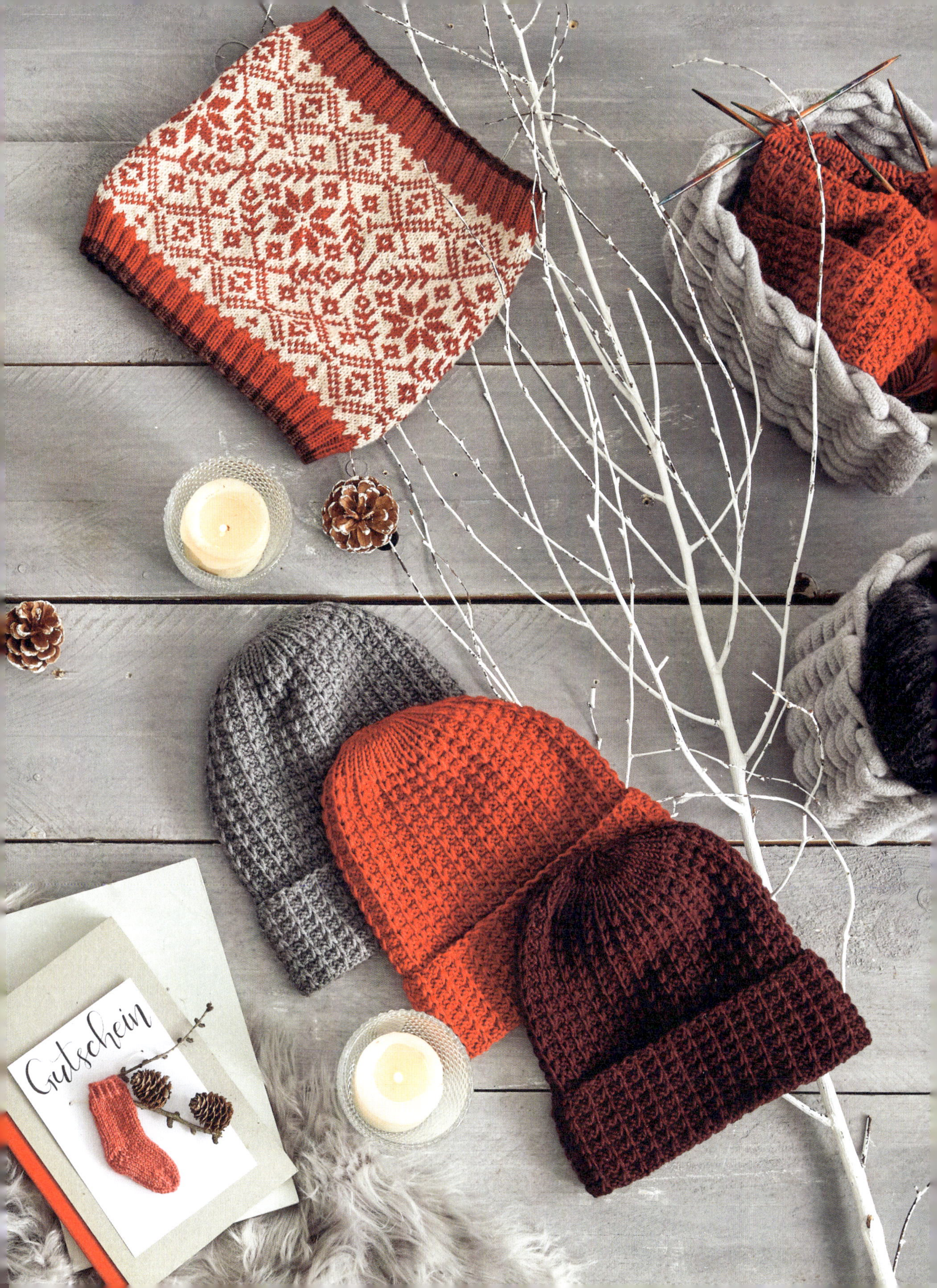
Gutschein

SÖCKCHEN-ADVENTSKALENDER

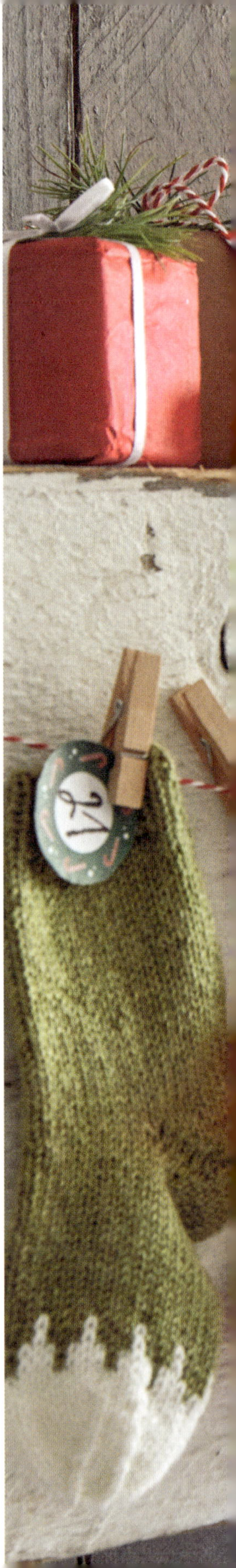

SCHWIERIGKEITSGRAD

MATERIAL

- Lana Grossa Meilenweit Soja (LL ca. 400 m/100 g) in Weiß (Fb 01), Geranienrot (Fb 11) und Kiwi (Fb 18), je 100 g
- Nadelspiel 2,5-3,0 mm
- Wollnadel ohne Spitze

MASCHENPROBE

Glatt rechts mit Nd 2,5 mm 32 M und 42 Rd = 10 cm x 10 cm

Im Jacquardmuster mit Nd 2,5 mm 36 M und 40 Rd = 10 cm x 10 cm

HINWEIS: FÜR DEN ADVENTSKALENDER WERDEN ZWÖLF PAAR KLEINE SOCKEN (JEWEILS GRÖSSE 18/19) MIT SECHS VERSCHIEDENEN MUSTERN UND ZWEI FARBKOMBINATIONEN GESTRICKT.

GLATT RECHTS

In Hinr rechte M, in Rückr linke M str, bzw. in Rd alle M rechts str,

BÜNDCHENMUSTER

2 M rechts, 2 M links im Wechsel str.

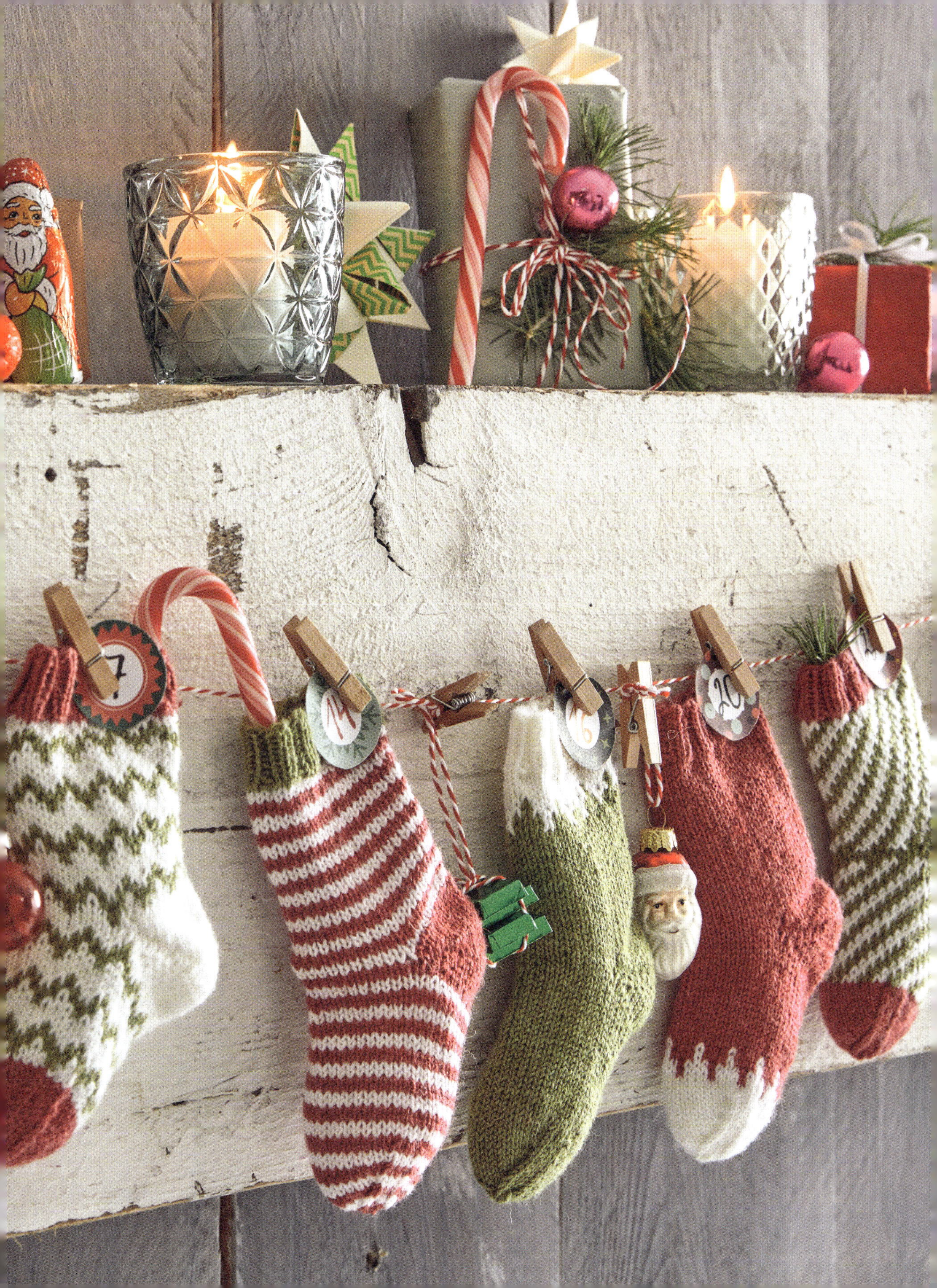
7
14
16
20

JACQUARDMUSTER A, B, C UND D

M-Zahl jeweils teilbar durch 4.
In allen Rd glatt rechts nach dem jeweiligen Zählmuster str. Den Rapport von 4 M fortlaufend wdh.

ANLEITUNG

HINWEIS: DIE FARBANGABEN FÜR DIE VARIANTE STEHEN JEWEILS IN KLAMMERN.

SOCKEN MIT KLEINEN RINGELN

40 M in Kiwi (Geranienrot) anschl, gleichmäßig auf 4 Spielnd verteilen (= 10 M pro Nd) und zur Rd schließen.
Für das Bündchen 8 Rd (= 1,5 cm) im Bündchenmuster str. Den Faden in Kiwi (Geranienrot) abschneiden. Den Schaft glatt rechts str. * 2 Rd in Weiß, 2 Rd in Geranienrot (Kiwi) arb, ab * 6x wdh. Anschließend 2 Rd in Weiß str. Den Faden in Weiß abschneiden
Nun die Bumerangferse glatt rechts in Geranienrot (Kiwi) über die 20 M der 4. und 1. Nd nach der Grundanleitung str (siehe Seite 220).
Den Fuß weiter glatt rechts über alle M der 4 Spielnd arb. 2 Rd in Weiß und 2 Rd in Geranienrot (Kiwi) im Wechsel str. Nach 8 cm ab Fersenmitte mit den Abnahmen für die Bandspitze beginnen.
Die Bandspitze nach der Grundanleitung str (siehe Seite 221). Den Faden abschneiden und nach innen ziehen.
Alle Fäden vernähen.
Die zweite Socke genauso arb.

JACQUARDMUSTER A IN GERANIENROT

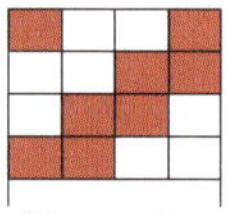

Rapport = 4 Maschen

JACQUARDMUSTER A IN KIWI

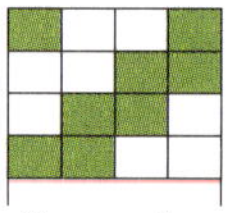

Rapport = 4 Maschen

JACQUARDMUSTER B IN GERANIENROT

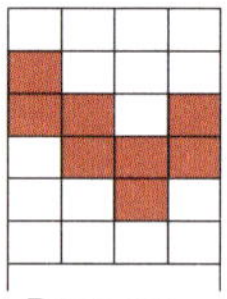

Rapport = 4 Maschen

JACQUARDMUSTER B IN KIWI

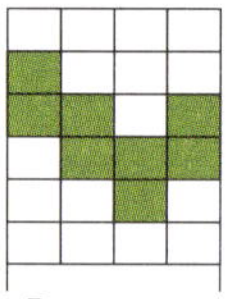

Rapport = 4 Maschen

JACQUARDMUSTER C IN GERANIENROT

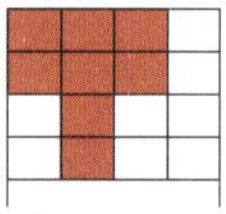

Rapport = 4 Maschen

JACQUARDMUSTER C IN KIWI

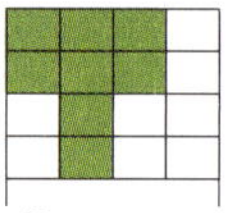

Rapport = 4 Maschen

JACQUARDMUSTER D IN GERANIENROT

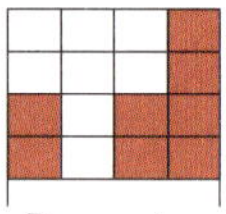

Rapport = 4 Maschen

JACQUARDMUSTER D IN KIWI

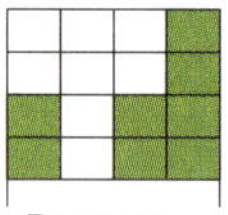

Rapport = 4 Maschen

Legende

= Geranienrot
= Kiwi
= Weiß

SOCKEN MIT BREITEN RINGELN

40 M in Geranienrot (Kiwi) anschl, gleichmäßig auf 4 Spielnd verteilen (= 10 M pro Nd) und zur Rd schließen.
Für das Bündchen 8 Rd (= 1,5 cm) im Bündchenmuster str. Den Faden in Geranienrot (Kiwi) abschneiden. Den Schaft glatt rechts str. *4 Rd in Weiß, 4 Rd in Kiwi (Geranienrot) arb, ab* 2x wdh. Anschließend 4 Rd in Weiß und 1 Rd in Kiwi (Geranienrot) str. Den Faden in Weiß abschneiden
Die Bumerangferse glatt rechts in Kiwi (Geranienrot) über die 20 M der 4. und 1. Nd nach der Grundanleitung str (siehe Seite 220).
Den Fuß weiter glatt rechts über alle M der 4 Spielnd arb. 1 Rd in Kiwi (Geranienrot), danach *4 Rd in Weiß, 4 Rd in Kiwi (Geranienrot) arb, ab * 1x wdh. 4 Rd in Weiß str. Die Fäden in Weiß und Kiwi (Geranienrot) abschneiden. Die Socke in Geranienrot (Kiwi) beenden. Nach 8 cm ab Fersenmitte mit den Abnahmen für die Bandspitze beginnen.
Die Bandspitze nach der Grundanleitung arb (siehe Seite 221). Den Faden abschneiden und nach innen ziehen.
Alle Fäden vernähen.
Die zweite Socke genauso arb.

SOCKEN MIT ZICKZACKMUSTER

44 M in Geranienrot (Kiwi) anschl, gleichmäßig auf 4 Spielnd verteilen (= 11 M pro Nd) und zur Rd schließen.
Für das Bündchen 8 Rd (= 1,5 cm) im Bündchenmuster str. Den Faden in Geranienrot (Kiwi) abschneiden. Den Schaft glatt rechts im Jacquardmuster B in Weiß und Kiwi (Geranienrot) arb. Die 1.-6. Rd des Zählmusters 3x str, anschließend die 1.-5. Rd 1x str. Den Faden in Kiwi (Geranienrot) abschneiden.
Die Bumerangferse glatt rechts in Weiß über die 22 M der 4. und 1. Nd nach der Grundanleitung str (siehe Seite 220).
Den Fuß weiter glatt rechts über alle M der 4 Spielnd im Jacquardmuster B in Weiß und Kiwi (Geranienrot) arb. Die 2.-6. Rd des Zählmusters 1x str, anschließend die 1.-6. Rd 2x arb. Die Fäden in Kiwi (Geranienrot) und Weiß abschneiden und die Socke in Geranienrot (Kiwi) beenden. Nach 8 cm ab Fersenmitte mit den Abnahmen für die Bandspitze beginnen.
Die Bandspitze nach der Grundanleitung str (siehe Seite 221). Den Faden abschneiden und nach innen ziehen.
Alle Fäden vernähen.
Die zweite Socke genauso arb.

SOCKEN MIT DIAGONALEN STREIFEN

44 M in Kiwi (Geranienrot) anschl, gleichmäßig auf 4 Spielnd verteilen (= 11 M pro Nd) und zur Rd schließen.
Für das Bündchen 8 Rd (= 1,5 cm) im Bündchenmuster str. Den Faden in Kiwi (Geranienrot) abschneiden. Den Schaft glatt rechts im Jacquardmuster A in Weiß und Geranienrot (Kiwi) arb.
Die 1.-4. Rd des Zählmusters 5x str. Den Faden in Weiß abschneiden.
Die Bumerangferse glatt rechts in Geranienrot (Kiwi) über die 22 M der 4. und 1. Nd nach der Grundanleitung str (siehe Seite 220).
Den Fuß weiter glatt rechts über alle M der 4 Spielnd im Jacquardmuster A in Weiß und Geranienrot (Kiwi) arb. Die 1.-4. Rd des Zählmusters 4x str. Die Fäden in Weiß und Geranienrot (Kiwi) abschneiden. Die Socke in Kiwi (Geranienrot) beenden. Nach 8 cm ab Fersenmitte mit den Abnahmen für die Bandspitze beginnen.
Die Bandspitze nach der Grundanleitung str (siehe Seite 221). Den Faden abschneiden und nach innen ziehen.
Alle Fäden vernähen.
Die zweite Socke genauso arb.

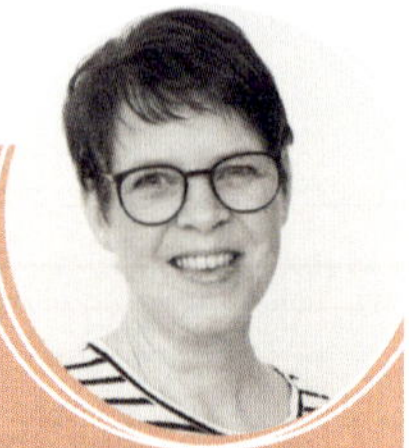

Mein Tipp

Die kleinen Socken eignen sich sehr gut, um Reste zu verwerten, und lassen sich auch aus dickeren Garnen stricken.

Kerstin Balke

SOCKEN MIT FARBWECHSEL 1

40 M in Weiß anschl, gleichmäßig auf 4 Spielnd verteilen (= 10 M pro Nd) und zur Rd schließen.
Für das Bündchen 8 Rd (= 1,5 cm) im Bündchenmuster str. Den Schaft glatt rechts mit 4 Rd in Weiß beginnen, anschließend im Jacquardmuster C in Weiß und Geranienrot (Kiwi) weiterarb. Die 1.-4. Rd des Zählmusters 1x str. Den Faden in Weiß abschneiden und die Socke in Geranienrot (Kiwi) weiterarb. 22 Rd glatt rechts str.
Nun die Bumerangferse glatt rechts über die 20 M der 4. und 1. Nd nach der Grundanleitung arb (siehe Seite 220).
Für den Fuß glatt rechts über alle M der 4 Spielnd str. Nach 8 cm ab Fersenmitte mit den Abnahmen für die Bandspitze beginnen.
Die Bandspitze nach der Grundanleitung str (siehe Seite 221). Den Faden abschneiden und nach innen ziehen.
Alle Fäden vernähen.
Die zweite Socke genauso arb.

SOCKEN MIT FARBWECHSEL 2

40 M in Kiwi (Geranienrot) anschl, gleichmäßig auf 4 Spielnd verteilen (= 10 M pro Nd) und zur Rd schließen.
Für das Bündchen 8 Rd (= 1,5 cm) im Bündchenmuster str. Für den Schaft 30 Rd glatt rechts str. Nun die Bumerangferse glatt rechts über die 20 M der 4. und 1. Nd nach der Grundanleitung arb (siehe Seite 220).
Den Fuß weiter glatt rechts über alle M der 4 Spielnd weiterstr. 18 Rd arb, danach im Jacquardmuster D in Kiwi (Geranienrot) und Weiß weiterstr. Die 1.-4. Rd des Zählmusters 1x arb. Den Faden in Kiwi (Geranienrot) abschneiden und die Socke in Weiß beenden. Nach 8 cm ab Fersenmitte mit den Abnahmen für die Bandspitze beginnen.
Die Bandspitze nach der Grundanleitung str (siehe Seite 221). Den Faden abschneiden und nach innen ziehen.
Alle Fäden vernähen.
Die zweite Socke genauso arb.

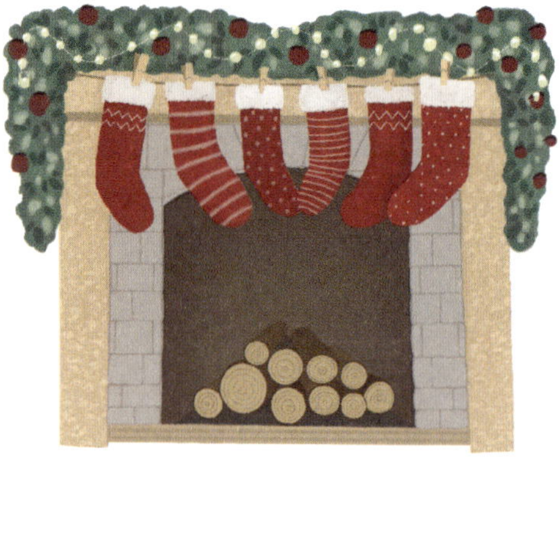

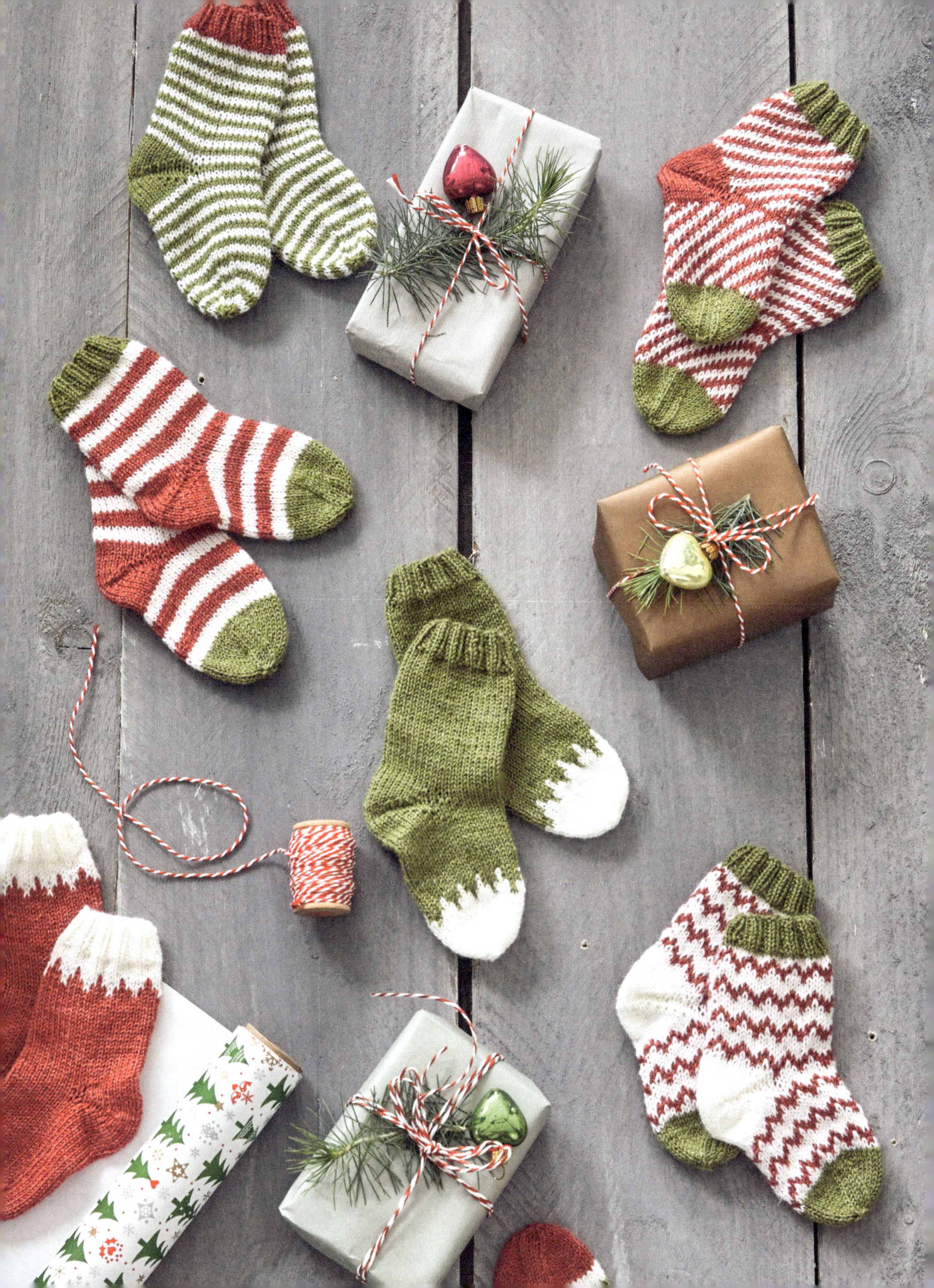

HÜBSCHER BECHER-WÄRMER

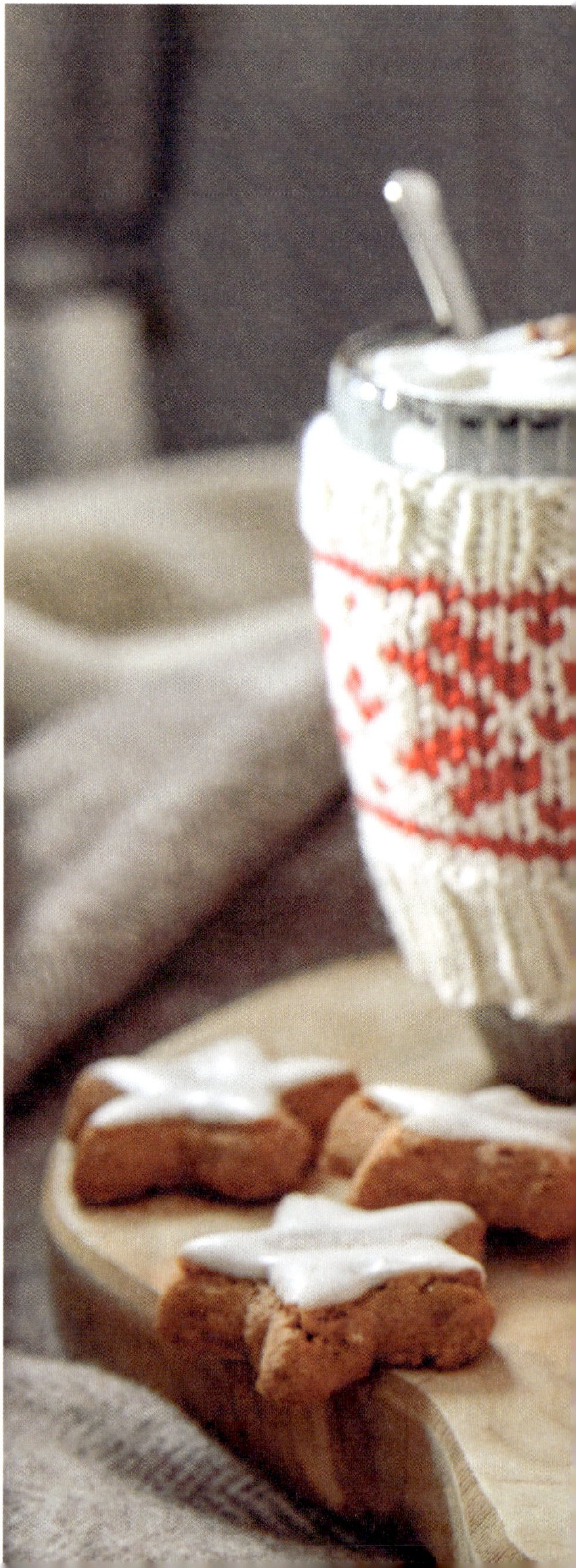

SCHWIERIGKEITSGRAD

GRÖSSE

Umfang: 22 cm, Höhe: 7,5 cm

MATERIAL

- Lana Grossa Cool Wool (LL ca. 160 m/50 g) in Ecru (Fb 432) und Karminrot (Fb 437), je 50 g (für beide Becherwärmer)
- Nadelspiel 3,5 mm
- Wollnadel ohne Spitze

MASCHENPROBE

Im Jacquardmuster mit Nd 3,5 mm
28 M und 32 Rd = 10 cm x 10 cm

GLATT RECHTS

In Rd alle M rechts str,

BÜNDCHENMUSTER

2 M rechts, 2 M links im Wechsel str.

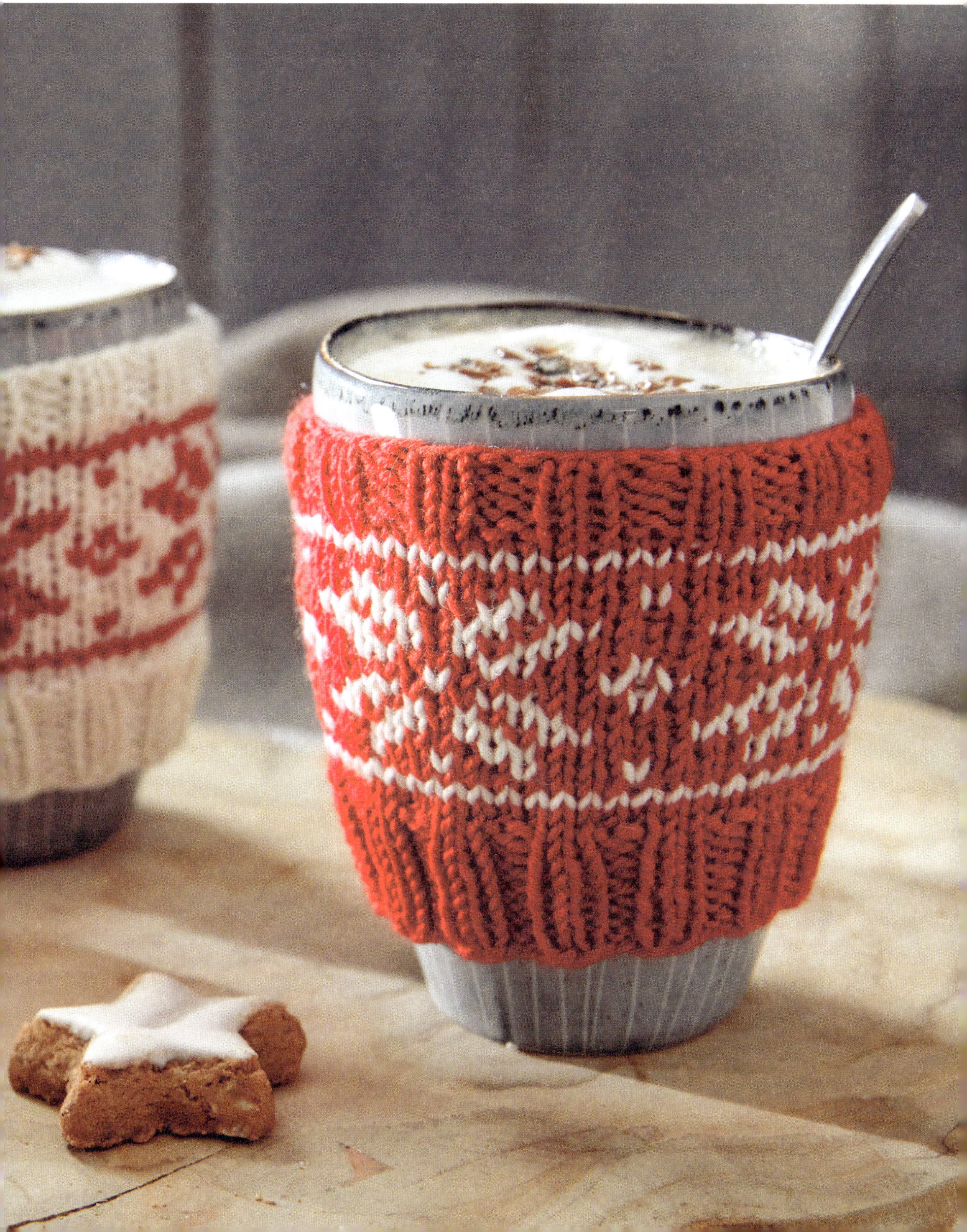

JACQUARDMUSTER A UND B

M-Zahl jeweils teilbar durch 14.
In allen Rd glatt rechts nach dem jeweiligen Zählmuster str. Den Rapport von 14 M fortlaufend wdh.

JACQUARDMUSTER A

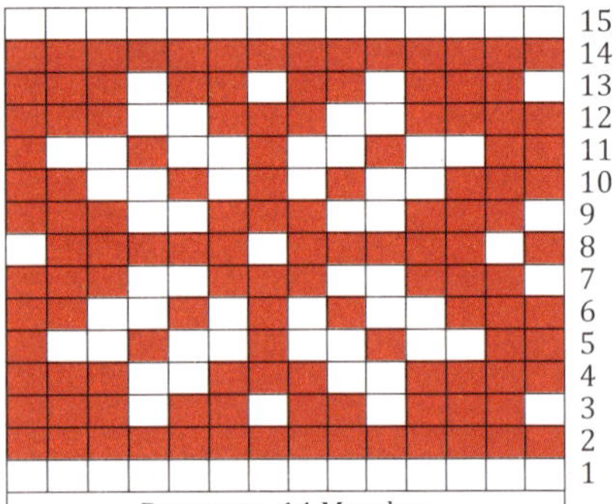

Rapport = 14 Maschen

JACQUARDMUSTER B

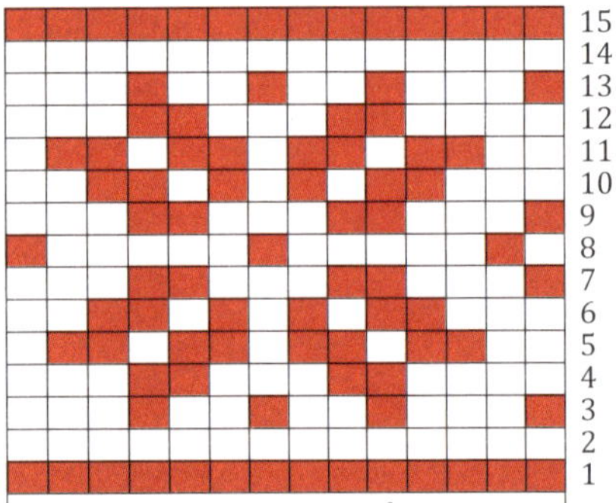

Rapport = 14 Maschen

Legende

☐ = Ecru ■ = Karminrot

ANLEITUNG

HINWEIS: DIE FARBANGABEN FÜR DEN BECHERWÄRMER IN ECRU (NACH JACQUARDMUSTER B) STEHEN JEWEILS IN KLAMMERN.

56 M in Karminrot (Ecru) anschl, gleichmäßig auf 4 Spielnd verteilen (= 14 M pro Nd) und zur Rd schließen.
Für das Bündchen 8 Rd (= 2 cm) im Bündchenmuster str.
Anschließend glatt rechts weiterarb. 1 Rd in Karminrot (Ecru) str. Danach im Jacquardmuster A (Jacquardmuster B) in Ecru und Karminrot weiterarb. Die 1.-15. Rd des Zählmusters 1x str.
Den Faden in Ecru (Karminrot) abschneiden und 2 Rd in Karminrot (Ecru) arb. Anschließend 4 Rd im Bündchenmuster arb (= 1 cm) str.
Die M abk, wie sie erscheinen. Den Faden abschneiden.
Alle Fäden vernähen.

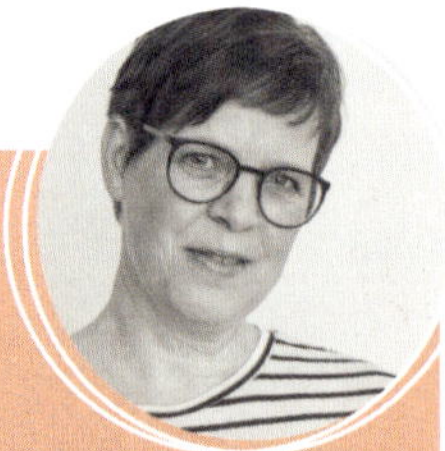

Mein Tipp

Damit die Becherwärmer elastisch sind und sich gut über die Becher ziehen lassen, kannst du im Jacquardmusterteil die Maschen beim Stricken zwischendurch ein bisschen auseinanderziehen.

Kerstin Balke

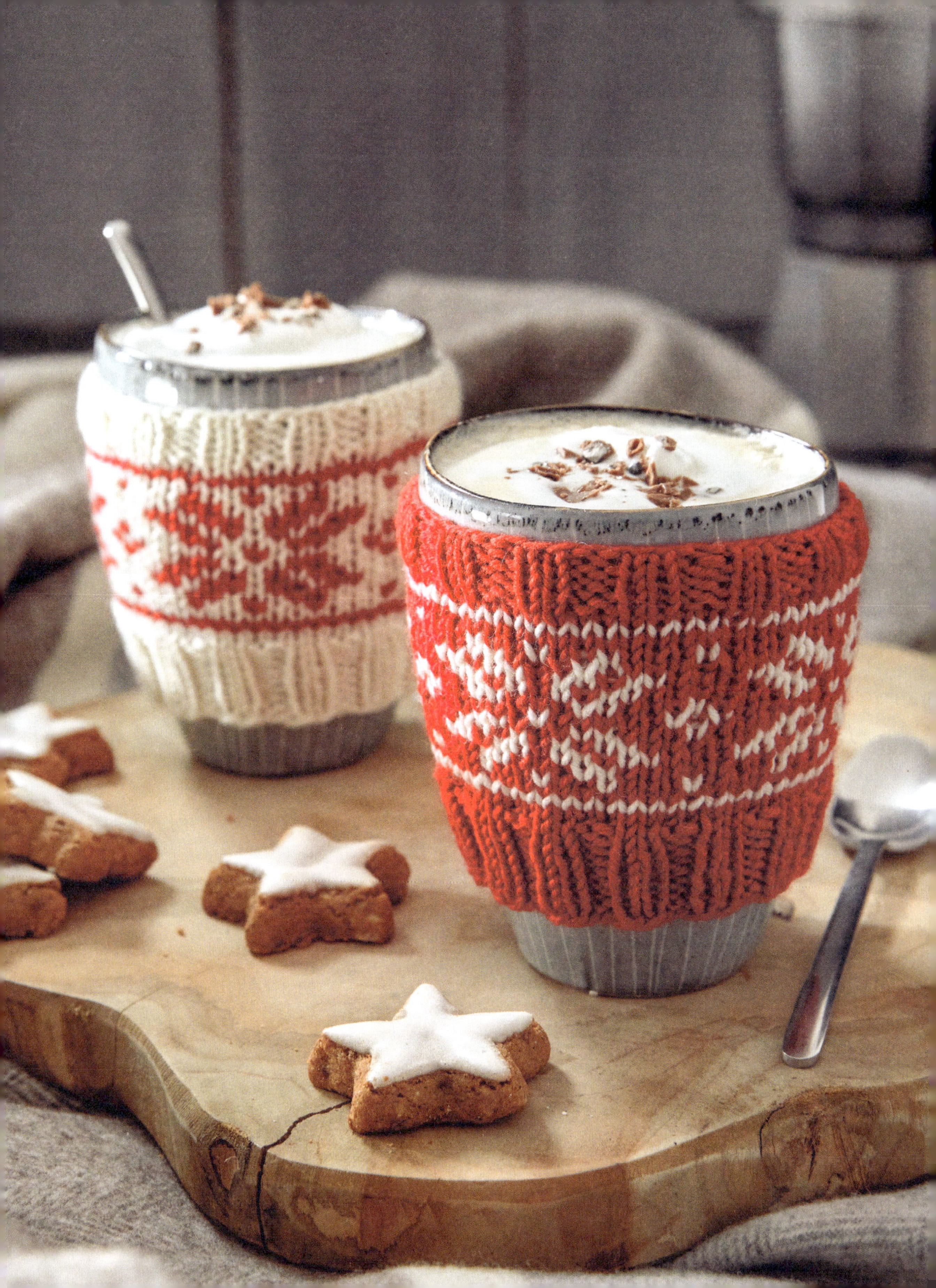

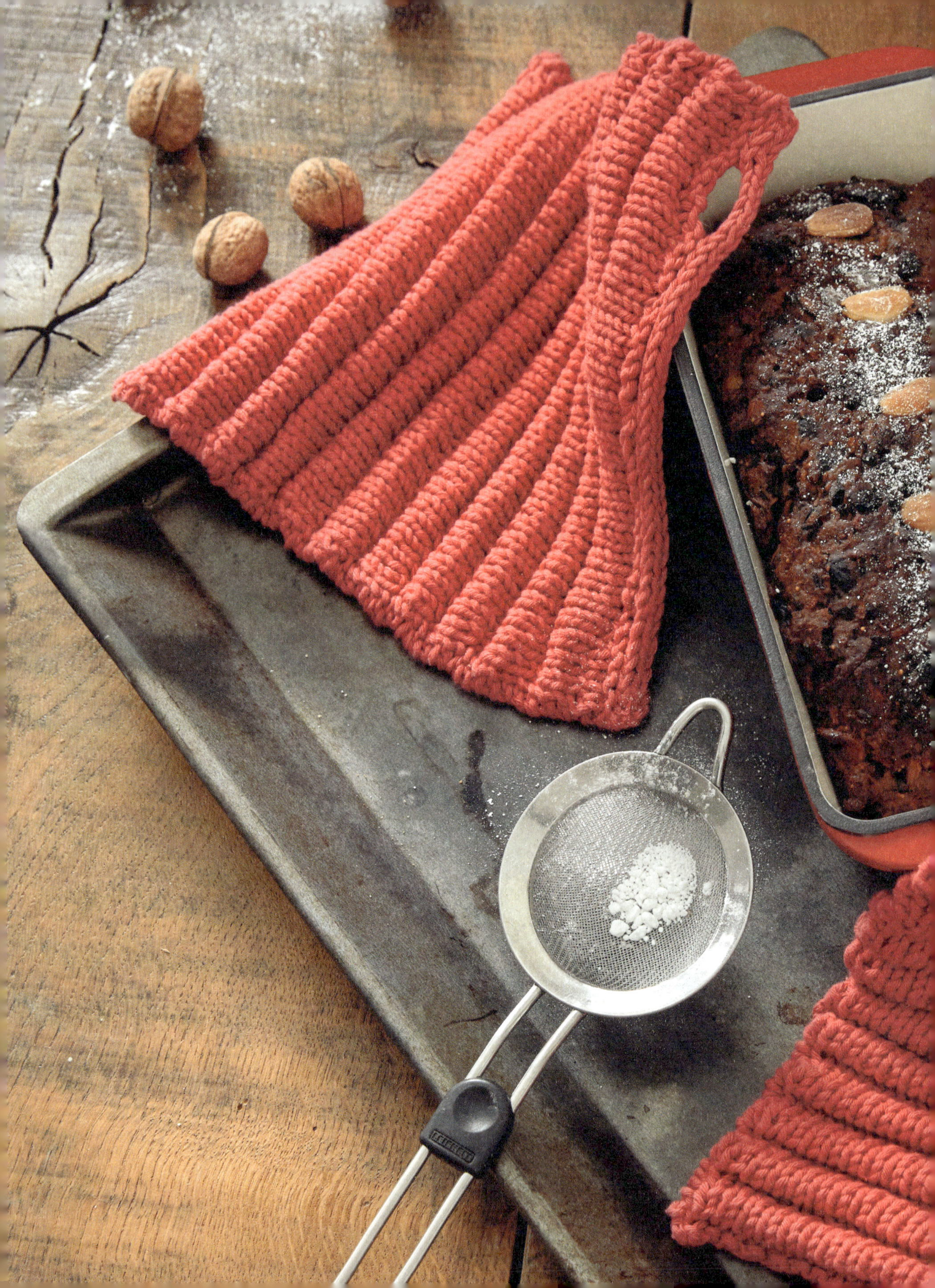

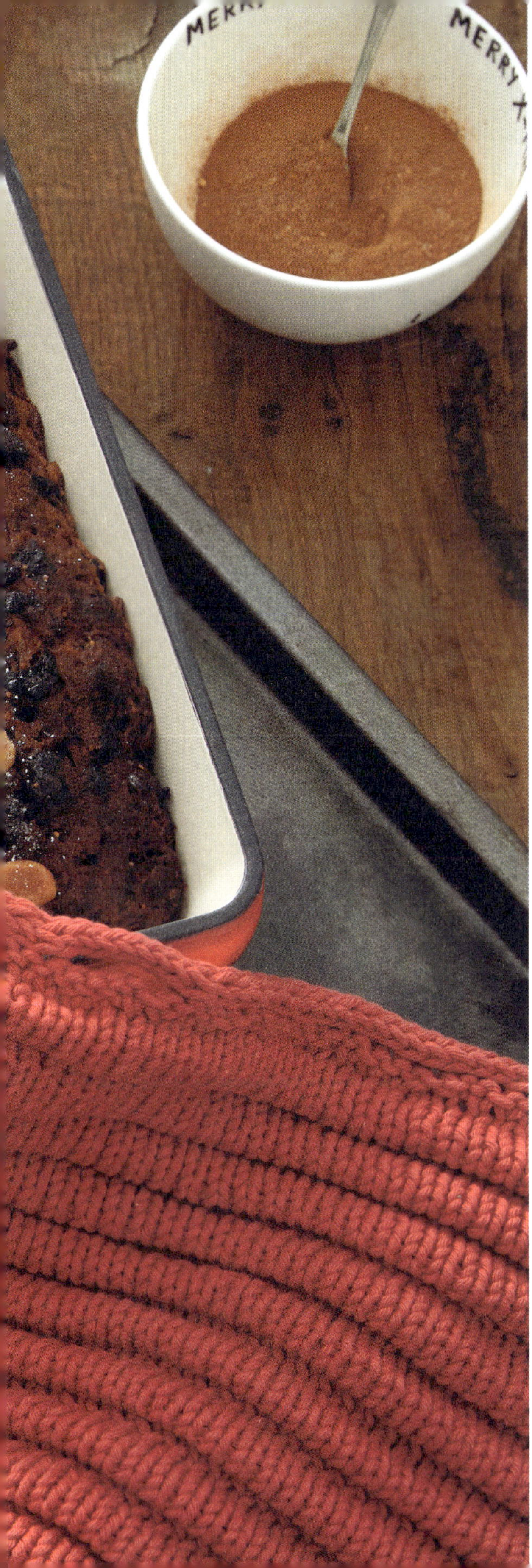

NÜTZLICHE TOPFLAPPEN MIT BIESEN

SCHWIERIGKEITSGRAD 🧶🧶 -

GRÖSSE

ca. 22 cm x 22 cm

MATERIAL

- Lana Grossa Star (LL 90 m/50 g) in Azalee (Fb 80), 150 g (für 1 Paar Topflappen)
- Rundstricknadel 4,0- 4,5 mm, 80 cm lang
- 2 kurze Nadelspielnadeln 3,5 mm (für den Kordelrand)
- Wollnadel ohne Spitze

MASCHENPROBE

Im Biesenmuster mit Nd 4,0-4,5 mm
26-27 M und 58-60 R = 10 cm x 10 cm

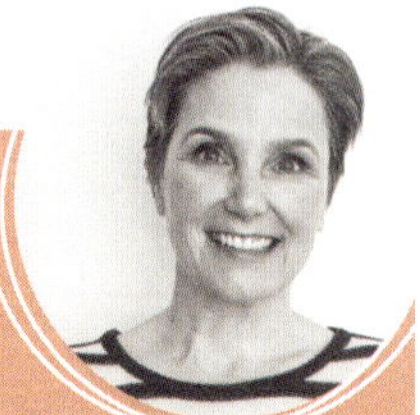

Mein Tipp

Mit den gestrickten Biesen bekommen die Topflappen ein tolles Volumen und isolieren ideal. Auch ein Topfuntersetzer lässt sich so schnell anfertigen.

Tanja Steinbach

BIESENMUSTER

Ungerade M-Zahl. Es sind alle M inkl. Rdm beschrieben.

1. R (Hinr): Rdm (1 M rechts), * 1 M rechts, 1 M links, ab * fortlaufend wdh, enden mit 1 M rechts, Rdm (1 M rechts).

2. R (Rückr): Rdm (1 M rechts), * 1 M links, 1 M rechts, ab * fortlaufend wdh, enden mit 1 M links, Rdm (1 M rechts).

3. R (Hinr): Rdm (1 M rechts), * 1 M rechts, 1 M wie zum Linksstr abheben, den Faden dabei vor der M weiterführen, ab * fortlaufend wdh, enden mit 1 M rechts, Rdm (1 M rechts).

4. R (Rückr): Rdm (1 M rechts), * 1 M links, 1 M wie zum Linksstr abheben, den Faden dabei hinter der M weiterführen, ab * fortlaufend wdh, enden mit 1 M links, Rdm (1 M rechts).

5.-10. R: Die 3. und 4. R 3x wdh.

Die 1.-10. R fortlaufend wdh.

ANLEITUNG

HINWEIS: ES WERDEN KEINE ZUSÄTZLICHEN RDM BENÖTIGT, ES SIND ALLE M EINSCHLIESSLICH DER RDM BESCHRIEBEN.

Für einen Topflappen 61 M anschl und im Biesenmuster wie beschrieben über alle M str, die 1. R ist eine Hinr. Die 1.-10. R fortlaufend wdh.

In etwa 19-20 cm Höhe ab Anschlag nach einer 10. R des Biesenmusters noch 1x die 1. R des Musters str. In der folgenden Rückr rechte M str, dabei gleichmäßig verteilt 24 M abnehmen, dafür wie folgt arb:

Rdm, * 2x 2 M rechts zusammenstr, 1 M rechts, ab * fortlaufend wdh, enden mit 2x 2 M rechts zusammenstr, Rdm (= 37 M). Noch 1 Hinr rechte M str, dann in der folgenden Rückr alle M mit einem Kordelrand abk. Dafür am R-Anfang 3 M auf eine Spielnd 3,5 mm aufstr (siehe Seite 211), dann mit der 2. Spielnd * 2 M rechts str, anschließend 2 M rechts überzogen zusammenstr (= 1 M wie zum Rechtsstr abheben, die nächste M = eine M der Abkettkante rechts str, dann die abgehobene M überziehen). Nicht wenden, sondern * die 3 M an das andere Ende der Spielnd schieben, sodass am rechten Ende der Nd wieder weitergestrickt werden kann. Den Arbeitsfaden an den Nd-Anfang holen und wie ab * beschrieben fortlaufend wdh, dabei den Arbeitsfaden immer wieder fest anziehen, sodass eine runde Kante entsteht.

Etwa 8 M vor Ende der Abkettkante einen kleinen Schlitz als Aufhänger einarb. Dafür die nächsten beiden M der Abkettkante (ohne sie zu str) wie zum Linksstr abheben und die 1. der beiden M

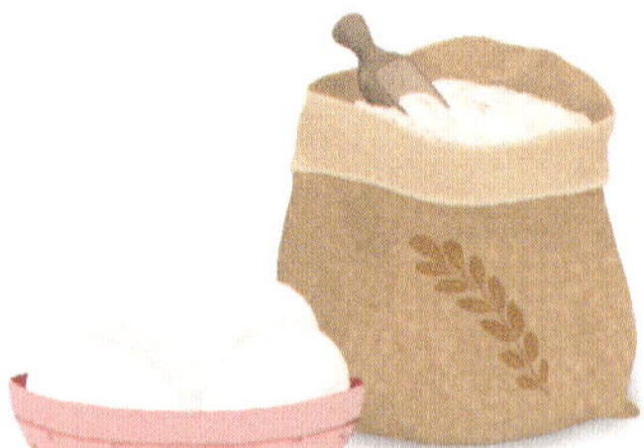

über die 2. M ziehen, ** 1 weitere M von der linken Nd wie zum Linksstr abheben und wiederum die 1. der beiden M über die 2. M ziehen, ab ** noch 1x wdh. Es sind insgesamt 4 M abgekettet. Die letzte M wieder zurück auf die linke Nd heben.

Nun über die 3 M des Kordelrands einige R str, dafür *** die 3 M des Kordelrands an das Nd-Ende zurückschieben (nicht wenden), den Faden hinter den M mitführen und die 3 M rechts str, ab *** fortlaufend wdh, bis sich die Länge in etwa mit der Schlitzlänge (abgekettete M) deckt; das entspricht etwa 6-7 R.

Nun die restlichen M der Kante wieder wie zu Beginn mit dem Kordelrand abk, am R-Ende den Faden abschneiden, durch die 3 M fädeln und diese zusammenziehen. Alle Fäden vernähen. Den Topflappen anfeuchten, in Form spannen und trocknen lassen.

Den zweiten Topflappen ebenso arb.

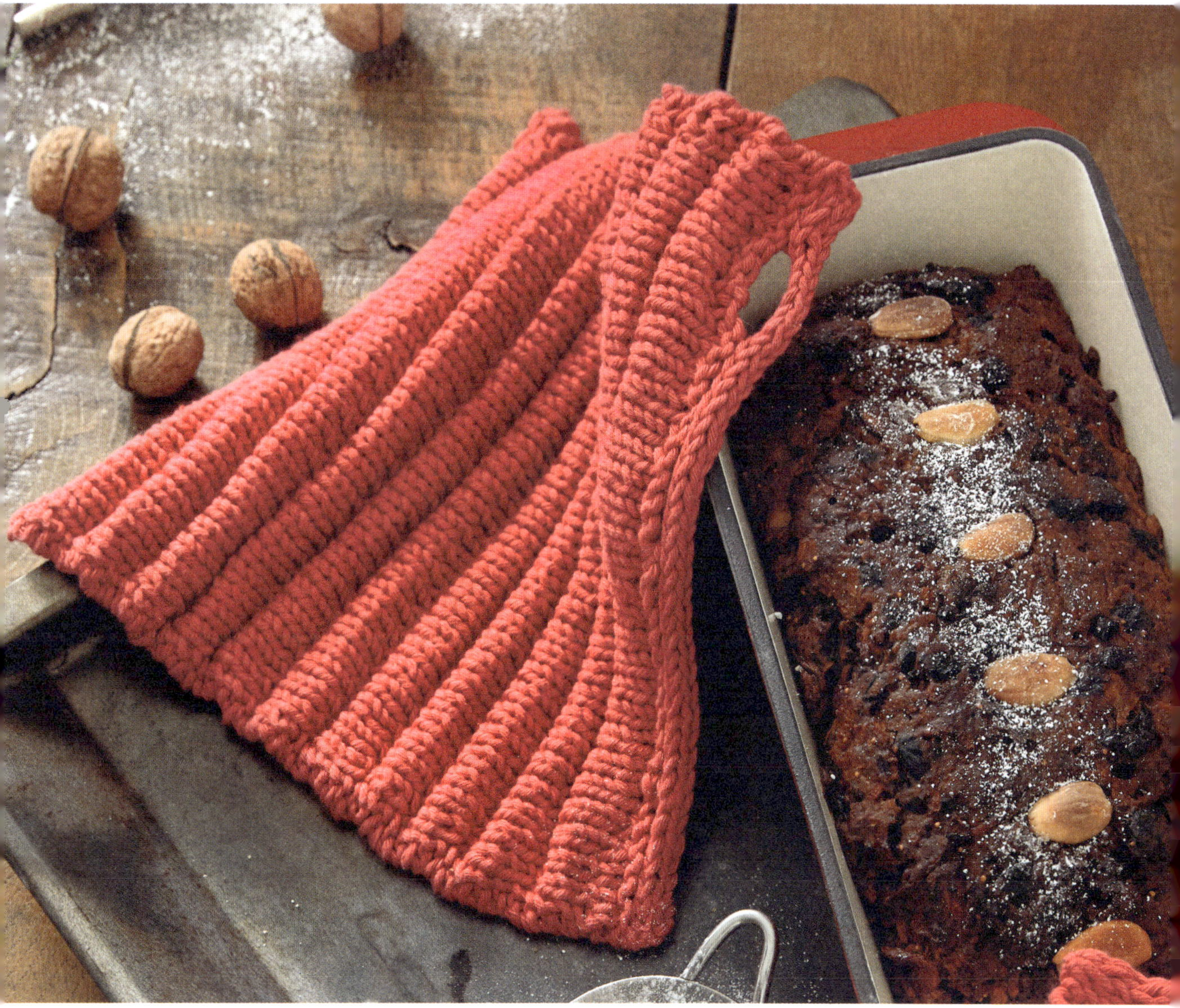

MEIN ADVENTSBROT
ODER SCHWÄBISCH „SCHNITZBROT"

VON TANJA STEINBACH

... wird eigentlich jedes Jahr etwas anders. Frei nach dem Motto „Was der Vorratsschrank hergibt" sind mal diese oder jene Nüsse darin. Auch die Mischung an Trockenfrüchten variiert, nur ganz selten kommen Rosinen hinein, die habe ich nämlich fast nie im Haus. Ebenso habe ich Zitronat und Orangeat aus meinem Rezept verbannt, aber das ist natürlich alles Geschmackssache – wie so vieles.

Früher wurden statt frischer Äpfel getrocknete Birnen oder eben Apfelringe verarbeitet, diese wurden über eine weitere Nacht hinweg eingeweicht. Die Zuckermenge habe ich gegenüber dem ursprünglichen Rezept meiner Oma erheblich reduziert. Wer es süßer mag, gibt gerne etwas mehr dazu, dabei nicht vergessen: Die Trockenfrüchte sind auch schon süß. Im Originalrezept sind es 250 g Zucker.

Quittenschnaps habe ich literweise geerbt und da wir eher selten einen Schnaps trinken, verbacke ich diesen und erinnere mich dabei immer wieder gerne an meinen Vater. Wer keinen Schnaps zu Hause hat, lässt diesen einfach weg.

Nur auf den Zuckersirup würde ich nie verzichten. Frisch aus dem Ofen werden die heißen Brote damit eingepinselt und bekommen so einen schönen Glanz und eine herrliche Gebrannte-Mandeln-Note!

ZUTATEN (FÜR VIER KLEINE BROTE AUF DEM BACKBLECH ODER ZWEI BROTE IN KASTENFORMEN)

- 4–5 GROSSE ÄPFEL (AM BESTEN BOSKOP), OHNE KERNGEHÄUSE, GESCHÄLT UND GERASPELT GEWOGEN ETWA 800 G
- 250 G GETROCKNETE SAUERKIRSCHEN
- 250 G GEMISCHTE, UNGESCHWEFELTE TROCKENFRÜCHTE, KLEIN GESCHNITTEN. ICH NEHME AM LIEBSTEN EINEN MIX AUS APRIKOSEN, FEIGEN, CRANBERRYS, PFLAUMEN UND EIN PAAR DATTELN.
- 200 G GEMISCHTE NÜSSE, GROB GEHACKT (EINE MISCHUNG AUS WALNÜSSEN, HASELNÜSSEN, PARANÜSSEN – EIN PAAR MANDELN ODER CASHEWKERNE KÖNNEN AUCH DABEI SEIN)
- 150 G ZUCKER
- 8 G ZIMT, GEMAHLEN
- 8 G LEBKUCHENGEWÜRZ
- 1 MESSERSPITZE NELKEN, GEMAHLEN
- 1 HANDVOLL BLANCHIERTE MANDELKERNE ZUM VERZIEREN
- EVTL. ETWAS QUITTENSCHNAPS (ODER EIN ANDERER OBSTBRAND)
- 500 G MEHL (TYPE 550)
- 1 PÄCKCHEN BACKPULVER
- ZUCKERSIRUP (Z.B. VON MONIN)
- AUSSERDEM: BACKBLECH UND BACKPAPIER ODER 2 KASTENFORMEN, CA. 25 CM X 12 CM, 8 CM HOCH

ZUBEREITUNG

ÄPFEL, SAUERKIRSCHEN, TROCKENFRÜCHTE, NÜSSE, ZUCKER UND GEWÜRZE MISCHEN, MIT EINEM GUTEN SCHUSS QUITTENSCHNAPS ÜBERGIESSEN UND ÜBER NACHT ZIEHEN LASSEN.

AM NÄCHSTEN TAG DAS MEHL MIT DEM BACKPULVER VERMISCHEN UND DAZUGEBEN. IN DER KÜCHENMASCHINE ODER VON HAND DURCHKNETEN. MIT NASSEN HÄNDEN AUS DEM TEIG VIER KLEINE LAIBE FORMEN, JEWEILS ETWA 550 G-SCHWER, UND AUF EIN MIT BACKPAPIER AUSGELEGTES BACKBLECH LEGEN ODER DEN TEIG IN KLEINE, EINGEFETTETE KASTENFORMEN GEBEN. DIE BROTE MIT BLANCHIERTEN MANDELN VERZIEREN, DIE MANDELN DABEI GUT IN DEN TEIG DRÜCKEN.

DIE BROTE IM VORGEHEIZTEN BACKOFEN (UMLUFT) BEI 160-180 °C ETWA 60-75 MINUTEN BACKEN, SIE SOLLTEN NICHT ZU DUNKEL WERDEN. NOCH HEISS MIT ZUCKERSIRUP BEPINSELN.

SOBALD DIE ADVENTSBROTE KOMPLETT AUSGEKÜHLT SIND, DIESE IN FRISCHHALTEFOLIE ODER BIENENWACHSTÜCHER EINWICKELN UND KÜHL AUFBEWAHREN - SIE HALTEN SICH ETWA 3-4 WOCHEN.

MEIN TIPP: ADVENTSBROT SCHMECKT MIT UND OHNE BUTTER.

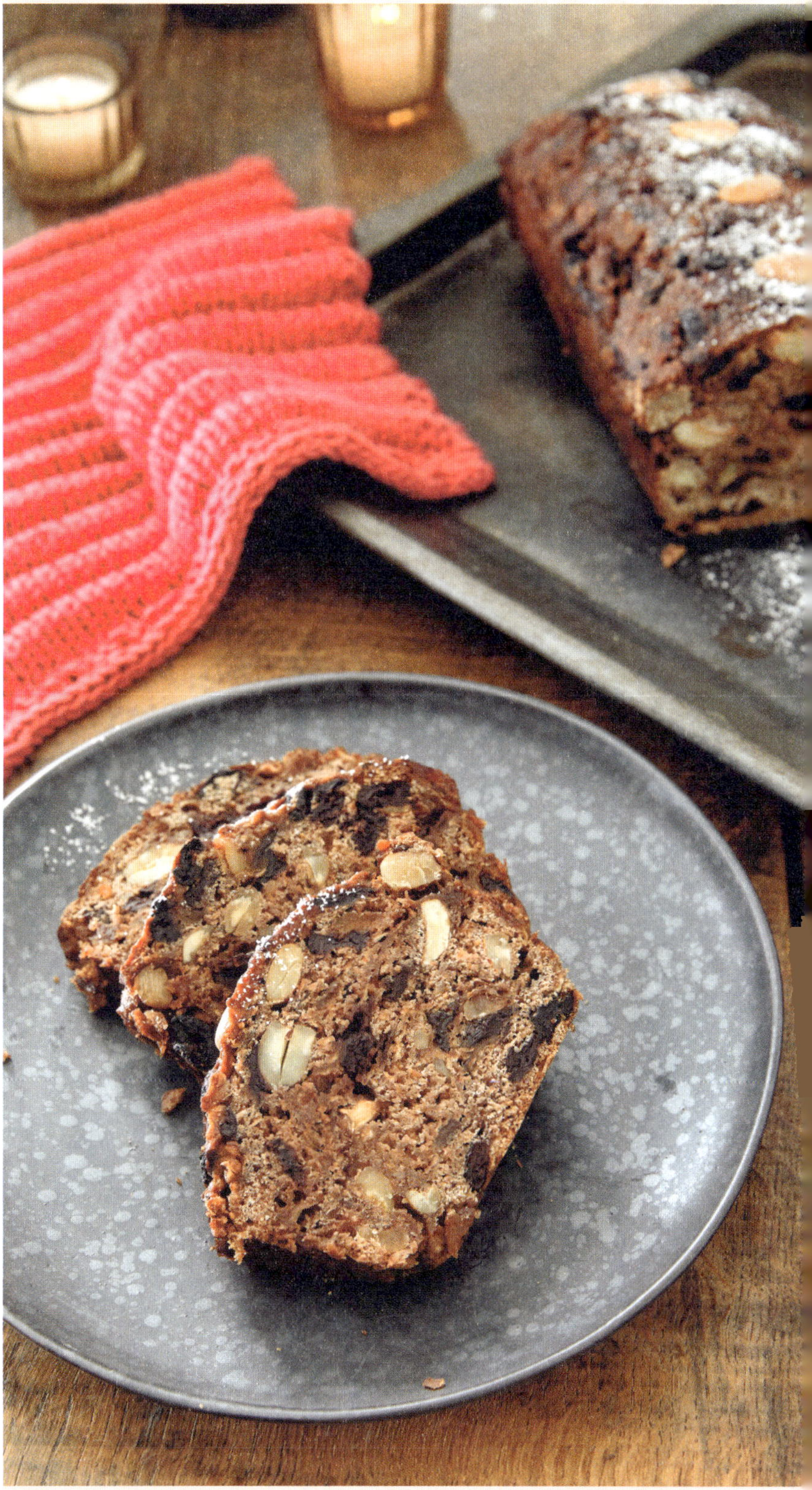

KUSCHELDECKE MIT STERNEN

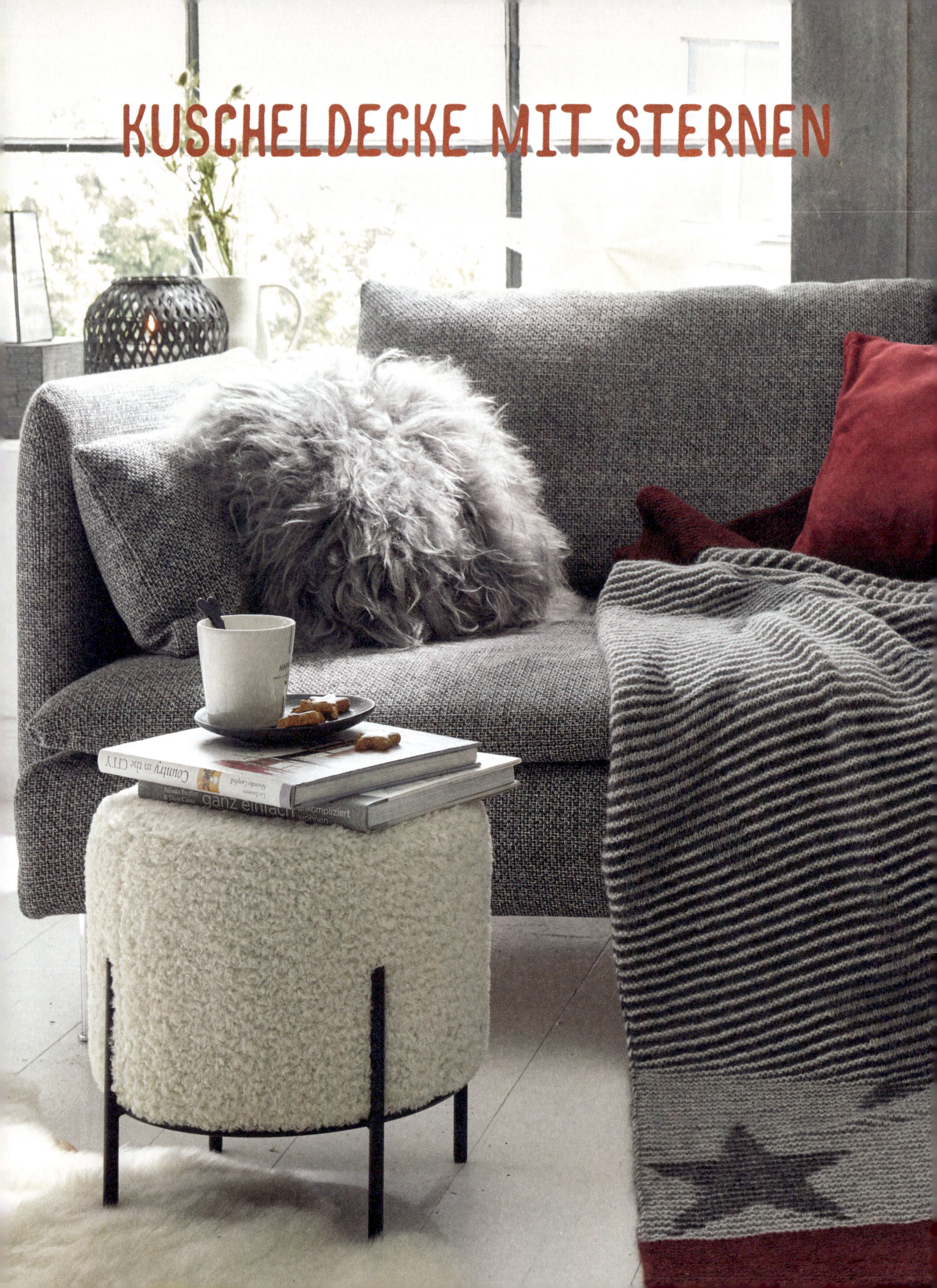

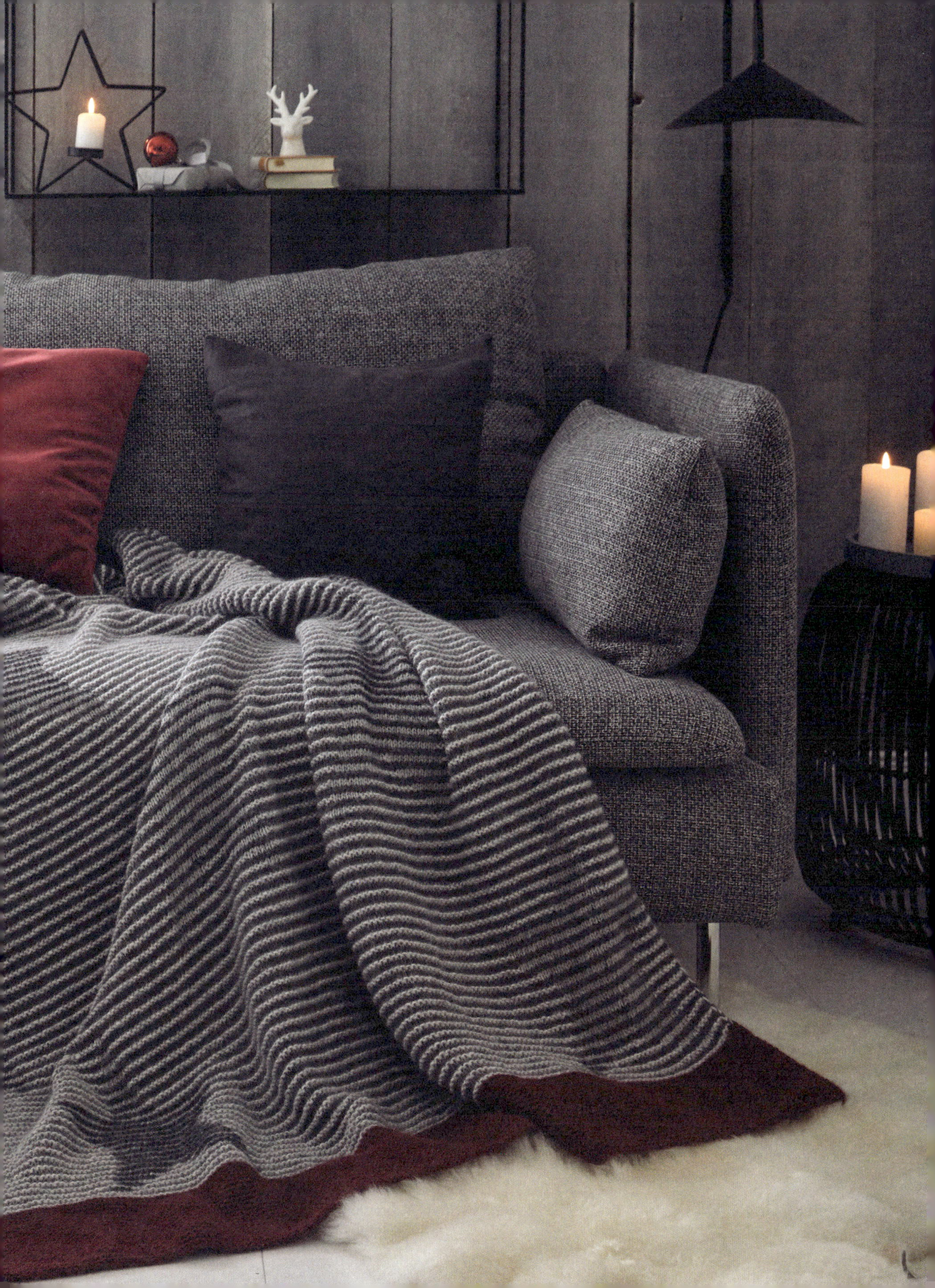

SCHWIERIGKEITSGRAD

GRÖSSE

ca. 160 cm x 190 cm

MATERIAL

- Lana Grossa Brigitte No. 2 (LL 140 m/50 g) in Silbergrau (Fb 13) und Schiefer (Fb 24), je 500 g, in Bordeaux (Fb 33), 200 g
- Rundstricknadel 5,0-5,5 mm, 100-120 cm lang
- evtl. 8 Maschenmarkierer
- Wollnadel ohne Spitze

MASCHENPROBE

Im Grundmuster mit Nd 5,0-5,5 mm 16-17 M und 30-32 R = 10 cm x 10 cm

HINWEIS: STERNMOTIVE UND EINFACHE STREIFEN WERDEN IM WECHSEL NACH DER IN DER ANLEITUNG ANGEGEBENEN M-EINTEILUNG GESTRICKT.

STREIFENFOLGE

2 R (1 Hinr und 1 Rückr) Silbergrau, 2 R (1 Hinr und 1 Rückr) Schiefer im Wechsel str.
Nach jeder Rückr die Fb wechseln, den Faden der zweiten Fb dabei locker am Rand mitlaufen lassen.

STREIFEN

Über 35 M und 92 R str. Zwischen den Sternmotiven in der Streifenfolge wie folgt arb:
In Silbergrau kraus rechts str.
In Schiefer glatt rechts str.

STERNMOTIV (IN SCHATTENSTRICKTECHNIK)

Über 35 M und 92 R nach der Strickschrift str. Es sind nur die Rückr gezeichnet. In den Hinr alle M rechts str. In den Rückr werden dem Motiv entsprechend rechte und linke M im Wechsel gearbeitet. Es werden immer 2 R in einer Fb im Wechsel gestrickt. Das Motiv wie angegeben mit Silbergrau beginnen. Nach jeder Rückr die Fb wie angegeben wechseln. Bitte beachten, die Rdm sind nicht eingezeichnet, diese als doppelte Rdm wie angegeben arb. Damit das Muster gut zur Geltung kommt, etwas fester str als üblich.

KRAUS RECHTS

In Hin- und Rückr rechte M str.

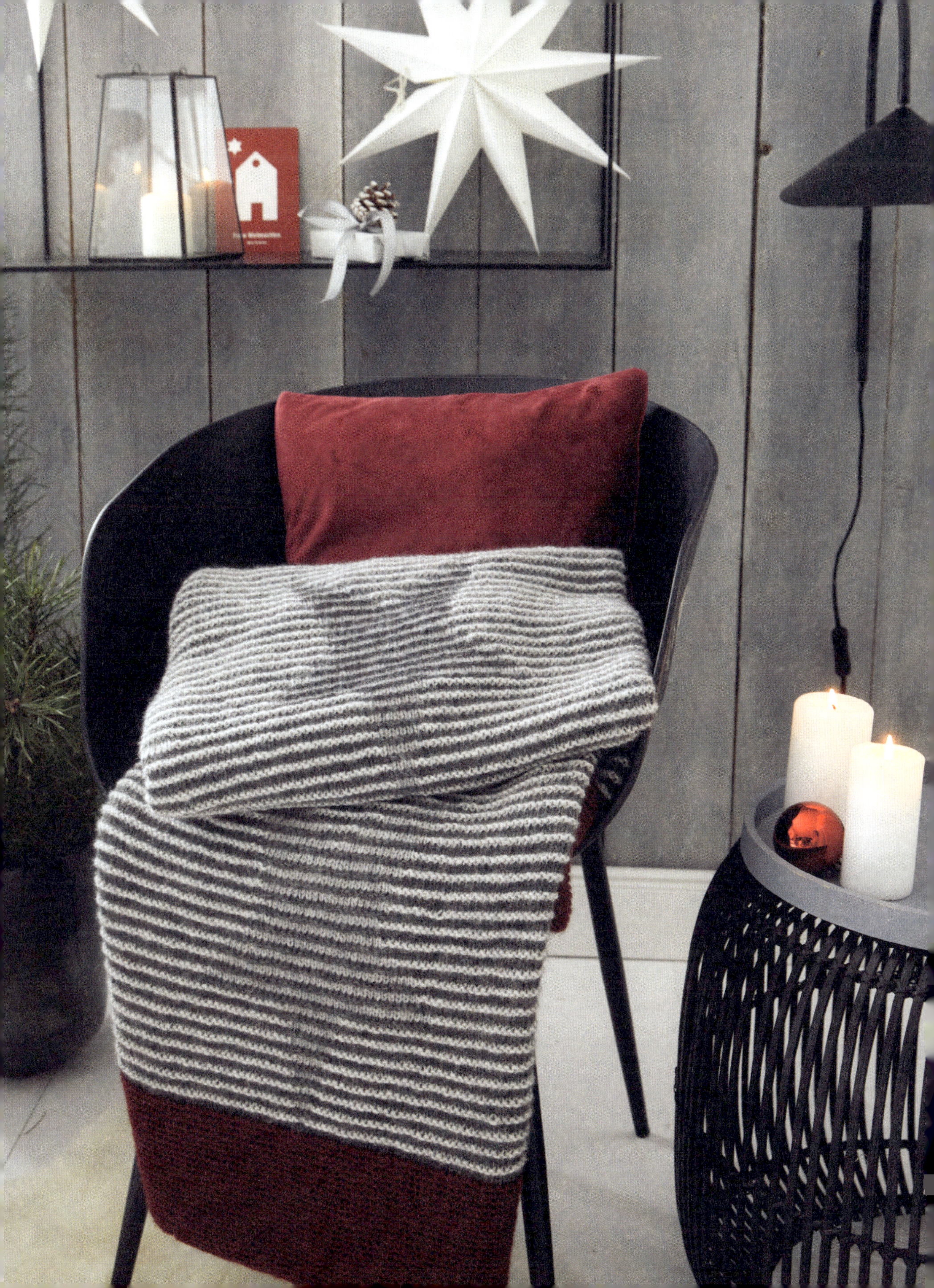

STERNMOTIV

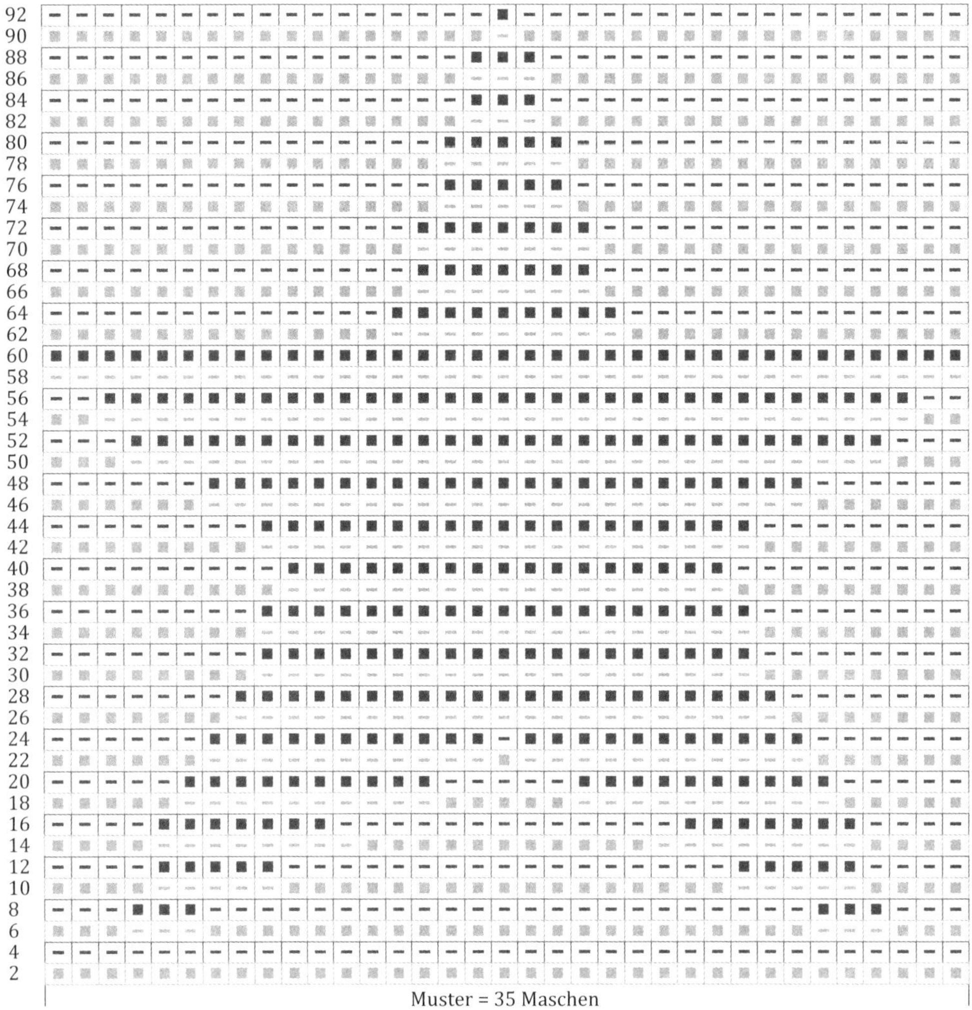

Legende

- =In Rückreihen 1 Masche rechts in Silbergrau
- =In Rückreihen 1 Masche links in Silbergrau
- =In Rückreihen 1 Masche rechts in Schiefer
- =In Rückreihen 1 Masche links in Schiefer

HINWEIS: ES SIND NUR DIE RÜCKR GEZEICHNET. IN DEN HINR ALLE M RECHTS STR. NACH JEDER RÜCKR DIE FB WIE ANGEGEBEN WECHSELN. DAS MOTIV GEMÄSS ANLEITUNG WDH. BITTE BEACHTEN, DIE RDM SIND NICHT EINGEZEICHNET! AUF BEIDEN SEITEN DER DECKE 2 M ERGÄNZEN UND GEMÄSS ANLEITUNG ALS DOPPELTE RDM IN HIN- UND RÜCKR IN DER JEWEILIGEN FB STR.

GLATT RECHTS

In Hinr rechte M, in Rückr linke M str.

DOPPELTE RANDMASCHE

HINWEIS: DIE RDM SIND IN DER STRICKSCHRIFT NICHT EINGEZEICHNET!

Die doppelte Rdm wird in jeder R (Hinr und Rückr) über 2 M wie folgt gestrickt:
R-Anfang: Die erste M wie zum Linksstr abheben, den Faden dabei vor der M weiterführen, 1 M rechts str.
R-Ende: Die vorletzte M wie zum Linksstr abheben, den Faden dabei vor der M weiterführen, 1 M rechts str.

ANLEITUNG

249 M inkl. Rdm in Bordeaux locker anschl und zwischen den doppelten Rdm über die mittleren 245 M kraus rechts str. Die 1. R ist eine Rückr.
Nach etwa 15 cm (= 22 Krausrippen) in Bordeaux kann der Faden in Bordeaux abgetrennt werden.
Nun in R in folgender M-Einteilung in der Streifenfolge arb:
* Doppelte Rdm, M-Markierer setzen, 3x [35 M Sternmotiv nach der Strickschrift, M-Markierer setzen, 35 M Streifen wie angegeben, M-Markierer setzen], enden mit 35 M Sternmotiv nach der Strickschrift, M-Markierer einsetzen, doppelte Rdm.
In dieser M-Einteilung 1x 92 R str.
Dann die M-Einteilung wie folgt versetzen:
Doppelte Rdm, 3x [35 M Streifenpartie wie angegeben, 35 M Sternmotiv nach der Strickschrift], enden mit 35 M Streifenpartie wie angegeben, doppelte Rdm.
Auch in dieser M-Einteilung wieder 1x 92 R str.
Ab * noch 1x wdh.

Abschließend noch einmal in folgender M-Einteilung arb:
Doppelte Rdm, 3x [35 M Sternmotiv nach der Strickschrift, 35 M Streifenpartie wie angegeben], enden mit 35 M Sternmotiv nach der Strickschrift, doppelte Rdm.
In dieser M-Einteilung 1x 92 R str.
ZUR KONTROLLE: Insgesamt sind 5x 92 R gestrickt, dabei wurde immer nach 92 R (= 1 Höhenrapport) das Sternmotiv versetzt.
Nun in Bordeaux das Modell beenden, dafür wieder 15 cm (= 22 Krausrippen) kraus rechts in Bordeaux str, dabei die doppelten Rdm beidseitig wie gewohnt fortführen. In der letzten Hinr alle M locker abk.

FERTIGSTELLEN

Alle Fäden vernähen. Die Decke anfeuchten, spannen und trocknen lassen.

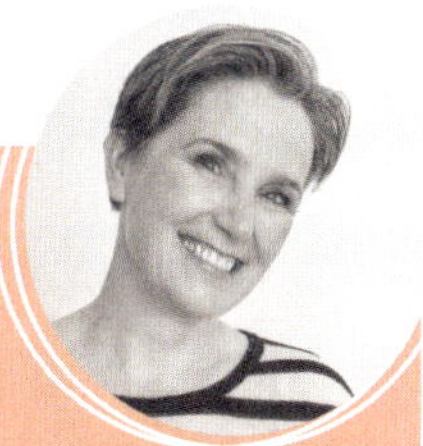

Mein Tipp

Verwende Maschenmarkierer, um die einzelnen Musterabschnitte abzugrenzen! Dafür einfach an der entsprechenden Stelle einen Maschenmarkierer auf die Stricknadel fädeln, den Markierer in jeder Reihe beibehalten und an der entsprechenden Stelle einfach von der linken Stricknadel auf die rechte heben.

Tanja Steinbach

COSY WÄRMFLASCHENHÜLLE

SCHWIERIGKEITSGRAD

GRÖSSE

Umfang ca. 40-42 cm, Höhe ca. 31 cm (passend für eine 2-Liter-Wärmflasche)

MATERIAL

- Lana Grossa Bingo Mélange GOTS (LL 80 m/50 g) in Rot meliert (Fb 315), 150 g
- Lana Grossa Bingo (LL 80 m/50 g) in Weiß (Fb 23), 50 g
- Nadelspiel 4,5-5,0 cm, 20 cm lang, oder Rundstricknadel 4,5-5,0 mm, 50 cm lang
- Zopf- oder Hilfsnadel
- 2-3 Maschenmarkierer
- Wollnadel ohne Spitze

HINWEIS: VOM GARN IN WEISS REICHT AUCH EIN REST VON CA. 15 G.

MASCHENPROBE

Glatt rechts mit Nd 4,5-5,0 mm 18 M und 26 R = 10 cm x 10 cm

Im Rippen-Zopfmuster 26 M = 10 cm breit

HINWEIS: FÜR 2/2-RIPPENMUSTER UND RIPPEN-ZOPFMUSTER DIE GENAUE M-EINTEILUNG DER ANLEITUNG BEACHTEN.

2/2-RIPPENMUSTER

M-Zahl teilbar durch 4.
In Rd 2 M rechts, 2 M links im Wechsel str.

RIPPEN-ZOPFMUSTER

In Rd über 23 M str.
1. Rd: * 2 M links, 5 M rechts, ab * noch 2x wdh, enden mit 2 M links.
Die 1. Rd bis zu einer Höhe von etwa 7 cm (= ca. 18 Rd) wdh.
2. Rd (Zunahme-Rd): * 2 M links, 2 M rechts, 1 M linksgeneigt aus dem Querfaden zunehmen (siehe Seite 210), 3 M rechts, ab * noch 2x wdh, enden mit 2 M links (= insgesamt 3 M zugenommen = 26 M).

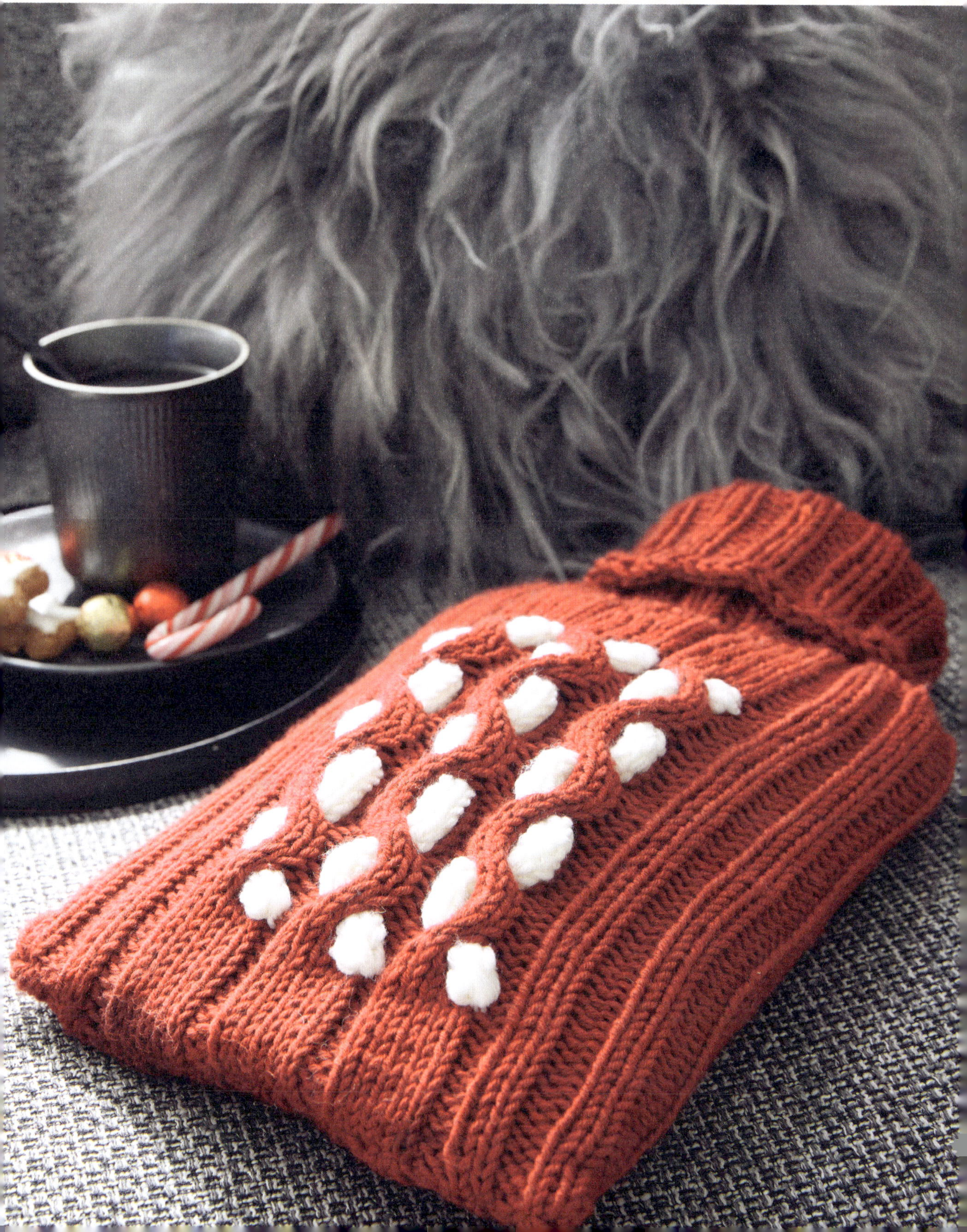

3. Rd (über 26 M): 2 M links, 3 M auf einer Hilfsnd hinter die Arbeit legen, 3 M rechts str, dann die 3 M der Hilfsnd rechts str, ab * noch 2x wdh, enden mit 2 M links.
4.-8. Rd (über 26 M): * 2 M links, 6 M rechts, ab * noch 2x wdh, enden mit 2 M links.
9. Rd (über 26 M): * 2 M links, 3 M auf einer Hilfsnd vor die Arbeit legen, 3 M rechts str, dann die 3 M der Hilfsnd rechts str, ab * noch 2x wdh, enden mit 2 M links.
10.-14. Rd (über 26 M): * 2 M links, 6 M rechts, ab * noch 2x wdh, enden mit 2 M links.
Die 3.-14. Rd noch 1x wdh, dann noch 1x die 3.-9. Rd str (= 31 Rd).
Es sind insgesamt 33 Rd gestrickt.
In der folgenden Rd 3 M abnehmen:

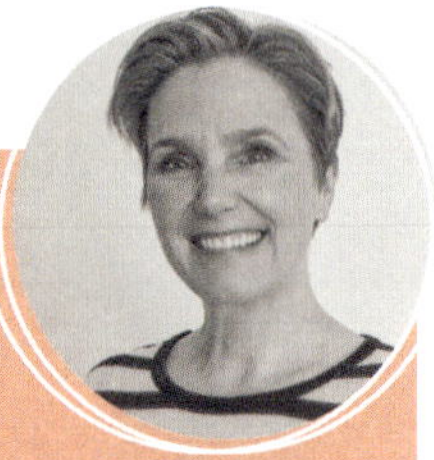

Mein Tipp

Mit den eingezogenen, weißen Strickkordeln erinnern die Zöpfe so herrlich an Zuckerstangen, oder? Diese einfache, aber effektvolle Methode zaubert aus einem einfachen Zopf schnell einen zweifarbigen Effekt – das sieht auch gut bei Schals und Mützen aus!

Tanja Steinbach

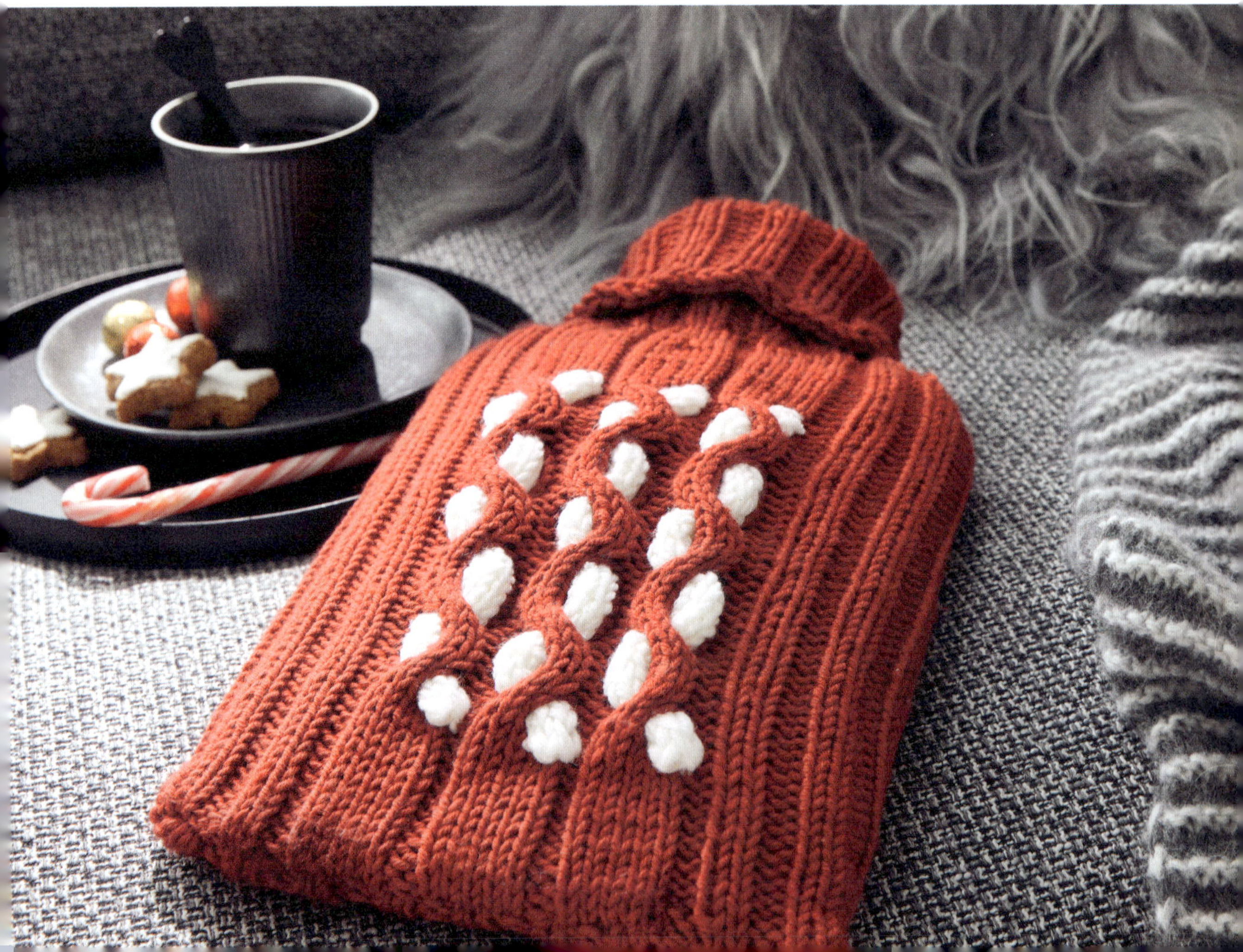

Nächste Rd (Abnahme-Rd): * 2 M links, 2 M rechts, 2 M rechts zusammenstr, 2 M rechts, ab * noch 2x wdh, enden mit 2 M links (= insgesamt 3 M abgenommen = 23 M).
Nun über die 23 M die 1. Rd fortlaufend wdh.

ANLEITUNG

Die Rückseite des Bezugs wird im 2/2-Rippenmuster gestrickt, auf der Vorderseite wird über die mittleren 23 M im Rippen-Zopfmuster wie beschrieben gearbeitet. Die M rechts und links davon werden ebenfalls im 2/2-Rippenmuster gestrickt.
Der Bezug wird von unten nach oben gearbeitet. Dafür 73 M in Rot meliert auf 4 Spielnd verteilt (= 18-18-18-19 M) oder auf einer 50 cm langen Rundstricknd anschl und zur Rd schließen. Den Rd-Beginn (= Seitenkante des Bezugs) mit einem M-Markierer kennzeichnen.
In folgender M-Einteilung arb (= 1. Rd):
Über die ersten 43 M (= 36 M der Rückseite + 7 M des seitlichen Vorderteils) im 2/2-Rippenmuster str, dabei die Rd mit 1 M links beginnen, anschließend immer 2 M rechts, 2 M links im Wechsel str, enden mit 2 M rechts. M-Markierer setzen.
Über die mittleren 23 M die 1. Rd des Zopf-Rippenmusters wie angegeben str. M-Markierer setzen.
Über die letzten 7 M der Rd wieder im 2/2-Rippenmuster str: 2 M rechts, 2 M links im Wechsel str, enden mit 2 M rechts, 1 M links.
Etwa 7 cm (= ca. 18 Rd) in dieser M-Einteilung arb.
Dann über die 23 M entlang der vorderen Mitte 32 Rd im Zopf-Rippenmuster str. Dafür die 2.-14. Rd 1x str, die Rd 3.-14. 1x wdh, dann die 3.-9. Rd noch 1x arb. Anschließend die Abnahme-Rd wie angegeben arb. Über die restlichen M der Hülle wie gewohnt im 2/2-Rippenmuster arb Anschließend wie zu Beginn über 73 M arb = 43 M im 2/2-Rippenmuster, über die mittleren 23 M fortlaufend die 1. Rd des Zopf-Rippenmusters str und über die letzten 7 M der Rd wieder im 2/2-Rippenmuster str.

In 24 cm Höhe ab Anschlag mit den Abnahmen beginnen. Zur Vorbereitung in der letzten Rd 1 M abnehmen, dafür die 13. M mit der 12. M der mittleren 23 M des Vorderteils rechts zusammenstr (= 72 M = 18 M pro Nd).
Auf der 1. und 3. Nd die 1. M links str und die 2. und 3. M rechts zusammenstr, auf der 2. und 4. Nd die dritt- und vorletzte M rechts überzogen zusammenstr (= 1 M wie zum Rechtsstr abheben, die nächste M rechts str, dann die abgehobene M überziehen) und die letzte M links str (= 4 M abgenommen = 68 M). Über die restlichen M der Rd die Muster wie gewohnt fortsetzen. Diese Abnahmen noch 5x in jeder folgenden Rd wdh (= 48 M). Über alle 48 M im 2/2-Rippenmuster weiterarb, dabei die Rd jeweils mit 1 M rechts beginnen, 2 M links, 2 M rechts im Wechsel str, und mit 2 M links, 1 M rechts enden. Nach 14 cm im 2/2-Rippenmuster alle M elastisch mit Umschlag abk (siehe Seite 212), sodass sich die Kante ausreichend dehnen kann und sich über die Wärmflasche ziehen lässt.

FERTIGSTELLEN

In die drei Zöpfe werden Strickkordeln in Weiß eingezogen. Für eine Kordel 4 M in Weiß auf einer Spielnd anschl, dann * die 4 M an das andere Nd-Ende schieben (nicht wenden), den Faden hinter den M mitführen und die 4 M rechts str, ab * fortlaufend wdh, bis etwa 19 cm Länge erreicht sind. Dann den Faden abschneiden, durch die 4 M fädeln und diese zusammenziehen. Noch zwei weitere Kordeln anfertigen. Dann die Kordeln durch die Zopfstreifen ziehen, dafür den Anfangsfaden in eine Wollnd fädeln und so durch die Öffnungen der Zöpfe führen. Die Kordelenden mit dem Anfangs- und Endfaden innen an der Hülle „unsichtbar“ festnähen.
Den Anschlagrand des Bezugs flach zusammennähen. Die restlichen Fäden vernähen. Das Abschlussbündchen im 2/2-Rippenmuster zur Hälfte nach außen umschlagen.

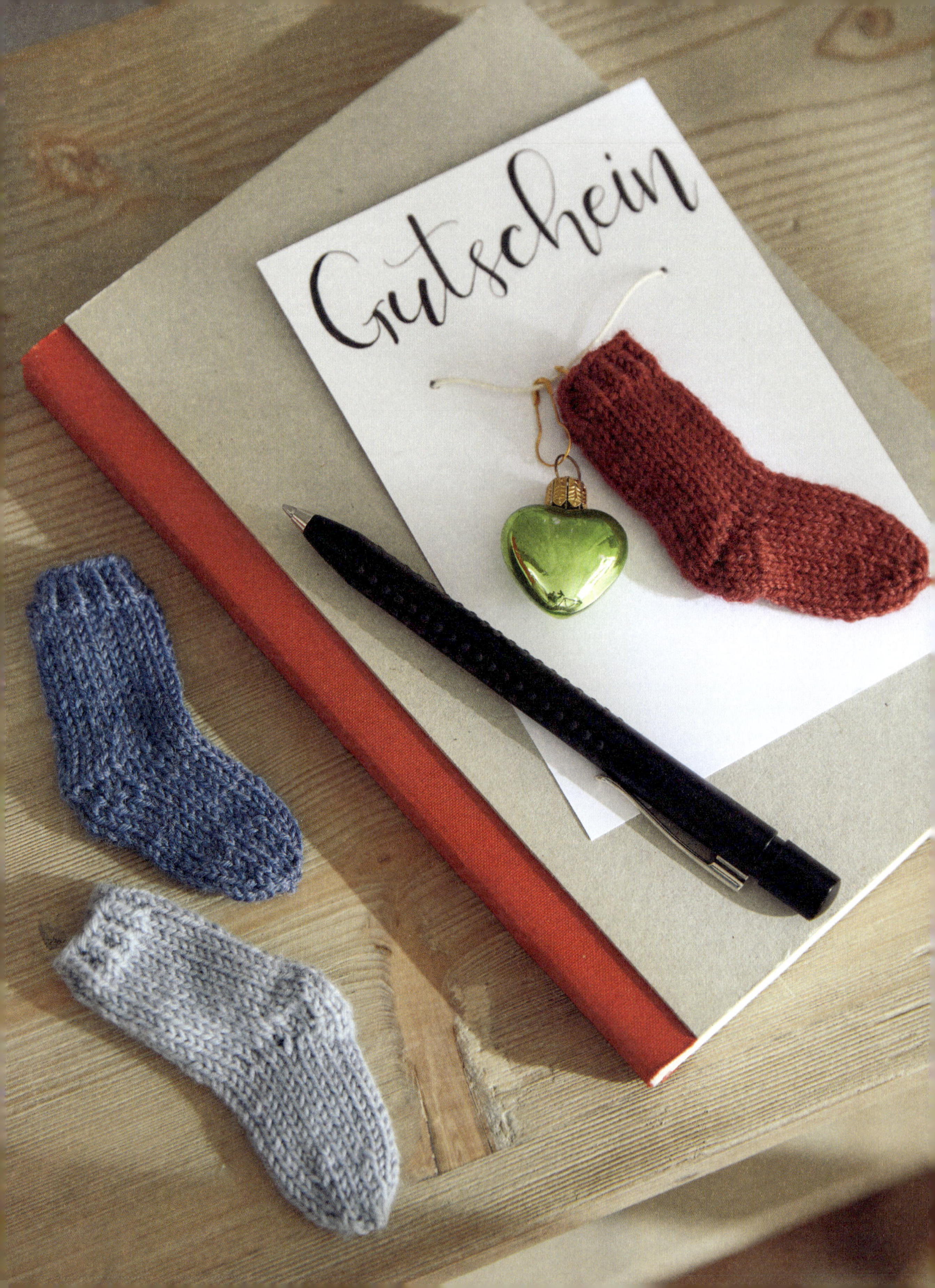
Gutschein

MINISOCKEN

GUTSCHEINE FÜR SELBST GESTRICKTE SOCKEN

SCHWIERIGKEITSGRAD

GRÖSSE

Länge: 9 cm vom Anschlag bis zur Spitze

MATERIAL

- Lana Grossa Meilenweit Soja (LL ca. 400 m/100 g) oder Meilenweit Grossa 50 Cashmere (LL ca. 210 m/50 g) in der gewünschten Farbe, Rest (ca. 5 g)
- Nadelspiel 2,5 mm
- Wollnadel ohne Spitze

MASCHENPROBE

Glatt rechts mit Nd 2,5 mm 32 und 44 Rd = 10 cm x 10 cm

GLATT RECHTS

In Hinr rechte M, in Rückr linke M str, bzw. in Rd alle M rechts str,

BÜNDCHENMUSTER

1 M rechts verschränkt, 1 M links im Wechsel str.

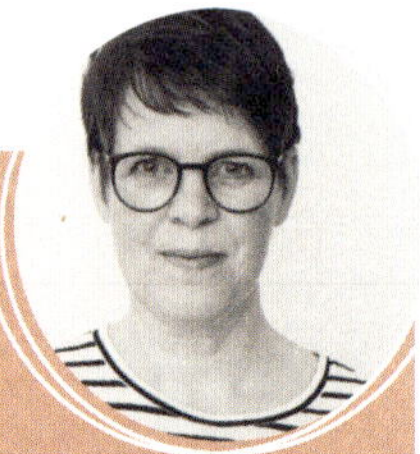

Mein Tipp

Die Minisöckchen machen sich nicht nur auf Gutscheinen gut, mit einem kleinen Band oder einem Pin versehen kannst du sie auch an deiner Projekttasche befestigen. Oder du strickst ganz viele Socken und fädelst sie zu einer Girlande auf.

Kerstin Balke

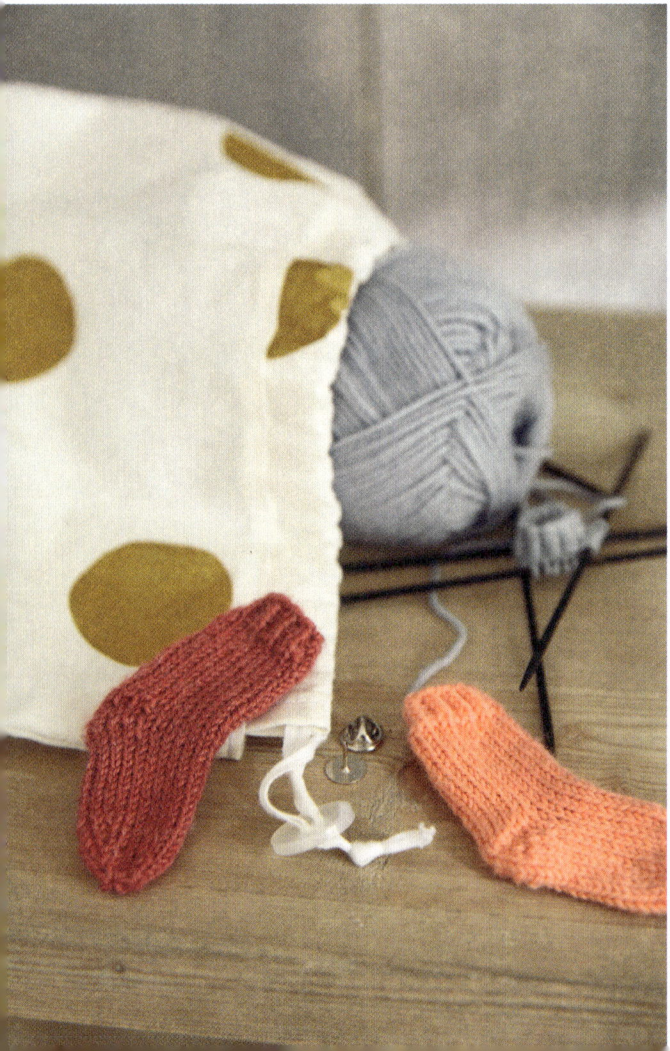

ANLEITUNG

20 M anschl, gleichmäßig auf 4 Spielnd verteilen (= 5 M pro Nd) und zur Rd schließen.
Für das Bündchen 4 Rd (= 1 cm) im Bündchenmuster str.
Den Schaft glatt rechts str. Nach 15 Rd die Bumerangferse glatt rechts über die 10 M der 4. und 1. Nd nach der Grundanleitung str (siehe Seite 220), bis noch 4 Doppel-M, 3 einzelne M und 4 Doppel-M auf der Nd sind.
Den Fuß weiter glatt rechts über alle M der 4 Spielnd arb. Nach 12 Rd mit den Abnahmen für die Bandspitze beginnen.
Die Bandspitze nach der Grundanleitung str (siehe Seite 221), nach der 2. Abnahme-Rd in jeder Rd abnehmen. Den Faden abschneiden und nach innen ziehen.
Alle Fäden vernähen.

HINWEIS: EINE DRUCKVORLAGE FÜR DEN GUTSCHEIN ZUM IMMER WIEDER AUSDRUCKEN UND VERSCHENKEN FINDEST DU NACH ERFOLGTER REGISTRIERUNG IN DER TOPP DIGITALEN BIBLIOTHEK ONLINE: WWW.TOPP-KREATIV.DE/DIGIBIB
DEN FREISCHALTCODE FINDEST DU IM IMPRESSUM.

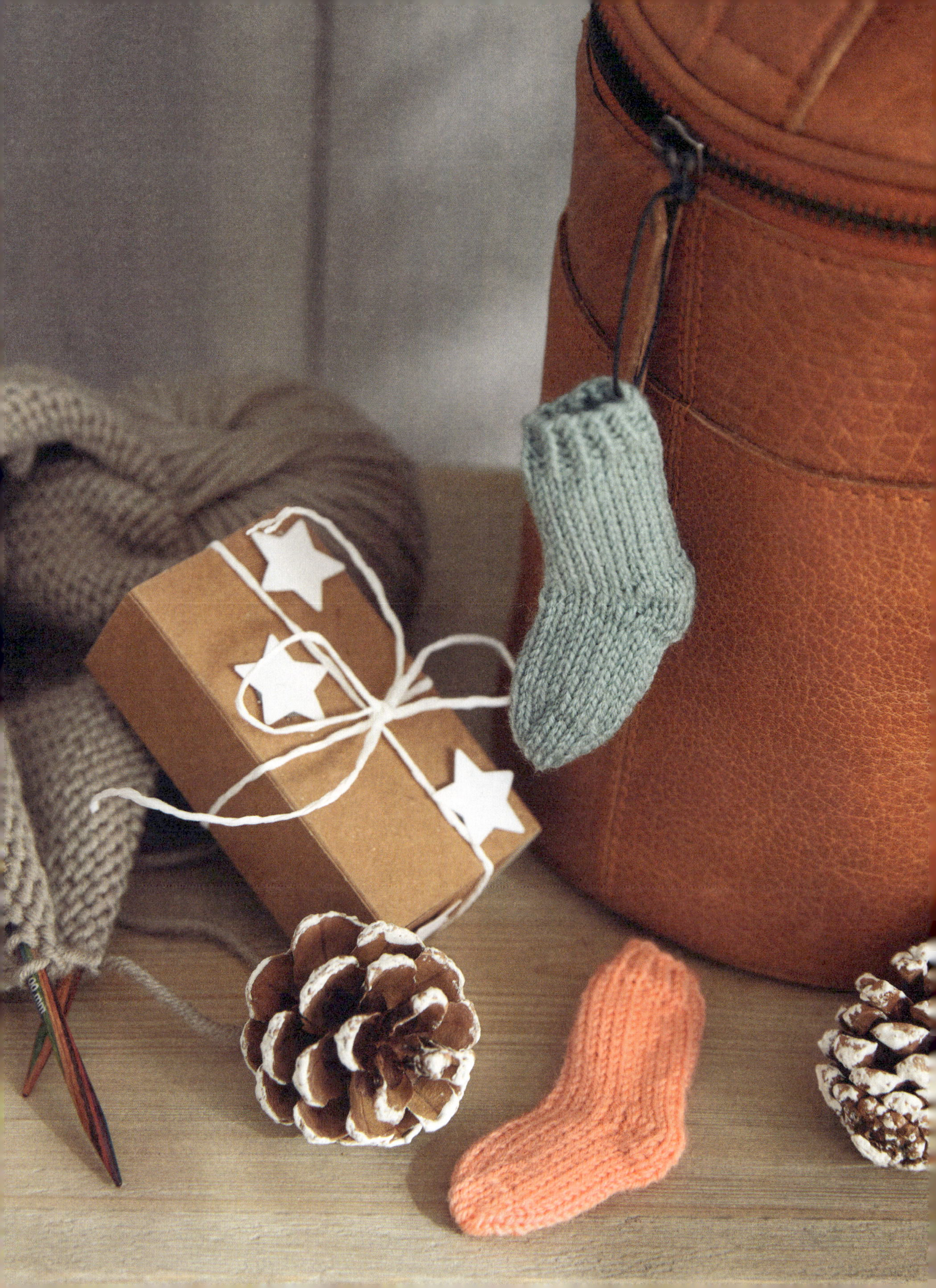

LIEBLINGS-SOCKEN

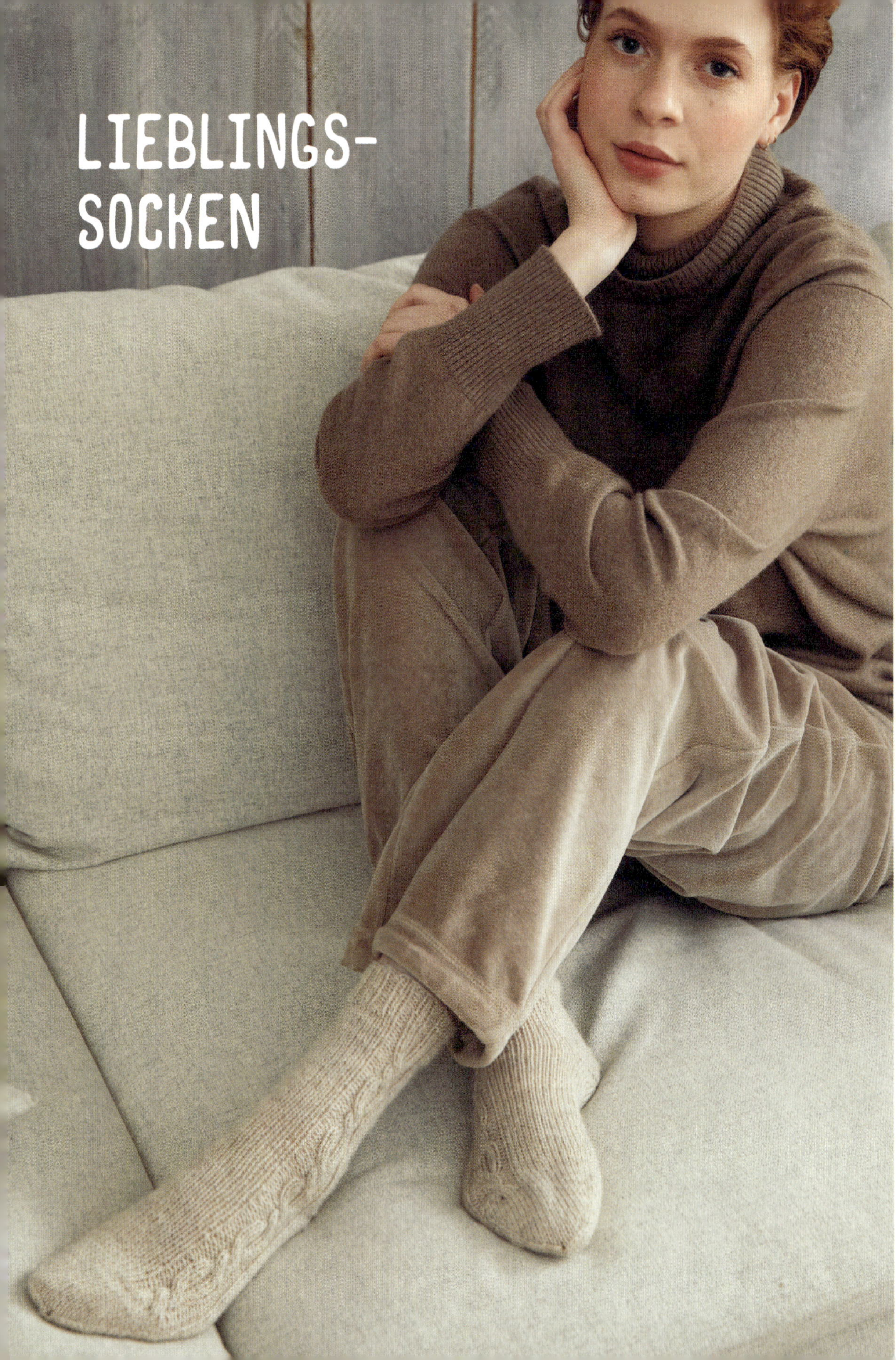

SCHWIERIGKEITSGRAD

GRÖSSE

36/37, 38/39, 40/41, 42/43

Die Angaben für die einzelnen Größen stehen hintereinander, jeweils durch Schrägstriche getrennt. Steht nur eine Angabe, gilt diese für alle Größen.

MATERIAL

- Lana Grossa Meilenweit 6fach (LL 390 m/150 g) in Natur (Fb 9228), 150 g
- Nadelspiel 3,0 mm
- Wollnadel ohne Spitze

MASCHENPROBE

Glatt rechts mit Nd 3,0 mm 24 M und 36 Rd = 10 cm x 10 cm

GLATT RECHTS

In Hinr rechte M, in Rückr linke M str, bzw. in Rd alle M rechts str.

BÜNDCHENMUSTER 1 (GRÖSSE 36/37 UND 38/39)

1 M rechts, 2 M links, 1 M rechts im Wechsel str.

BÜNDCHENMUSTER 2 (GRÖSSE 40/41 UND 42/43)

2 M rechts, 2 M links im Wechsel str.

BÜNDCHENMUSTER 3 (GRÖSSE 40/41 UND 42/43)

2 M links, 2 M rechts im Wechsel str.

ZOPFMUSTER

Muster über 10 M.
In Rd nach der Strickschrift str. Es sind alle Rd gezeichnet. Die 1.-15. Rd fortlaufend wdh.
1.-6. Rd: 2 links, 2 M rechts, 2 M links, 2 M rechts, 2 M links str.
7. Rd: 2 M links, 2 M auf einer Hilfsnd vor die Arbeit legen, 1 M links str, dann die M der Hilfsnd rechts str, 1 M auf einer Hilfsnd hinter die Arbeit legen, 2 M rechts str, dann die M der Hilfsnd links str, 2 M links.
8. Rd: 3 M links, 4 M rechts, 3 M links str.
9. Rd: 3 M links str, 2 M auf einer Hilfsnd vor die Arbeit legen, 2 M rechts str, dann die M der Hilfsnd rechts str, 3 M links.
10.-12. Rd: 3 M links, 4 M rechts, 3 M links str.

13. Rd: 3 M links str, 2 M auf einer Hilfsnd vor die Arbeit legen, 2 M rechts str, dann die M der Hilfsnd rechts str, 3 M links.
14. Rd: 3 M links, 4 M rechts, 3 M links str.
15. Rd: 2 M links, 1 M auf einer Hilfsnd hinter die Arbeit legen, 2 M rechts str, dann die M der Hilfsnd links str, 2 M auf einer Hilfsnd vor die Arbeit legen, 1 M links, dann die M der Hilfsnd rechts str, 2 M links.

ZOPFMUSTER

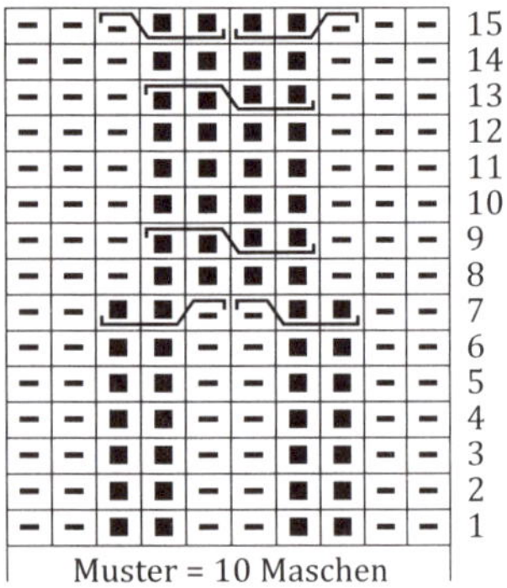

Legende

= 1 Masche links

= 1 Masche rechts

= 2 Maschen auf einer Hilfsnadel vor die Arbeit legen, 1 Masche links stricken, dann die Maschen der Hilfsnadel rechts stricken

= 1 Masche auf einer Hilfsnadel hinter die Arbeit legen, 2 Maschen rechts, dann die Maschen der Hilfsnadel links stricken

= 2 Maschen auf einer Hilfsnadel vor die Arbeit legen, 2 Maschen rechts, dann die Maschen der Hilfsnadel rechts stricken

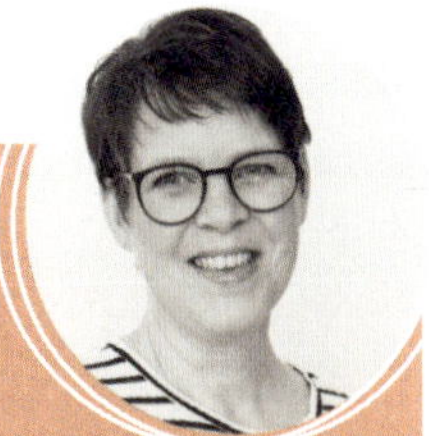

Mein Tipp

Socken aus 6-fachen Sockengarnen sind schnell gestrickt und ein tolles Weihnachtsgeschenk.

Kerstin Balke

ANLEITUNG

48/48/52/52 M anschl, gleichmäßig auf 4 Spielnd verteilen (= 12/12/13/13 M pro Nd) und zur Rd schließen.

SOCKE 1

Für das Bündchen 12 Rd (= 3 cm) im Bündchenmuster 1/1/2/2 str. Den Schaft in folgender Einteilung beginnen. 13/13/14/14 M glatt rechts, 10 M Zopfmuster, 25/25/28/28 M glatt rechts str. Die 1.-15. Rd der Strickschrift 3x str, dann noch 1x 1. und 2. Rd arb.

SOCKE 2

Für das Bündchen 12 Rd (= 3 cm) im Bündchenmuster 1/1/3/3 str. Den Schaft in folgender Einteilung beginnen. 25/25/28/28 M glatt rechts, 10 M Zopfmuster, 13/13/14/14 M glatt rechts str. Die 1.-15. Rd der Strickschrift 3x, dann noch 1x die 1. und 2. Rd arb.

Nun die Bumerangferse über die 24/24/26/26 M der 4. und 1. Nd nach der Grundanleitung str (siehe Seite 220). Nach der ersten Hälfte der Ferse, bei den beiden Rd über alle M, das Zopfmuster mit der 3. und 4. Rd der Strickschrift fortführen. Anschließend die zweite Hälfte der Ferse str.
Den Fuß weiter über alle M der 4 Spielnd arb, dabei das Zopfmuster fortführen. Die 5.-15. Rd der Strickschrift 1x str. Für Größe 36/37 anschließend die 1.-15. Rd der Strickschrift und die 1.-11. Rd jeweils 1x arb. Für Größe 38/39 die 1.-15. Rd der Strickschrift 2x str. Für Größe 40/41 die 1.-15. Rd der Strickschrift 2x und die 1.-6. Rd 1x arb. Für Größe 42/43 die 1.-15. Rd der Strickschrift 2x und die 1.-11. Rd 1x str.
Anschließend glatt rechts über alle 4 Spielnd weiterarb. Nach 16/17,5/19/20,5 cm ab Fersenmitte mit den Abnahmen der Bandspitze beginnen.
Die Bandspitze nach der Grundanleitung str (siehe Seite 221). Den Faden abschneiden und nach innen ziehen.
Alle Fäden vernähen.

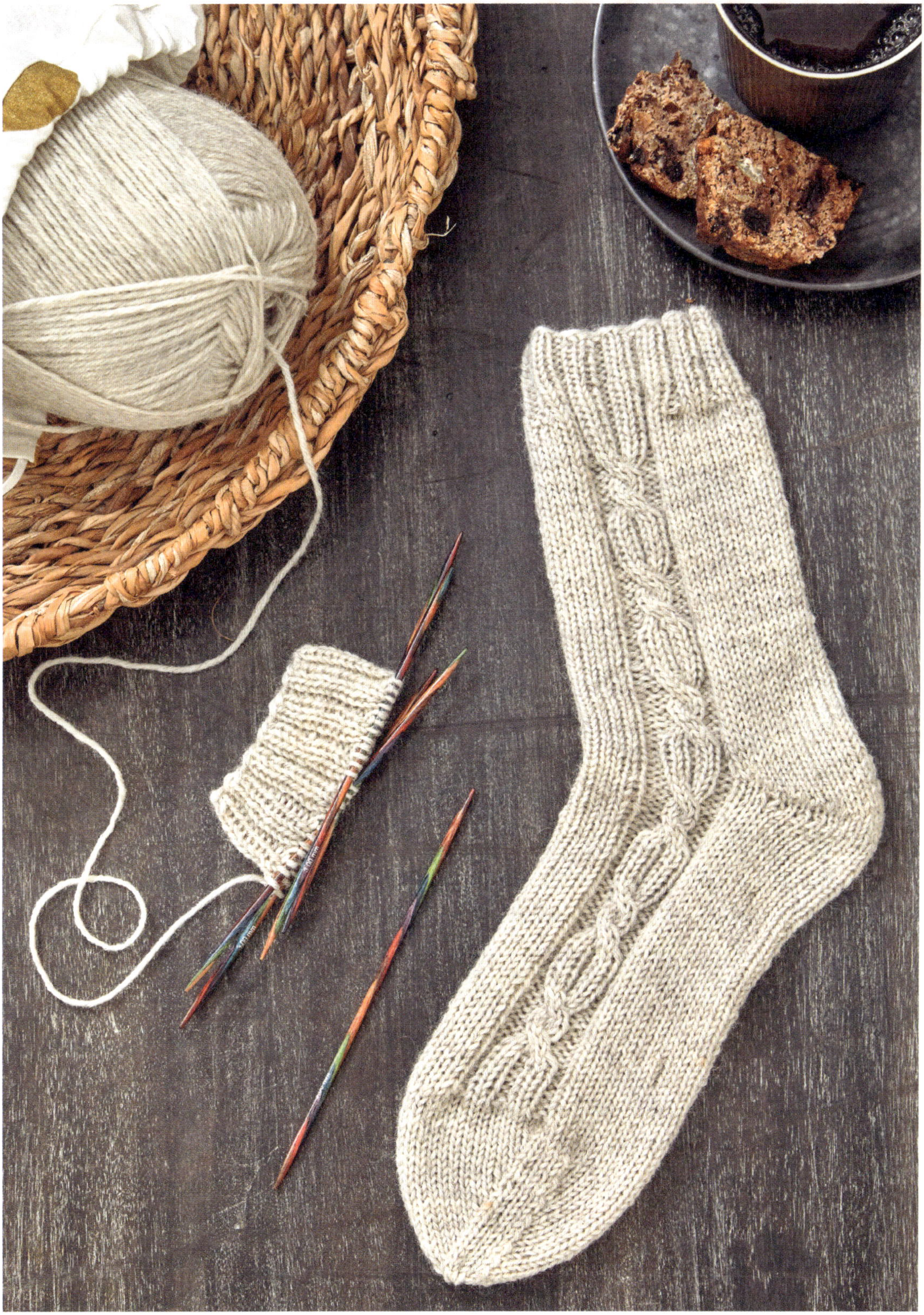

WARME MÜTZE MIT UMSCHLAG

SCHWIERIGKEITSGRAD

GRÖSSE

Größe 1 (Damen/Herren): passend für einen Kopfumfang von etwa 54-56 cm,
Umfang ungedehnt ca. 48 cm

Größe 2 (Damen/Herren): passend für einen Kopfumfang von etwa 56-58 cm,
Umfang ungedehnt ca. 50 cm

Die Angaben für Größe 1 stehen vor, für Größe 2 nach dem Schrägstrich. Steht nur eine Angabe, gilt diese für beide Größen.

MATERIAL

- Lana Grossa Cool Wool Big Mélange GOTS (LL 120 m/50 g) in Oliv meliert (Fb 213), Bernstein meliert (Fb 214), Rot meliert (Fb 215), Dunkelrot meliert (Fb 219), Anthrazit meliert (Fb 220) oder Dunkelgrau meliert (Fb 221), 100/150 g (Verbrauch für eine Mütze)
- Nadelspiel 4,0-4,5 mm, 20 cm lang oder Rundstricknadel 4,0-4,5 mm, 50 cm lang
- evtl. Maschenmarkierer
- Wollnadel ohne Spitze

MASCHENPROBE

Im Rippenmuster mit Nd 4,0-4,5 mm
22 M und 40 Rd (ungedehnt) = 10 cm x 10 cm

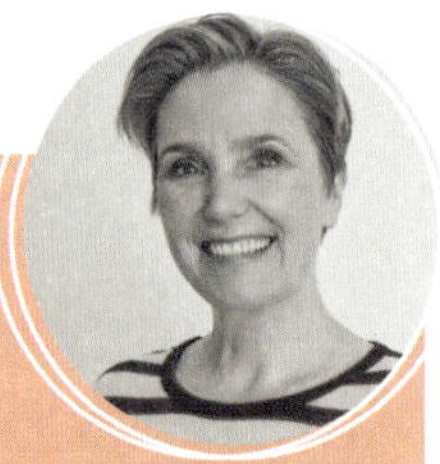

Mein Tipp

Ich stricke meine Mützen am liebsten mit 50 cm „kurzen" Rundstricknadeln anstatt mit dem Nadelspiel. Das geht besonders flott, da kein ständiger Nadelwechsel notwendig ist! Den Rundenbeginn kennzeichne ich mit einem Maschenmarkierer, damit ich den Musterwechsel nicht verpasse!

Tanja Steinbach

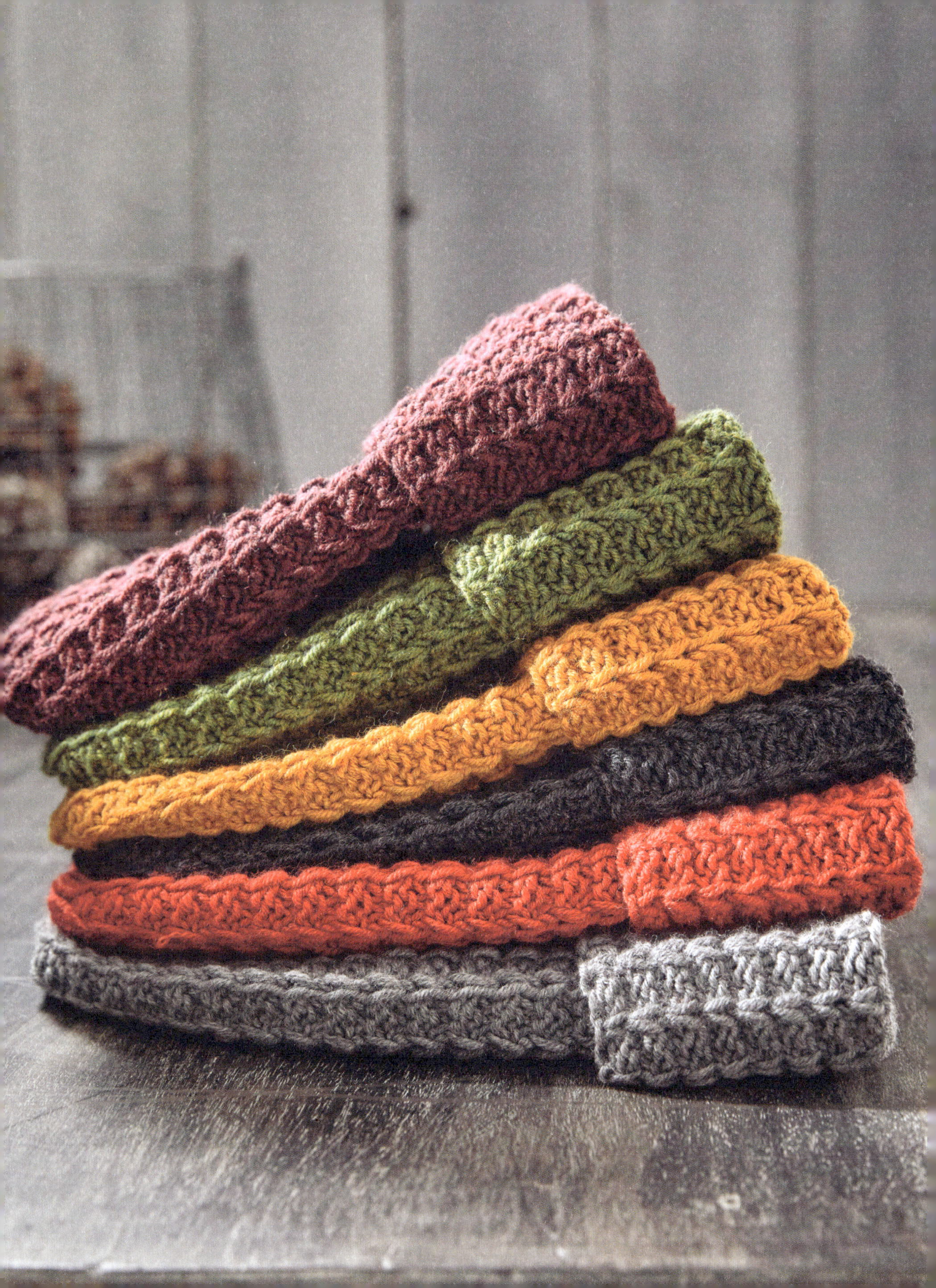

HINWEIS: RIPPENMUSTER 1 UND 2 SIND IM PRINZIP DIE GLEICHEN STRICKMUSTER, EINMAL ERSCHEINT DIE RECHTE MUSTERSEITE AUF DER VORDERSEITE UND EINMAL AUF DER RÜCKSEITE. DADURCH ERSCHEINT DER 7 CM BREITE UMSCHLAG IM GLEICHEN MUSTER WIE DIE RESTLICHE MÜTZE.

RIPPENMUSTER 1
(HEBEMASCHEN ERSCHEINEN AUF DER RÜCKSEITE)

M-Zahl teilbar durch 3.

HINWEIS: 1 M ABHEBEN = 1 M WIE ZUM LINKSSTR ABHEBEN.

1. Rd: * 1 M abheben, den Faden dabei vor der M weiterführen, 2 M rechts, ab * fortlaufend wdh.
2. Rd: Wie die 1. Rd str.
3. Rd: Alle M links str.
4. Rd: Wie die 3. Rd str.
Die 1.-4. Rd fortlaufend wdh.

RIPPENMUSTER 2
(HEBEMASCHEN ERSCHEINEN AUF DER VORDERSEITE)

M-Zahl teilbar durch 3.

HINWEIS: 1 M ABHEBEN = 1 M WIE ZUM LINKSSTR ABHEBEN.

1. Rd: Alle M rechts str.
2. Rd: Wie die 1. Rd str.
3. Rd: * 1 M abheben, den Faden dabei hinter der M weiterführen, 2 M links, ab * fortlaufend wdh.
4. Rd: Wie die 3. Rd str.
Die 1.-4. Rd fortlaufend wdh.

ANLEITUNG

99/105 M auf 4 Spielnd verteilt (= 24-25-25-25/27-26-26-26 M) oder auf einer 50 cm langen Rundstricknd anschl und zur Rd schließen. Den Rd-Beginn mit einem M-Markierer kennzeichnen.
Im Rippenmuster 1 wie beschrieben in Rd str.
In etwa 7 cm Höhe, nach einer 2. Rd des Rippenmusters 1 das Muster wechseln und im Rippenmuster 2 weiterarb.
In 28 cm Höhe ab Anschlagkante gemessen, nach einer 1. Rd des Rippenmuster 2 mit den Abnahmen beginnen. Für die Mützenspitze M abnehmen, dafür in der nächsten Rd wie folgt str:
* 1 M rechts, 2 M links zusammen str, ab * fortlaufend wdh (= 66/70 M).
Danach 5 Rd 1 M rechts, 1 M links im Wechsel str. In der nächsten Rd fortlaufend 2 M rechts verschränkt zusammenstr (= 33/35 M). Anschließend 2 Rd rechte M str. Danach wieder fortlaufend 2 M rechts verschränkt zusammenstr, enden mit 1 M rechts (= 17/18 M). Die letzte Abnahme-Rd noch 1x wdh (= 9 M).
Den Faden abschneiden, 2x durch die restlichen 9 M fädeln und diese zusammenziehen. Alle Fäden vernähen. Den unteren Mützenrand 7cm breit nach außen umschlagen.

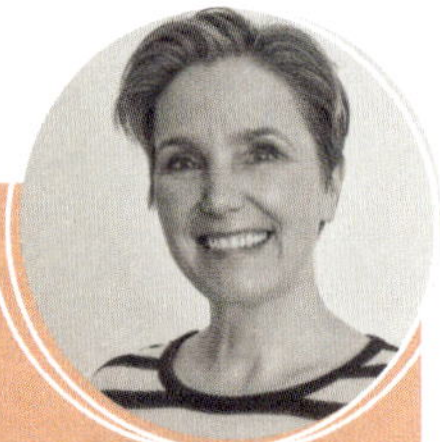

Mein Tipp

Kopfumfang ist nicht gleich Mützenumfang. Gestrickte Mützen sind in der Regel dehnbar, das Strickmuster, das ich hier verwendet habe, ist besonders elastisch, daher sollte der Mützenumfang immer 10-15 % geringer sein als der tatsächlich gemessene Kopfumfang.

Tanja Steinbach

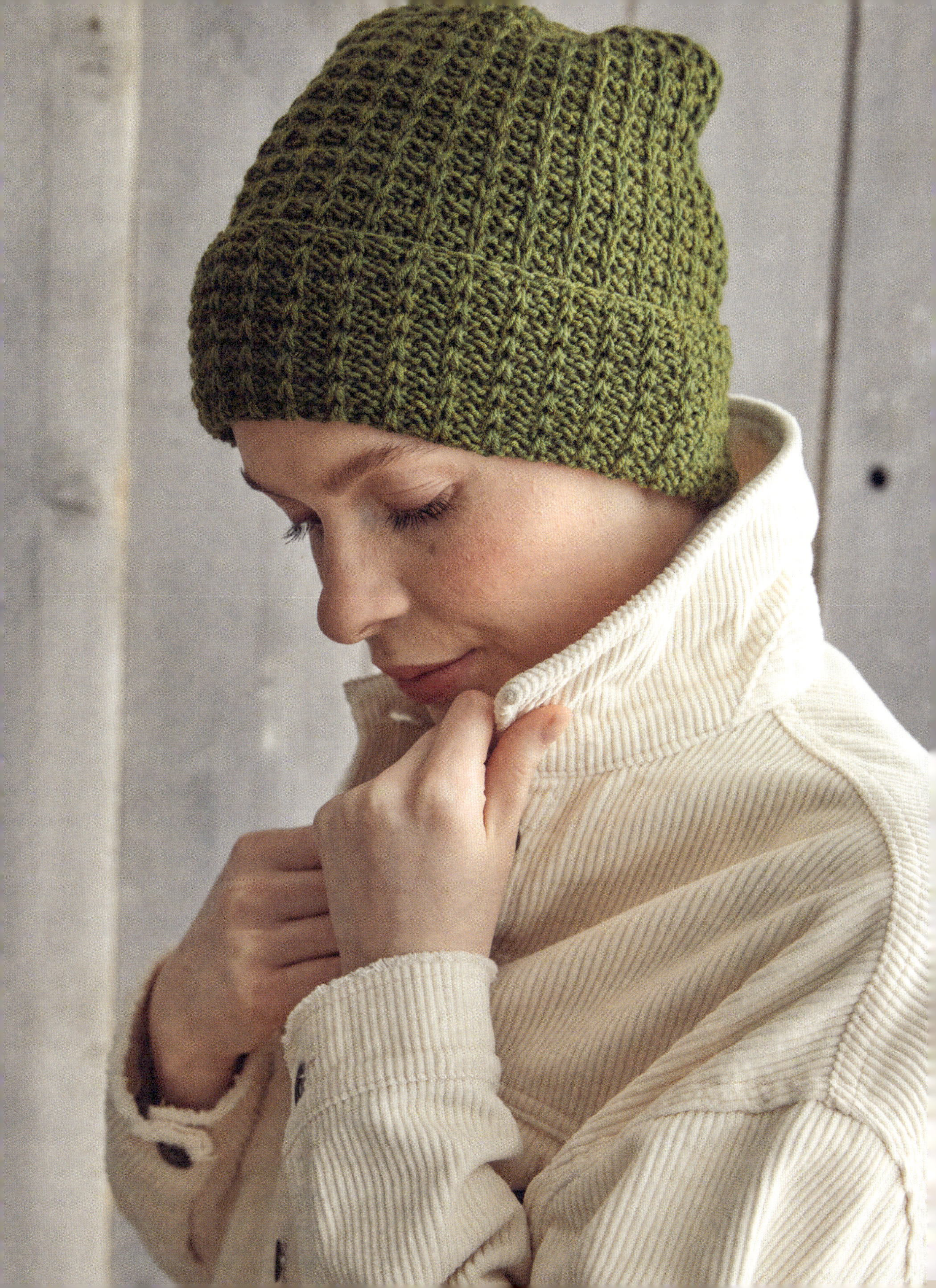

STIRNBAND BEIDSEITIG SCHÖN

SCHWIERIGKEITSGRAD

GRÖSSE

Kopfumfang: ca. 52-56 cm
Länge/Umfang: ca. 46 cm
Breite: 12 cm

HINWEIS: IM GESICHTSFELD IST DAS STIRNBAND DURCH DIE VERZOPFUNG ETWAS SCHMALER.

MATERIAL

- Lana Grossa Brigitte No. 2 (LL 140 m/50 g) in Bordeaux (Fb 33) oder Beige (Fb 15), 50 g
- Jackenstricknadeln 5,0-5,5 mm oder Rundstricknadel 5,0-5,5 mm, 80 cm lang
- Zopf- oder Hilfsnadel
- Wollnadel ohne Spitze

MASCHENPROBE

Im Rippenmuster mit 5,0-5,5 mm
20 M und 25 R (ungedehnt) = 10 cm x 10 cm

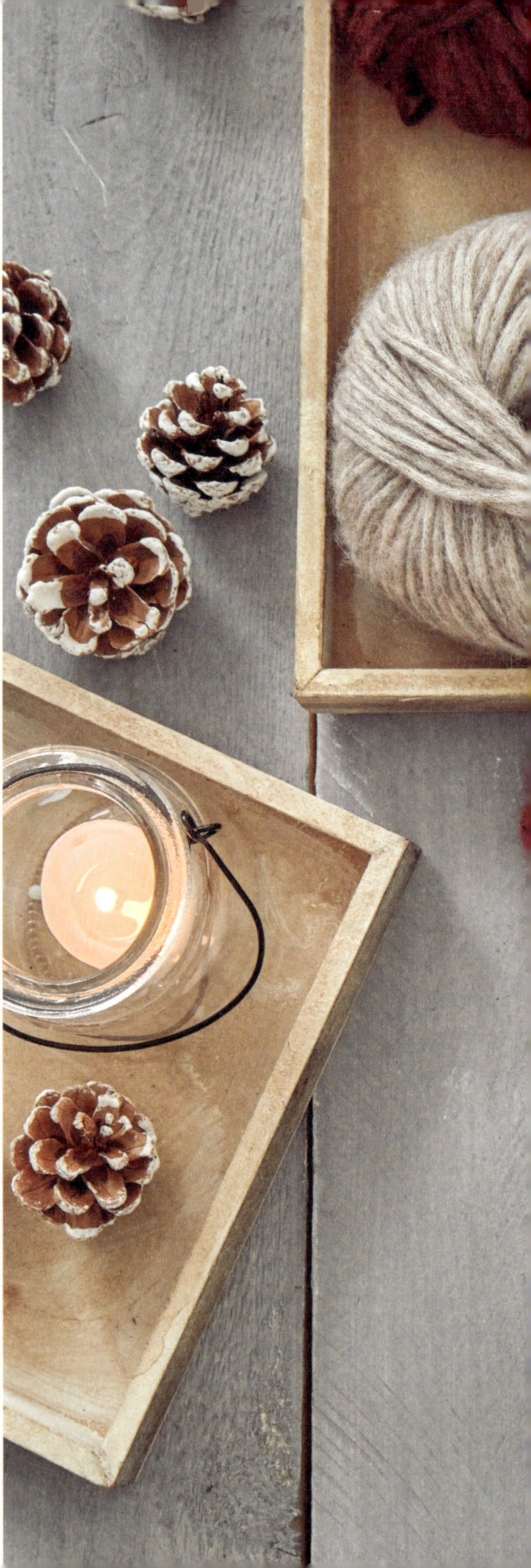

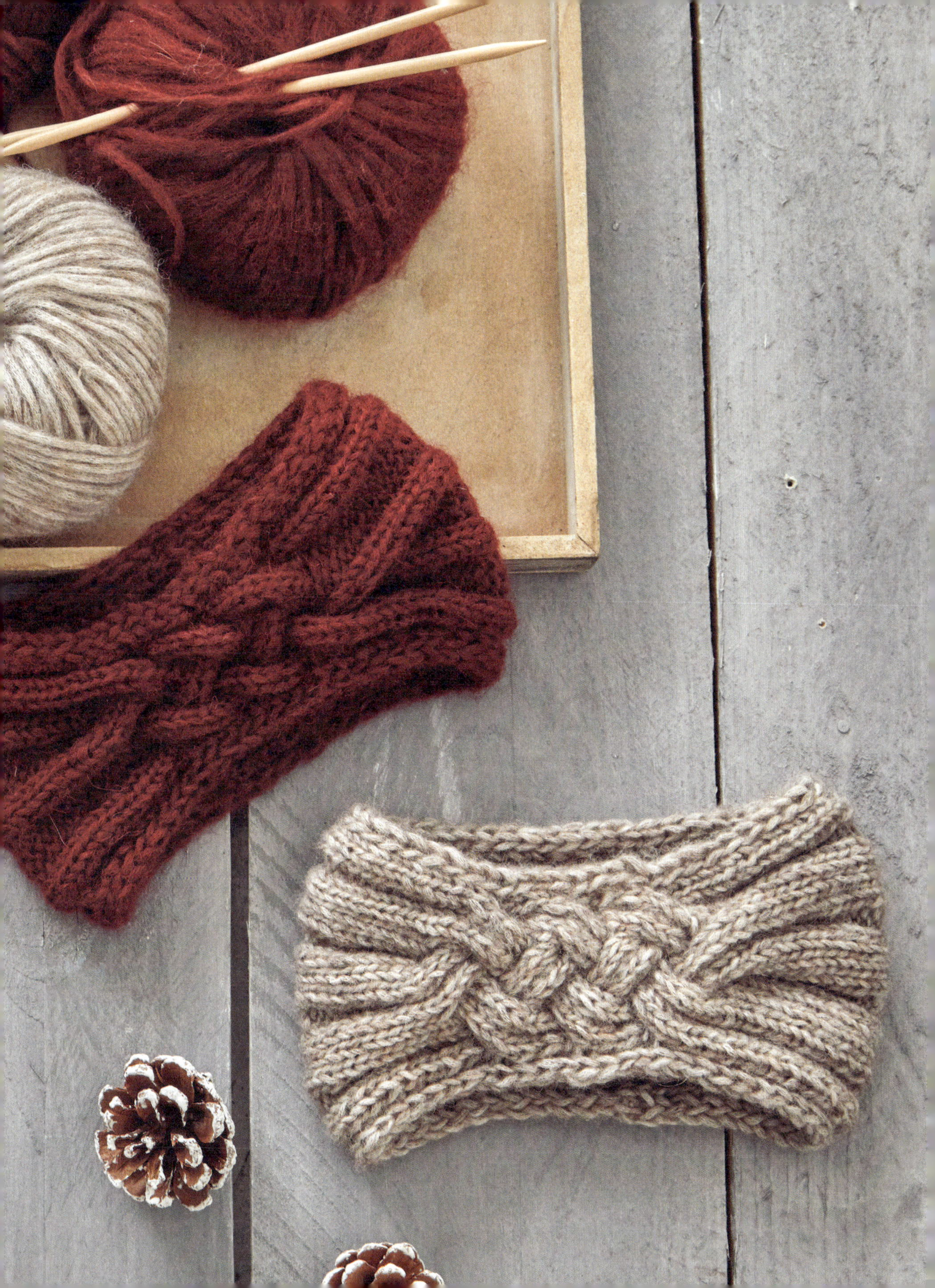

DOPPELTE RANDMASCHE

Die doppelte Rdm wird in jeder R (Hinr und Rückr) über 2 M wie folgt gestrickt:

R-Anfang: Die erste M wie zum Linksstr abheben, den Faden dabei vor der M weiterführen, 1 M rechts str.

R-Ende: Die vorletzte M wie zum Linksstr abheben, den Faden dabei vor der M weiterführen, 1 M rechts str.

RIPPENMUSTER

1. R (Hinr): 1 M links, 2 M rechts, * 2 M links, 4 M rechts, ab * fortlaufend wdh, enden mit 2 M links, 2 M rechts, 1 M links.

2. R (Rückr): Die M str, wie sie erscheinen.

Die 1. und 2. R fortlaufend wdh.

ANLEITUNG

Das Modell wird quer als Band im Rippenmuster gestrickt, mittig wird ein Zopfmusterstreifen gestrickt, so zieht sich das Stirnband oberhalb des Gesichtsfeldes etwas zusammen.

30 M in der gewünschten Fb anschl und in folgender M-Einteilung str:

Doppelte Rdm, 26 M im Rippenmuster, doppelte Rdm.

Nach etwa 15 cm ab Anschlagkante gemessen mit dem Zopfstreifen in der vorderen Mitte beginnen, dazu wie folgt arb:

1. R (Hinr; Zopfmuster): Doppelte Rdm, 1 M links, 2 M rechts, 2 M links, 2 M rechts, die nächsten 6 M auf einer Hilfsnd vor die Arbeit legen, 2 M rechts, 2 M links, 2 M rechts str, dann die M der Hilfsnd 2 M rechts, 2 M links, 2 M rechts abstr, enden mit 2 M rechts, 2 M links, 2 M rechts, 1 M links, doppelte Rdm.

2. R (Rückr) und alle weiteren Rückr: Die M str, wie sie erscheinen.

3. R (Hinr): Zwischen den doppelten Rdm im Rippenmuster str.

5. R (Hinr; Zopfmuster): Doppelte Rdm, 1 M links, * die nächsten 6 M auf einer Hilfsnd hinter die Arbeit legen, 2 M rechts, 2 M links, 2 M rechts str, dann die M der Hilfsnd 2 M rechts, 2 M links, 2 M rechts abstr, ab * 1x wdh, enden mit 1 M links, doppelte Rdm.

7. R (Hinr): Wie die 3. R str.

Die 1.-8. R insgesamt 3x str, abschließend noch 1x die 1. und 2. R arb.

ZUR KONTROLLE: Es werden insgesamt 26 R im Zopfmuster gestrickt.

Anschließend im Rippenmuster in derselben M-Einteilung wie zu Beginn weiterarb. Sind etwa 45-46 cm Gesamtlänge ab Anschlag erreicht, alle M abk oder stilllegen (siehe Fertigstellen).

FERTIGSTELLEN

Das besondere Rippenmuster mit Zopfmusterstreifen sieht auf beiden Seiten sehr schön aus, deshalb vor dem Zusammennähen entscheiden, welche Seite später außen erscheinen soll, dann die Naht schließen. Alternativ kann die Naht auch „fast unsichtbar" im M-Stich (siehe Seite 215) geschlossen werden – so erhält man ein Stirnband, das beidseitig getragen werden kann.

Die Anschlag- und die Abkettkante zusammennähen, sodass ein Ring entsteht. Alle Fäden vernähen.

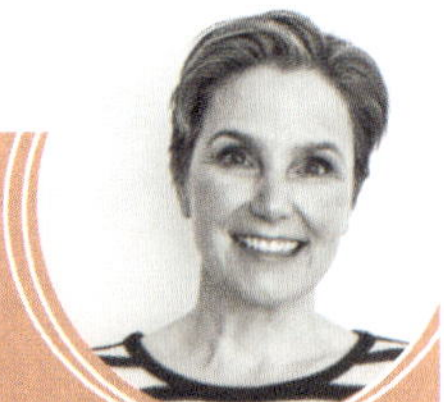

Mein Tipp

Eine besonders flache Naht entsteht, wenn du die Maschen nicht abkettest, sondern im Maschenstich direkt mit der Anschlagkante verbindest.

Tanja Steinbach

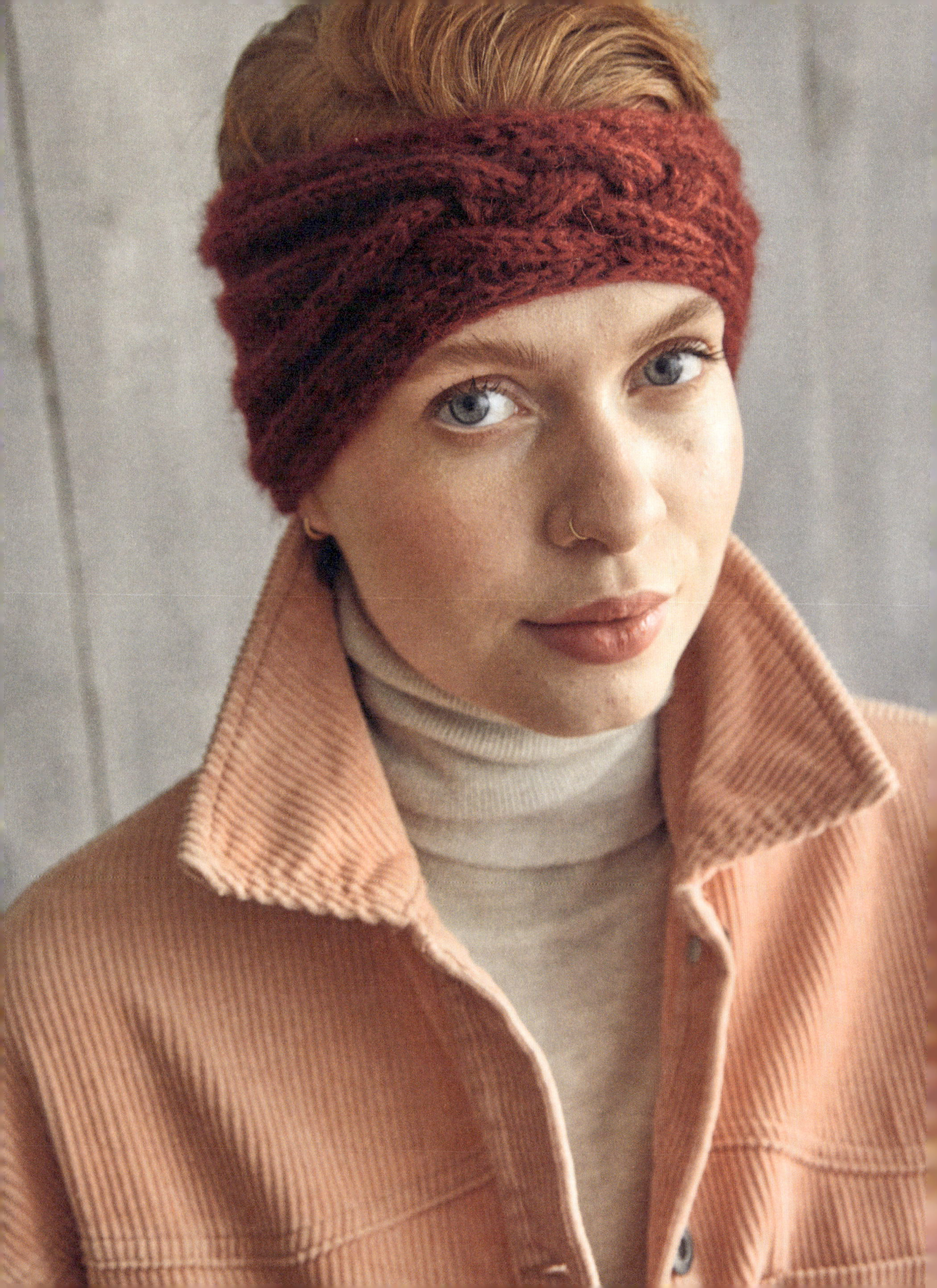

BEZAUBERNDER LOOP

SCHWIERIGKEITSGRAD

GRÖSSE

Umfang: ca. 60 cm, Höhe: ca. 26 cm

MATERIAL

- Lana Grossa Cool Wool (LL ca. 160 m/50 g) in Natur (Fb 590), 100 g, und Mokka (Fb 2074), Rest
- Lana Grossa Cool Wool Melange GOTS (LL ca. 160 m/50 g) in Rot meliert (Fb 115), 100 g
- Rundstricknadeln 3,0 mm und 3,5 mm, je 50 cm lang
- Maschenmarkierer
- Wollnadel ohne Spitze

MASCHENPROBE

Im Jacquardmuster mit Nd 3,5 mm
28 M und 32 Rd = 10 cm x 10 cm

GLATT RECHTS

In Rd alle M rechts str.

BÜNDCHENMUSTER

2 M rechts, 2 M links im Wechsel str.

JACQUARDMUSTER A, B, C UND D

M-Zahl teilbar durch 4, 16 bzw. 32.
In allen Rd glatt rechts nach dem jeweiligen Zählmuster str. Den Rapport von 4, 16 bzw. 32 M fortlaufend wdh.

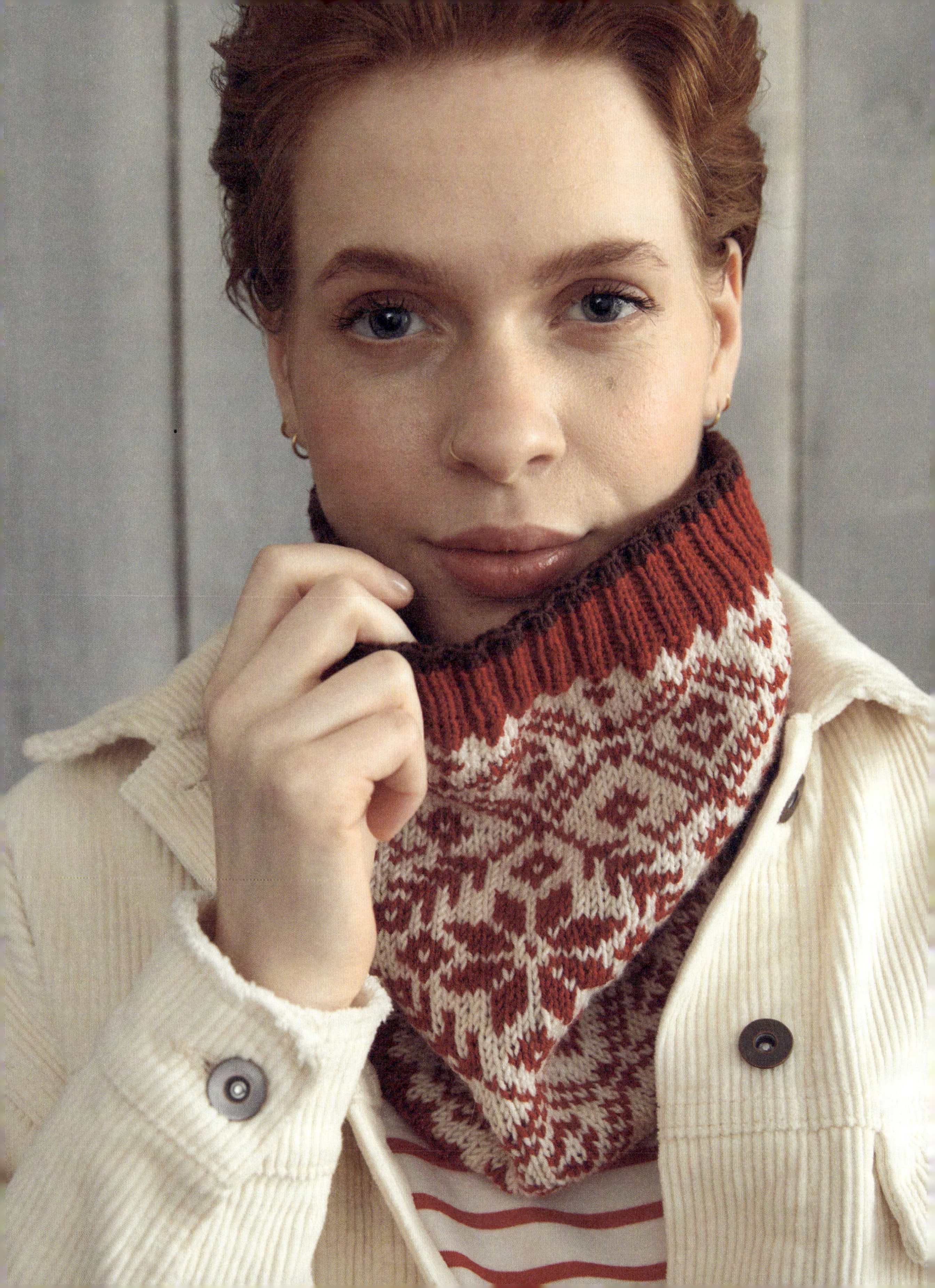

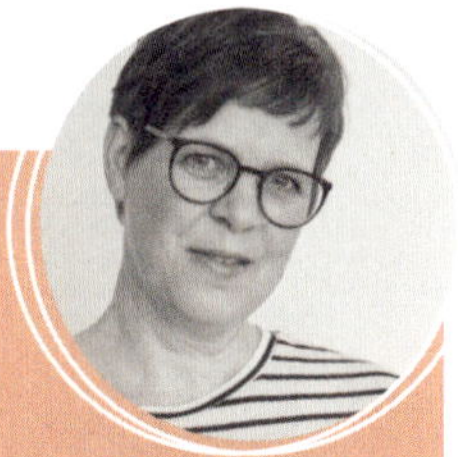

Mein Tipp

Zur besseren Orientierung kannst du beim Jacquardmuster C die Rapporte mit Maschenmarkierern kennzeichnen. Das macht das Stricken des großen Rapports leichter.

Kerstin Balke

JACQUARDMUSTER A

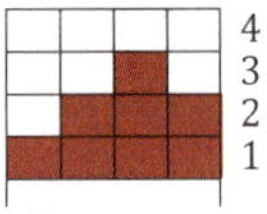

Rapport = 4 Maschen

JACQUARDMUSTER D

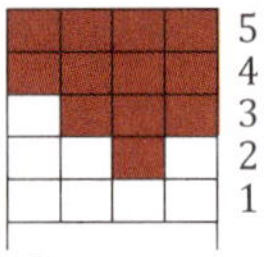

Rapport = 4 Maschen

Legende

= Natur

= Rot meliert

JACQUARDMUSTER B

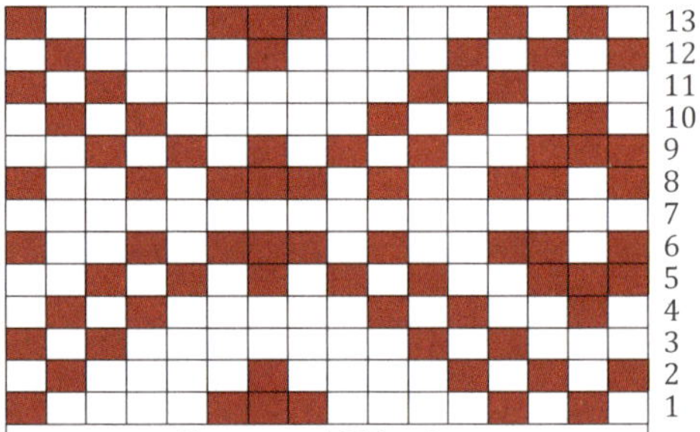

Rapport = 16 Maschen

JACQUARDMUSTER C

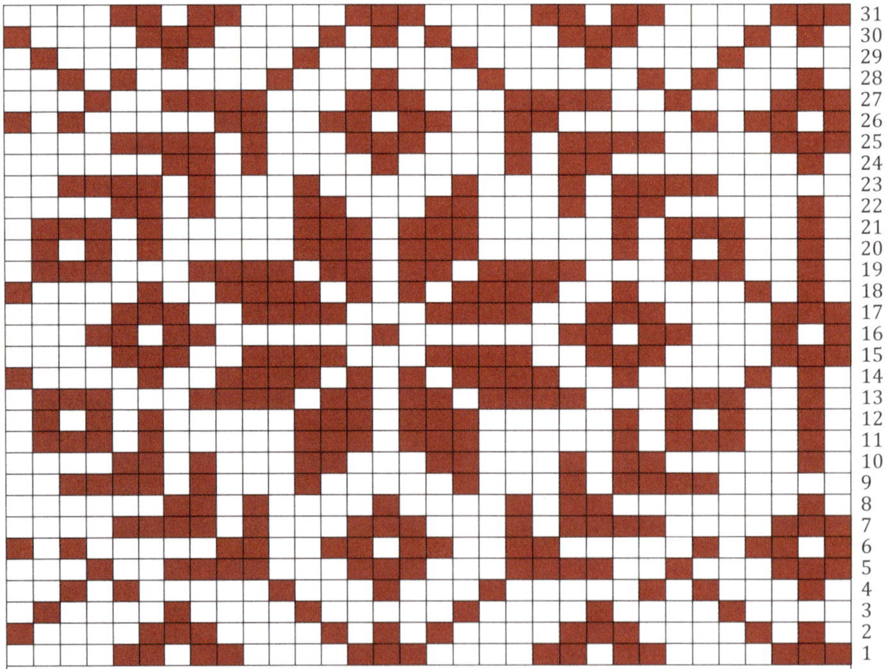

Rapport = 32 Maschen

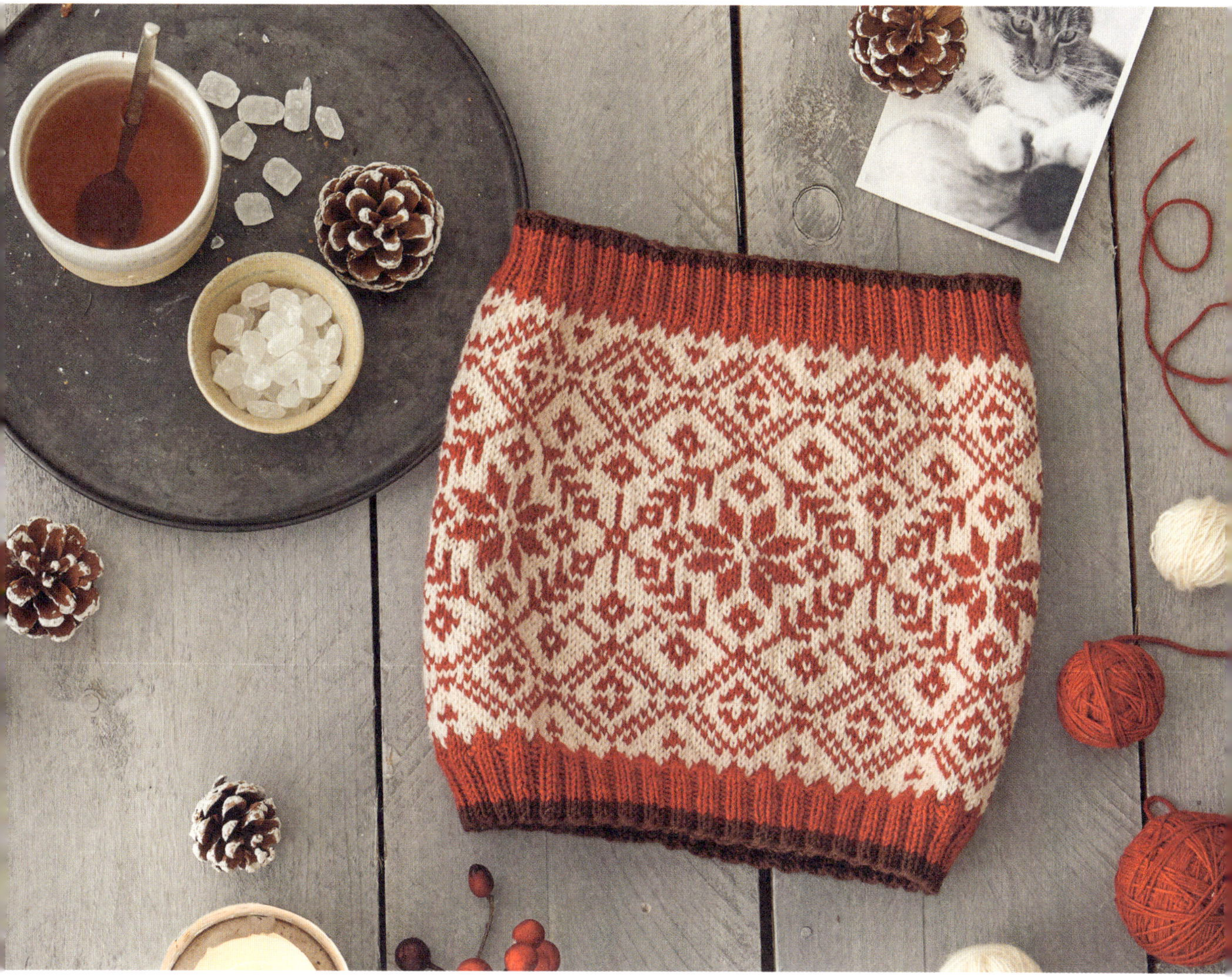

ANLEITUNG

160 M mit Nd 3,0 mm in Mokka anschl und zur Rd schließen. Den Rd-Beginn mit einem M-Markierer kennzeichnen.
2 Rd in Mokka im Bündchenmuster str. Den Faden abschneiden. Anschließend 10 Rd in Rot meliert im Bündchenmuster arb (= 3 cm).
Zu Nd 3,5 mm wechseln und glatt rechts im Jacquardmuster A in Rot meliert und Natur weiterstr. Die 1.-4. Rd des Zählmusters 1x arb. Danach im Jacquardmuster B in Natur und Rot meliert weiterstr. Die 1.-13. Rd des Zählmusters 1x arb. Anschließend im Jacquardmuster C in Natur und Rot meliert weiterstr. Die 1.-31. Rd des Zählmusters 1x arb. Nun im Jacquardmuster B in Natur und Rot meliert weiterstr. Die 1.-13. Rd des Zählmusters 1x arb. Danach im Jacquardmuster D in Natur und Rot meliert weiterstr. Die 1.-5. Rd des Zählmusters 1x arb. Den Faden in Natur abschneiden und zu Nd 3,0 mm wechseln. 10 Rd in Rot meliert im Bündchenmuster str. Den Faden in Rot meliert abschneiden und 2 Rd in Mokka im Bündchenmuster arb. Anschließend die M abk, wie sie erscheinen.
Alle Fäden vernähen.

WEIHNACHTS-SOCKEN

SCHWIERIGKEITSGRAD

GRÖSSE

36/37, 38/39, 40/41, 42/43

Die Angaben für die einzelnen Größen stehen hintereinander, jeweils durch Schrägstriche getrennt. Steht nur eine Angabe, gilt diese für alle Größen.

MATERIAL

- Lana Grossa Meilenweit 50 Cashmere (LL ca. 210 m/50 g) in Rot (Fb 06), 100 g, in Weiß (Fb 01) und Tiefseegrün (Fb 42), je 50 g
- Nadelspiel 2,5-3,0 mm
- Wollnadel ohne Spitze

MASCHENPROBE

Im Jacquardmuster mit Nd 2,5-3,0 mm
36 M und 44 Rd = 10 cm x 10 cm

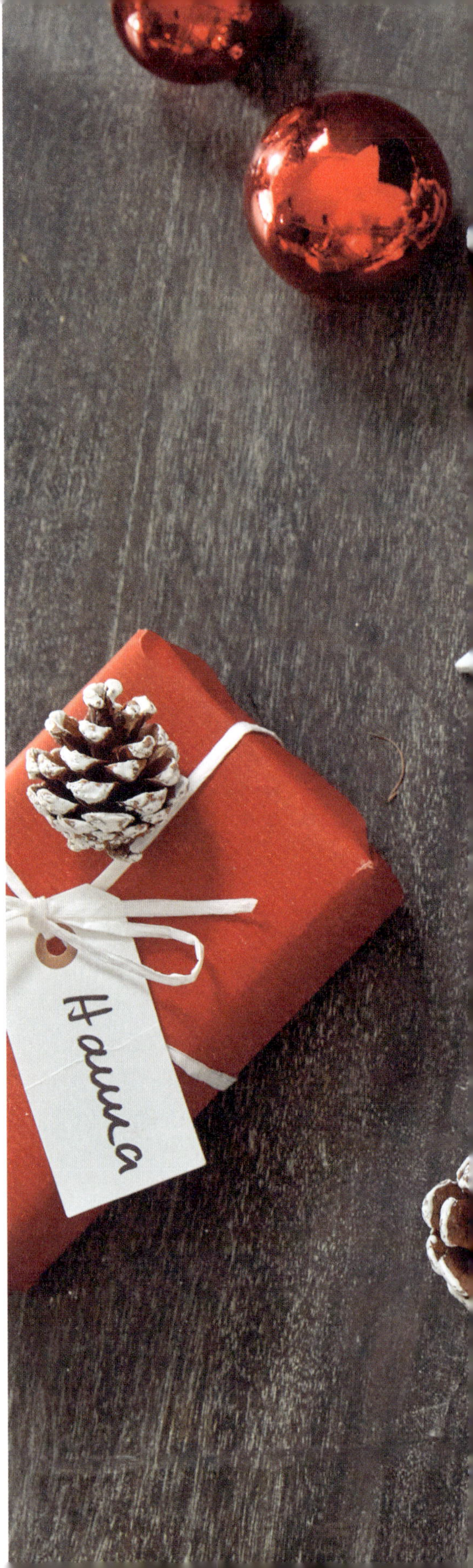

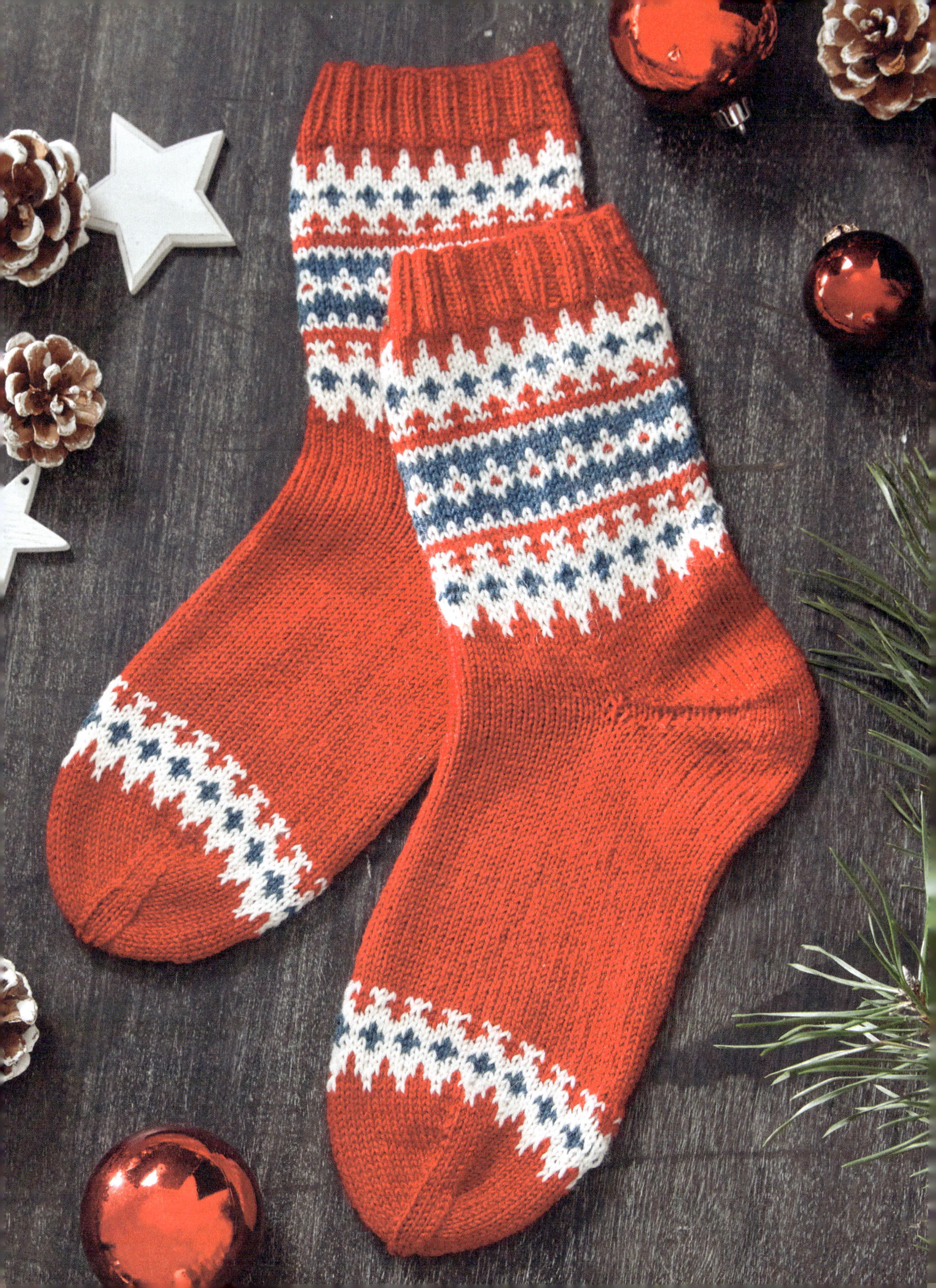

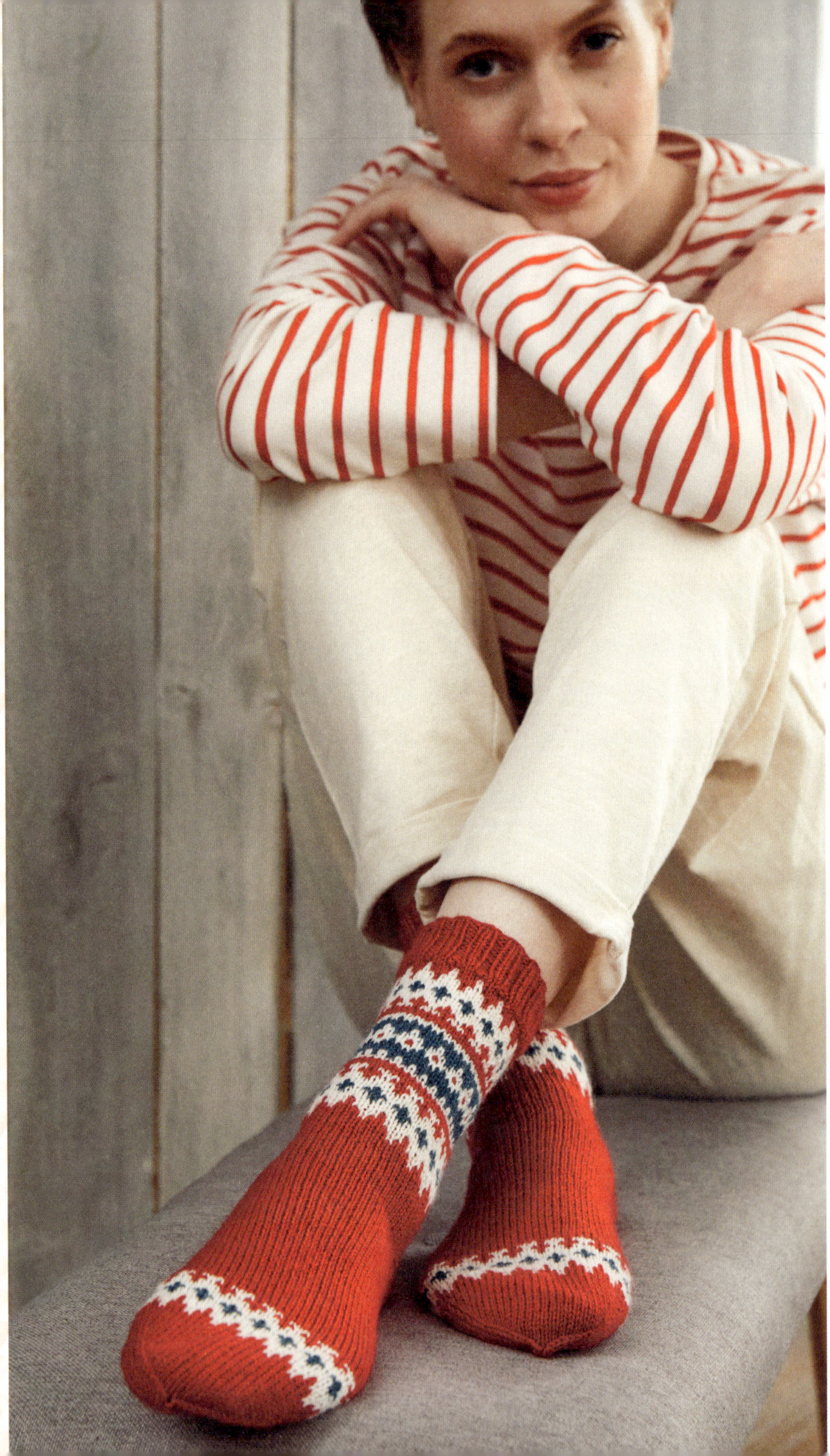

GLATT RECHTS

In Hinr rechte M, in Rückr linke M str, bzw. in Rd alle M rechts str.

BÜNDCHEN-MUSTER

2 M rechts, 2 M links im Wechsel str.

JACQUARD-MUSTER

M-Zahl teilbar durch 4. In allen Rd glatt rechts nach dem Zählmuster str. Den Rapport von 4 M fortlaufend wdh.

JACQUARD-MUSTER

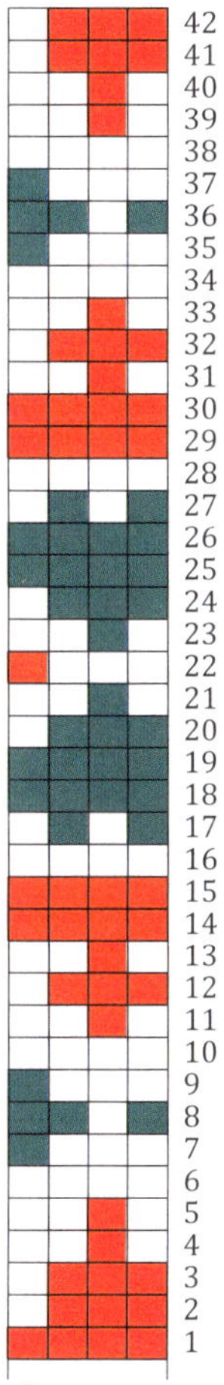

Rapport = 4 Maschen

Legende

- = Weiß
- = Tiefseegrün
- = Rot

ANLEITUNG

64/64/68/68 M in Rot anschl, gleichmäßig auf 4 Spielnd verteilen (= 16/16/17/17 M pro Nd) und zur Rd schließen.
Für das Bündchen 12 Rd (= 2,5 cm) im Bündchenmuster str. Den Schaft glatt rechts im Jacquardmuster in Rot, Weiß und Tiefseegrün beginnen. Die 1.-42. Rd des Zählmusters 1x str. Die Fäden in Weiß und Tiefseegrün abschneiden und 10 Rd in Rot arb.
Nun die Bumerangferse glatt rechts in Rot über die 32/32/34/34 M der 4. und 1. Nd nach der Grundanleitung str (siehe Seite 220).
Den Fuß weiter glatt rechts über alle M der 4 Spielnd arb. Mit 35/40/45/50 Rd in Rot beginnen und anschließend im Jacquardmuster in Rot, Weiß und Tiefseegrün weiterarb. Die 29.-42. Rd des Zählmusters 1x str. Die Fäden in Weiß und Tiefseegrün abschneiden und die Socke in Rot beenden. Dabei nach 16/17,5/19/20,5 cm ab Fersenmitte mit den Abnahmen für die Bandspitze beginnen.
Die Bandspitze in Rot nach der Grundanleitung str (siehe Seite 221). Den Faden abschneiden und nach innen ziehen.
Alle Fäden vernähen.
Die zweite Socke genauso arb.

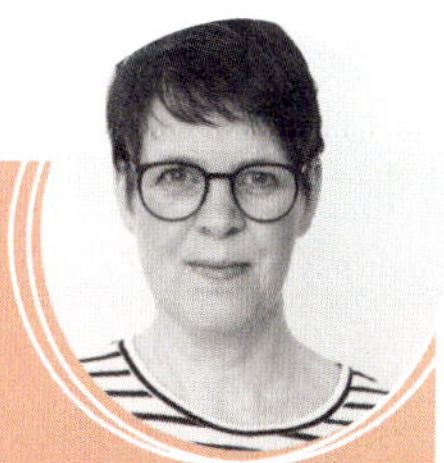

Mein Tipp

Ich beginne mit dem Vernähen der vielen Fäden schon während des Strickens, dann muss ich zum Schluss nur noch den letzten Faden vernähen.

Kerstin Balke

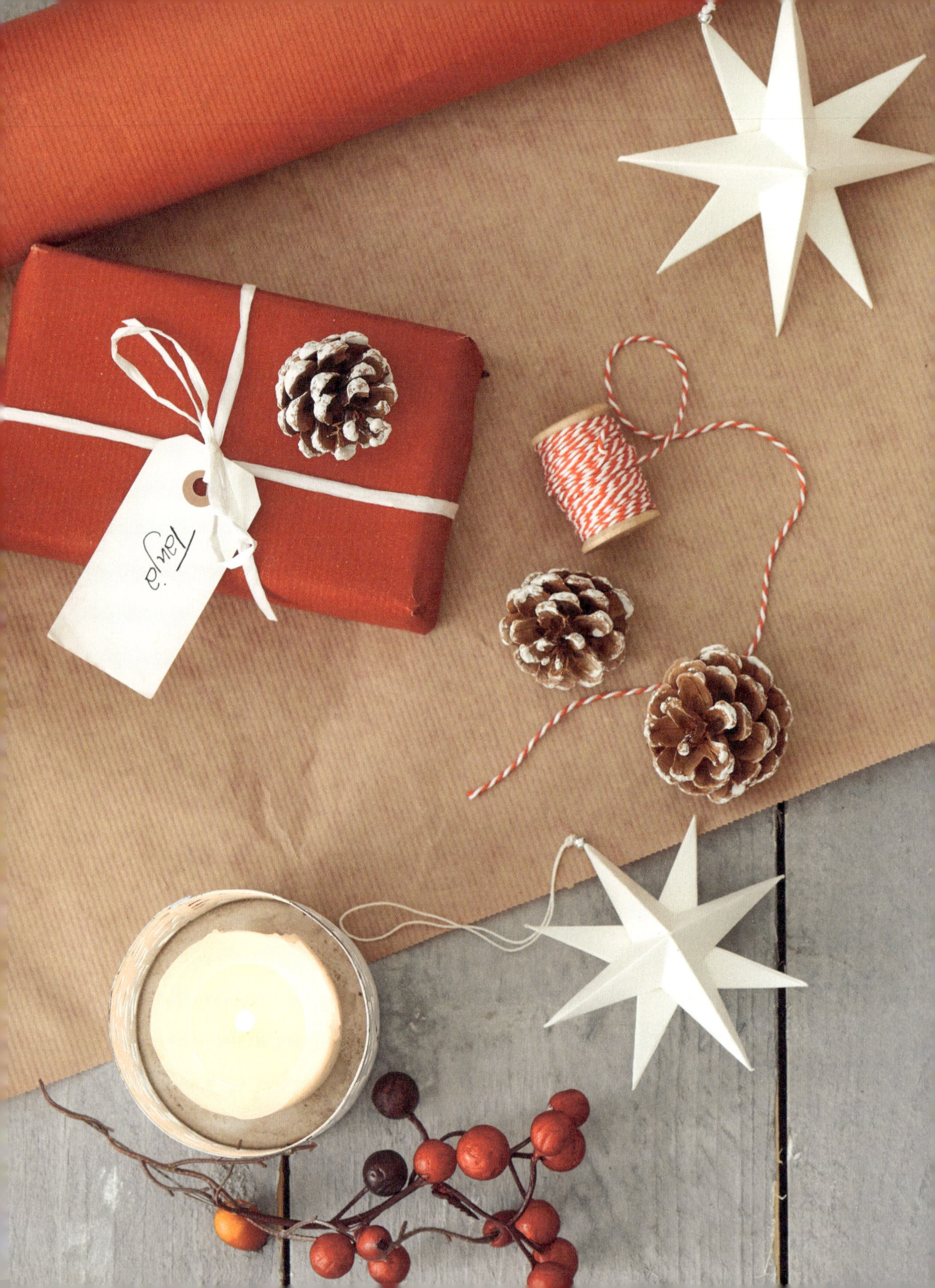
Tanja

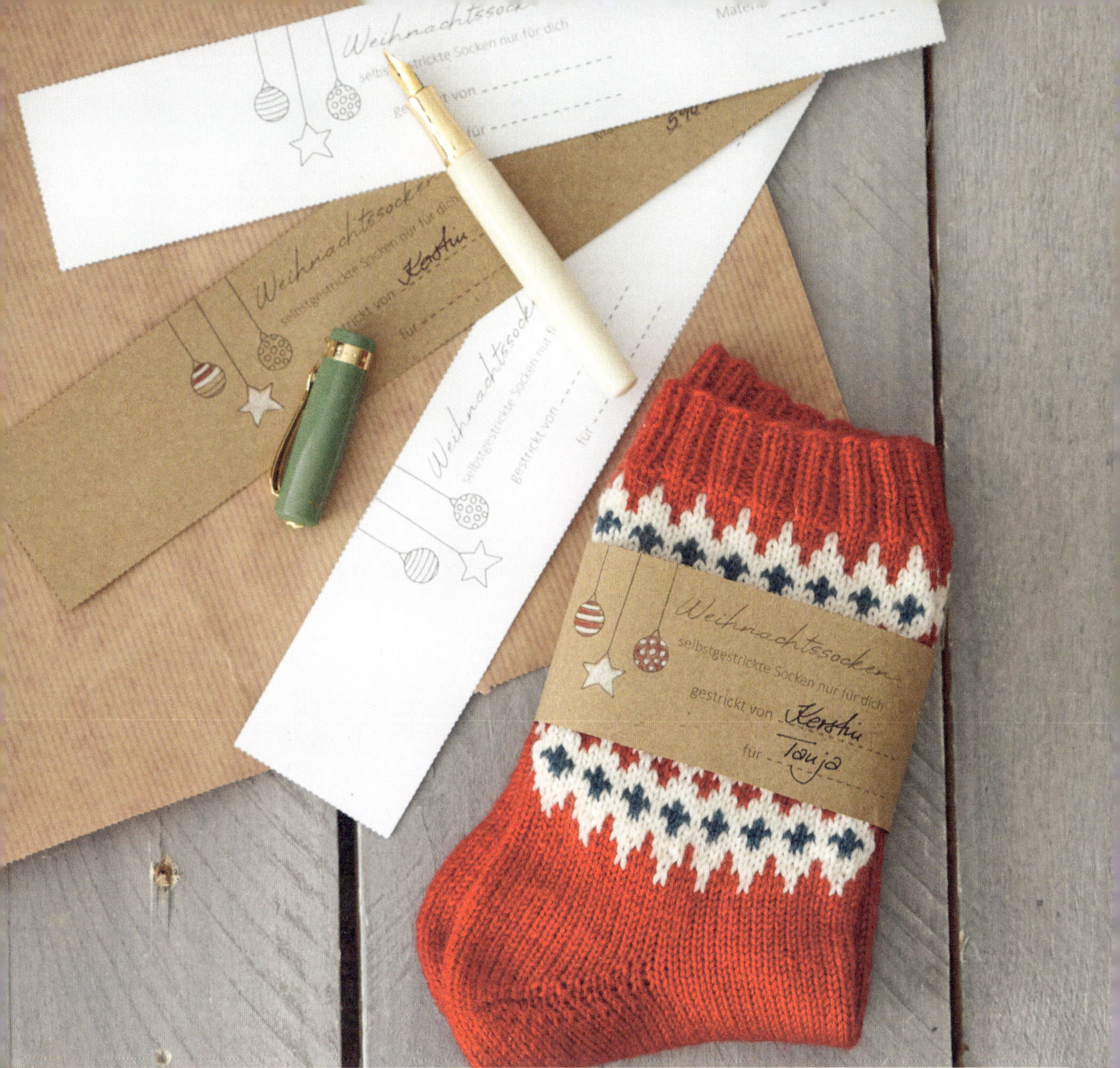

JEDES JAHR ZUR SELBEN ZEIT UND DOCH IMMER WIEDER ÜBERRASCHEND – WEIHNACHTEN. WIR FREUEN UNS DARAUF, DIESE ZEIT MIT LIEBEN MENSCHEN ZU ERLEBEN. UND KLAR: ALS BEGEISTERTE STRICKERINNEN HABEN WIR NATÜRLICH AUCH IMMER EIN WOLLIGES GESCHENK DABEI. MIT EINER HÜBSCHEN GESCHENKBANDEROLE BEKOMMEN SELBST GESTRICKTE SOCKEN IN DIESER ZEIT IHREN GROSSEN AUFTRITT.

EINE DRUCKVORLAGE FÜR DIE GESCHENKBANDEROLE ZUM IMMER WIEDER AUSDRUCKEN UND VERSCHENKEN FINDEST DU NACH ERFOLGTER REGISTRIERUNG IN DER TOPP DIGITALEN BIBLIOTHEK ONLINE: WWW.TOPP-KREATIV.DE/DIGIBIB. DEN FREISCHALTCODE FINDEST DU IM IMPRESSUM.

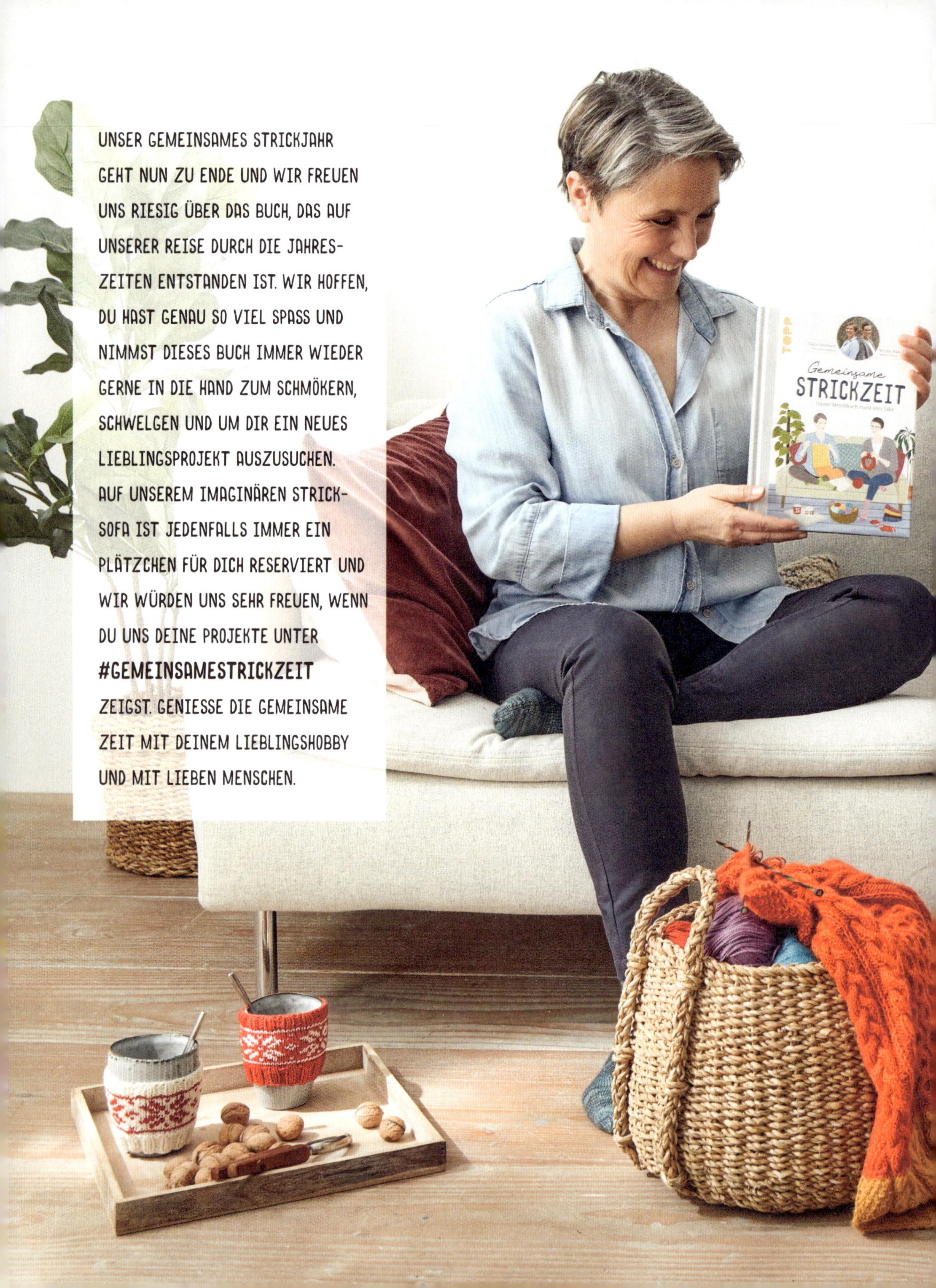

UNSER GEMEINSAMES STRICKJAHR GEHT NUN ZU ENDE UND WIR FREUEN UNS RIESIG ÜBER DAS BUCH, DAS AUF UNSERER REISE DURCH DIE JAHRESZEITEN ENTSTANDEN IST. WIR HOFFEN, DU HAST GENAU SO VIEL SPASS UND NIMMST DIESES BUCH IMMER WIEDER GERNE IN DIE HAND ZUM SCHMÖKERN, SCHWELGEN UND UM DIR EIN NEUES LIEBLINGSPROJEKT AUSZUSUCHEN. AUF UNSEREM IMAGINÄREN STRICKSOFA IST JEDENFALLS IMMER EIN PLÄTZCHEN FÜR DICH RESERVIERT UND WIR WÜRDEN UNS SEHR FREUEN, WENN DU UNS DEINE PROJEKTE UNTER **#GEMEINSAMESTRICKZEIT** ZEIGST. GENIESSE DIE GEMEINSAME ZEIT MIT DEINEM LIEBLINGSHOBBY UND MIT LIEBEN MENSCHEN.

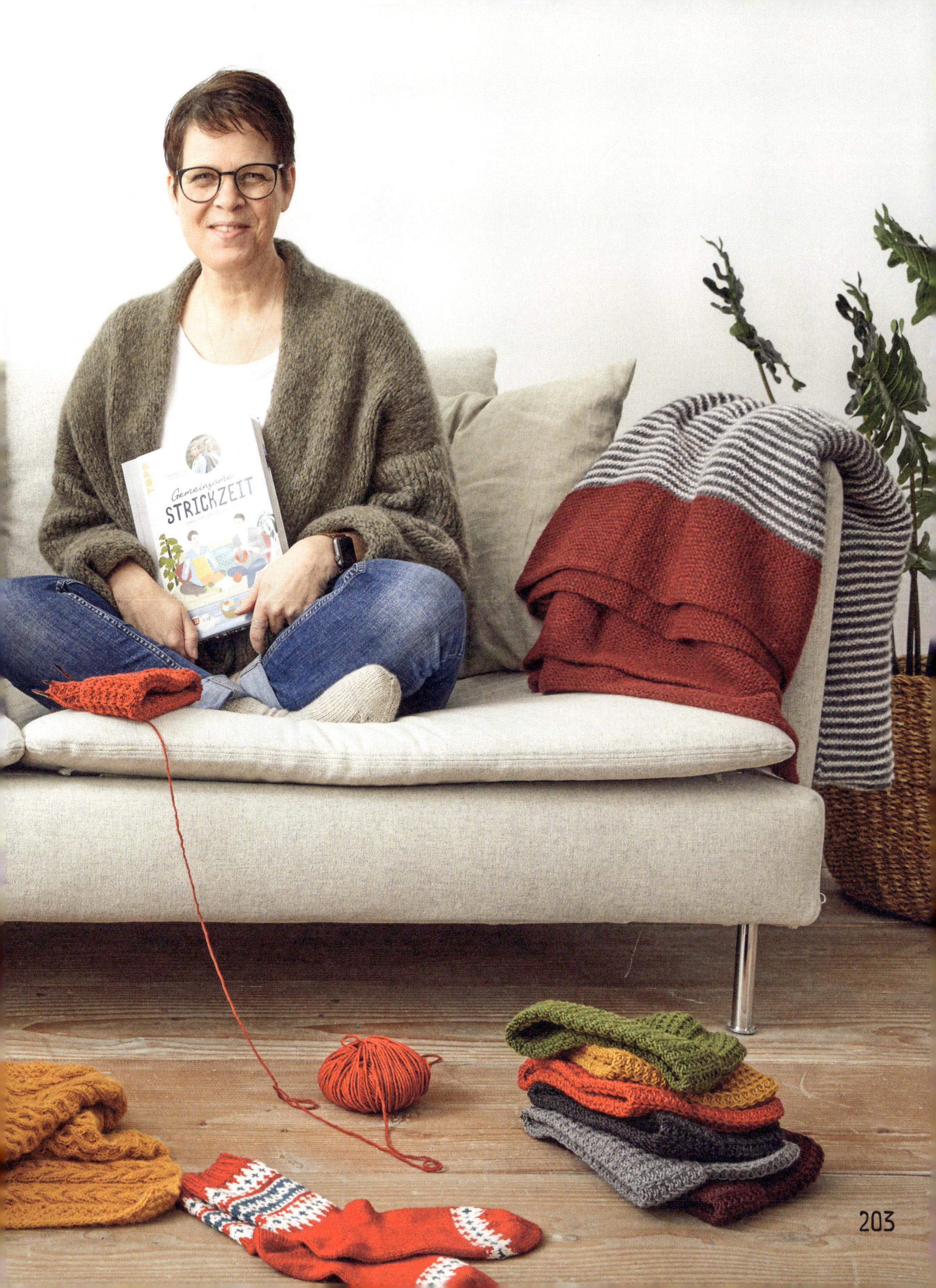
TOPP
Gemeinsame
STRICKZEIT

GRUNDANLEITUNG

Die wichtigsten Techniken Schritt für Schritt erklärt

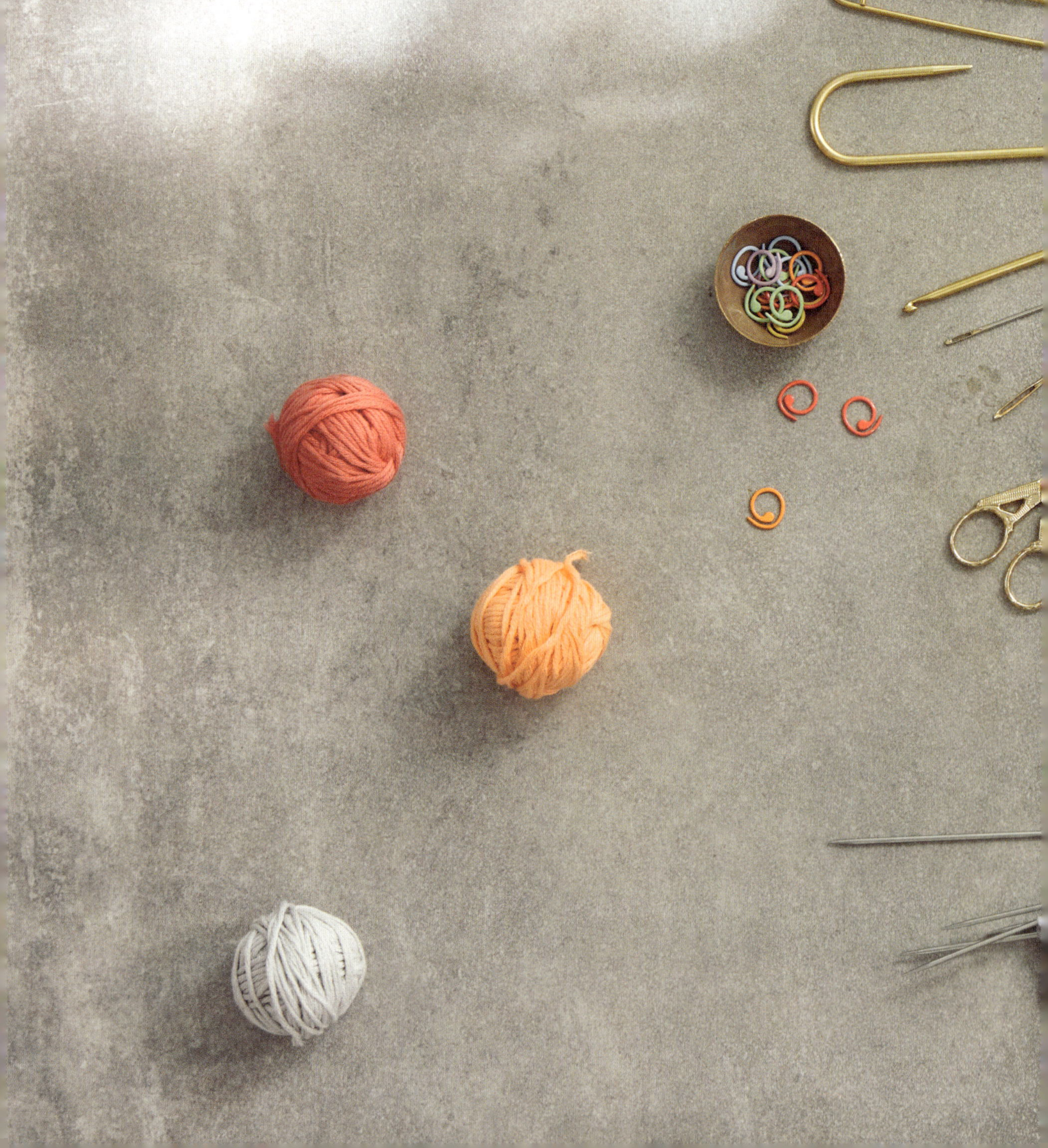

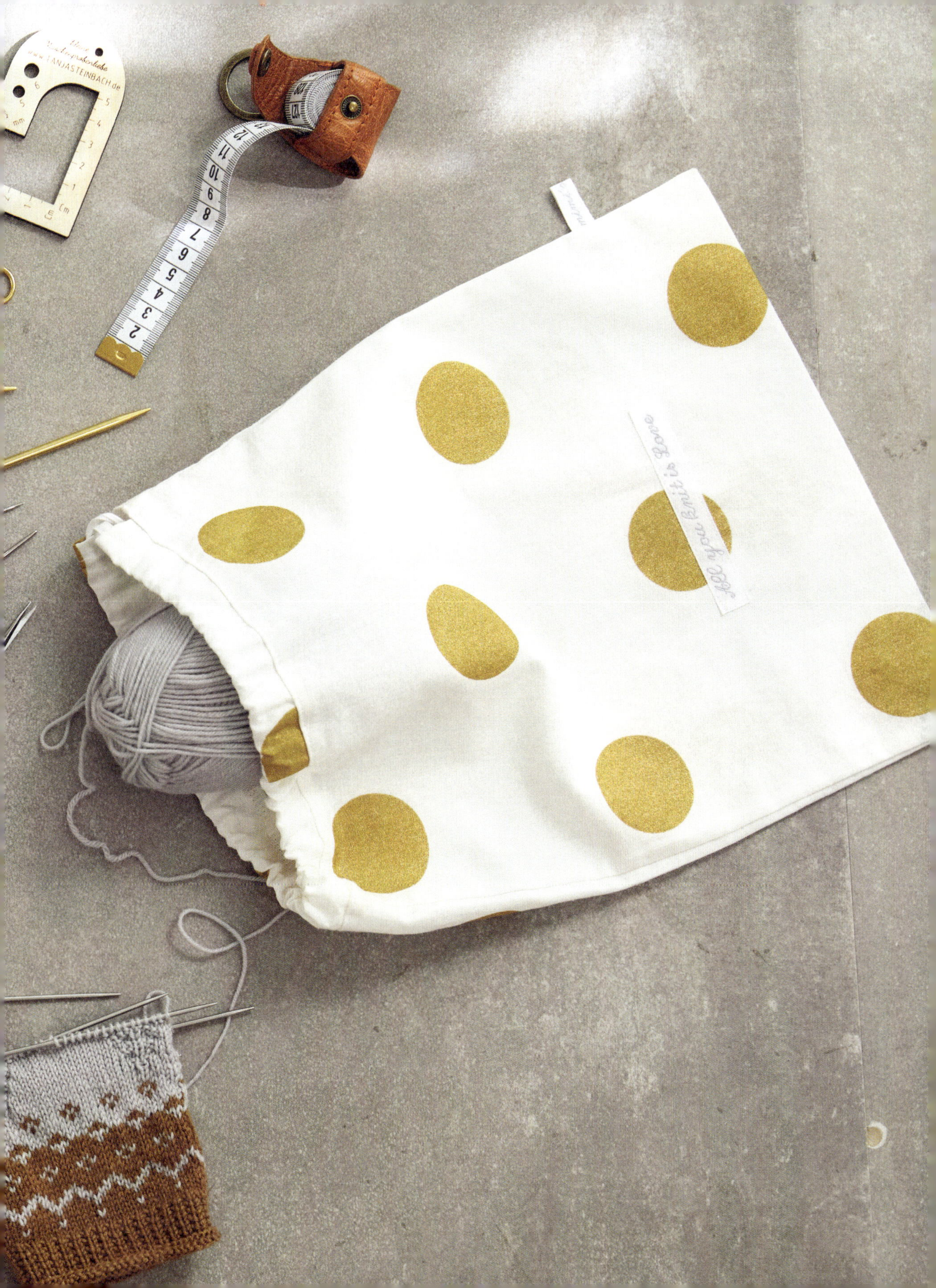
All you knit is Love

KREUZANSCHLAG

Mit dem einfachen Kreuzanschlag erhält man eine Anschlagkante mit mittlerer Dehnbarkeit.

1 Für den Übergang von der 1. Masche zum Kreuzanschlag Grundschlinge oder Knotenschlinge mit dem Zeigefinger der rechten Hand auf der Arbeitsnadel fixieren. Daumen und Zeigefinger der linken Hand spreizen. Das Fadenende über den Daumen und den Arbeitsfaden über den Zeigefinger legen und mit den übrigen Fingern der linken Hand fassen und spannen.

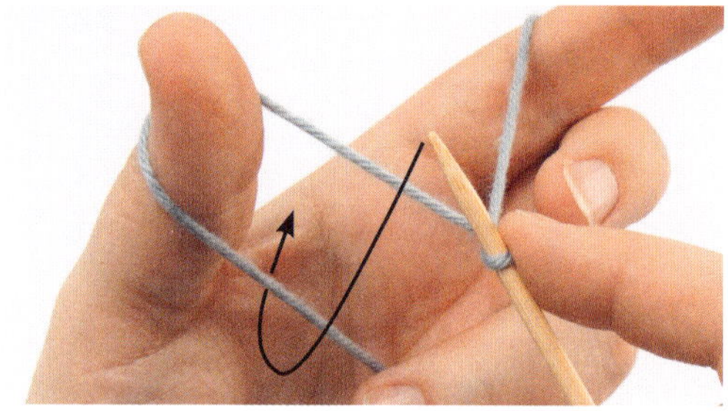

2 Den Daumen anheben und die Arbeitsnadel vor dem Daumen nach unten ziehen, bis sich die Daumenfäden vorne überkreuzen (Daumenkreuz). Mit der Nadelspitze unter dem äußeren Daumenfaden durchstechen und in Pfeilrichtung von rechts nach links hinter dem Zeigefingerfaden herumführen.

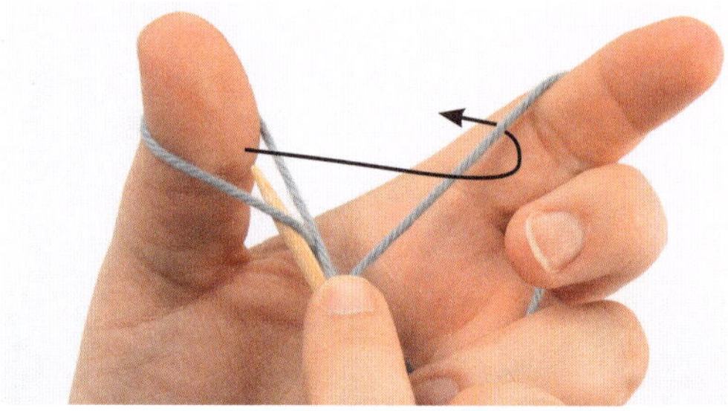

3 Den Zeigefingerfaden mit der Nadel erfassen und in Pfeilrichtung durch die Daumenschlinge ziehen. Die Schlinge vom Daumen gleiten lassen und das Fadenende mit dem Daumen anziehen, bis sich die Masche auf der Arbeitsnadel bildet. Daumen anheben, Nadel senken. Die Arbeitsschritte so oft wiederholen, bis sich die gewünschte Anzahl Maschen auf der Nadel befindet.

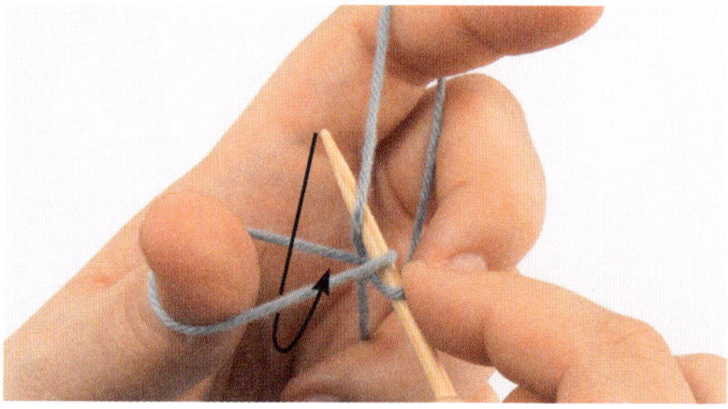

UMSCHLAG

Für einen Umschlag den Arbeitsfaden von hinten nach vorne über die rechte Nadel legen. Wird der Umschlag in der nächsten Reihe einfach abgestrickt, entsteht im Maschenbild ein Loch. Bei einem verschränkten Abstricken entsteht eine unauffälligere Fadenschlinge.

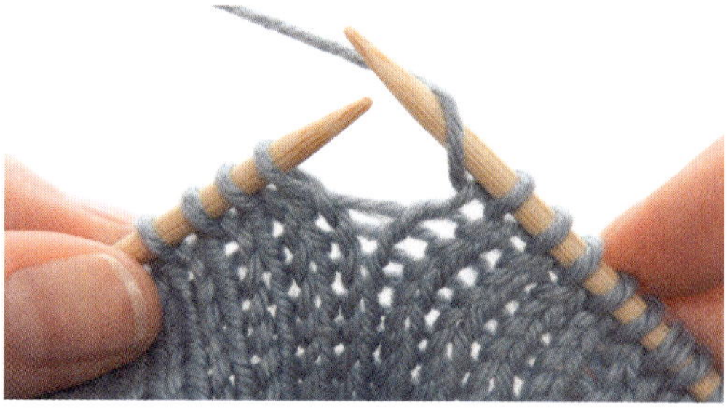

MASCHEN ABHEBEN (HEBEMASCHEN)

Beim Abheben einer Masche lässt sich ihre Orientierung auf der Nadel drehen, sodass sich nicht wie üblich der rechte Maschenschenkel vor der Nadel befindet, sondern der linke. Beim Musterstricken werden mit abgehobenen Maschen schöne Effekte erzielt.
Um eine Masche abzuheben, wird sie ungestrickt von der linken auf die rechte Nadel gehoben. Dazu entweder mit der Arbeitsnadel wie zum Linksstricken oder wie zum Rechtsstricken in die Masche einstechen. Auch macht es einen Unterschied, ob sich der Arbeitsfaden vor der Arbeit befindet oder auf der Rückseite.

EINE MASCHE WIE ZUM LINKSSTRICKEN ABHEBEN

Das Abheben einer Masche wie zum Linksstricken mit dem Arbeitsfaden hinten ist die einfachste Art, eine Masche von der linken auf die rechte Nadel wandern zu lassen. In Anleitungen lautet die Anweisung dafür meist nur: „1 Masche abheben". Der Arbeitsfaden legt sich als kurzer Spannfaden hinter die Masche, die im Maschenbild in der Höhe über 2 Reihen erscheint.
Die rechte Nadel von rechts nach links in die Masche einstechen, als wolle man sie links abstricken, und von der rechten Nadel abheben. Damit ist die Masche mit ihrer ursprünglichen Orientierung von der linken Nadel auf die Arbeitsnadel gewandert, ohne dabei gestrickt worden zu sein. Auf der Rückseite der Arbeit liegt ein kleiner Spannfaden hinter der Masche.

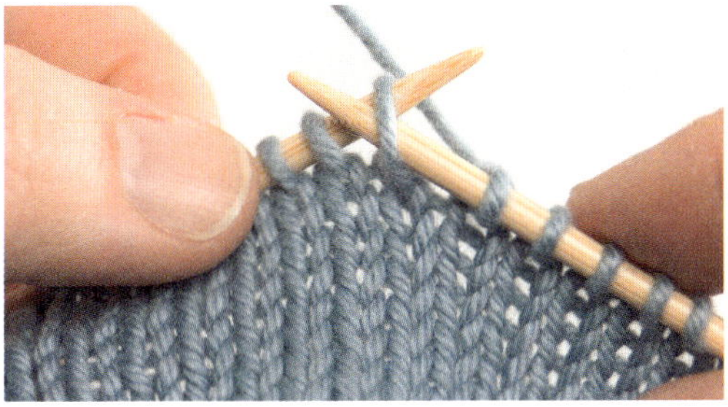

Rechte Maschen, die über mehr als eine Reihe gezogen werden, werden auch als Zugmaschen bezeichnet.

EINE MASCHE WIE ZUM RECHTSSTRICKEN ABHEBEN

Hebt man eine Masche wie zum Rechtsstricken mit dem Arbeitsfaden hinten ab, dreht sich die Masche dabei, sodass ihre Orientierung nun invers zur Orientierung der übrigen Maschen ist. Die gedrehte Orientierung der Masche macht man sich etwa dann zunutze, wenn man zwei Maschen mit einer Neigung nach links zusammenstricken will.
Die rechte Nadel sticht von links nach rechts in die Masche ein, als wolle man sie rechts abstricken, und hebt sie von der linken Nadel ab. Damit ist die Masche mit inverser Orientierung von der linken Nadel auf die Arbeitsnadel gewandert, ohne dabei gestrickt worden zu sein. Auf der Rückseite der Arbeit liegt ein kurzer Spannfaden hinter der Masche. Soll eine Masche wie zum Rechtsstricken abgehoben werden, wird das in der Anleitung ausdrücklich erwähnt.

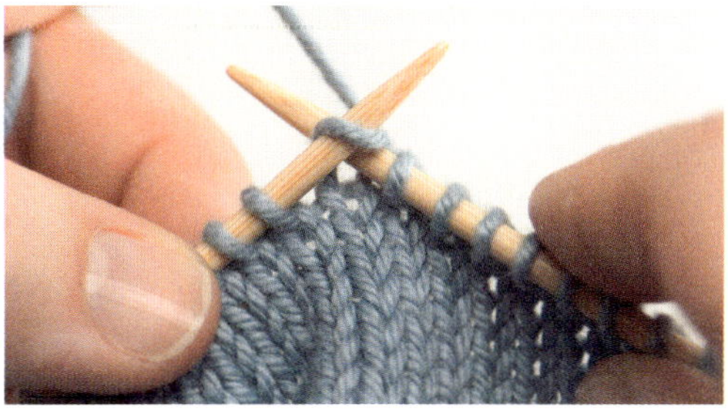

MASCHEN ABNEHMEN

Abahmen in einem Strickstück verringern die Maschenzahl und helfen so dem Gestrick eine Form zu geben. Dabei ist es wichtig, die Neigung der abzunehmenden Maschen im Blick zu behalten. Wenn zwei Maschen rechs zusammengestrickt werden, erhält die Abnahme eine Rechtsneigung. Wenn zwei Maschen rechts überzogen zusammengestrickt werden erhält die Abnahme eine Linksneigung. Werden 3 Maschen mit aufliegender Mittelmasche zusammengestrickt erhält man eine Nahtlinie.

2 MASCHEN RECHTS ZUSAMMENSTRICKEN

1 Für eine einfache Abnahme mit der Arbeitsnadel in 2 Maschen gleichzeitig einstechen.

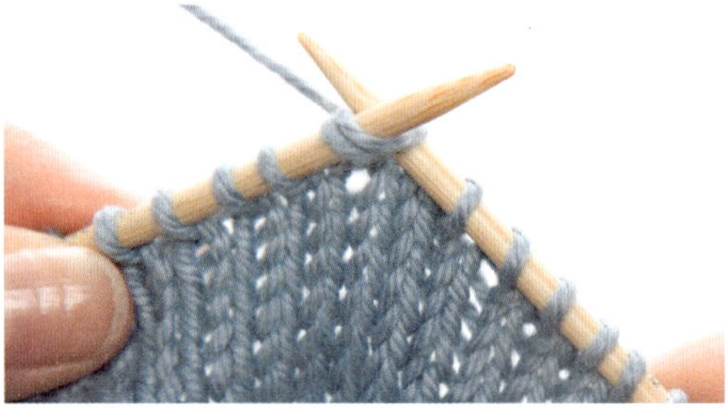

2 Den Arbeitsfaden holen und durch beide Maschen ziehen. Die abgestrickten Maschen von der Nadel gleiten lassen.

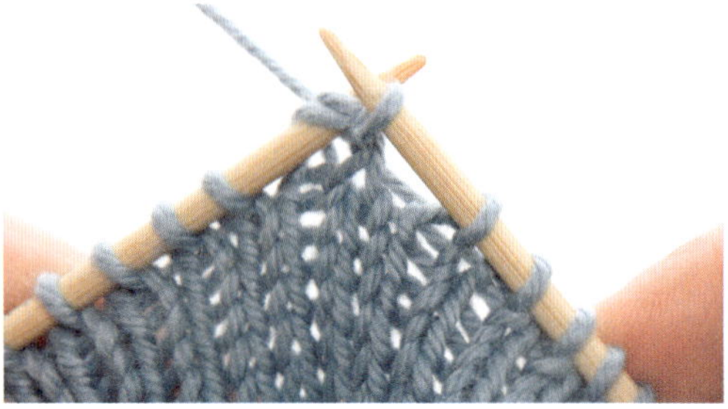

3 Die Abnahme erscheint nach rechts geneigt.

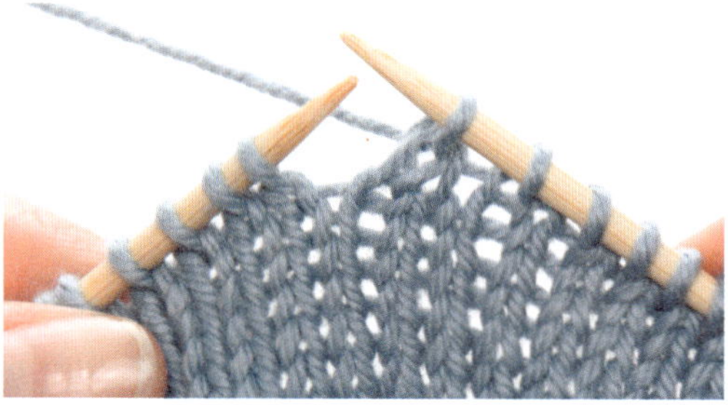

2 MASCHEN RECHTS ÜBERZOGEN ZUSAMMENSTRICKEN

1 Die 1. Masche wie zum Rechtsstricken abheben.

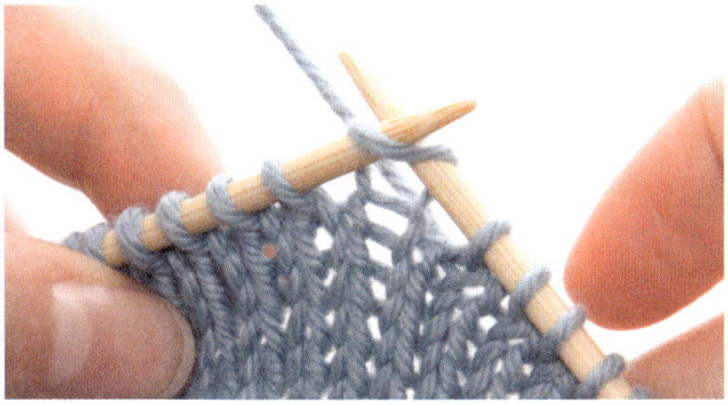

2 Die folgende Masche rechts stricken.

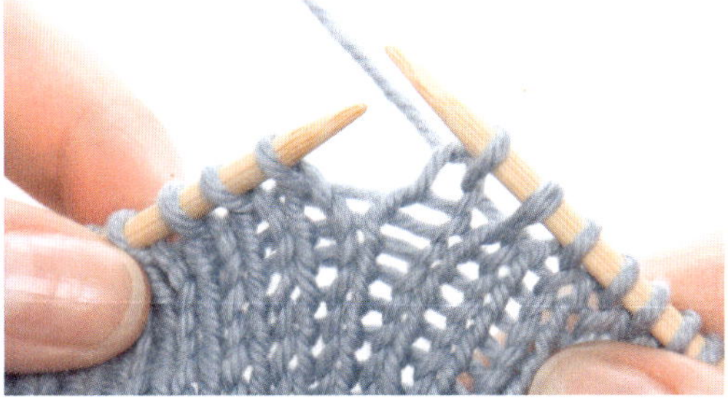

3 Mit der linken Nadel von links in die abgehobene Masche einstechen, diese über die 2. Masche und die Nadelspitze ziehen und von der linken Nadel gleiten lassen.

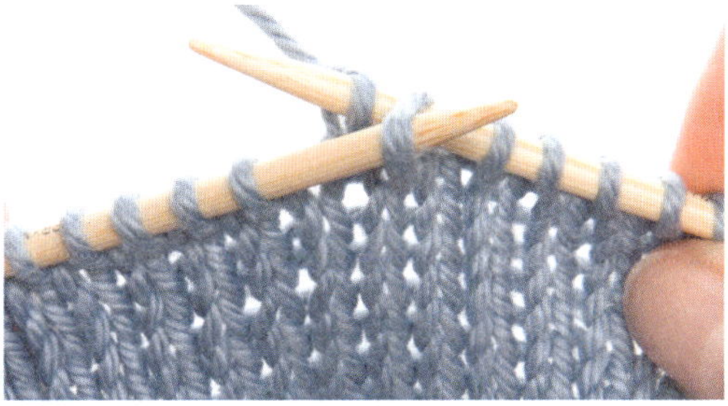

4 Die Abnahme erscheint nach links geneigt.

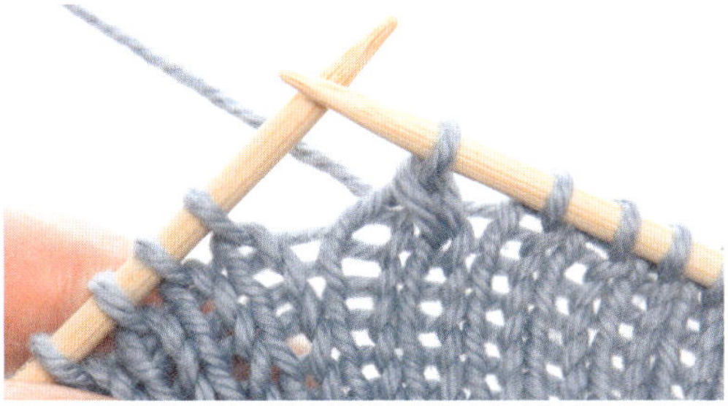

3 MASCHEN MIT AUFLIEGENDER MITTELMASCHE ZUSAMMENSTRICKEN

Für eine doppelte Abnahme mit aufliegender Mittelmasche 2 Maschen gleichzeitig wie zum Rechtsstricken abheben. Dadurch liegen sie nicht nur mit dem anderen Maschenschenkel vorne, sondern haben auch noch ihre Plätze getauscht. 1 Masche rechts stricken und die beiden abgehobenen Maschen wie beim Abketten über Masche und Nadel heben.

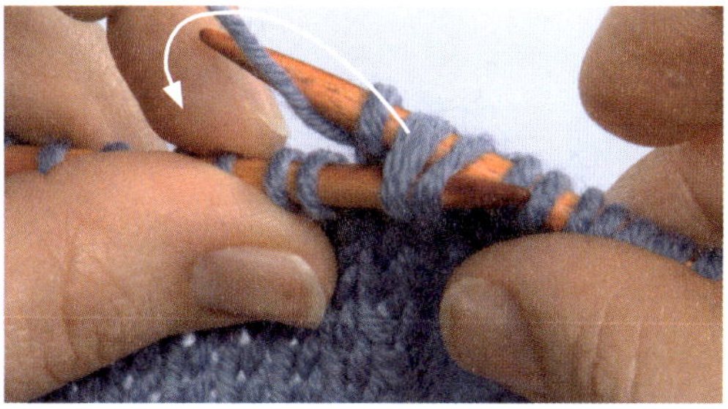

MASCHEN ZUNEHMEN

Durch Zunahmen in einem Strickstück erhöht sich die Maschenzahl auf den Nadeln und der Umfang des Gestricks erhöht sich. Auch hierbei sollte man für eine besonders schöne Optik die Neigung der dabei entstehenden Zunahme beachten, da diese durchaus sichtbar sein kann.

ZUNAHME AUS DEM QUERFADEN

Für diese Zunahmen wird der Querfaden zwischen zwei Maschen der Vorreihe/-runde hochgezogen.

RECHTSGENEIGTE ZUNAHME

Diese Zunahme neigt sich im Maschenbild nach rechts.

1 Mit der rechten Nadelspitze von vorne nach hinten unter dem Querfaden der Vorreihe/-runde einstechen.

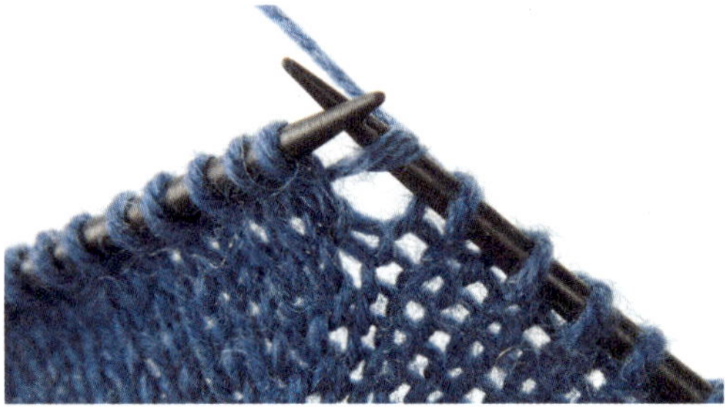

2 Den Querfaden auf die linke Nadel heben und aus dieser Schlinge 1 Masche rechts herausstricken (also von links nach rechts in den vorderen Maschenschenkel einstechen und den Faden holen).

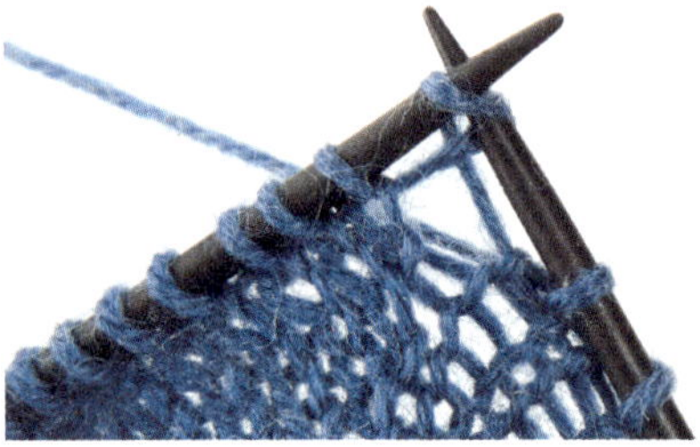

LINKSGENEIGTE ZUNAHME

Diese Zunahme neigt sich im Maschenbild nach links.

1 Mit der rechten Nadelspitze von hinten nach vorne unter dem Querfaden der Vorreihe/-runde einstechen.

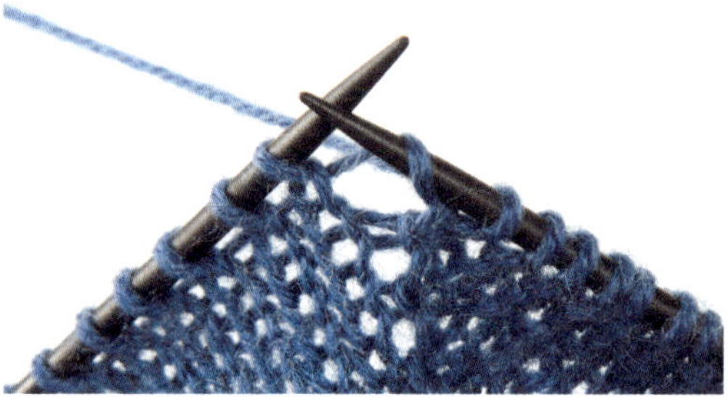

2 Den Querfaden auf die linke Nadel heben und aus dieser Schlinge 1 Masche rechts verschränkt herausstricken (also von rechts nach links in den hinteren Maschenschenkel einstechen und den Faden holen).

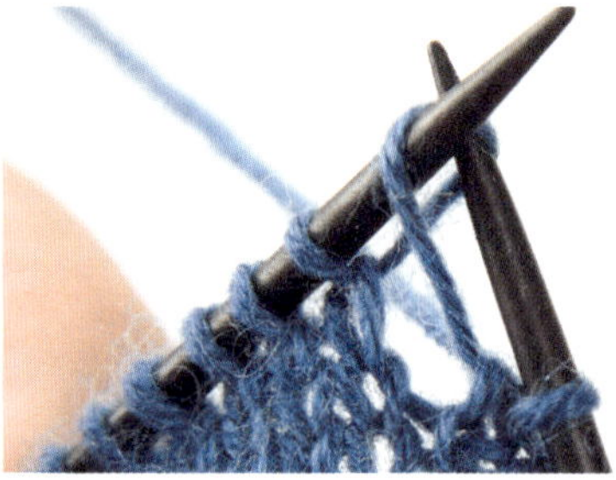

MASCHEN AUFSTRICKEN

Diese Zunahmen werden immer am rechten Rand des Strickstücks gemacht, ggf. das Strickstück wenden, sodass Arbeitsfaden und 1. Masche in der Ausgangsposition (= linke Nadel, 1. Masche am rechten Rand) liegen.

1 Den Arbeitsfaden hinter die Nadel legen. * Mit der rechten Nadel in die 1. Masche wie zum Rechtsstricken einstechen und eine Schlinge bilden, die Schlinge und die M dabei nicht von den Nd gleiten lassen.

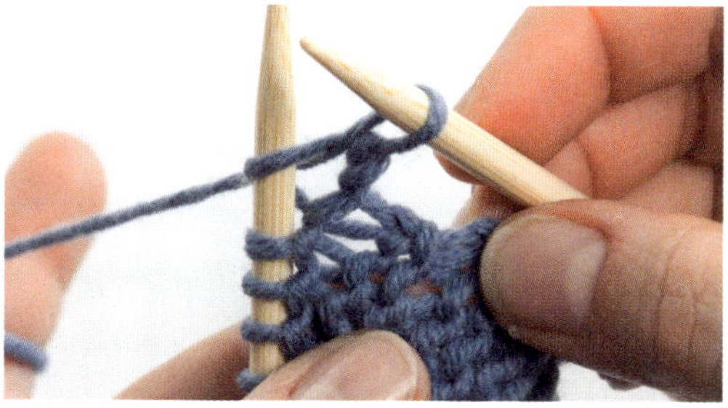

2 Mit der linken Nadelspitze von vorne nach hinten in die Schlinge auf der rechten Nadel einstechen und diese als neue Masche auf die linke Nd nehmen. Ab * so oft wiederholen, bis die gewünschte Maschenzahl erreicht ist, für jede neue Masche dabei in die zuletzt gebildete Masche einstechen.

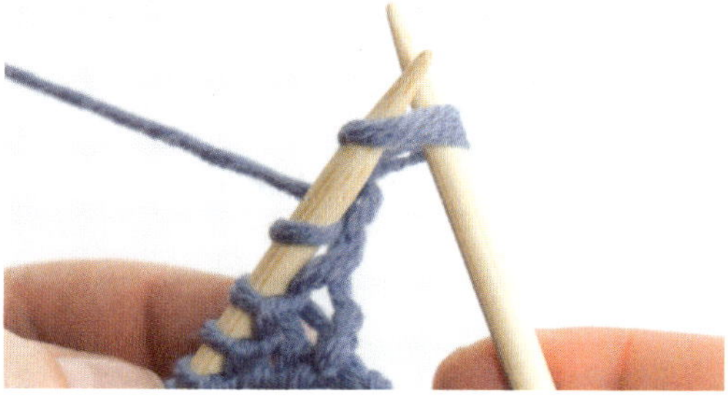

AUFSCHLINGEN

Diese Zunahmen werden immer am linken Rand des Strickstücks gemacht.

1 Die Stricknadel in der rechten Hand halten. Der Arbeitsfaden wird von vorne nach hinten über den linken Daumen geführt.

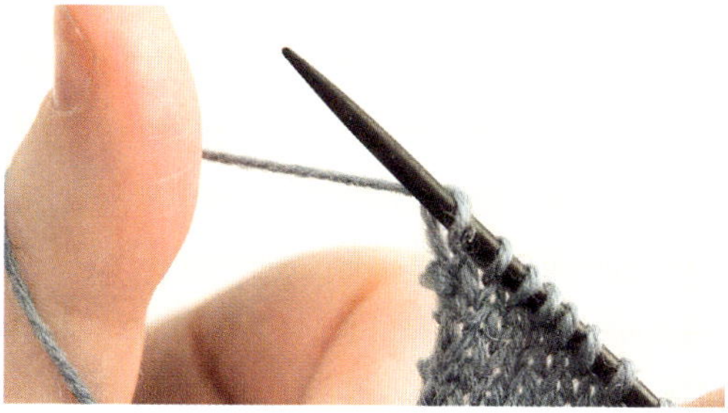

2 Die Nadel von vorne unter dem vorderen Faden durchführen.

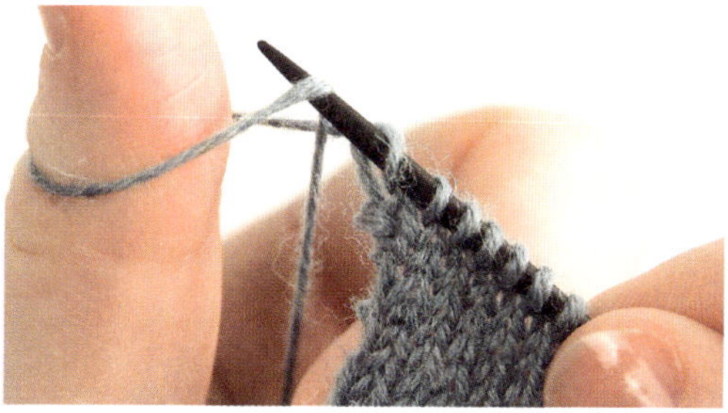

3 Den Daumen aus der Schlinge ziehen, die neue Masche auf der Nadel anziehen.

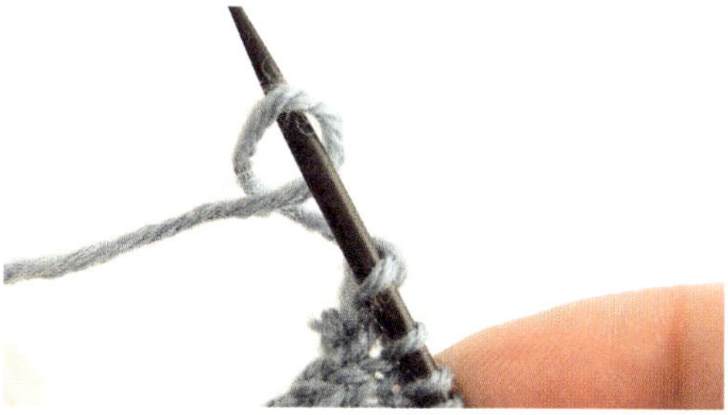

1 MASCHE VERDOPPELN

Aus 1 Masche 2 Maschen herausstricken. Dafür 1 Masche wie gewohnt rechts stricken, die ursprüngliche Masche auf der linken Nadel lassen und für die 2. Masche noch 1 Masche rechts verschränkt aus dem hinteren Maschenschenkel der ursprünglichen Masche stricken.

Maschen abketten

Ein schöner Abschluss ist das Tüpfelchen auf dem i eines jeden Strickstücks. Er bildet nicht nur den optischen Rahmen, sondern kann auch darüber entscheiden, ob ein Projekt gut sitzt. Hier sind drei mögliche Varianten für einen ansprechenden Abschluss eines Modells.

Elastisches Abketten mit Umschlag

1 Einen inversen Umschlag (= der Umschlag wird von hinten nach vorne über die Nadel gelegt) auf die rechte Nadel nehmen.

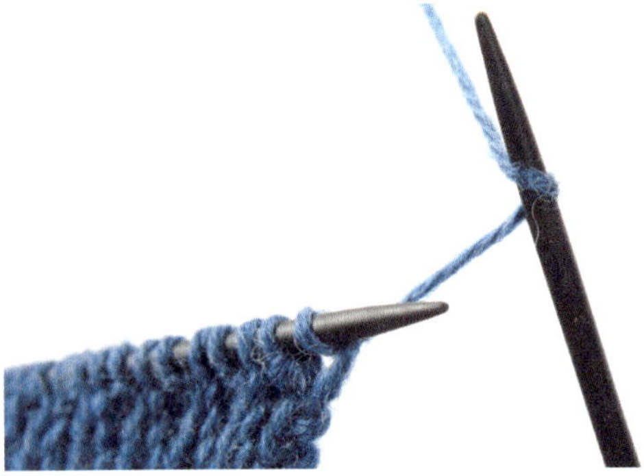

2 Nun 1 Masche rechts stricken, dann den Umschlag mit der linken Nadelspitze über die gestrickte Masche heben und damit abketten.

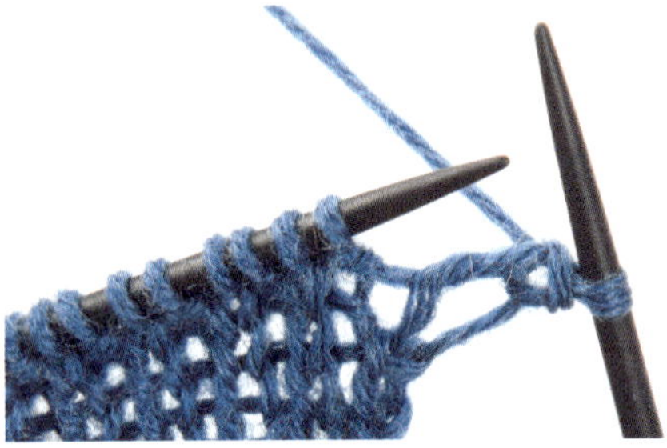

3 * 1 inversen Umschlag auf die rechte Nadel nehmen, 1 Masche rechts stricken, dann den Umschlag und die zuvor abgekettete Masche mit der linken Nadelspitze gemeinsam über die zuletzt gestrickte Masche heben und damit abketten.

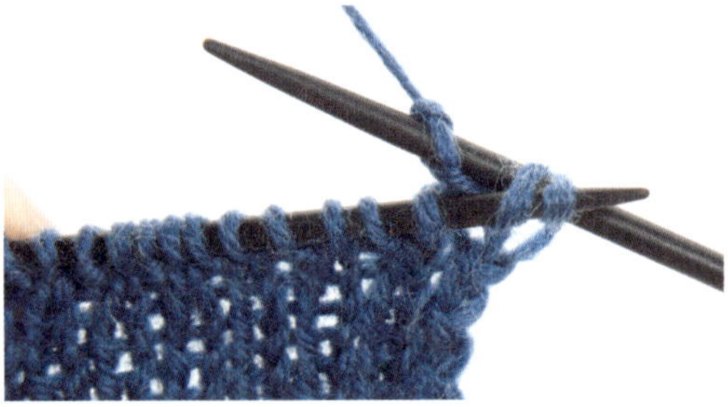

4 Ab * fortlaufend wiederholen, bis alle Maschen der Kante abgekettet sind. Am Ende den Faden abschneiden und durch die letzte Masche ziehen.

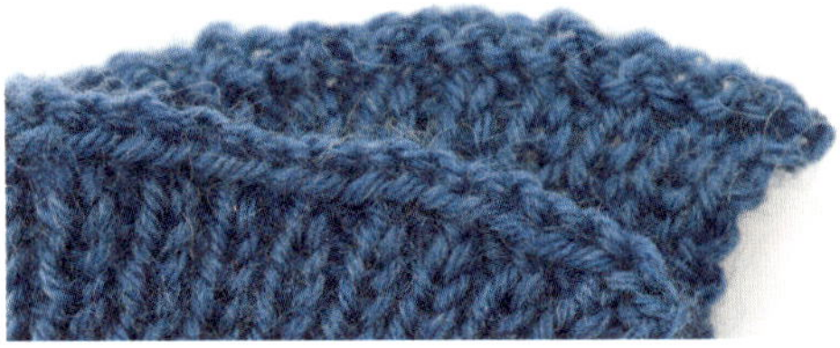

ABKETTEN MIT KORDELRAND

1 Am Reihen-/Rundenanfang 3 Maschen auf eine Spielnadel aufstricken (siehe Seite 211).

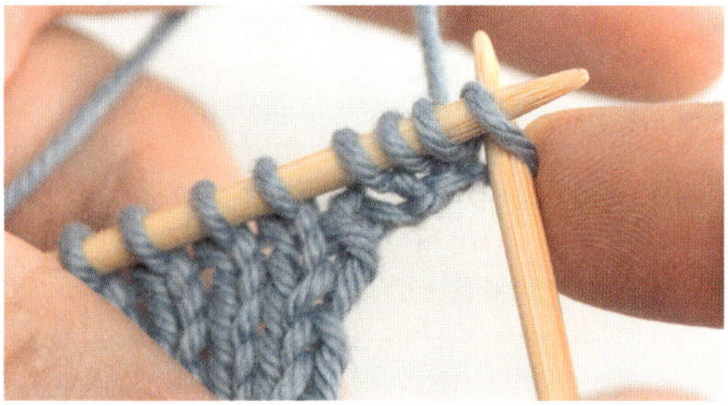

2 Mit der 2. Spielnadel * 2 Maschen rechts stricken, anschließend 2 Maschen rechts überzogen zusammenstricken (= 1 Masche wie zum Rechtsstricken abheben, die nächste Masche [= eine Masche der Kante] rechts stricken, dann die abgehobene Masche überziehen).

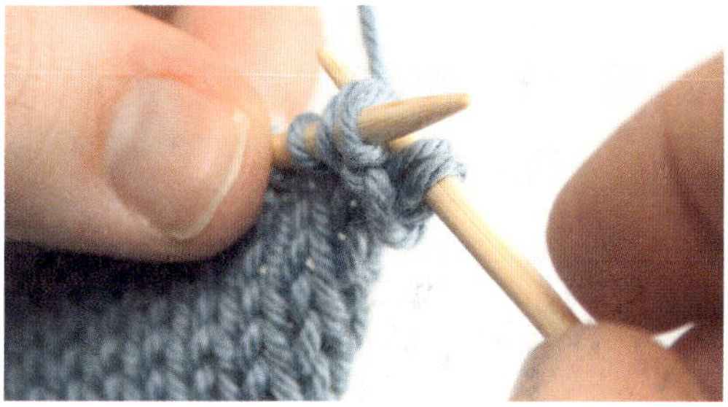

3 Nicht wenden, sondern * die 3 Maschen an das andere Ende der Spielnadel schieben, sodass am rechten Ende der Nadel weitergestrickt werden kann.

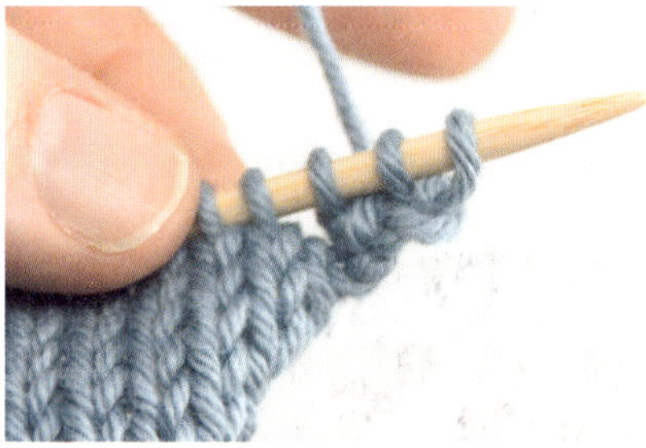

Den Arbeitsfaden an den Nadelanfang holen und ab * fortlaufend wiederholen, dabei den Arbeitsfaden immer wieder fest anziehen. Dann die Maschen des Kordelrands abketten, den Faden abschneiden und durch die letzte Masche ziehen.

ABKETTEN MIT DREI NADELN

Mit dieser Methode werden zwei Kanten in einem Arbeitsgang abgekettet.

1 Die Maschen der 1. und 2. Nadel und die Maschen der 3. und 4. Nadel jeweils auf einer Nadel zusammenfassen. Beide Nadeln parallel legen.

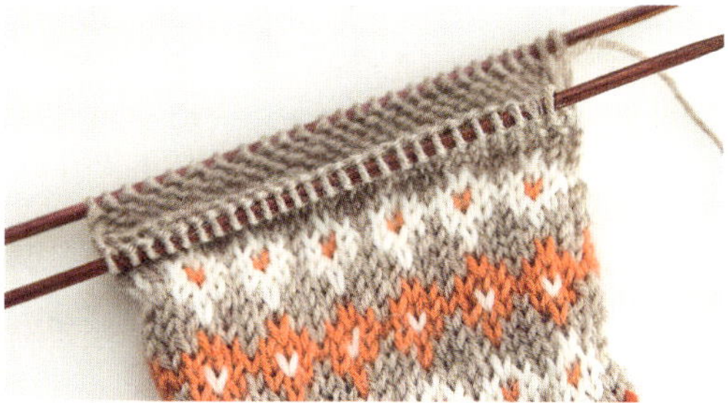

2 Mit einer 3. Nadel gleichzeitig in die 1. Maschen der vorderen und hinteren Nadel einstechen und die Maschen gemeinsam rechts abstricken.

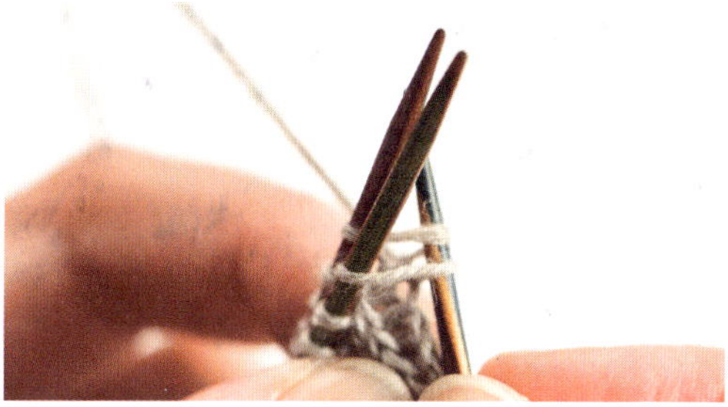

3 Die Maschen von den linken Nadeln gleiten lassen. In die nächsten beiden Maschen einstechen und die Maschen zusammen abstricken. Dann die 1. Masche über die neue Masche ziehen.

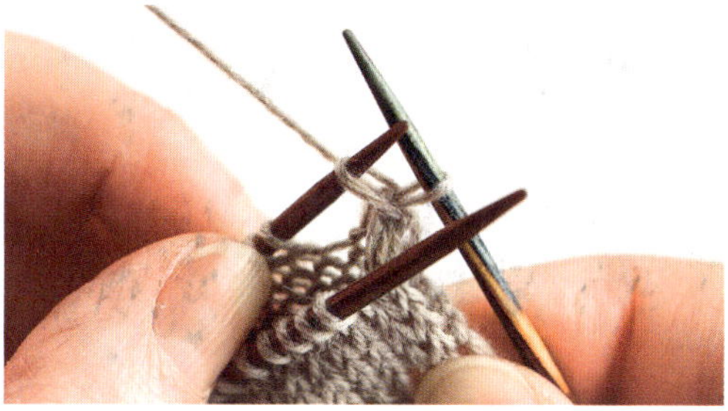

Die Schritte 1-3 so oft wiederholen, bis alle Maschen abgekettet sind. Den Faden abschneiden, durch die letzte Masche ziehen und vernähen.

SENKRECHTER UND WAAGRECHTER MATRATZENSTICH

In einer **Naht aus zwei seitlichen Strickrändern** stoßen zwei Maschensäulen gleicher Höhe aneinander. Zusätzlich zur benötigten Maschenzahl wurde für jede Naht an beiden Strickteilen je 1 weitere Randmasche gearbeitet. Durch das Einnähen in die Naht kippen die Randmaschen beider Teile auf die Rückseite.

1 Die beiden zu verbindenden Strickteile mit der Vorderseite an den Nahtkanten aneinanderlegen. Die Randmaschen der unteren Anschlagkanten beider Strickteile in Form einer 8 miteinander verbinden. Dazu mit der Nadel jeweils über der Anschlagkante beider Strickteile von unten nach oben vor der Randmasche des linken Strickteils ausstechen, von unten nach oben nach der Randmasche des rechten Teils ausstechen und den Faden durchziehen. Zum späteren Vernähen das Fadenende mindestens 15 cm lang lassen.

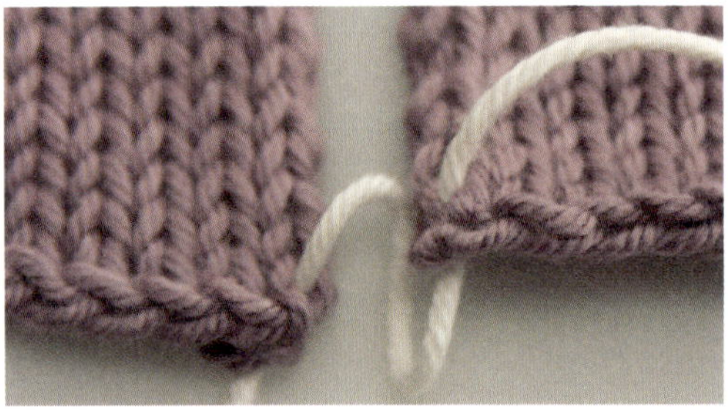

2 Ein zweites Mal von unten nach oben aus der gleichen Austrittstelle erst des linken Strickteils, dann des rechten Strickteils ausstechen und den Faden gut anziehen.

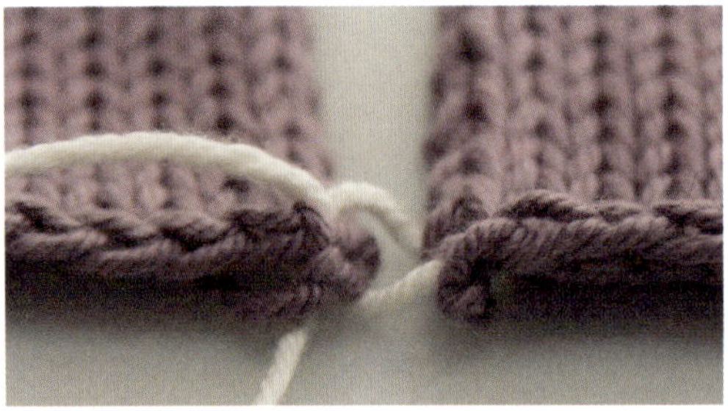

Verbindet man zwei Strickteile so, dass **eine Abkettkante und eine Anschlagkante in der Naht** aufeinanderstoßen, setzt sich die Strickrichtung der Maschen fort, sodass die beiden Teile ohne Versatz aneinandergenäht werden können.

1 Die beiden zu verbindenden Strickteile mit der Vorderseite nach oben an den Nahtkanten dicht nebeneinander legen. Die rechten Strickränder beider Teile jeweils 1 Reihe unterhalb der Anschlag- oder Abkettkante zwischen Randmasche und erster Masche in Form einer 8 miteinander verbinden. Dazu mit der Nadel von unten nach oben nach der Randmasche des rechten Strickteils einstechen, von unten nach oben nach der Randmasche des linken Teils ausstechen und den Faden durchziehen. Das Fadenende zum späteren Vernähen noch mindestens 15 cm lang lassen. Noch einmal von unten nach oben nach der Randmasche des rechten Strickteils ausstechen, von unten nach oben nach der Randmasche des linken Strickteils ausstechen und den Faden gut anziehen.

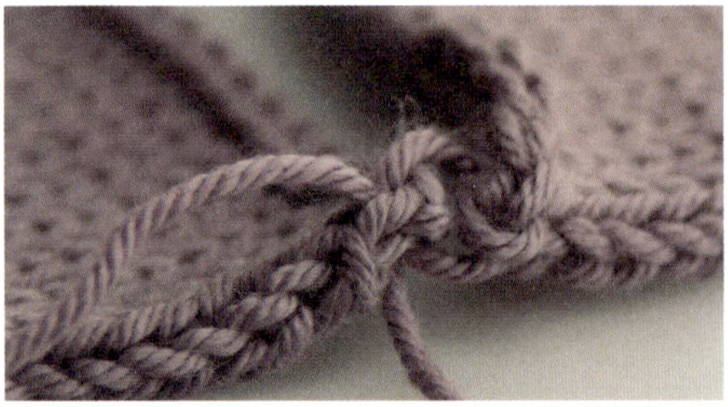

2 Dann abwechselnd die beiden Maschenschenkel der folgenden Masche des gegenüberliegenden Strickteils mit der Nadel auffassen.

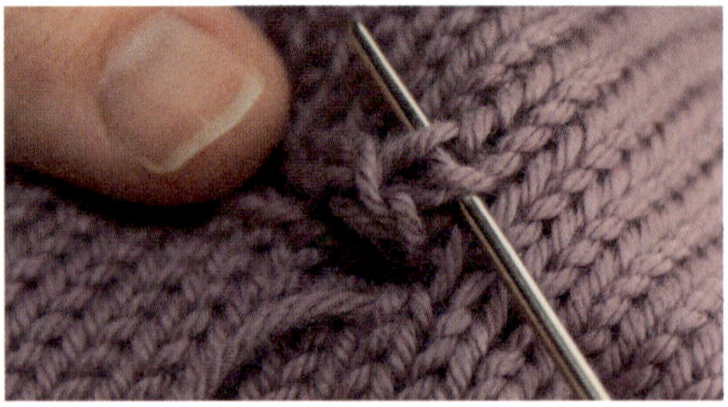

OFFENE KANTEN IM MASCHENSTICH VERBINDEN

Die Nadeln liegen parallel, die Strickstücke liegen links auf links. Dann werden abwechselnd 2 Maschen der vorderen und 2 Maschen der hinteren Nadel abgenäht. In jede Masche wird 2x eingestochen. Man benötigt vier Stiche für jede neue rechte oder linke Masche, die beide Strickteile verbindet.

1 Mit der Wollnadel in die erste Masche der vorne liegenden Stricknadel wie zum Rechtsstricken einstechen, den Faden bis auf ca. 15 cm durchziehen und die Masche von der Stricknadel gleiten lassen.

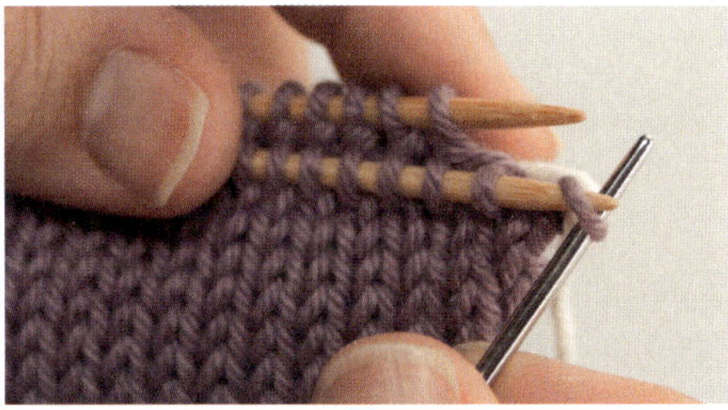

2 Nun die Wollnadel durch die zweite Masche der vorderen Stricknadel wie zum Linksstricken führen und den Faden durchziehen, dabei die Masche auf der Stricknadel liegen lassen.

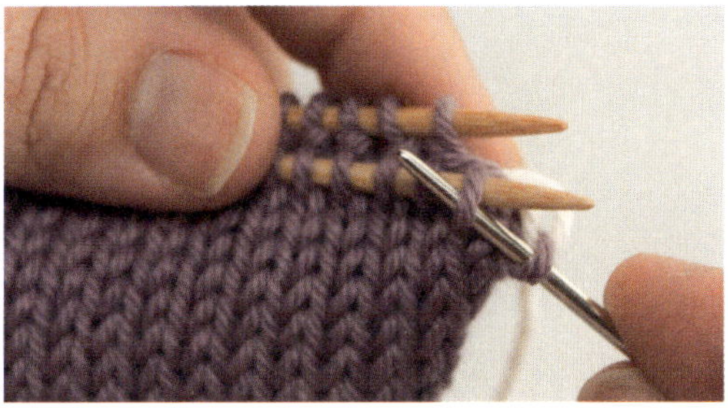

3 Die Wollnadel in die erste Masche der hinteren Stricknadel wie zum Linksstricken führen, die Masche von der Stricknadel gleiten lassen und den Faden durchziehen.

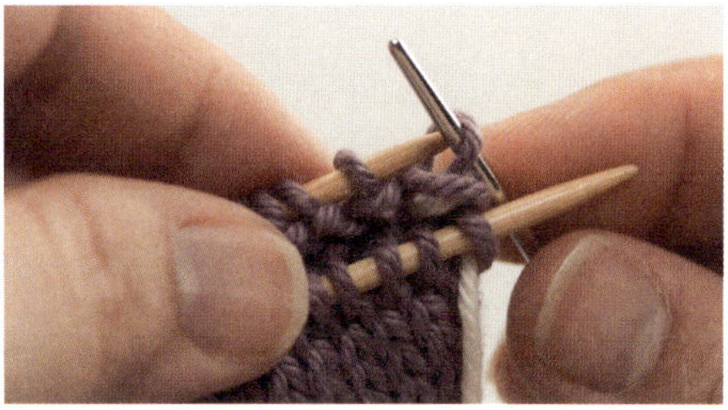

4 Mit der Wollnadel in die zweite Masche der hinteren Stricknadel wie zum Rechtsstricken einstechen, den Faden durchziehen und die Masche auf der Stricknadel liegen lassen.

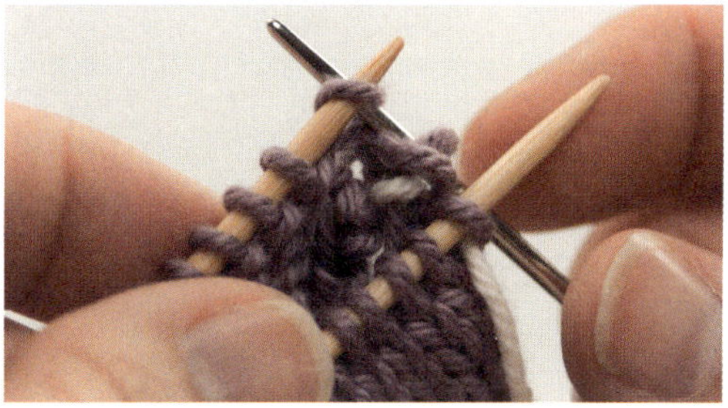

Schritt 1 bis 4 wiederholen, bis nur noch jeweils eine Masche auf den beiden Stricknadeln liegt. Die letzte Masche der vorderen Nadel wird rechts abgenäht, die letzte Masche der hinteren Nadel wird links abgenäht.

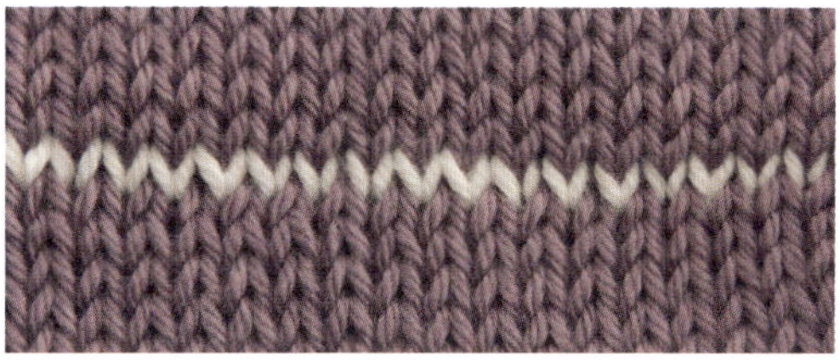

ZOPFMUSTER

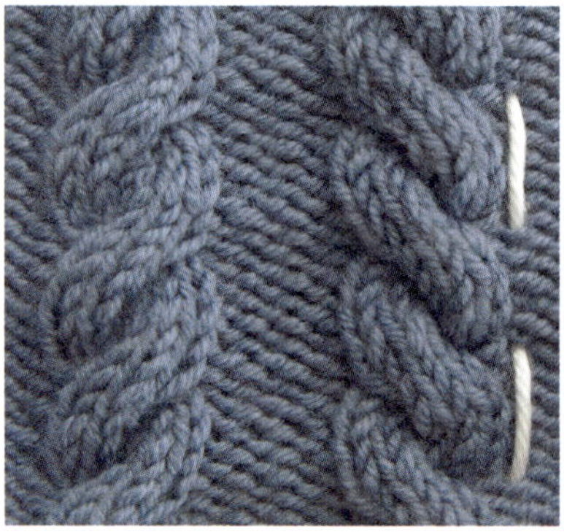

Als Beispiel dient ein Zopf über 6 Maschen glatt rechts auf einem glatt links gestrickten Grund, ein rechter Zopfstreifen wird nach links gedreht, der andere nach rechts.
Wenn der Zopf nach links dreht oder wandert (= Zopf rechts im Bild), werden die Maschen auf der Hilfsnadel vor die Arbeit gelegt. Wenn der Zopf nach rechts dreht oder wandert (= Zopf links im Bild), werden die Maschen auf der Hilfsnadel hinter die Arbeit gelegt.

ZOPF ÜBER 6 MASCHEN NACH LINKS KREUZEN ODER VERZOPFEN

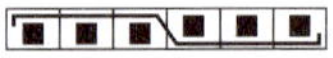 = 3 Maschen auf einer Hilfsnadel vor die Arbeit legen, 3 Maschen rechts stricken, dann die Maschen der Hilfsnadel rechts stricken

1 Die ersten 3 Maschen werden ungestrickt auf die Hilfsnadel vor dem Strickstück abgelegt, dafür die Maschen mit der Hilfsnadel von der linken Nadel wie zum Linksstricken abheben und zur Mitte der Hilfsnadel schieben, die Hilfsnadel vorne hängen lassen.

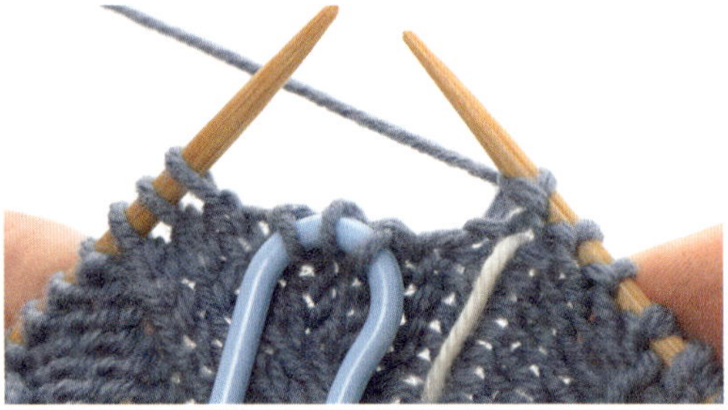

2 Den Arbeitsfaden hinter der Arbeit zur nächsten Masche führen und die folgenden 3 Maschen wie gewohnt rechts stricken, dabei darauf achten das der Arbeitsfaden gut angezogen wird, sodass keine Lücke entsteht.

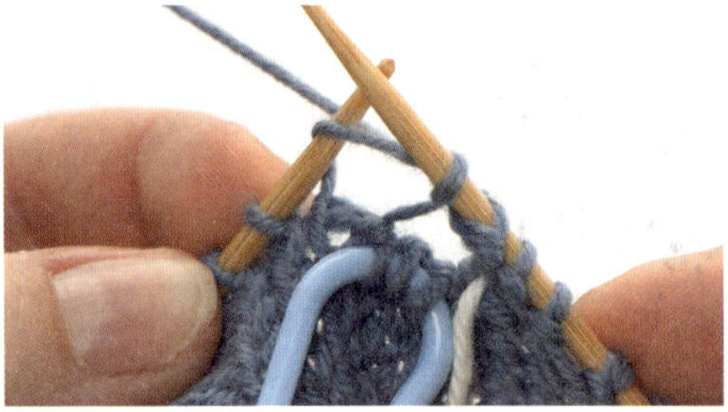

3 Nun die Maschen auf der Hilfsnadel an das rechte Nadelende schieben, diese Nadelspitze an die Nadelspitze der rechten Nadel führen und dann die 3 Maschen der Hilfsnadel wie beschrieben rechts stricken.

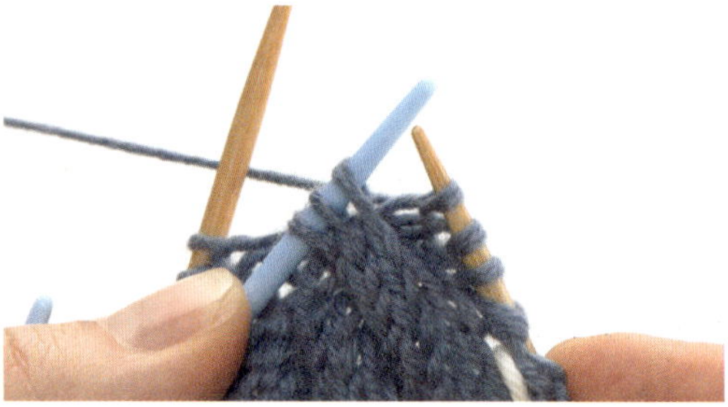

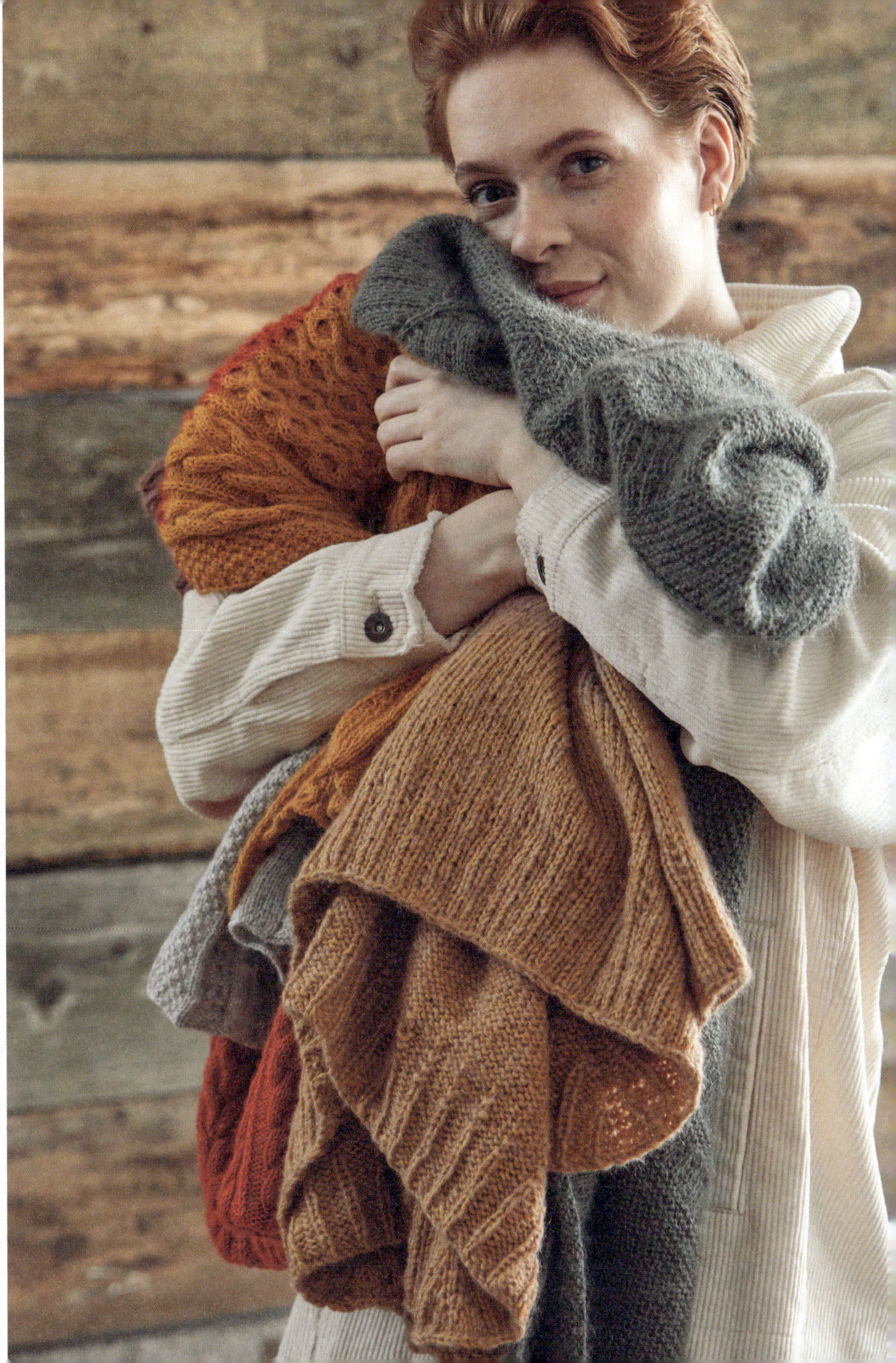

ZOPF ÜBER 6 MASCHEN NACH RECHTS KREUZEN ODER VERZOPFEN

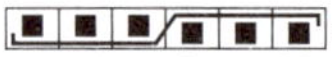 = 3 Maschen auf einer Hilfsnadel hinter die Arbeit legen, 3 Maschen rechts stricken, dann die Maschen der Hilfsnadel rechts stricken

1 Die ersten 3 Maschen werden ungestrickt auf die Hilfsnadel hinter dem Strickstück abgelegt, dafür die Maschen mit der Hilfsnadel von der linken Nadel wie zum Linksstricken abheben und zur Mitte der Hilfsnadel schieben, die Hilfsnadel nun hinten hängen lassen.

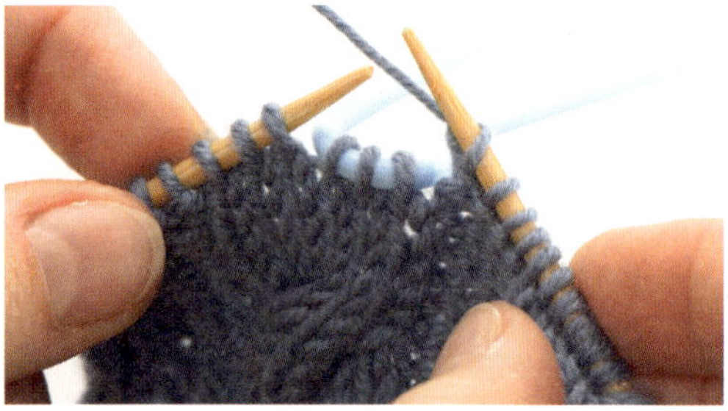

2 Den Arbeitsfaden zur nächsten Masche führen, darauf achten, dass die Maschen der Hilfsnadel hinter dem Arbeitsfaden liegen. Nun die folgenden 3 Maschen wie gewohnt rechts stricken, den Arbeitsfaden dabei gut anziehen, sodass keine Lücke entsteht.

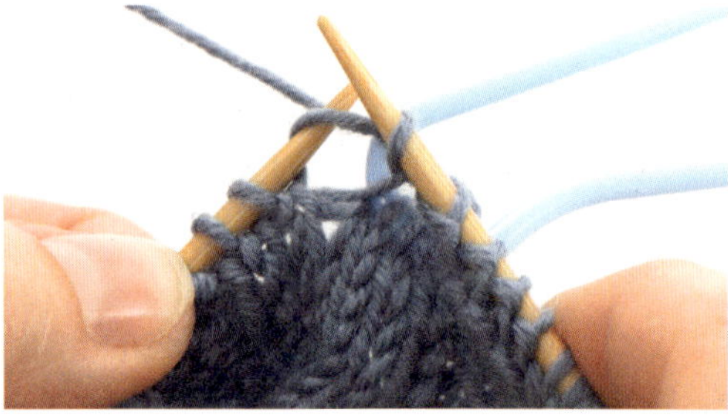

3 Nun die Maschen auf der Hilfsnadel an das rechte Nadelende schieben, diese Nadelspitze an die Nadelspitze der rechten Nadel führen und die 3 Maschen der Hilfsnadel wie beschrieben rechts stricken.

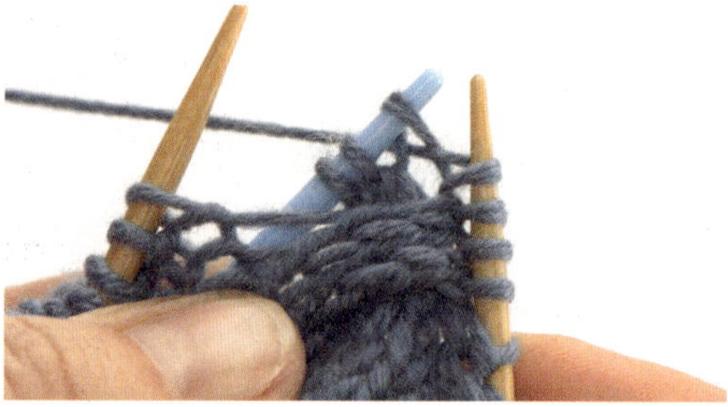

GLEICHMÄSSIGE WIEDERHOLUNGEN

Um immer im gleichen Reihenabstand die Verzopfungen zu wiederholen, ist das Einweben eines Hilfs- oder Zählfadens ratsam. So ist auch nach einer Strickpause gut zu sehen, welche Reihen bereits gestrickt wurden und es werden unregelmäßige Abstände zwischen den Verzopfungen vermieden! Dazu ein Garn in Kontrastfarbe verwenden und dieses unmittelbar vor den zu verzopfenden Maschen zwischen 2 Maschen über den Querfaden des Strickstückes einlegen. Nun wie gewohnt über den Zählfaden hinwegstricken. Zur Kontrolle nach ein paar Reihen die Querfäden oberhalb des Zählfadens abzählen. Wenn die nächste Verzopfung in der 6. Reihe gearbeitet wird, sollten 6 Querfäden oberhalb des Zählfadens liegen, dann die nächste Verzopfung stricken.

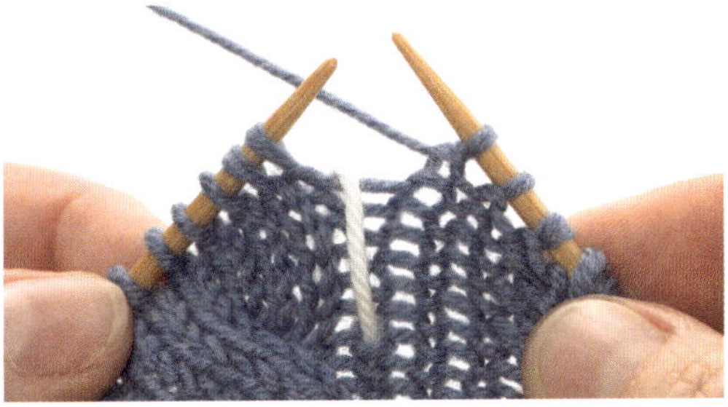

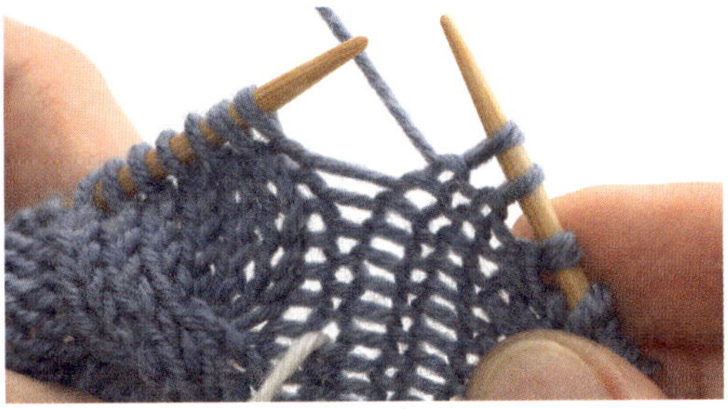

DOPPELMASCHEN

1 Sowohl nach Hinreihen als auch nach Rückreihen das Strickstück wenden und den Faden vor die Arbeit legen. Die erste Masche abheben und dabei den Faden fest nach hinten ziehen.

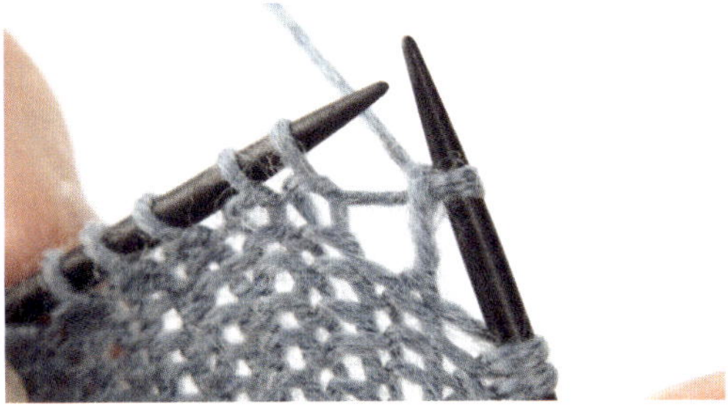

2 Die Masche wird über die Nadel gezogen ...

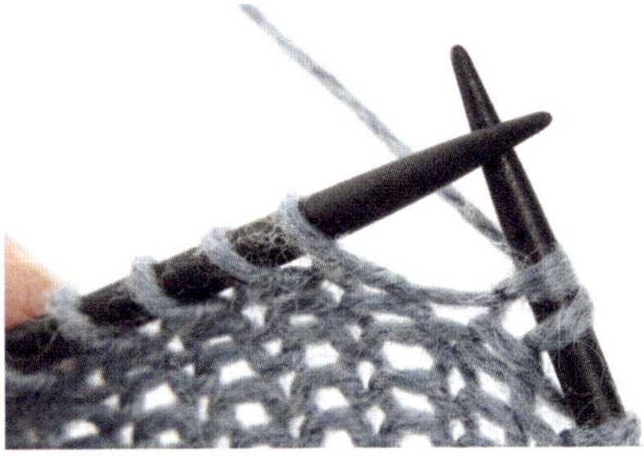

3 und liegt doppelt.

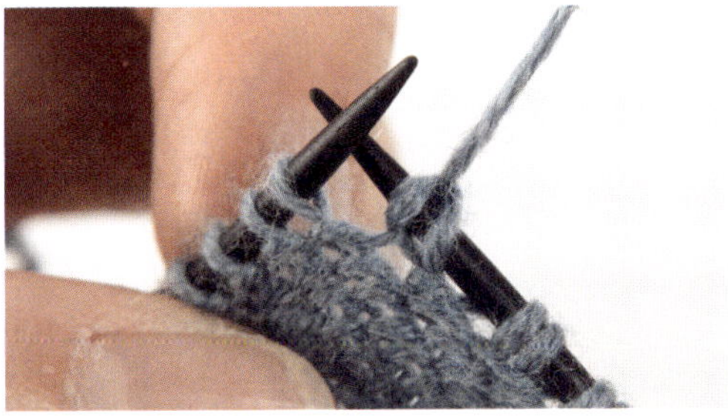

Grundanleitung

DIE BASICS ZUM SOCKEN STRICKEN

BUMERANGFERSE

Die Bumerangferse wird in verkürzten Reihen mit Doppelmaschen gestrickt (siehe Seite 219). Die Bumerangferse glatt rechts über die Maschen der 4. und 1. Nadel stricken. Dafür alle Maschen auf einer Nadel zusammenfassen und gedanklich oder mithilfe von Maschenmarkierern in 3 Teile teilen (siehe Tabelle Seite 222). Beim ersten (oberen) Teil der Ferse werden die Doppelmaschen nicht mitgestrickt.

1. Reihe (Hinreihe): Alle Maschen rechts stricken, wenden.

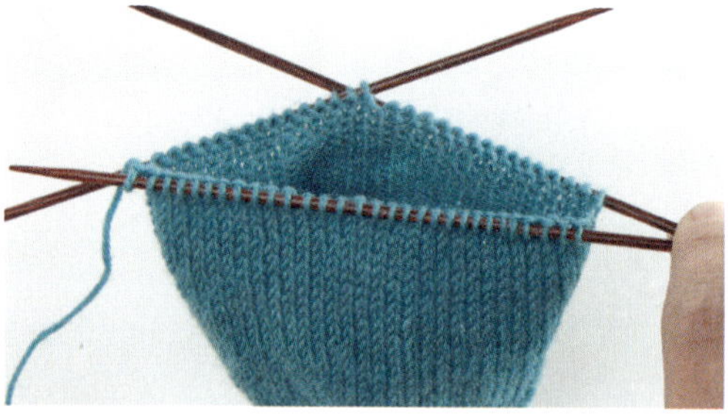

2. Reihe (Rückreihe): 1 Doppelmasche arbeiten, alle weiteren Maschen links stricken, wenden.

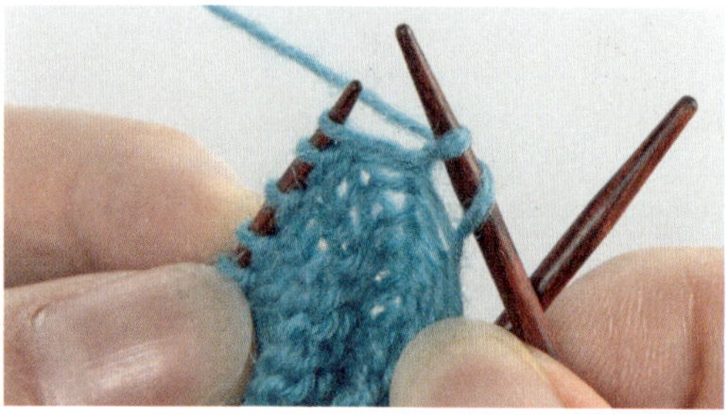

3. Reihe (Hinreihe): 1 Doppelmasche arbeiten, alle Maschen bis zur Doppelmasche rechts stricken, wenden.

4. Reihe (Rückreihe): 1 Doppelmasche arbeiten, alle Maschen bis zur Doppelmasche links stricken, wenden.

Die 3. und 4. Reihe so oft wiederholen, bis 1/3 Doppelmaschen, 1/3 einfache Maschen, 1/3 Doppelmaschen gestrickt sind.

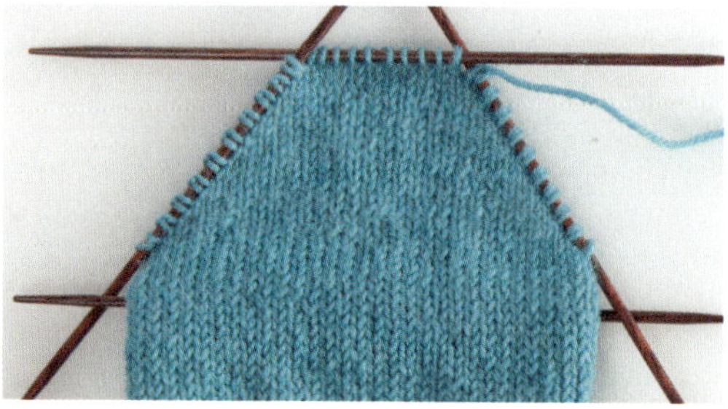

Anschließend 2 Runden rechte Maschen über alle Maschen der 4 Nadeln stricken. Dabei werden in der 1. Runde die Doppelmaschen jeweils als 1 Masche rechts abgestrickt.

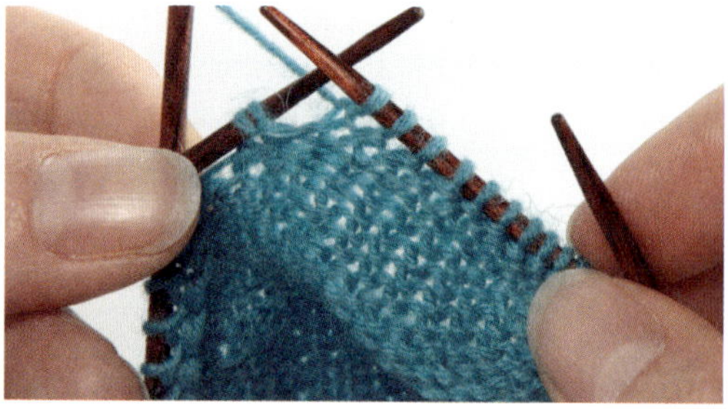

Danach den zweiten (unteren) Teil der Ferse über die Maschen der 4. und 1. Nadel stricken.

1. Reihe (Hinreihe): Die Maschen des mittleren Drittels und die 1. Masche des linken Drittels rechts stricken, wenden.

2. Reihe (Rückreihe): Eine Doppelmasche arbeiten, die Maschen des mittleren Drittels und die 1. Masche des rechten Drittels links stricken, wenden.

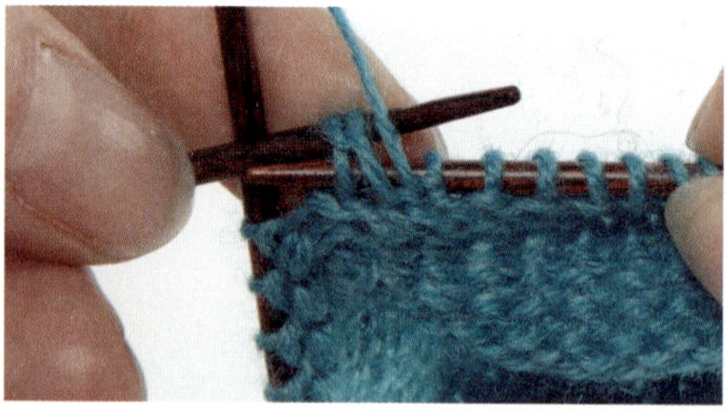

3. Reihe (Hinreihe): 1 Doppelmasche arbeiten, alle Maschen einschließlich der Doppelmasche und 1 weiteren Masche rechts stricken, wenden.
4. Reihe (Rückreihe): Eine Doppelmasche arbeiten, alle einschließlich der Doppelmasche und einer weiteren Masche links stricken, wenden.
Die 3. und 4. Reihe so oft wiederholen, bis die beiden äußeren Maschen als Doppelmaschen auf der Nadel liegen. Die Maschen der Ferse wieder gleichmäßig auf 2 Spielnadeln verteilen und in der nächsten Runde die Doppelmaschen jeweils als 1 Masche rechts abstricken.

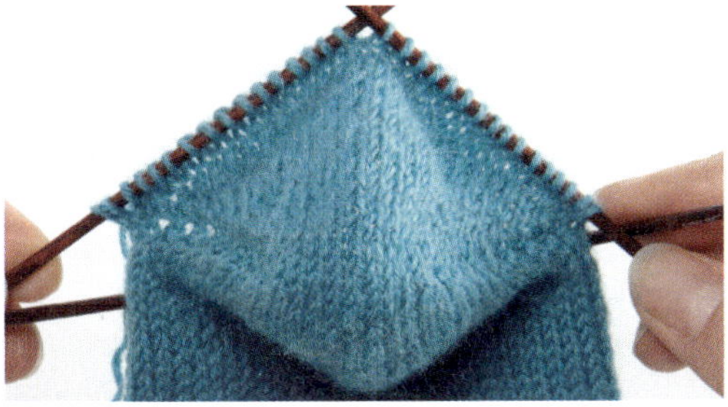

Tipp: Zwischen der 1. und 2. bzw. 3. und 4. Nadel entstehen bei dieser Ferse oft kleine Löcher. Das liegt daran, dass die Fadenspannung zwischen Fersenmaschen und der ersten bzw. letzten Masche des Oberfußes nicht so fest ist. Mithilfe eines kleinen Tricks können diese Löcher vermieden werden. Nach dem ersten Teil der Ferse, wenn 2 Runden über alle 4 Nadeln glatt rechts gestrickt werden, wie folgt arbeiten: Nachdem die Maschen der 1. Nadel rechts abgestrickt wurden, einen Maschenmarkierer setzen und die ersten 2 Maschen der 2. Nadel mit der gleichen Nadel abstricken. Die Maschen der 2. Nadel wie gewohnt stricken. Anschließend die Maschen der 3. Nadel bis auf die letzten 2 Maschen stricken. Diese beiden Maschen auf die 4. Nadel schieben. Die 4. Nadel abstricken und nach den beiden zusätzlichen Maschen einen Maschenmarkierer setzen. Den zweiten Teil der Ferse nach Anleitung stricken, jedoch die beiden zusätzlichen Maschen vor bzw. nach dem Maschenmarkierer nicht als Doppelmaschen abstricken. Die zusätzlichen Maschen nach dem Beenden der Ferse noch ein paar Runden auf der 1. bzw. 4. Nadel liegen lassen. Danach werden sie wieder auf ihre ursprünglichen Nadeln zurückgehoben.

BANDSPITZE

Für die Bandspitze bei der 1. und 3. Nadel bis 3 Maschen vor Ende der Nadel stricken, dann 2 Maschen rechts zusammenstricken und die letzte Masche rechts stricken. Bei der 2. und 4. Nadel die 1. Masche rechts stricken und die beiden folgenden Maschen rechts überzogen zusammenstricken. Diese Abnahmen wie in der Tabelle (siehe Seite 222) angegeben wiederholen, bis noch 8 Maschen übrig sind. Den Endfaden mit einer Sticknadel ohne Spitze zweimal durch die 8 Maschen ziehen und vernähen.

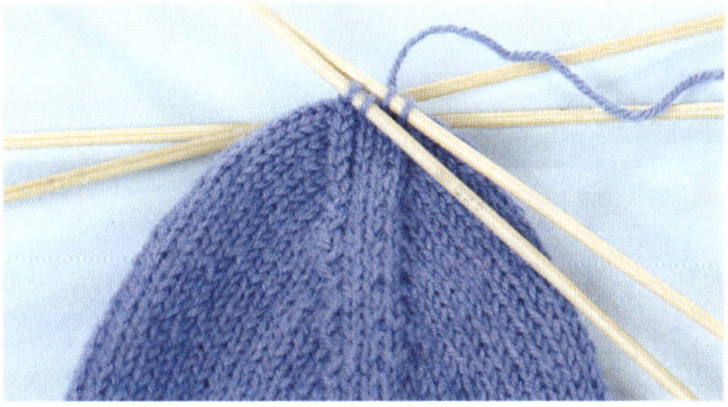

GRÖSSENTABELLE FÜR 4-FÄDIGES GARN SPEZIELL FÜR JACQUARDMUSTER

Lauflänge 200-210 m/50 g bzw. 400 m/100 g

Größe	18/19*	36/37	38/39	40/41	42/43	44/45	46/47
Anschlag/ Maschen je Nadel	44/11	64/16	64/16	68/17	68/17	72/18	76/19
Maschenzahl für Fersenbreite	22	32	32	34	34	36	38
Maschenzahl Bumerangferse	7/8/7	10/12/10	10/12/10	11/12/11	11/12/11	12/12/12	12/14/12
Abnahmen für die Bandspitze nach der 1. Abnahme in der 4. Runde		1x	1x	1x	1x	1x	1x
In jeder 3. Runde	1x	2x	2x	2x	2x	2x	2x
In jeder 2. Runde	3x	3x	3x	4x	4x	4x	5x
In jeder Runde	4x	7x	7x	7x	7x	8x	8x

* Adventskalendersocken, Seite 150

GRÖSSENTABELLE FÜR 4-FÄDIGES GARN

Lauflänge 200-210 m/50 g bzw. 400 m/100 g

Größe	18/19*	36/37	38/39	40/41	42/43	44/45	46/47
Anschlag/ Maschen je Nadel	40/10	60/15	60/15	64/16	64/16	68/17	72/18
Maschenzahl für Fersenbreite	20	30	30	32	32	34	36
Maschenzahl Bumerangferse	6/8/6	10/10/10	10/10/10	10/12/10	10/12/10	11/12/11	12/12/12
Abnahmen für die Bandspitze nach der 1. Abnahme in der 4. Runde		1x	1x	1x	1x	1x	1x
In jeder 3. Runde	1x	2x	2x	2x	2x	2x	2x
In jeder 2. Runde	2x	3x	3x	3x	3x	4x	4x
In jeder Runde	4x	6x	6x	7x	7x	7x	8x

* Adventskalendersocken, Seite 150

GRÖSSENTABELLE FÜR 6-FÄDIGES GARN

Lauflänge 125-130 m/50 g

Größe	**36/37**	**38/39**	**40/41**	**42/43**	**44/45**	**46/47**
Anschlag/ Maschen je Nadel	48/12	48/12	52/13	52/13	56/14	56/14
Maschenzahl für Fersenbreite	24	24	26	26	28	28
Maschenzahl Bumerangferse	8/8/8	8/8/8	8/10/8	8/10/8	9/10/9	9/10/9
Abnahme für Bandspitze nach 'der 1. Abnahme in der 4. Runde	1x	1x	1x	1x	1x	1x
In jeder 2. Runde	4x	4x	4x	4x	4x	4x
In jeder Runde	4x	4x	5x	5x	6x	6x

JACQUARDTECHNIK

Das Stricken von Jacquardmustern erfordert ein bisschen Übung und Geduld, aber es lohnt sich. Mit dieser Technik können wunderschöne bunte, individuelle Socken und Accessoires gestrickt werden.

FADENSPANNUNG

Jacquardmuster werden mit mindestens 2 Farben pro Runde gearbeitet. Während mit einem Faden nach dem entsprechenden Zählmuster gestrickt wird, läuft der andere Faden auf der Rückseite mit. Dabei ist auf eine gleichmäßige Fadenspannung zu achten.
Wird der Faden zu fest gespannt, zieht sich das Muster zusammen. Dann kann es hilfreich sein, die Maschen vor dem Farbwechsel ein bisschen auseinanderzuziehen oder mit einer dickeren Nadel zu stricken.
Ist der Faden zu locker, wird das Strickbild nicht gleichmäßig und es können Lücken zwischen den Maschen der einzelnen Farben entstehen. In diesem Fall kann es sinnvoll sein, mit dünneren Nadeln zu stricken.
Beim Stricken mit einem Nadelspiel, zwei Rundstricknadeln oder dem addiCrasyTrio ist beim Wechsel von einer Nadel zur anderen auf die Fadenspannung zu achten. An dieser Stelle den Faden etwas fester anziehen. So werden sogenannte Gässchen vermieden und der Übergang ist bei dem fertigen Strickstück nicht sichtbar.
Wenn der mitlaufende Faden über mehr als 3 Maschen mitgeführt wird, muss er nach 2 oder 3 Maschen eingewebt werden. In der nächsten Runde darauf achten, dass der Faden nicht an der gleichen Stelle eingewebt wird. Ruht eine Farbe einige Runden, so muss dieser Faden nach der 3. oder 4. Runde mit dem Arbeitsfaden verschränkt werden, damit keine Schlaufen auf der Rückseite der Arbeit entstehen, an der man beim An- und Ausziehen hängen bleiben kann. Auch hier darauf achten, dass der Faden nicht zu fest nach oben gezogen wird.

FADENHALTUNG

Es gibt verschiedene Möglichkeiten, die Fäden zu halten. Bei mir liegen beide Fäden auf dem linken Zeigefinger. Für die Fadenspannung wird der vordere Faden vor dem Mittelfinger und der hintere Faden hinter dem Mittelfinger entlanggeführt, beide Fäden werden mit dem Ringfinger und kleinen Finger der gleichen Hand fixiert.
Bei einem Linkshänder liegen die Fäden auf dem rechten Zeigefinger.
Es ist wichtig, dass immer die gleiche Farbe vorne liegt, da ein Wechsel deutlich sichtbar ist und das Muster sehr unruhig wirken kann.

1 Der weiße Faden liegt vor dem roten.

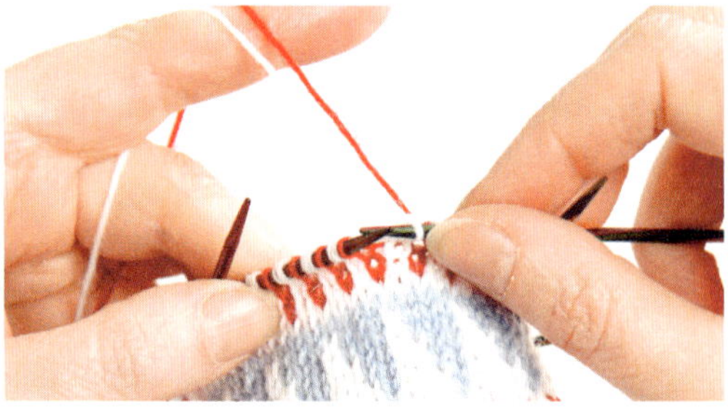

2 Der rote Faden liegt vor dem weißen.

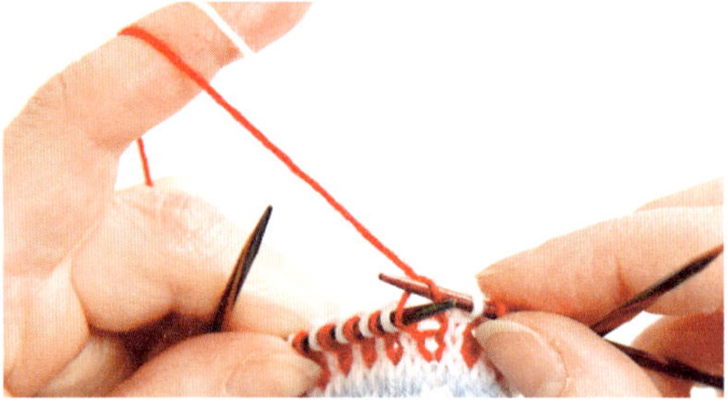

Hinweis: Als Hilfsmittel kann ein sogenannter Fadenfingerring oder Strickfingerhut verwendet werden. Die Ringe werden auf den Zeigefinger gesetzt. Die Fäden werden durch die kleinen Ösen geführt, sodass sie nicht verrutschen und sich verheddern können.

ABKÜRZUNGEN

abk = abketten
anschl = anschlagen
arb = arbeiten
Fb = Farbe(n)
fM = feste Masche(n)
Häkelnd = Häkelnadel
Hilfsnd = Hilfsnadel
Hinr = Hinreihe(n)
Km = Kettmasche(n)
Lftm = Luftmasche(n)
LL = Lauflänge
M = Masche(n)
Nd = Nadel(n)
Ndspiel = Nadelspiel
R = Reihe(n)
Rd = Runde(n)
Rdm = Randmaschen(n)
Rückr = Rückreihe(n)
Rundstricknd = Rundstricknadel(n)
Spielnd = Spielnadel(n)
str = stricken
U = Umschlag/Umschläge
wdh = wiederholen

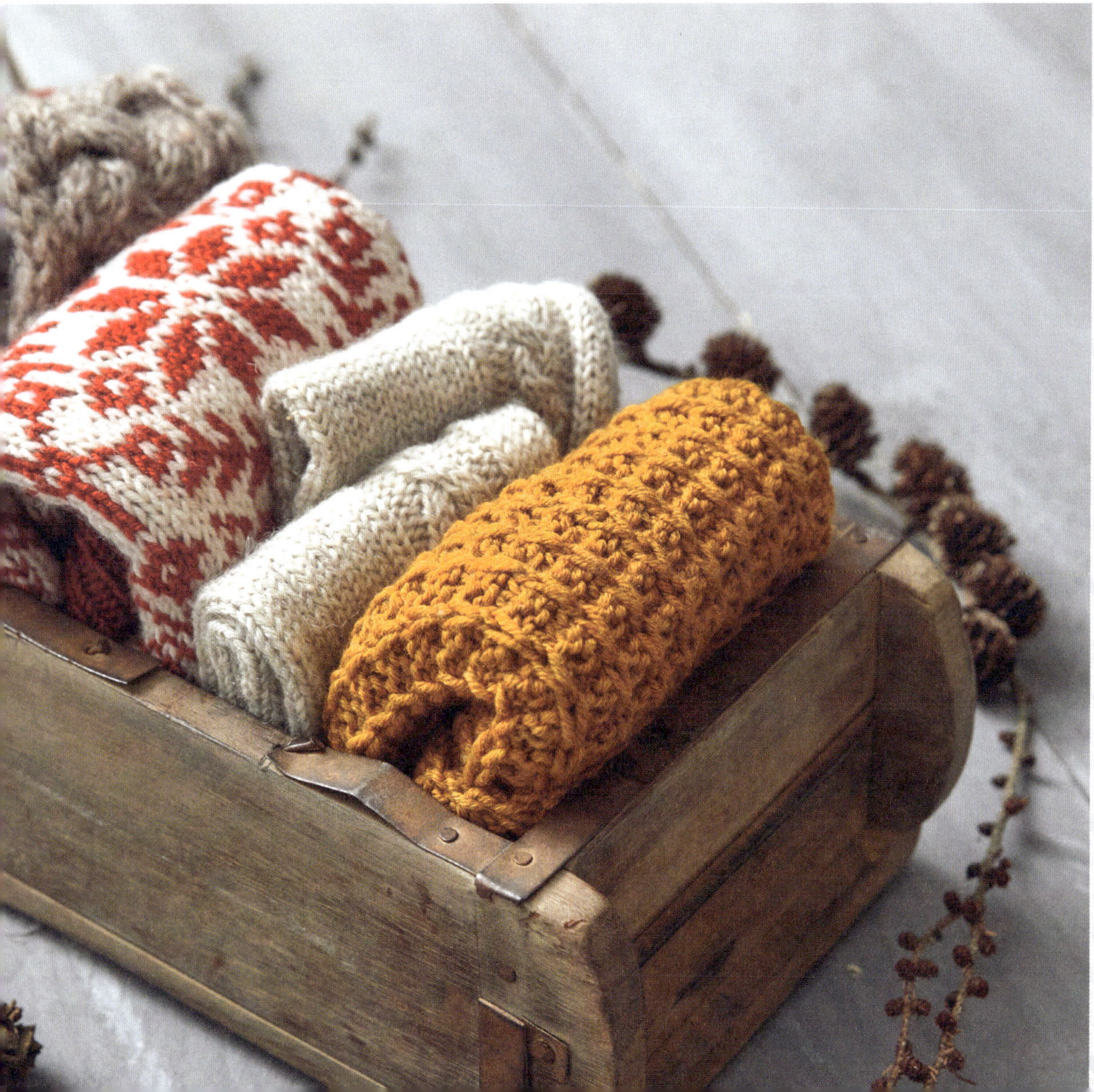

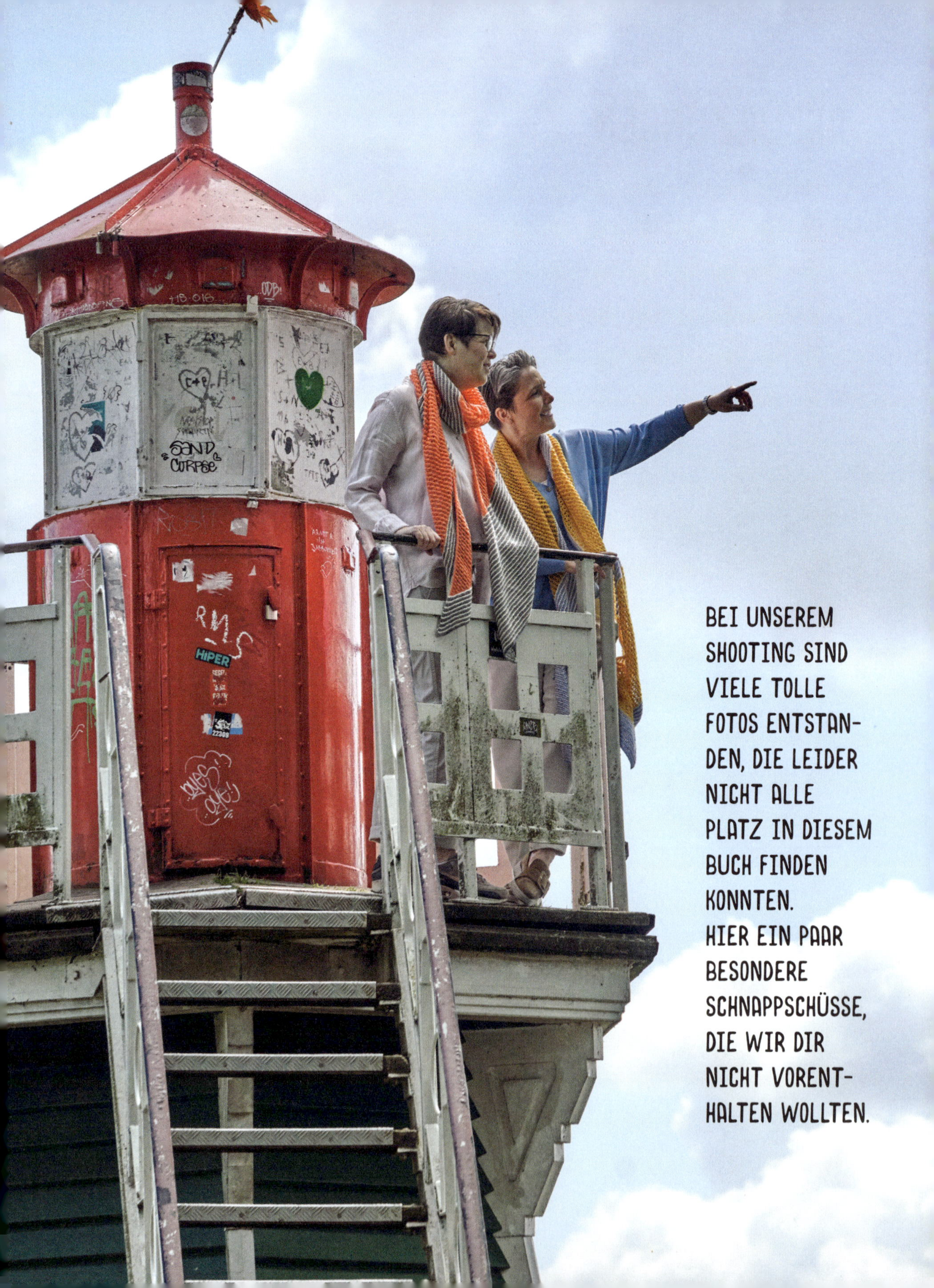

BEI UNSEREM SHOOTING SIND VIELE TOLLE FOTOS ENTSTANDEN, DIE LEIDER NICHT ALLE PLATZ IN DIESEM BUCH FINDEN KONNTEN.
HIER EIN PAAR BESONDERE SCHNAPPSCHÜSSE, DIE WIR DIR NICHT VORENTHALTEN WOLLTEN.

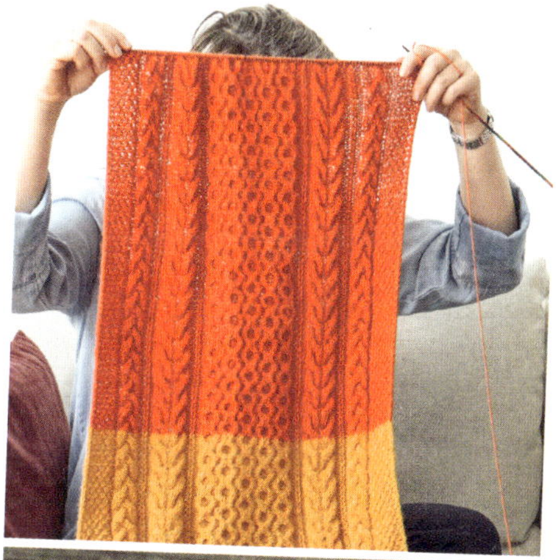

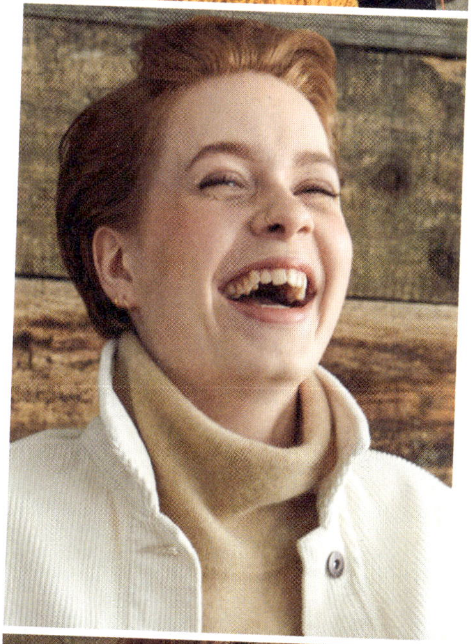

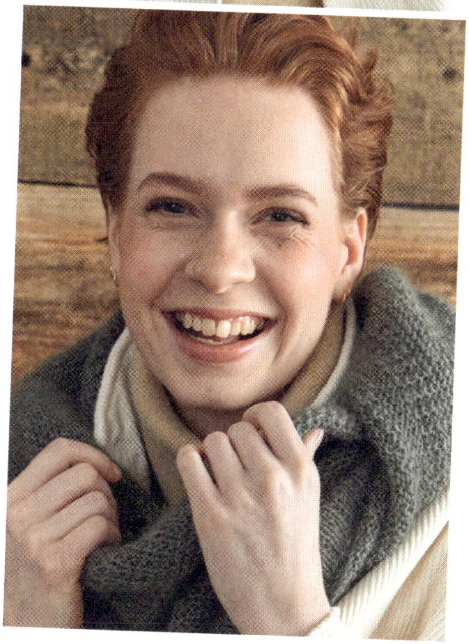

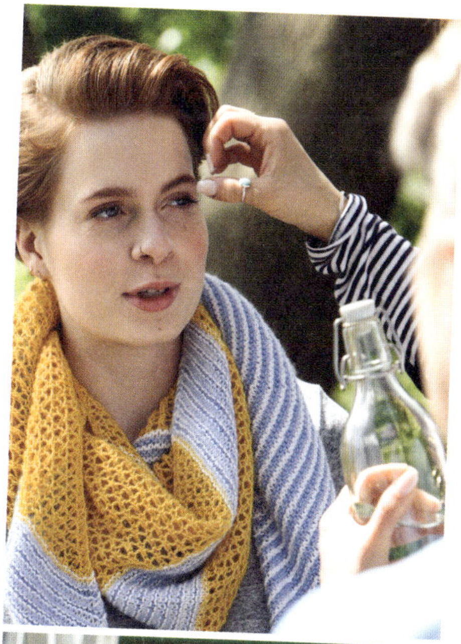

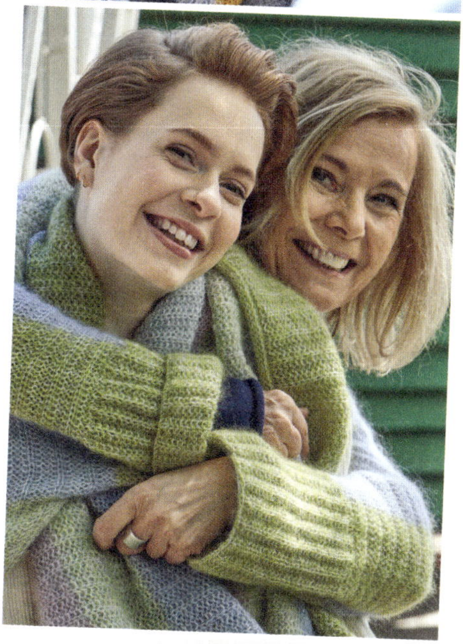

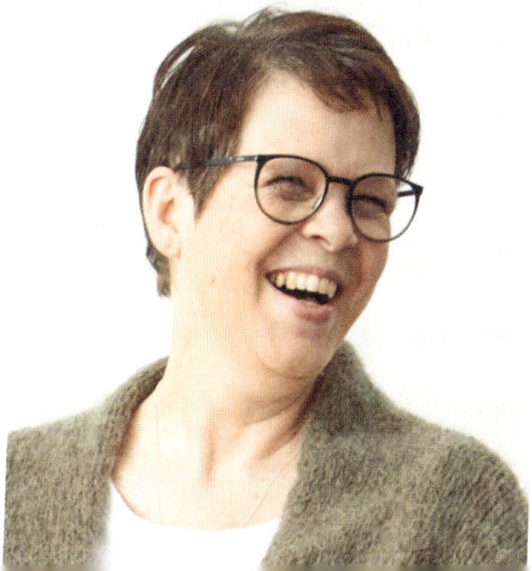

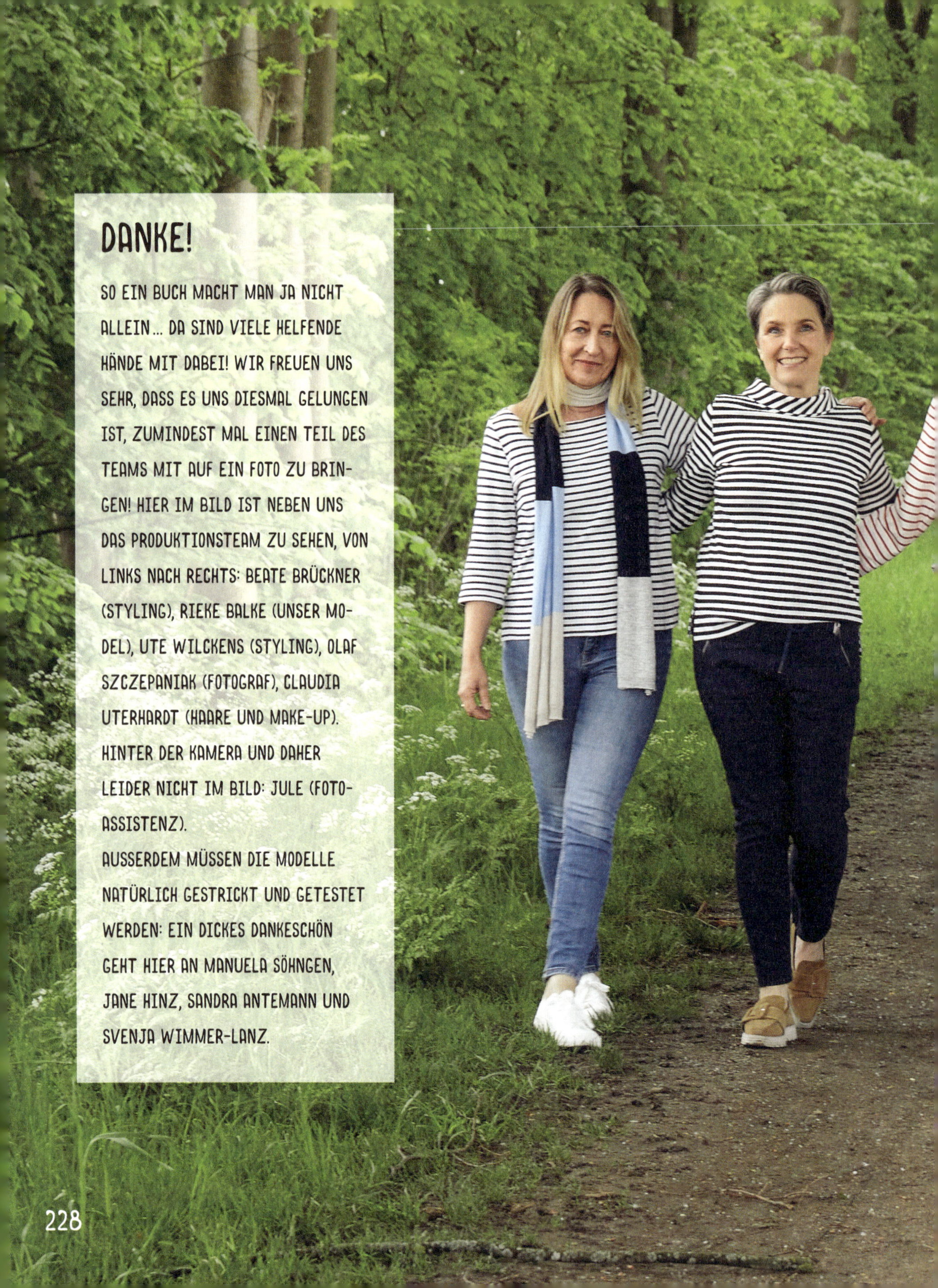

DANKE!

SO EIN BUCH MACHT MAN JA NICHT ALLEIN … DA SIND VIELE HELFENDE HÄNDE MIT DABEI! WIR FREUEN UNS SEHR, DASS ES UNS DIESMAL GELUNGEN IST, ZUMINDEST MAL EINEN TEIL DES TEAMS MIT AUF EIN FOTO ZU BRINGEN! HIER IM BILD IST NEBEN UNS DAS PRODUKTIONSTEAM ZU SEHEN, VON LINKS NACH RECHTS: BEATE BRÜCKNER (STYLING), RIEKE BALKE (UNSER MODEL), UTE WILCKENS (STYLING), OLAF SZCZEPANIAK (FOTOGRAF), CLAUDIA UTERHARDT (HAARE UND MAKE-UP). HINTER DER KAMERA UND DAHER LEIDER NICHT IM BILD: JULE (FOTOASSISTENZ).

AUSSERDEM MÜSSEN DIE MODELLE NATÜRLICH GESTRICKT UND GETESTET WERDEN: EIN DICKES DANKESCHÖN GEHT HIER AN MANUELA SÖHNGEN, JANE HINZ, SANDRA ANTEMANN UND SVENJA WIMMER-LANZ.

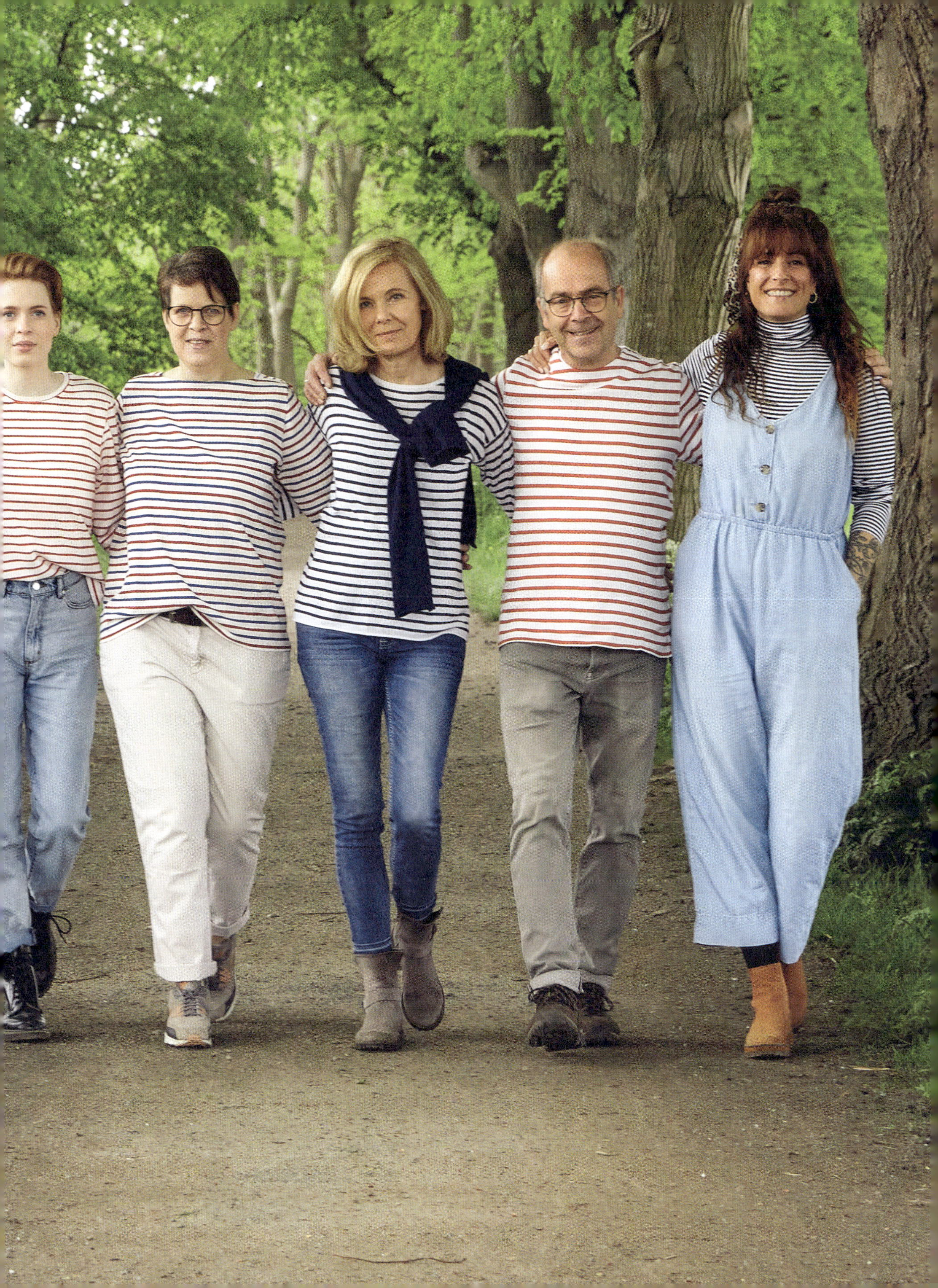

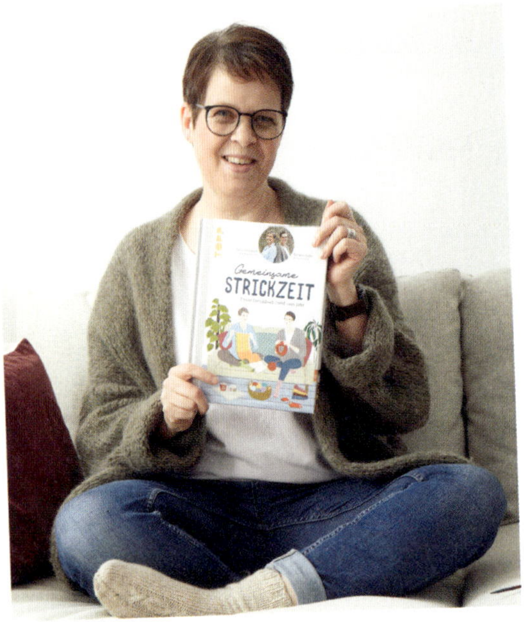

ICH HEISSE …

Kerstin Balke

MAN KENNT MICH AUCH ALS …

Stine & Stitch

ICH BIN BEKANNT FÜR …

Meine Jacquardmuster, mit denen ich am liebsten meine bunten Soxx designe

HIER BIN ICH ZUHAUSE …

Im schönen Norden, zwischen Hamburg und Lübeck

ONLINE FINDEST DU MICH HIER

Insta: @stine_und_stitch

Website: www.stineundstitch.de

WER HAT MIR DAS STRICKEN BEIGEBRACHT?

Meine Oma im Alter von 6 Jahren

WENN ICH EIN WOLLIGES TIER WÄRE, WELCHES, WÄRE ICH DANN?

Ein lockiges Wensleydale-Schaf

MIT WELCHER FARBE STRICKE ICH AM LIEBSTEN?

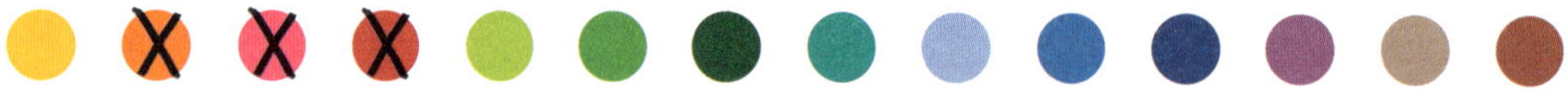

WAS STRICKE ICH AM LIEBSTEN?

Bunte Socken mit Jacquardmuster

WAS IST IMMER IN MEINEM PROJEKTBEUTEL?

Sockengarn, ein Nadelspiel und ein Notizbuch für neue Ideen

WAS WÜRDE ICH AM LIEBSTEN NIE WIEDER STRICKEN?

Ein Kissen mit Nadelstärke 15

WO IST MEIN LIEBSTER STRICKPLATZ:

- [x] Auf dem Sofa
- [ ] Im Bett
- [ ] Am Meer
- [ ] Auf einem Berg
- [ ] Im Café
- [ ] Im Zug

FÜR WEN STRICKE ICH AM LIEBSTEN?

Für meine Familie

WAS IST MEINE LIEBSTE TECHNIK?

Jacquardmuster

WIE LAUTET MEIN PERSÖNLICHES STRICK-MANTRA?

Nur noch eine Runde …

WENN ICH MAL NICHT AM STRICKEN BIN, DANN MACHE ICH?

Spaziergänge mit meinem Hund

WENN ICH KÖNNTE, WÜRDE ICH DAS HIER ERFINDEN:

Einen Rundenzähler, der auf Sprache reagiert

SEIT WANN BIN ICH ALS AUTOR BEIM FRECHVERLAG?

Mein erstes Buch SoxxBook ist 2017 erschienen

DIESE BÜCHER GIBT ES VON MIR:

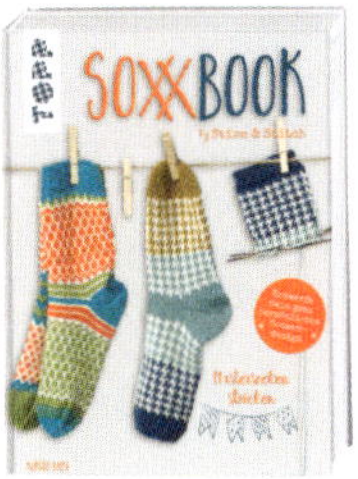

ISBN 978-3-7724-6495-9

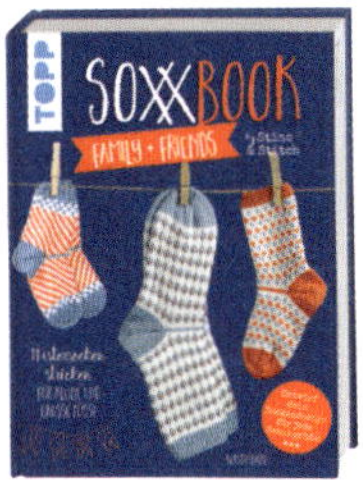

ISBN 978-3-7724-8136-9

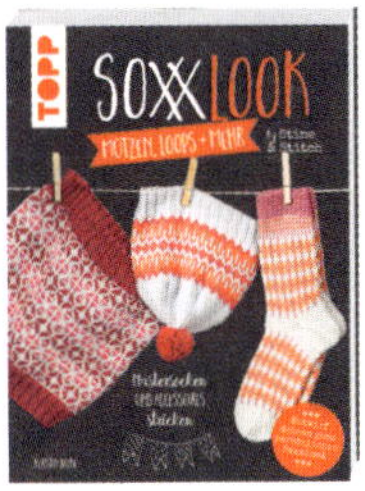

ISBN 978-3-7724-8175-8

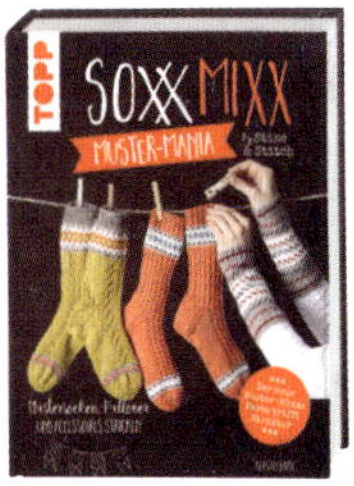

ISBN 978-3-7724-4844-7

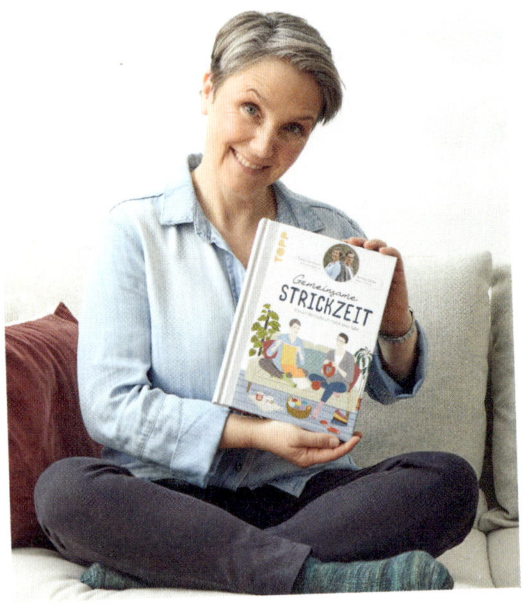

ICH HEISSE …

Tanja Steinbach

MAN KENNT MICH AUCH ALS …

Handarbeits-Expertin aus dem ARD-Buffet oder SWR-Sendung Kaffee oder Tee oder als Strickdesignerin und Teil der Produktentwicklung im Team der Firma Lana Grossa

ICH BIN BEKANNT FÜR …

Immer wieder neue Strick- und Häkelideen, die ihr im TV, im Netz, in den Magazinen von Lana Grossa oder meinen Büchern findet

HIER BIN ICH ZUHAUSE …

Als inzwischen hessische Schwäbin in der Nähe von Frankfurt

ONLINE FINDEST DU MICH HIER

Insta: @tanja_steinbach
Website: www.tanjasteinbach.de

WER HAT MIR DAS STRICKEN BEIGEBRACHT?

Meine Mutter und meine Großtante haben mir die Grundlagen quasi in die Wiege gelegt, später habe ich nach einer Schneiderlehre Textildesign studiert und mich dann auf die Gestaltung und den Entwurf von Strickmode spezialisiert

WENN ICH EIN WOLLIGES TIER WÄRE, WELCHES, WÄRE ICH DANN?

Am liebsten ein lässig-entspanntes Alpaka

MIT WELCHER FARBE STRICKE ICH AM LIEBSTEN?

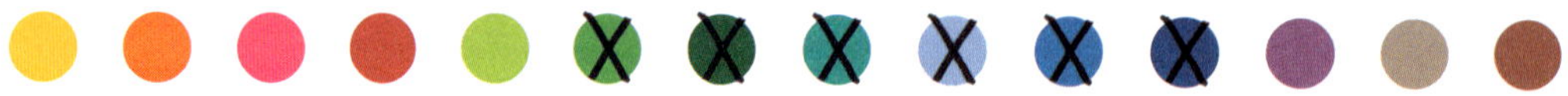

WAS STRICKE ICH AM LIEBSTEN?

Maschenproben, die sich später in schöne Modelle verwandeln :o)
Ansonsten habe ich immer ein Paar Socken oder ein Tuch auf den Nadeln

WAS IST IMMER IN MEINEM PROJEKTBEUTEL?

Etwas Sockengarn für Musterproben und ein kleines Nadelset, um neue Garne zu testen

WAS WÜRDE ICH AM LIEBSTEN NIE WIEDER STRICKEN?

Ich muss leider sagen: den Nuvem. Auch wenn es so ein zeitlos schönes Modell. (Ich hoffe, Martina kann mir verzeihen.)

WO IST MEIN LIEBSTER STRICKPLATZ:

- [x] Mein Gartensofa (Sommer)/Sofa (Winter)
- [ ] Im Bett
- [x] Am Meer
- [x] Auf einem Berg
- [ ] Im Café
- [x] Im Zug

FÜR WEN STRICKE ICH AM LIEBSTEN?

Für Babys – das geht so herrlich schnell und ist immer ein beliebtes Geschenk

WAS SIND MEINE LIEBSTE TECHNIKEN?

Die einfachen aber eindrucksvollen wie Schattenstricken, Mosaik- oder interessante Strukturmuster

WIE LAUTET MEIN PERSÖNLICHES STRICK-MANTRA?

Nur noch eine Reihe ...

WENN ICH MAL NICHT AM STRICKEN BIN, DANN MACHE ICH?

Dann gehe ich am liebsten raus in die Natur

WENN ICH KÖNNTE, WÜRDE ICH DAS HIER ERFINDEN:

Ein Gerät, das meine Strickstücke und Gedanken in perfekte Anleitungen umwandelt

SEIT WANN BIN ICH ALS AUTOR BEIM FRECHVERLAG?

Ich gehöre mit zu den ersten Handarbeitsautorinnen im frechverlag. Mein erstes Buch ist bereits 2004 erschienen – ein kreativ.kompakt mit dem Titel „Socken stricken mit der neuen Bumerangferse“

DIES SIND MEINE LETZTEN VIER BÜCHER:

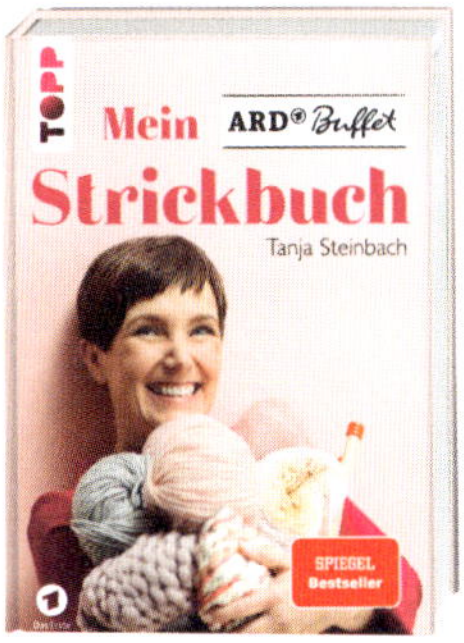

ISBN 978-3-7724-4850-8

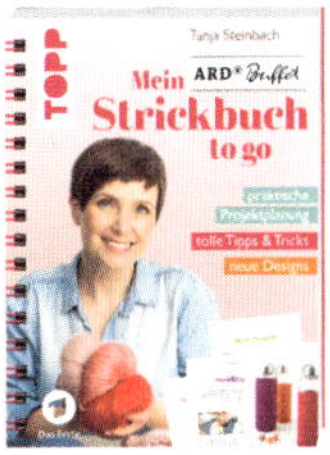

ISBN 978-3-7724-8177-2

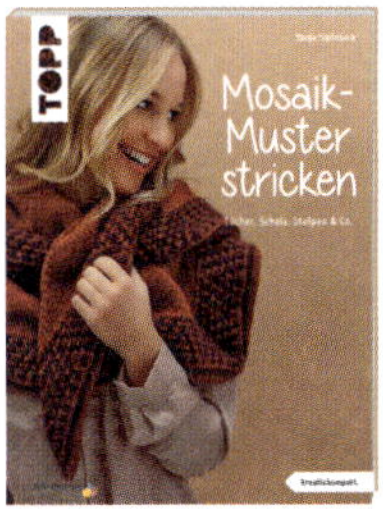

ISBN 978-3-7724-6822-3

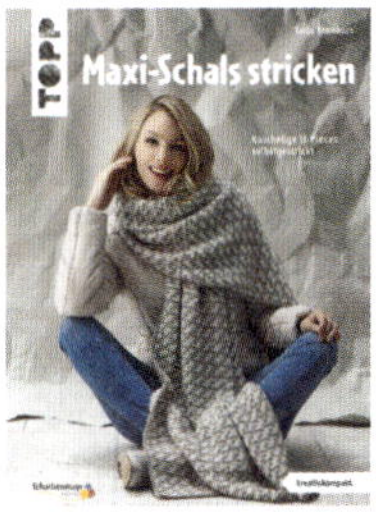

ISBN 978-3-7724-6990-9

UNSERE HAUPTDARSTELLER

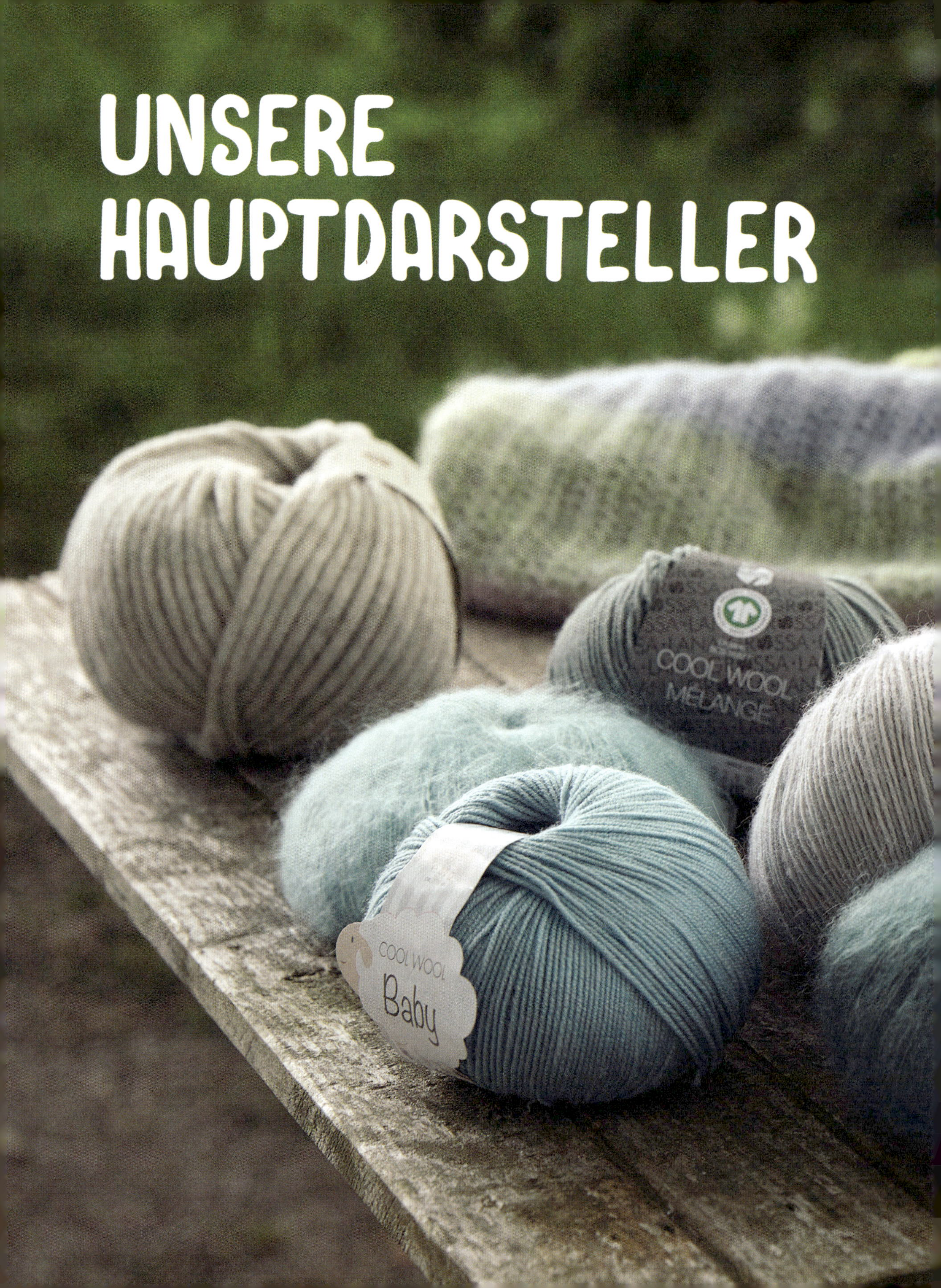

Unsere heimlichen Hauptdarsteller sind diese zauberhaften Knäuelchen! Viel Liebe, Zeit & Kreativität steckt in jedem unserer Designs und so legen wir auch großen Wert auf qualitativ hochwertige Garne. Damit wir mit unserem Strickmodell lange Freude haben!

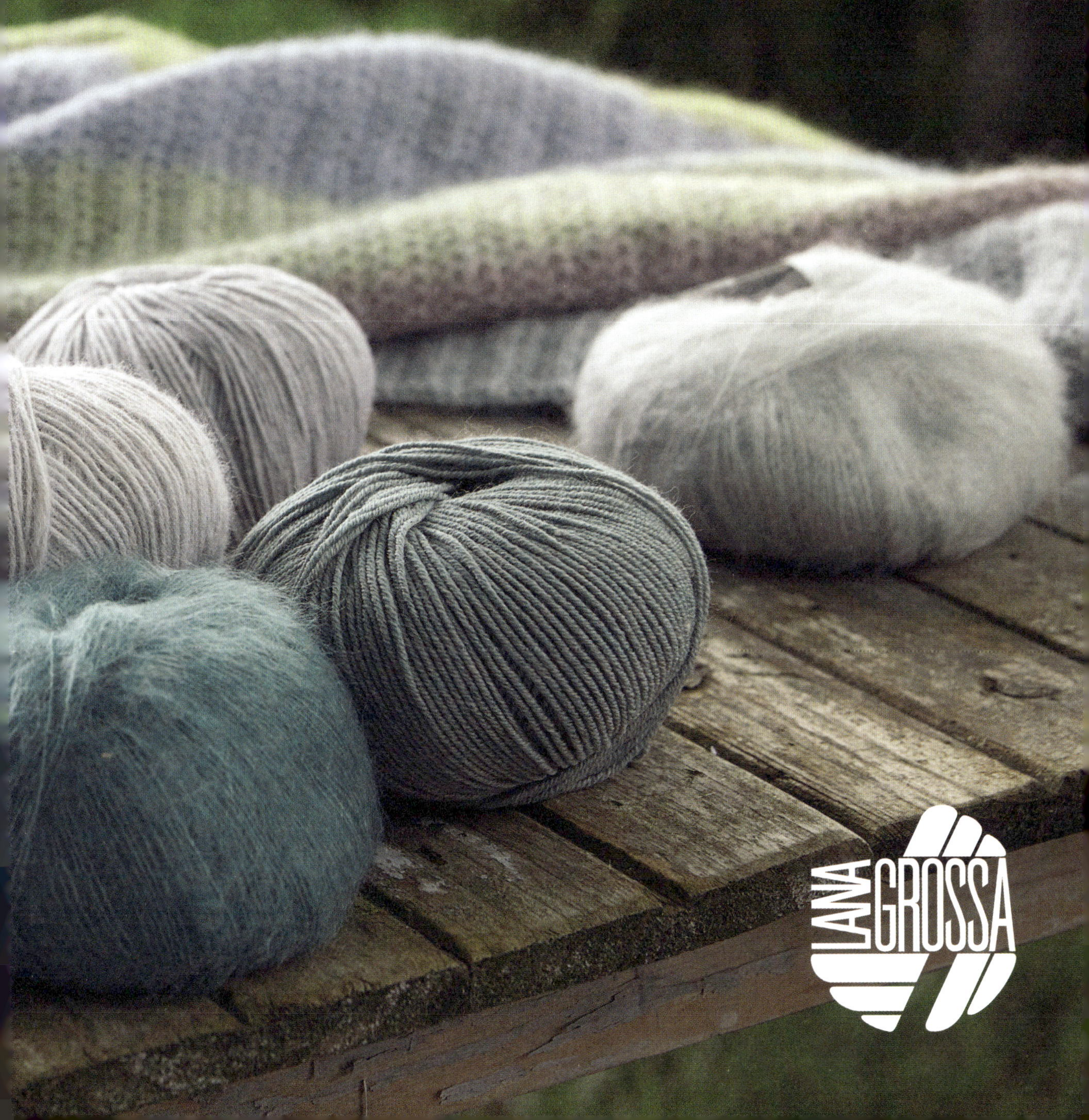

BUCHEMPFEHLUNGEN FÜR DICH

NOCH MEHR KREATIVE BÜCHER ZUM GLEICHEN THEMA GESUCHT?

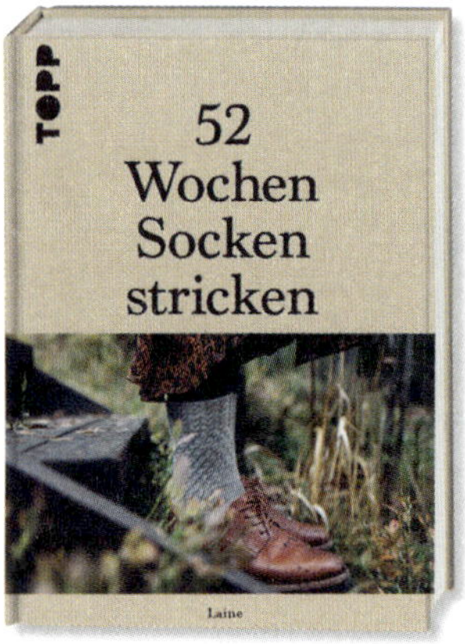

ISBN 978-3-7724-4871-3

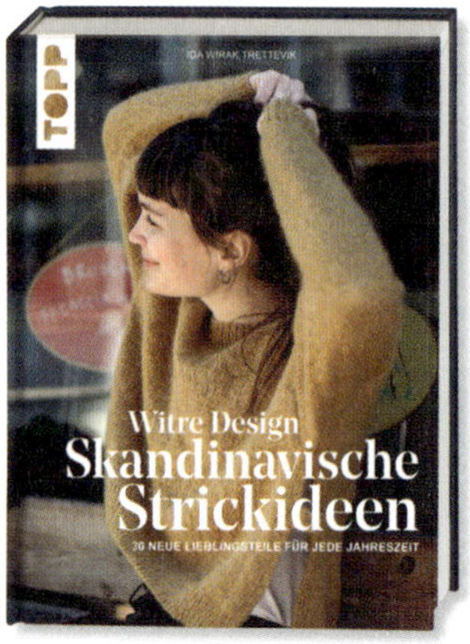

ISBN 978-3-7724-4873-7

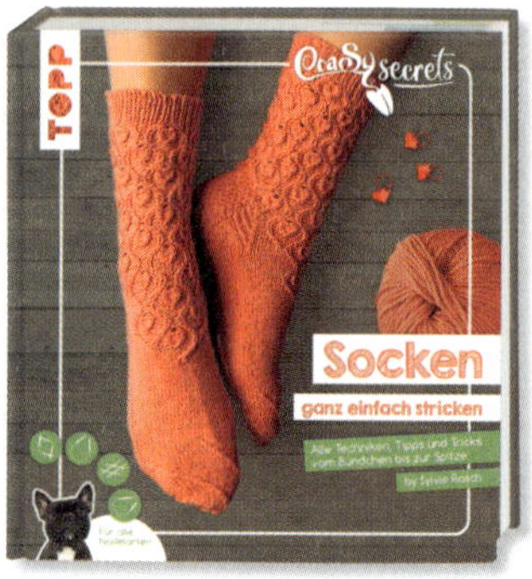

ISBN 978-3-7724-4879-9

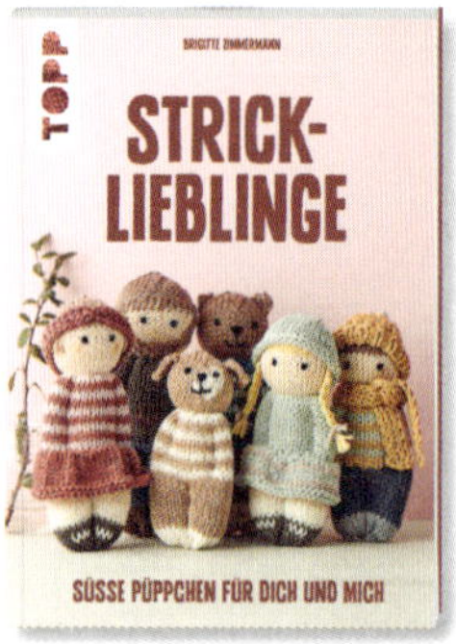

ISBN 978-3-7724-6858-2

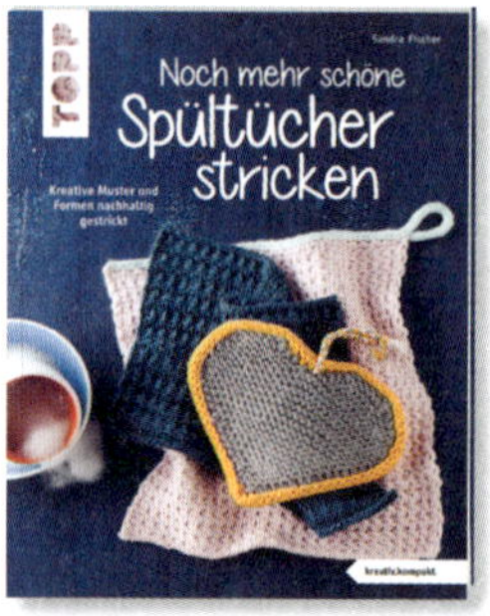

ISBN 978-3-7724-6856-8

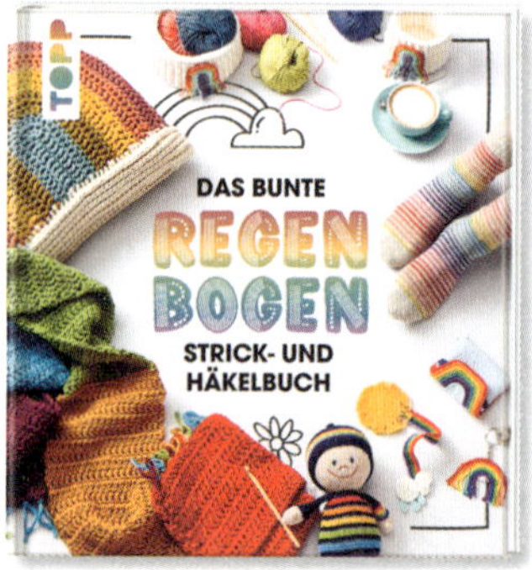

ISBN 978-3-7724-4865-2

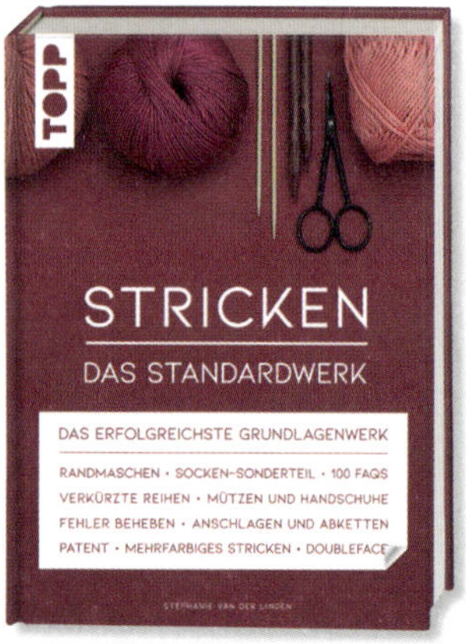

ISBN 978-3-7724-4884-3

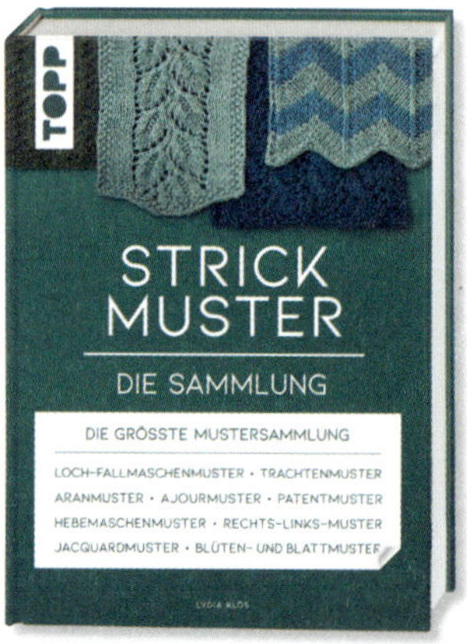

ISBN 978-3-7724-4886-7

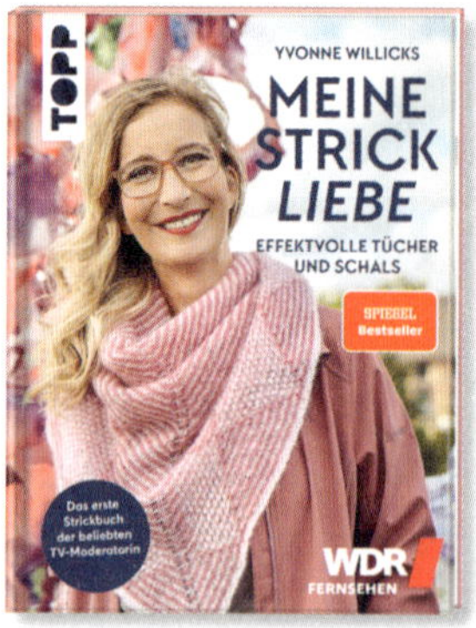

ISBN 978-3-7724-4855-3

NOCH MEHR KREATIV-BÜCHER FINDEST DU AUF WWW.TOPP-KREATIV.DE

KREATIVE IDEEN, DIE DICH TRÄUMEN LASSEN!

Duftendes Brot backen, Marmelade kochen, einen Wiesenblumenstrauß pflücken oder bei Kerzenschein stricken – für all das steht Cottage Dreams. Kleine Auszeiten, die uns von einem Cottage auf dem Land träumen und den Alltag vergessen lassen

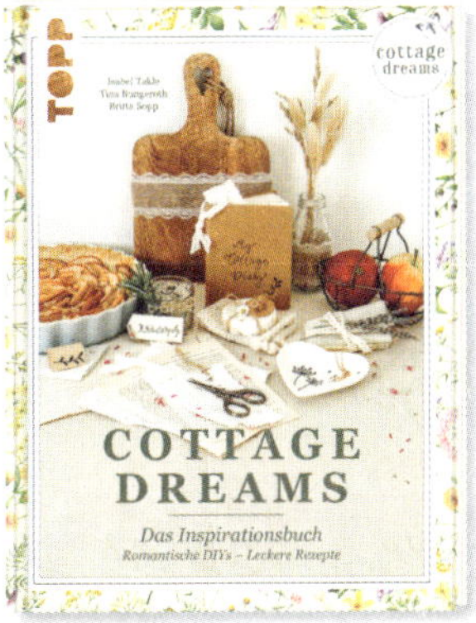

ISBN 978-3-7724-4571-2

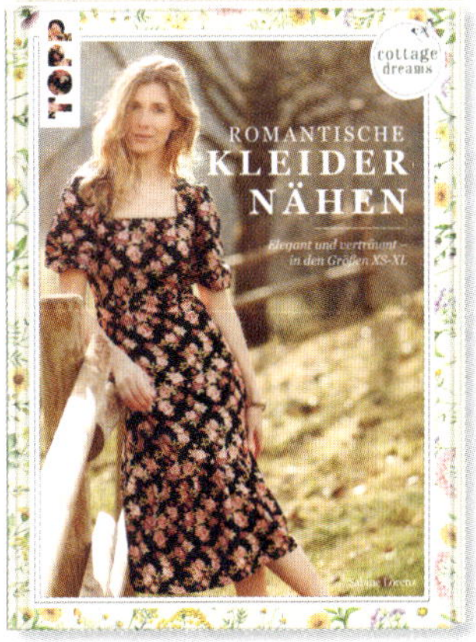

ISBN 978-3-7724-4882-9

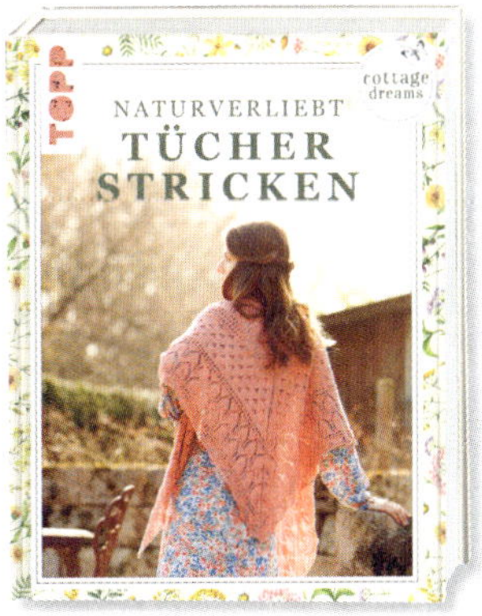

ISBN 978-3-7724-4883-6

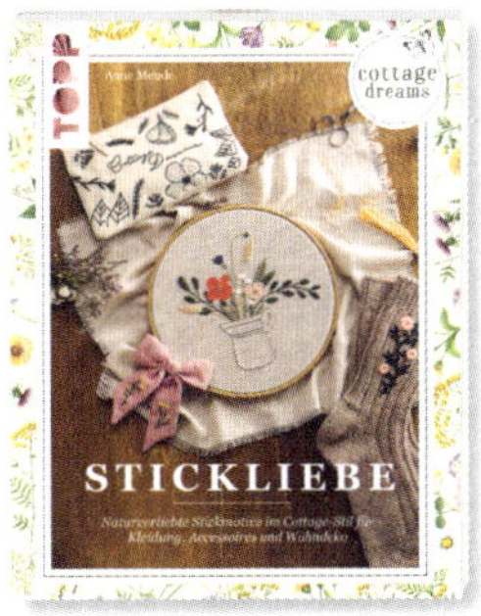

ISBN 978-3-7724-6857-5

#TOPPprojekt

Die eigene Kreativität zeigen: TOPPprojekt mit anderen Kreativen teilen und Teil der Gemeinschaft werden.

DIY-begeistert und auf Instagram? Dann unbedingt mitmachen! Hier gibt's Tipps und Feedback zu den eigenen Projekten. Außerdem verlosen wir jeden Monat ein Überraschungspaket. Um am Gewinnspiel teilzunehmen, einfach ein Bild vom Kreativ-Projekt aus unseren Büchern mit #TOPPprojekt posten und unserem Account @frechverlag folgen. Mehr Infos auf TOPP-kreativ.de/TOPPprojekt

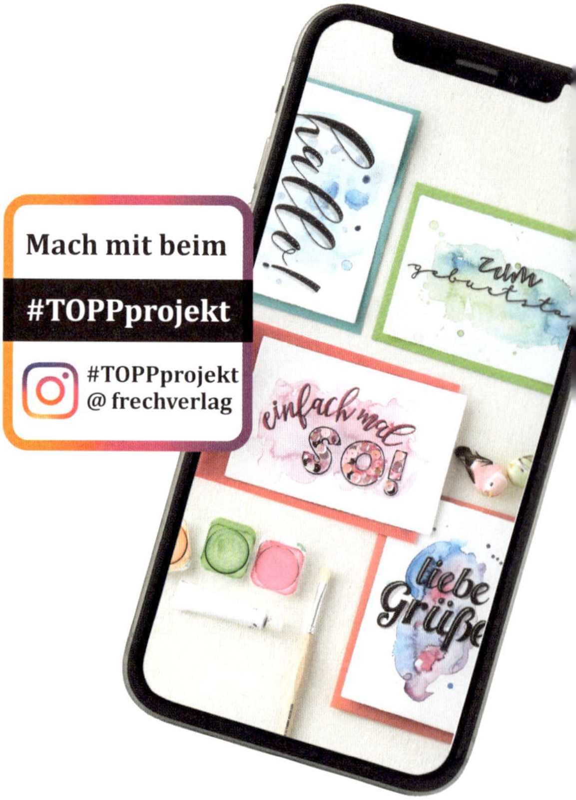

WEBSEITE

Auf TOPP-kreativ.de gibt es ein riesiges Angebot von über 1.000 Kreativbüchern, Sets und mehr zu entdecken.

NEWSLETTER

Immer als Erstes von unseren Neuheiten und Sonderaktionen erfahren: TOPP-kreativ.de/newsletter

INSTAGRAM

@frechverlag

PINTEREST

pinterest.com/frechverlag

FACEBOOK

facebook.com/frechverlag

DIGIBIB

Hier gibt es zusätzlich zu einigen unserer Bücher digitale Extras, wie Video-Tutorials, Plotter-Dateien, Vorlagen, Übungsblätter und vieles mehr. Einfach im Impressum eines TOPP-Buchs nachschauen, ob dort ein Code vorhanden ist, und exklusive Inhalte freischalten. TOPP-kreativ.de/digibib

YOUTUBE

youtube.com/frechverlag

WER WIR SIND, WIE WIR ARBEITEN, WAS WIR LIEBEN ...

Mehr über uns und unsere Arbeit und immer mit den neuesten Informationen versorgt schnell und einfach auf Instagram, Facebook und Pinterest.

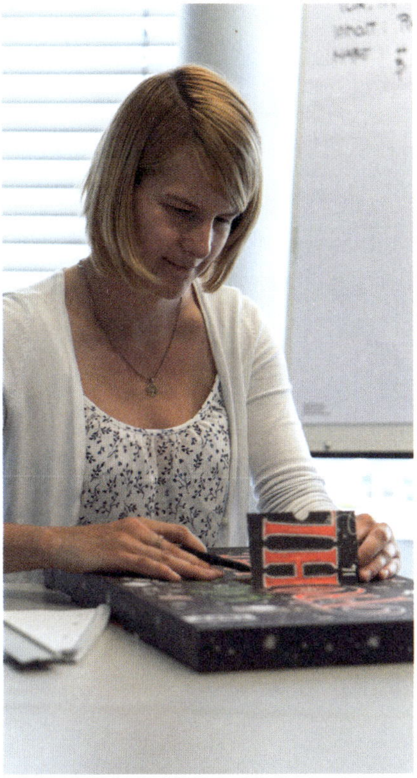

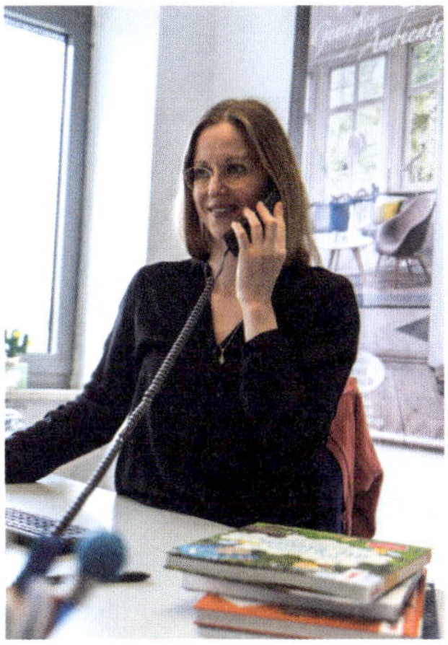

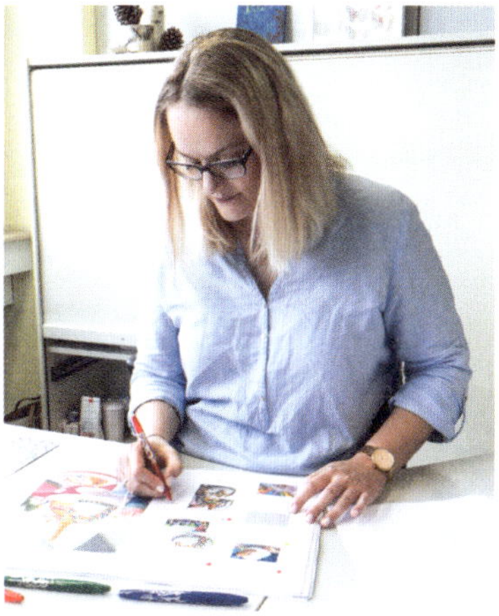

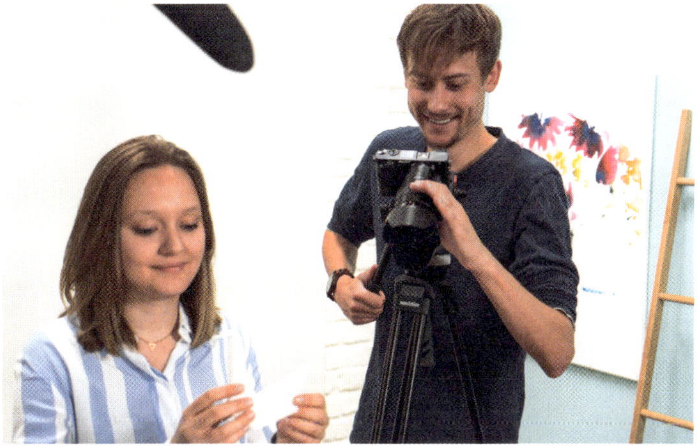

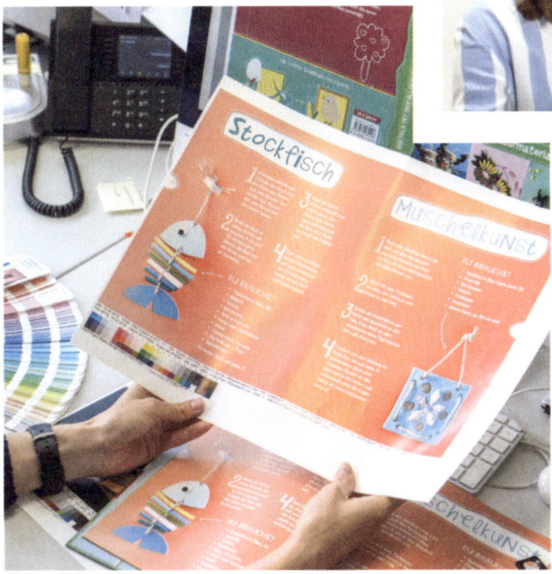

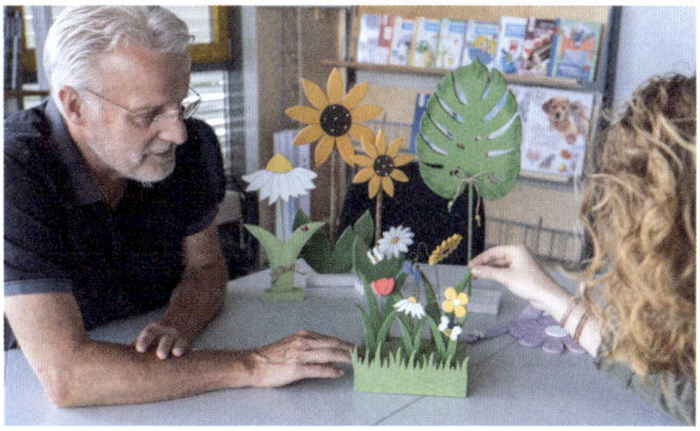

Alle News, alle Infos und alle Links findest du auf www.TOPP-kreativ.de

KREATIV-HOTLINE

Hilfestellung zu allen Fragen, die Materialien und Bücher zu kreativen Hobbys betreffen:
Frau Erika Noll berät Sie. Rufen Sie an oder schreiben Sie eine E-Mail!
Telefon: 0711/12 37 57 20* *normale Telefongebühren
E-Mail: mail@kreativ-service.info

DANKE!

Die großartigen Garne haben wir von Lana Grossa zur Verfügung gestellt bekommen, dazu noch eine großzügige Kostenübernahme zu den Produktionskosten, sodass wir wesentlichen Einfluss auch auf die Bildsprache nehmen und so ein Buch ganz nach unserem Geschmack entwickeln konnten. Danke dafür!

Die hübschen Stricknadeln, das praktische Zubehör und vieles mehr hier im Buch wurde uns von Addi, KnitPro, Muud, Neko, freuleinmimi und Pony zur Verfügung gestellt.

Ganz lieben Dank an Nele Balke für die Sockenbanderole und den Gutschein.

IMPRESSUM

Der Code zum Freischalten der Vorlagen lautet: **10984**

MODELLE: Kerstin Balke (Seite 14-19, 26-33, 52-57, 64-67, 74-77, 80-85, 100-105, 112-121, 138-145, 150-159, 176-182, 192-201); Tanja Steinbach (Seite 10-25, 38-49, 58-61, 70-73, 86-91, 94-99, 108-111, 125-133, 160-163, 166-175, 184-191)

REZEPTE: Kerstin Balke (Seite 34-35, 68-69); Tanja Steinbach (Seite 136-137, 164-165)

FOTOS: Olaf Szczepaniak, Hamburg; frechverlag GmbH, 70499 Stuttgart; Lana Grossa GmbH, Gaimersheim

HAARE UND MAKE-UP: Claudia Uterhardt

STYLING UND PRODUKTION: Ute Wilckens & Beate Brückner www.wilckensbrueckner.de

MODEL: Rieke Balke

ILLUSTRATIONEN: Warekiart, Viera Schwarczova, Leicester, UK

SCHNITTZEICHNUNGEN: schwab:illustrationen, Ursula Schwab, Haselund

PRODUKTMANAGEMENT: Mareike Upheber

LEKTORAT: Regina Sidabras, Berlin

COVER UND LAYOUT: Alexandra Guiso

SATZ: Petra Theilfarth

DRUCK UND BINDUNG: Livonia Print SIA, Lettland

5. Auflage 2022

ISBN 978-3-7724-4875-1 • Best.-Nr. 4875